Le dinamiche di sviluppo dell'Africa 2023

INVESTIRE NELLO SVILUPPO SOSTENIBILE

La presente opera è pubblicata sotto la responsabilità del Segretario generale dell'OCSE e della Presidenza della CUA. Le opinioni espresse e le conclusioni raggiunte non corrispondono necessariamente alle posizioni ufficiali dei governi dei Paesi membri dell'OCSE, né del suo Centro per lo sviluppo né dei Paesi membri della Commissione dell'Unione africana (CUA).

Le denominazioni dei Paesi e dei territori utilizzati nella presente pubblicazione congiunta seguono le pratiche dell'Unione africana.

Il presente documento, così come tutti i dati e tutte le mappe geografiche che esso comprende, non pregiudica lo status o la sovranità su ogni territorio, con riferimento alla delimitazione delle frontiere e dei confini internazionali e alla denominazione di ogni territorio, città o area.

Si prega di citare sempre la presente pubblicazione come riportato qui sotto:
AUC/OECD (2023), *Le dinamiche di sviluppo dell'Africa 2023: Investire nello sviluppo sostenibile*, OECD Publishing, Paris, https://doi.org/10.1787/88bbaef0-it.

ISBN 978-92-64-48672-0 (Stampa)
ISBN 978-92-64-45288-6 (PDF)

Versione aggiornata, aprile 2024
I dettagli della correzione sono disponibili al sito: https://www.oecd.org/about/publishing/Corrigendum-Le-dinamiche-di-sviluppo-dell'Africa-2023.pdf

Titolo originale: AUC/OECD (2023), *Africa's Development Dynamics 2023: Investing in Sustainable Development*, AUC, Addis Ababa/OECD Publishing, Paris, https://doi.org/10.1787/3269532b-en.
In caso di discrepanze tra la versione originale dell'opera e la traduzione, fanno fede esclusivamente i testi in inglese e in francese. Il presente documento è stato tradotto dalla Sezione linguistica italiana dell'OCSE.

Illustrazioni: © Copertina realizzata da Aida Buendia (Centro per lo sviluppo dell'OCSE) sulla base delle illustrazioni di Smilewithme, Taparong Siri, Sidhe, Tomiganka/Shutterstock.com.

Gli errata corrige delle pubblicazioni possono essere consultati online sul sito: www.oecd.org/about/publishing/corrigenda.htm.

Prefazione

Il rapporto faro annuale *Le dinamiche di sviluppo dell'Africa* presenta le informazioni più recenti sulle politiche economiche attuate nel continente africano e nelle sue cinque regioni. Propone una nuova chiave di lettura nella valutazione delle prestazioni economiche, sociali e istituzionali dell'Africa rispetto agli obiettivi fissati dall'Agenda 2063 dell'Unione Africana. La presente edizione 2023 esamina in che modo l'Africa possa attirare investimenti in grado di offrire il miglior equilibrio tra obiettivi economici, sociali e ambientali.

Le dinamiche di sviluppo dell'Africa è il risultato di un approccio collaborativo nonché il frutto di una solida collaborazione tra il Dipartimento per lo sviluppo economico, il commercio, il turismo, l'industria e i minerali della Commissione dell'Unione Africana e il Centro per lo sviluppo dell'OCSE, che riunisce un team di ricercatori accademici, economisti, statistici ed esperti provenienti dall'Africa e da altre regioni del mondo.

I primi due capitoli analizzano l'attuale panorama degli investimenti in Africa e raccomandano le azioni prioritarie da attuare, facendo leva sugli insegnamenti di tutto il continente e oltre. I cinque capitoli successivi sono dedicati rispettivamente alle cinque regioni definite dal Trattato di Abuja: Africa meridionale, centrale, orientale, settentrionale e occidentale, e adattano le raccomandazioni in materia di politiche ai settori strategici di ciascuna regione, vale a dire ecosistemi naturali, energie rinnovabili, finanziamenti per il clima e catene di valore agroalimentari.

La presente edizione si basa su un'ampia gamma di fonti di dati per l'analisi delle fonti di investimento pubbliche, private, nazionali ed estere, integrate da dati primari raccolti nell'ambito di un'indagine online CUA/OCSE sui rischi, gli ostacoli e gli aspetti prioritari legati agli investimenti transfrontalieri nei Paesi africani. L'indagine, condotta da giugno a ottobre 2022, si è rivolta alle reti dei consigli delle imprese africane e al Forum delle imprese UE-Africa ed ha raccolto le risposte di 58 rappresentanti del mondo delle imprese, africani e non. A integrazione dei risultati dell'indagine sono stati condotti anche otto colloqui approfonditi con investitori multinazionali membri della Rete dei mercati emergenti (*Emerging Markets Network* - EMnet) dell'OCSE.

La data limite di riferimento dei dati utilizzati nel rapporto è il 18 febbraio 2023, ad eccezione dei dati sul prodotto interno lordo tratti dalle *Prospettive economiche mondiali dell'FMI, dell'aprile* 2023.

È disponibile online un allegato statistico, i cui dati vengono aggiornati nel corso dell'anno, che presenta gli indicatori economici, sociali e istituzionali più recenti dei Paesi africani i cui dati sono comparabili. L'elenco delle tabelle riassuntive è riportato nelle ultime pagine del rapporto. I dati sono presentati per Paese, regione, comunità economiche regionali e altri gruppi di Paesi africani pertinenti (le categorie includono la dotazione di risorse, i livelli di reddito e di sviluppo socio-economico, l'accesso geografico e i gruppi linguistici). Mettono a confronto l'Africa con altre regioni e gruppi di Paesi del mondo. La banca dati offre inoltre i profili statistici di diversi Paesi e gruppi di Paesi africani, comparando gli indicatori tematici chiave relativi agli investimenti. Tale banca dati ha lo scopo di informare decisori, consulenti, analisti aziendali, investitori privati, giornalisti, organizzazioni non governative e cittadini di tutto il mondo interessati alle traiettorie di sviluppo dei Paesi africani.

Il rapporto completo è pubblicato in inglese, francese, italiano e portoghese. La versione elettronica, corredata di grafici e tabelle, è disponibile anche online, unitamente all'allegato statistico sui siti web della Commissione dell'Unione Africana (www.au.int/en/afdd2023) e del Centro per lo sviluppo dell'OCSE (https://oe.cd/AFDD-2023).

Ringraziamenti

Il rapporto faro dal titolo *Le dinamiche di sviluppo dell'Africa 2023: Investire nello sviluppo sostenibile* (AfDD 2023) è stato elaborato congiuntamente dalla Commissione dell'Unione Africana (CUA) e dal Centro per lo sviluppo dell'OCSE e pubblicato sotto l'egida di Moussa Faki Mahamat, Presidente della CUA, e di Mathias Cormann, Segretario generale dell'OCSE. È stato redatto sotto la guida di Albert M. Muchanga, Commissario per lo sviluppo economico, il commercio, il turismo, l'industria e i minerali dell'Unione Africana, e di Ragnheiður Elín Árnadóttir, Direttore del Centro per lo sviluppo dell'OCSE. Il rapporto è stato supervisionato da Djamel Ghrib, Direttore del Dipartimento per lo sviluppo economico, il commercio, il turismo, l'industria e i minerali, e da Patrick Ndzana Olomo, Capo ad interim della Divisione Politica economica e sviluppo sostenibile del Dipartimento per lo sviluppo economico, il commercio, il turismo, l'industria e i minerali, insieme a Federico Bonaglia, Vicedirettore del Centro per lo sviluppo dell'OCSE, e Arthur Minsat, Capo dell'Unità Africa del Centro di sviluppo dell'OCSE ed economista senior.

Il team di redazione della CUA era composto da Patrick Ndzana Olomo, Capo ad interim della Divisione Politica economica e sviluppo sostenibile, Rumbidzai Treddah Manhando, economista, Ndinaye Sekwi Charumbira, responsabile delle politiche (Dipartimento per lo sviluppo economico, il commercio, il turismo, l'industria e i minerali) e Yeo Dossina, ex Direttore ad interim (Dipartimento per lo sviluppo economico, l'integrazione e il commercio). Tra gli esperti regionali che hanno contribuito alla stesura del rapporto figurano Abiodun Egbetokun (De Montfort University e Nigeria's National Centre for Technology Management), Kevin Ibeh (Birkbeck University, University of London), Nabil Jedlane (ENCG Tanger), Nicholas Ngepah (University of Johannesburg) e Bruno Emmanuel Ongo Nkoa (Université de Yaoundé II). Il team del Centro per lo sviluppo dell'OCSE, diretto da Arthur Minsat, Capo dell'Unità Africa, con Nicolas Friederici, Francesco Napolitano ed Elisa Saint Martin, comprendeva Bakary Traoré, Keiko Álvarez, Niall Begley, Médina Issa, Sébastien Markley, Ignacio Moreno, Shodai Tonomoto e Anne Weaver. Julia Peppino, Anne-Marie Trang (OCSE) e Yamrot Kifle (CUA) hanno apportato un prezioso sostegno ai lavori di ricerca, di produzione, di logistica e amministrativi legati al rapporto.

Il rapporto ha beneficiato dei contributi e dei dati forniti dalla Direzione Affari finanziari e imprese dell'OCSE, dalla Rete delle Fondazioni che operano per lo sviluppo (*Network of Foundations Working for Development* - netFWD), dall'Agenzia internazionale per l'energia e dalla Direzione Commercio e agricoltura dell'OCSE. I Capitoli 1 e 2 sono stati arricchiti dai commenti formulati da Mariya Aleksynska, Nelson Amaya, Pierre de Boisséson, Juan de Laiglesia, Håvard Halland, Alejandra Meneses, Bathylle Missika, Hyeshin Park, Lorenzo Pavone, Jan Rielaender, Henri-Bernard Solignac-Lecomte, Melanie Vilarasau Slade e Ayumi Yuasa (Centro per lo sviluppo dell'OCSE); Antonella Noya, Irene Basile e Chiara Petroli (Centro per l'imprenditorialità, le PMI, le regioni e le città dell'OCSE); Dirk Röttgers (Centro per la politica e l'amministrazione fiscale dell'OCSE); Hélène François, Fatos Koc, Iris Mantovani, Catriona Marshall, Giulio Mazzone, Stephen Thomsen e Martin Wermelinger (Direzione Affari finanziari e imprese dell'OCSE); Yasmin Ahmad, Abdoulaye Fabregas, Ida McDonnell e Rachel Morris (Direzione Cooperazione allo sviluppo dell'OCSE); David Drysdale e Juliette Schleich (Direzione Commercio e agricoltura dell'OCSE); Carlos Condé e Alin Horj (Direzione Relazioni globali e cooperazione dell'OCSE); Emma Gordon, Arnaud Rouget, Carlo Starace, Gianluca Tonolo e Daniel Wetzel (Agenzia internazionale per l'energia) e Johannes Jütting (PARIS21).

L'analisi originale dei Capitoli 1 e 2 è stata svolta basandosi altresì su un'indagine che ha coinvolto investitori privati e su colloqui intrattenuti con essi. Diversi consigli di imprese africane e il Forum delle imprese UE-Africa hanno apportato il loro sostegno per la diffusione di questa indagine del Centro di sviluppo CUA-OCSE tra giugno e ottobre 2022. I colloqui, facilitati dall'assistenza fornita dello staff della Rete per i mercati emergenti (EMnet) dell'OCSE, sono stati condotti con i rappresentanti del Gruppo AeTrade, dell'Associazione africana dei costruttori di automobili (AAAM), di American Tower, AT&T, Enel Green Power, Eni, Huawei e Mastercard.

Il rapporto si è basato sulle seguenti consultazioni tenutesi nel 2022 e 2023: la riunione di avvio (marzo 2022); la consultazione di alto livello "Mobilitare gli investimenti per una trasformazione produttiva e posti di lavoro di qualità" nel quadro della presidenza senegalese dell'Unione Africana nel 2022 (maggio); la colazione di lavoro di alto livello "Rafforzare le reti produttive regionali dell'Africa" organizzata congiuntamente da CUA-DEV nel quadro del 21° Forum economico internazionale sull'Africa e della riunione ministeriale dell'OCSE 2022 (giugno); la discussione strategica congiunta di alto livello CUA-DEV "Migliorare i sistemi di pagamento digitale transfrontalieri per il commercio regionale e l'integrazione dell'Africa" (giugno 2022); la riunione di lancio a livello regionale CUA-Centro per lo sviluppo dell'OCSE; il 5° Comitato tecnico specializzato dell'UA su finanze, affari monetari, pianificazione economica e integrazione sul tema "Migliorare l'accesso dell'Africa ai capitali: gestione del debito e crescente influenza delle agenzie di rating del credito" (luglio 2022); la riunione sull'AfDD 2023 presso l'Istituto Camões; la riunione di valutazione *inter pares* sull'AfDD 2023 (dicembre 2022); il "Dialogo di alto livello UA-OCSE/DEV sul rapporto AfDD 2023" organizzato in concomitanza con il 36° Vertice dell'Unione Africana (febbraio 2023); e la riunione del Comitato direttivo del Centro per lo sviluppo dell'OCSE (aprile 2023).

Si ringraziano Anzetse Were (FSD Kenya); Katharina Gugerell, Melinda Kunde e Stefan Weyler (Deutsche Gesellschaft für Internationale Zusammenarbeit [GIZ]); Jeremy Hajdenberg e Samuel Monteiro (Investisseurs & Partenaires) e Rana Roy (consulente) per i loro preziosi contributi. Inoltre, i seguenti esperti hanno formulato commenti e fornito contributi per la stesura dei capitoli che compongono la pubblicazione: Barassou Diawara (African Capacity Building Foundation [ACBF]); Ed Brown, Rob Floyd e Charles Odoom (African Center for Economic Transformation [ACET]); Julius Chupezi Tieguhong (African Development Bank [AfDB]); Adenle Ademola (Africa Sustainability Innovation Academy [ASI-Academy]); Eoghan Molloy (Asian Development Bank); Michel Rougeron e Françoise van de Ven (ATIBT); Pamla Gopaul (African Union Development Agency [AUDA-NEPAD]); Jeanne Lätt e Karen Pfundt (Bundesministerium für wirtschaftliche Zusammenarbeit und Entwicklung [BMZ]); Margarida Araújo, Paula Machado e Filipa Sousa (Camões - Instituto da Cooperação e da Língua, I.P.); Richard Eba'a Atyi (Center for International Forestry Research [CIFOR]); Charles Muchunku (consulente); Robert Zougmoré (Consultative Group for International Agricultural Research [CGIAR]); San Bilal e Bruce Byiers (ECDPM); Koffi Simeon (ECOWAS); Colin Bermingham (BEI); Geoffrey Aori Mabea (Energy Regulators Association of East Africa); Anna Hakami, Claire Hunault, Isabelle Magne e Domenico Rosa (Commissione europea); Kieu Ly Doan e Lisa Roob (GIZ); Matthias Hahl e Tim Heinemann (KfW); Thắng Nguyễn-Quốc (Oxford Economics Asia), Gonçalo Silva Marques (Delegazione permanente del Portogallo presso l'OCSE); Giovanni Valensisi (UNCTAD); Rodrigo Deiana (UN DESA); Zoubir Benhamouche, Adam Elhiraika, Sonia Essobmadje, Robert Lisinge e Sheng Zhao (UNECA); Barbara Boreta e Natasha Weisert (UNIDO); Leila Baghdadi (Università di Tunisi); Andrew Lawrence (Università del Witwatersrand) e Adeel Abbas Syed (World Bank).

Le consultazioni esterne tenutesi nel 2022 e 2023 in occasione degli incontri seguenti hanno altresì apportato contributi alla stesura del rapporto: AFD, "L'économie africaine 2022: vers une relance durable?"; CUA/UNIDO, "Towards a Commodity-based Greener Industrialization under the AfCFTA" (febbraio 2022); il seminario di alta dirigenza African & Foreign Investment B2B del Camerun (marzo 2022); i venerdì della Commissione CUA "Key Actions to Drive Inclusive Growth and Sustainable Development in African Countries" (aprile 2022); Le Cercle des Économistes, "L'Afrique: partenaire leader" (maggio 2022); il workshop regionale della Commissione economica per l'Africa delle Nazioni Unite "Scaling-up Private Sector Participation in North Africa" (luglio 2022); il dialogo di alto livello AUDA-NEPAD/OCSE-DEV sul ripensamento della cooperazione allo sviluppo all'Assemblea generale delle Nazioni Unite (settembre 2022); Innodays: Conferenza internazionale per l'innovazione e l'imprenditorialità (novembre 2022); la riunione annuale della rete EMnet dell'OCSE "Navigating Risk in Emerging Markets: From Crisis to Opportunity?" (dicembre 2022); la colazione di lavoro dell'African Sports and Creative Institute "Investing in Africa Sports Industry" (gennaio 2023).

Il coinvolgimento del team di redazione, traduzione e revisione è stato fondamentale per produrre il rapporto nei tempi previsti. Il rapporto è stato curato da Isabelle Delpech (per i capitoli redatti in francese) e Jill Gaston (per i capitoli redatti in inglese) e tradotto da Marika Boiron e dai servizi di traduzione dell'OCSE. Delphine Grandrieux ed Elizabeth Nash hanno supervisionato la produzione e Luminess ha realizzato l'impaginazione. Aida Buendía e Melodie Descours hanno ideato il design grafico e la copertina e Irit Perry ha creato le infografiche.

Il Centro per lo sviluppo dell'OCSE esprime la propria gratitudine alla Commissione europea (DG INTPA), alla Germania (BMZ/GIZ), all'Italia (Ministero degli Affari esteri e della cooperazione internazionale) e al Portogallo (Camões - Instituto da Cooperação e da Língua, I.P., e Ministero degli Affari esteri) per il loro ulteriore supporto e il prezioso contributo alla stesura di questa quinta edizione del rapporto annuale *Le dinamiche di sviluppo dell'Africa*.

Editoriale

Gli investimenti sono essenziali per accelerare lo sviluppo dell'Africa, per attuare l'Agenda 2063 dell'Unione Africana e per raggiungere gli Obiettivi di sviluppo sostenibile. Le crisi globali hanno tuttavia aggravato il deficit di finanziamento sostenibile del continente africano. L'Africa ha bisogno di 1 600 miliardi di dollari in più entro il 2030, ovvero 194 miliardi di dollari all'anno, per conseguire gli Obiettivi di sviluppo sostenibile. Questo deficit di finanziamento sostenibile può essere colmato: equivale a meno dello 0,2 % del valore delle attività finanziarie globali, o al 10,5 % delle attività finanziarie detenute dall'Africa.

Dall'inizio del XXI secolo, l'Africa ha registrato il secondo tasso di crescita economica più alto del mondo dopo l'Asia in via di sviluppo. Tuttavia, malgrado questa forte crescita, gli investimenti globali si sono spostati altrove. Gli investimenti diretti esteri (IDE) greenfield sono diminuiti, passando dal 12 % del totale mondiale nel 2017 a meno del 6 % nel 2021 - rispetto al 15 % per l'Asia in via di sviluppo e al 10 % per l'America Latina e i Caraibi.

Lo scarso livello di investimenti sostenibili è un tragico paradosso se si considera l'abbondanza di opportunità. Il continente vanta risorse uniche che dovrebbero attirare maggiori investimenti per la promozione di attività trasformative e sostenibili. Basti considerare il settore dell'energia: l'Africa detiene il 60 % delle migliori risorse solari del mondo, ma solo l'1 % della capacità di generazione solare installata. La popolazione africana è anche la più giovane del mondo, con un'età media di 19 anni. Entro il 2050, il 25 % della popolazione mondiale risiederà in Africa. Il mondo deve quindi investire maggiormente nella gioventù africana al fine di cogliere appieno le sue immense opportunità.

La scarsa fiducia degli investitori e l'elevato costo del capitale frenano gli investimenti in Africa più che in qualsiasi altra regione del mondo. In periodi di incertezza, gli investitori sono più attenti ai rischi macroeconomici e politici, come quelli legati alla prevedibilità delle politiche e alla capacità di regolamentazione. La mancanza di manodopera qualificata e di infrastrutture di qualità può ostacolare gli investimenti, in particolare nei settori a forte contenuto tecnologico o che richiedono ingenti investimenti iniziali. Lo scetticismo degli investitori si traduce in un'incongruenza: il continente africano vanta i tassi di default più bassi al mondo in materia di infrastrutture, eppure la maggior parte dei progetti non trova finanziamenti.

Il miglioramento delle politiche può trasformare le sfide in opportunità. La nostra analisi mette in evidenza tre priorità. In primo luogo, la disponibilità di dati adatti allo scopo consentirà di prendere decisioni di investimento informate, allineando meglio la percezione del rischio alla realtà. Troppi investitori esitano perché la raccolta di informazioni è insufficiente o costosa. In secondo luogo, i partenariati diretti dall'Africa possono ottimizzare l'impatto della finanza sostenibile sullo sviluppo e catalizzare meglio gli investimenti in attività locali sostenibili. Il rafforzamento e l'integrazione dei mercati dei capitali nazionali, lo sviluppo di obbligazioni in valuta locale e il consolidamento della conformità ai criteri ambientali, sociali e di governance (ESG) rappresentano parte della soluzione. In terzo luogo, l'ulteriore approfondimento dell'integrazione africana, in particolare attraverso l'attuazione della Zona continentale di libero scambio per l'Africa (African Continental Free Trade Area - AfCFTA) e del suo protocollo sugli investimenti, armonizzerà le politiche tra i Paesi e faciliterà lo sviluppo delle catene di valore.

La crescente collaborazione tra la Commissione dell'Unione Africana e l'OCSE, anche attraverso il suo Centro per lo sviluppo, offre un'importante sede per orientare il dibattito globale sull'Africa e portare il continente africano dai margini al centro degli investimenti mondiali. Sfruttando la nostra piattaforma di dialogo politico sugli investimenti e la trasformazione produttiva in Africa, ci impegniamo a collaborare per monitorare le tendenze e individuare le buone pratiche nel continente che mobilitano maggiori investimenti ai fini dello sviluppo sostenibile e della creazione di posti di lavoro. È per noi motivo d'orgoglio che il presente rapporto congiunto, ormai giunto alla sua quinta edizione, contribuisca a rafforzare i partenariati globali e a instaurare un dialogo politico efficace a beneficio delle popolazioni africane.

Moussa Faki Mahamat

Presidente
Commissione dell'Unione Africana

Mathias Cormann

Segretario generale
Organizzazione per la cooperazione e lo sviluppo economico

Indice

Figure

Tabelle

Riquadri

Abbreviazioni e acronimi

ACEC	Africa Clean Energy Corridor (Corridoio per l'energia pulita in Africa)
ACET	African Center for Economic Transformation (Centro africano per la trasformazione economica)
AfCFTA	African Continental Free Trade Area (Zona continentale di libero scambio per l'Africa)
AfDB	African Development Bank (Banca africana di sviluppo)
AFSF	Africa Food Security Fund (Fondo per la sicurezza alimentare in Africa)
ASEAN	Association of Southeast Asian Nations (Associazione delle nazioni del sud-est asiatico)
UA	Unione africana
CUA	Commissione dell'Unione Africana
AUDA-NEPAD	African Union Development Agency-New Economic Partnership for Africa's Development (Agenzia di sviluppo dell'Unione africana-Nuovo partenariato economico per lo sviluppo dell'Africa)
BGFA	Beyond the Grid Fund for Africa (Fondo per l'Africa "oltre la rete")
BMZ	Bundesministerium für wirtschaftliche Zusammenarbeit und Entwicklung (Ministero federale per la Cooperazione e lo sviluppo economico)
CAADP	Comprehensive Africa Agriculture Development Programme (Programma globale di sviluppo agricolo dell'Africa)
CAAP	Common African Agro-Parks Programme (Programma comune per gli agro-parchi africani)
CAFI	Central African Forest Initiative (Iniziativa per le foreste dell'Africa centrale)
CAPEX	Spese in conto capitale
CFC	Common Fund for Commodities (Fondo comune per i prodotti di base)
CFF	Climate Finance Facility (Strumento di finanziamento per il clima)
COP	Conferenza delle parti della Convenzione quadro delle Nazioni Unite
COSUMAF	Central African Financial Market Supervisory Commission (Commissione di vigilanza dei mercati finanziari dell'Africa centrale)
CRA	Agenzia di rating del credito
CSA	Agricoltura intelligente sul piano climatico
IFS	Istituzione di finanziamento allo sviluppo
DSSI	Debt Service Suspension Initiative (Iniziativa di sospensione del servizio del debito)
EAC	East African Community (Comunità dell'Africa orientale)
EAPP	Eastern Africa Power Pool (Pool energetico dell'Africa orientale)
CEEAC	Comunità economica degli Stati dell'Africa centrale
ECOWAP	Economic Community of West Africa Agricultural Policy (Politica agricola della Comunità economica dell'Africa occidentale)
ECOWAS	Economic Community of West African States (Comunità economica degli Stati dell'Africa occidentale)
EFFECT	Equitable Framework and Finance for Extractive-Based Countries in Transition (Quadro di riferimento e finanziamenti equi per i Paesi in transizione con economie basate sulle attività estrattive)
ESG	Environmental, Social and Governance (Criteri ambientali, sociali e di governance)
UE	Unione europea
IDE	Investimenti diretti esteri
FiT	Feed-in-Tariff (Tariffa di riacquisto)
PIL	Prodotto interno lordo
GFC	Global Climate Fund (Fondo mondiale per il clima)
FLCF	Formazione lorda di capitale fisso
GES	Gas a effetto serra

GIZ	Gesellschaft für Internationale Zusammenarbeit (Società tedesca per la cooperazione internazionale)
TIC	Tecnologie dell'informazione e della comunicazione
IDA	International Development Association (Associazione Internazionale per lo Sviluppo)
AIE	Agenzia Internazionale per l'energia
IFAD	International Fund for Agricultural Development (Fondo internazionale per lo sviluppo agricolo)
SFI	Società finanziaria internazionale
IFSWF	International Forum of Sovereign Wealth Funds (Forum internazionale dei fondi sovrani)
FMI	Fondo monetario internazionale
API	Agenzia per la promozione degli investimenti
IPO	Initial public offering (Offerta pubblica iniziale)
IPP	Independent power producer (Produttore indipendente di energia)
ISO	International Organization for Standardization (Organizzazione internazionale per la standardizzazione)
ICP	Indicatore chiave di prestazione
ALC	America latina e Caraibi
PNIA	Piano nazionale di investimenti agricoli
NDC	Nationally determined contribution (Contributo determinato a livello nazionale)
APS	Aiuto pubblico allo sviluppo
OCSE	Organizzazione per la cooperazione e lo sviluppo economico
PAAP	Pan-African Auto Pact (Patto panafricano per il settore automobilistico)
PALOP	Países Africanos de Língua Oficial Portuguesa (Paesi africani di lingua portoghese)
PAPSS	Pan-African Payment and Settlement System (Sistema panafricano di pagamento e regolamento)
PFI	Quadro politico per gli investimenti
PIDA	Programme for Infrastructure Development in Africa (Programma per lo sviluppo delle infrastrutture in Africa)
PPF	Project Preparation Facility (Finanziamento per la predisposizione di un progetto)
REDD+	Reducing emissions from deforestation and forest degradation (Riduzione delle emissioni da deforestazione e degrado delle foreste)
REEESAP	Renewable Energy and Energy Efficiency Strategy and Action Plan (Strategia e piano d'azione per le energie rinnovabili e l'efficienza energetica)
REFiT	Renewable Energy Feed-in Tariff (Tariffa di riacquisto delle energie rinnovabili)
SADC	Southern African Development Community (Comunità di sviluppo dell'Africa australe)
OSS	Obiettivi di sviluppo sostenibile
DSP	Diritti speciali di prelievo
SEFA	Sustainable Energy Fund for Africa (Fondo per l'energia sostenibile in Africa)
SEZ	Special economic zone (Zona economica speciale)
PMI	Piccola e media impresa
SWF	Sovereign wealth fund (Fondo sovrano)
ONU	Nazioni Unite
UNCTAD	United Nations Conference on Trade and Development (Conferenza delle Nazioni Unite sul commercio e lo sviluppo)
UNECA	United Nations Economic Commission for Africa (Commissione economica delle Nazioni Unite per l'Africa)
UNIDO	United Nations Industrial Development Organization (Organizzazione delle Nazioni Unite per lo sviluppo industriale)
WAICSA	West African Initiative for Climate-Smart Agriculture (Iniziativa dell'Africa occidentale per un'agricoltura intelligente sul piano climatico)

Sintesi

Il deficit di finanziamento sostenibile dell'Africa fino al 2030 è pari a circa 1 600 miliardi di dollari. Secondo le stime del presente rapporto, il continente ha bisogno di finanziamenti aggiuntivi per circa 194 miliardi di dollari all'anno per raggiungere gli Obiettivi di sviluppo sostenibile entro il 2030. Tale deficit annuale di finanziamento sostenibile equivale al 7 % del prodotto interno lordo (PIL) dell'Africa e al 34 % dei suoi investimenti nel 2021 ed è pari a meno dello 0,2 % dello stock mondiale e al 10,5 % dello stock africano di attività finanziarie.

Le economie africane possiedono risorse uniche per colmare il deficit di finanziamento sostenibile del continente:

- Si stima che la crescita del PIL reale tornerà ai livelli precedenti alla pandemia da COVID-19, al 3,7 % nel 2023, il secondo tasso più alto del mondo dopo l'Asia in via di sviluppo (5 %) e prima dell'America Latina e dei Caraibi (1,6 %). La crescita è stimata al 4,9 % nell'Africa orientale, al 4,3 % nell'Africa centrale, al 4 % nell'Africa settentrionale, al 3,8 % nell'Africa occidentale e all'1,4 % nell'Africa meridionale.
- La percentuale di giovani africani che completano un'istruzione secondaria superiore o terziaria potrebbe raggiungere il 34 % entro il 2040, rispetto al 23 % del 2020 e al 18 % del 2010. La popolazione africana è la più giovane del mondo, con un'età media di 19 anni, rispetto ai 30 dell'America Latina e dei Caraibi, ai 31 dell'Asia in via di sviluppo e ai 42 dell'Europa.
- Le risorse naturali costituiscono un patrimonio inestimabile per le economie africane. Il capitale naturale rappresenta il 19 % della ricchezza totale dell'Africa, rispetto al 7 % dell'America Latina e dei Caraibi e al 3 % dell'Asia in via di sviluppo. Dal 2011 al 2020 lo stock di carbonio globale delle foreste africane è aumentato di 11,6 milioni di chilotoni di emissioni nette di CO_2 equivalente, mentre è diminuito di 13 milioni di chilotoni nelle foreste al di fuori dell'Africa.
- Le risorse finanziarie interne dell'Africa hanno un enorme potenziale ai fini dello sviluppo sostenibile. Le entrate pubbliche nazionali ammontavano a 466 miliardi di dollari nel 2021, pari al 17 % del PIL, e le attività detenute dagli investitori istituzionali africani ammontavano a 1 800 miliardi di dollari nel 2020, pari al 73 % del PIL. Durante la pandemia da COVID-19 del 2020-21, gli investimenti diretti esteri intra-africani sono stati tre volte più resilienti rispetto a quelli provenienti dall'esterno del continente, favorendo la crescita delle energie rinnovabili e delle tecnologie dell'informazione e della comunicazione.

Nonostante questo potenziale, le crisi globali incidono sugli investimenti in Africa più che in altre regioni. Secondo le proiezioni, il tasso di inflazione medio del continente raggiungerà il 15,5 % nel 2023 - il livello più alto degli ultimi 27 anni - con picchi superiori al 15 % in 11 Paesi africani. A febbraio 2023, 8 Paesi africani erano fortemente indebitati (su 9 a livello mondiale) e 13 erano ad alto rischio di eccessivo indebitamento (su 27 a livello mondiale). La quota dell'Africa negli investimenti esteri diretti *greenfield* a livello globale ha registrato una tendenza al ribasso negli ultimi anni, scendendo al 6 % nel 2020-21 (il livello più basso degli ultimi 17 anni), mentre i Paesi ad alto reddito in altre parti del mondo hanno registrato la quota più alta di sempre (61 %), rispetto al 17 % dell'Asia in via di sviluppo e al 10 % dell'America Latina e dei Caraibi.

Il costo del capitale in Africa è salito al di sopra dei livelli di altre regioni del mondo, escludendo alcuni governi africani dai mercati obbligazionari e frenando gli investimenti in settori con potenziale trasformazionale come quello delle energie rinnovabili. Il differenziale di rendimento su un'eurobbligazione africana media (una misura del costo potenziale del prestito sovrano) ha raggiunto il suo livello massimo da 15 anni di circa 10 punti percentuali nel settembre 2022, superando i picchi precedenti. Nel 2021, il costo medio del capitale per i progetti energetici era di circa sette volte superiore in Africa rispetto all'Europa e al Nord America. Sebbene gli investitori esperti ottengano rendimenti medi più elevati in Africa rispetto ad altre regioni del mondo, la mancanza di informazioni e di dati attendibili rappresenta un ostacolo importante per i nuovi investimenti.

Per aumentare la resilienza agli shock esterni e migliorare la fiducia degli investitori, i responsabili politici africani possono collaborare con i partner internazionali e la società civile africana per mobilitare gli investimenti ai fini dell'Agenda 2063 e dello sviluppo sostenibile. La comunità internazionale deve rispettare gli impegni in materia di ristrutturazione del debito e di finanziamenti per il clima. I governi africani, i partner per lo sviluppo, il settore privato e la società civile devono collaborare più strettamente per migliorare il panorama degli investimenti in Africa. Il presente rapporto propone tre priorità d'azione fondamentali per accelerare gli investimenti sostenibili nel continente:

- **La raccolta di dati più consistenti e di migliore qualità ridurrà i costi di transazione, migliorerà le valutazioni della sostenibilità e rafforzerà la fiducia degli investitori.** Nel 2021, meno di un terzo dei Paesi africani (30 %) aveva un piano statistico completamente finanziato, rispetto a quasi la metà dei Paesi dell'America Latina e dei Caraibi (44 %) e dell'Asia in via di sviluppo (47 %). Il miglioramento dei dati macroeconomici può contribuire ad allineare la percezione del rischio ai rischi reali. I partenariati con le associazioni di imprese o le istituzioni accademiche possono consentire alle agenzie pubbliche di condividere, a costi inferiori, i dati di settore che orientano le valutazioni del rischio degli investitori. I governi africani possono inoltre facilitare le valutazioni della sostenibilità imponendo obblighi di informazione e offrendo formazioni e incentivi alle imprese più piccole con capacità limitate.
- **Il rafforzamento della capacità della vasta rete africana di finanziamento allo sviluppo migliorerà l'allocazione dei finanziamenti sostenibili.** Le 102 istituzioni di finanziamento allo sviluppo (IFS) africane possono fungere da intermediari tra i finanziamenti internazionali e i progetti locali, in linea con le agende di sviluppo nazionali. La comunità internazionale può convogliare maggiori risorse verso le IFS caratterizzate da una buona gestione e rispettare gli obblighi esistenti, ad esempio aumentando lo stanziamento di fondi per l'adattamento ai cambiamenti climatici. I governi africani e le IFS possono anche ricorrere maggiormente a strumenti innovativi di riduzione dei rischi e di finanziamento, tra cui le obbligazioni verdi, sociali, sostenibili e legate alla sostenibilità o le soluzioni di finanziamento in valuta locale che stanno emergendo in molti Paesi. Lo sviluppo e l'interconnessione dei mercati dei capitali e delle borse valori contribuiranno alla crescita delle imprese africane.
- **Le politiche di integrazione regionale miglioreranno e armonizzeranno il panorama degli investimenti in Africa.** Le iniziative transfrontaliere come i corridoi di sviluppo e le infrastrutture digitali possono ridurre le frizioni commerciali e la frammentazione del mercato. Allo stesso tempo, le piccole e medie imprese hanno bisogno di un sostegno mirato per cogliere le opportunità di investimento lungo le catene di valore regionali. Il protocollo sugli investimenti della Zona continentale di libero scambio per l'Africa (AfCFTA) mira ad armonizzare il panorama delle politiche di investimento africane, ma richiede meccanismi di monitoraggio e alleanze pubblico-privato efficaci.

I cinque capitoli regionali del presente rapporto esaminano come le regioni africane possono accelerare gli investimenti sostenibili in settori strategici. Le regioni africane possono sfruttare meglio le loro risorse esclusive per accelerare lo sviluppo sostenibile e la trasformazione produttiva. Diversi studi di casi regionali propongono esempi di come concretizzare le raccomandazioni strategiche continentali in settori specifici.

Raccomandazioni strategiche per accelerare gli investimenti sostenibili nelle regioni africane

Regione	Studio di caso	Raccomandazioni strategiche
Africa meridionale	Energie rinnovabili	- Armonizzare i quadri normativi e accelerare le iniziative regionali nel settore delle infrastrutture per l'energia rinnovabile - Rafforzare le alleanze pubblico-privato e i finanziamenti per lo sviluppo sulla base delle priorità energetiche nazionali - Adottare soluzioni strategiche mirate per sviluppare i progetti di energia rinnovabile fuori rete nelle aree rurali
Africa centrale	Ecosistemi naturali	- Migliorare la contabilità del capitale naturale per orientare meglio gli investitori e le parti interessate - Creare un quadro istituzionale per la monetizzazione degli ecosistemi naturali - Garantire la proprietà locale nello sviluppo di meccanismi di finanziamento innovativi
Africa orientale	Energie rinnovabili	- Migliorare i quadri normativi e la capacità delle aziende energetiche pubbliche di accrescere la fiducia degli investitori - Rafforzare le istituzioni finanziarie locali per catalizzare le risorse a favore dei progetti di energia rinnovabile - Sostenere la crescita di imprese innovative attraverso politiche di integrazione regionale come l'AfCFTA
Africa settentrionale	Finanziamenti per il clima	- Migliorare la valutazione delle esigenze di finanziamento in funzione delle priorità nazionali e multisettoriali - Adottare e attuare quadri normativi inclusivi sulla finanza sostenibile - Incoraggiare lo sviluppo di mercati finanziari sostenibili (a livello nazionale e regionale)
Africa occidentale	Catene di valore agroalimentari	- Migliorare l'accesso delle piccole aziende agricole a prodotti finanziari incentrati su produttività e sostenibilità - Rafforzare le politiche agricole regionali e i programmi legati al territorio, come i parchi agroindustriali - Sostenere la sicurezza alimentare e le pratiche agricole attraverso poli agricoli, incubatori e partenariati tecnici

Panoramica

Il continente africano offre un formidabile potenziale per gli investimenti sostenibili tuttora inutilizzato

Gli investimenti sostenibili sono essenziali per lo sviluppo economico, sociale e ambientale dell'Africa. Gli investimenti sono sostenibili se i loro benefici economici, sociali e ambientali complessivi sono superiori al loro costo totale. In sede di mobilitazione e di allocazione degli investimenti, i Paesi africani devono gestire le tensioni esistenti tra gli obiettivi economici, sociali e ambientali, quali la trasformazione produttiva, l'inclusione sociale e la resilienza ai cambiamenti climatici. Si tratta di trovare l'equilibrio tra produzione di energia e mitigazione delle emissioni di carbonio, sfruttamento dei terreni agricoli e conservazione degli ecosistemi, o creazione massiccia di posti di lavoro e promozione delle norme in materia di lavoro. Il rapporto *Le dinamiche di sviluppo dell'Africa 2023* propone un'analisi basata su dati concreti del panorama degli investimenti in Africa e individua importanti politiche legate agli investimenti che promuovono lo sviluppo sostenibile nel continente nel suo complesso e in ciascuna delle sue cinque regioni.

Il deficit di finanziamento sostenibile dell'Africa può essere colmato

Con circa il 7 % del prodotto interno lordo (PIL) del continente, il deficit di finanziamento sostenibile dell'Africa è minimo rispetto alle sue risorse finanziarie e a quelle disponibili a livello mondiale. Il divario tra i finanziamenti necessari per raggiungere gli Obiettivi di sviluppo sostenibile e la disponibilità di risorse finanziarie si è attestato in media sui 194 miliardi di USD all'anno nel periodo 2015-21 (Figura 1). Questa somma corrisponde al 34 % degli investimenti dell'Africa nel 2021 (formazione lorda di capitale fisso, definita come acquisizione di attivi prodotti). L'importo appare esiguo rispetto al capitale disponibile: equivale a meno dello 0,2 % dello stock globale e al 10,5 % dello stock africano di attivi in gestione, ovvero gli attivi finanziari che le società di gestione patrimoniale gestiscono per conto degli investitori. Un'ipotetica riallocazione annuale di appena lo 0,2 % degli attivi globali in gestione porterebbe la loro allocazione totale all'Africa dall'attuale -1 % al 2,3 % circa entro il 2030. L'importo rimarrebbe comunque inferiore alla quota del continente nel PIL mondiale (2,9 % nel 2020).

Figura 1. Fonti di finanziamento e deficit di finanziamento sostenibile in Africa, 2015-21 (in miliardi di USD)

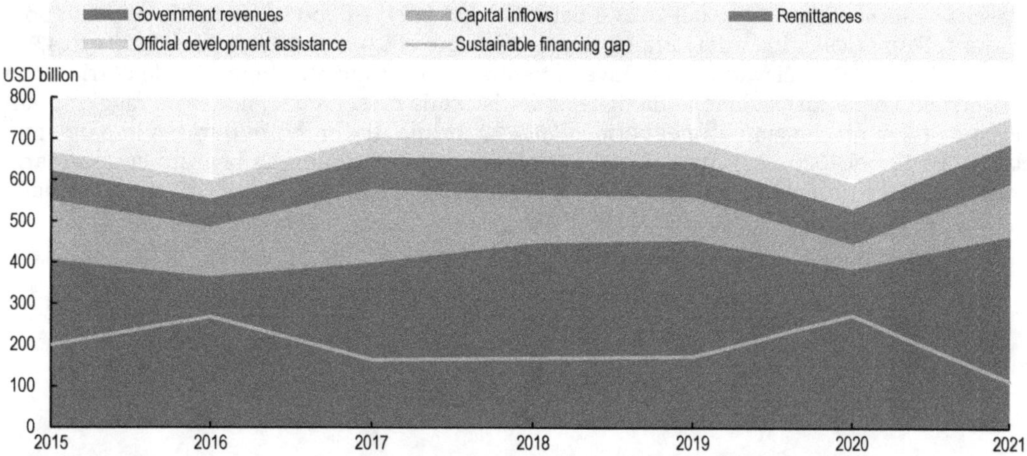

Fonte: calcoli degli autori basati su OECD (2022a), *Global Outlook on Financing for Sustainable Development 2023*:, https://doi.org/10.1787/fcbe6ce9-en e altre fonti. Cfr. l'Allegato 1.A per i dettagli sulle fonti dei dati e sulla metodologia.

StatLink https://stat.link/xcpd4f

Il deficit di finanziamento dell'Africa è recentemente aumentato a causa della pandemia da COVID-19, delle ripercussioni globali dei conflitti e dei cambiamenti climatici. Le entrate statali sono diminuite a causa della pandemia da COVID-19: nel 2020, il rapporto medio tra tasse e PIL in Africa è diminuito di 0,3 punti percentuali, raggiungendo il 16,0 % (OECD/ATAF/AUC, 2022). I conflitti internazionali hanno provocato interruzioni nelle catene di approvvigionamento, con ripercussioni sulle importazioni critiche (cibo, energia e fertilizzanti). Il fabbisogno di finanziamenti per il clima non è stato costantemente soddisfatto: tra il 2019 e il 2020, 11,4 miliardi di USD del totale dei finanziamenti per il clima dell'Africa sono stati destinati all'adattamento, una cifra quasi cinque volte inferiore ai 53 miliardi di USD all'anno stabiliti nell'ambito dei contributi determinati a livello nazionale dell'Accordo di Parigi (GCA, 2022).

L'incertezza globale e l'inflazione hanno fatto lievitare i costi del debito per la maggior parte dei Paesi africani. I livelli di indebitamento sono aumentati in tutta l'Africa nell'ultimo decennio, con il costo del servizio del debito che è passato dal 3 % a oltre il 5 % del reddito nazionale lordo nel periodo 2010-20. Più di recente, l'incertezza globale indotta dalla crisi ha portato a un riprezzamento del rischio. Secondo le proiezioni, il tasso di inflazione medio del continente raggiungerà il 15,5 % nel 2023 - il livello più alto degli ultimi 27 anni - con picchi superiori al 15 % in 11 Paesi africani. L'aumento dei costi di finanziamento per i Paesi africani ha escluso i Paesi con rating più basso dai mercati internazionali dei capitali e ha impedito il rifinanziamento del debito (IMF, 2023a). Ad esempio, i rendimenti delle eurobbligazioni si sono moltiplicati dal 2021 al 2022 per molti Paesi africani e il differenziale su un'eurobbligazione africana media (una misura del costo potenziale del prestito sui mercati dei capitali) tra 20 Paesi africani ha raggiunto il suo livello massimo in 15 anni, pari a 10 punti percentuali circa, nel settembre 2022, eclissando i precedenti picchi registrati durante la crisi del COVID-19 nel 2020 e la crisi finanziaria mondiale del 2008 (Smith, 2022). Tra aprile 2022 e aprile 2023, nessun Paese africano è stato in grado di emettere nuove eurobbligazioni (IMF, 2023a). A febbraio 2023 il Fondo monetario internazionale (FMI) considerava otto Paesi africani in situazione di sovraindebitamento e altri 13 ad alto rischio di sovraindebitamento(IMF, 2023b).

Forti delle loro importanti risorse, i Paesi africani rappresentano la frontiera degli investimenti a livello mondiale

L'Africa ha goduto di una crescita elevata sostenuta dagli investimenti, ma il continente necessita di una crescita più trasformativa e sostenibile. Dall'inizio del XXI secolo, l'Africa ha registrato il secondo tasso di crescita economica più alto al mondo dopo l'Asia in via di sviluppo. La crescita africana sta riprendendo vigore dopo la recessione globale del 2020: le stime della crescita reale sono del 3,7 % nel 2023 e del 4,2 % nel 2024[1] - dopo l'Asia in via di sviluppo e prima dell'America latina e dei Caraibi, rispettivamente al 5.0 % e all'1,6 % per il 2023 e al 4,9 % e al 2,2 % per il 2024. Elevati tassi di investimento hanno stimolato la crescita dell'Africa, con il contributo della formazione lorda di capitale fisso alla crescita del PIL che ha raggiunto un picco di 1,2 punti percentuali nel periodo 2017-19, prima di diminuire durante la pandemia da COVID-19 nel 2020-22 (Figura 2). Nel complesso, la crescita non ha favorito la necessaria trasformazione produttiva, in particolare la creazione di posti di lavoro e l'integrazione della catena del valore (AUC/OECD, 2018, 2019, 2022).

Figura 2. Componenti della crescita economica in Africa e nelle altre regioni del mondo, 2011-22

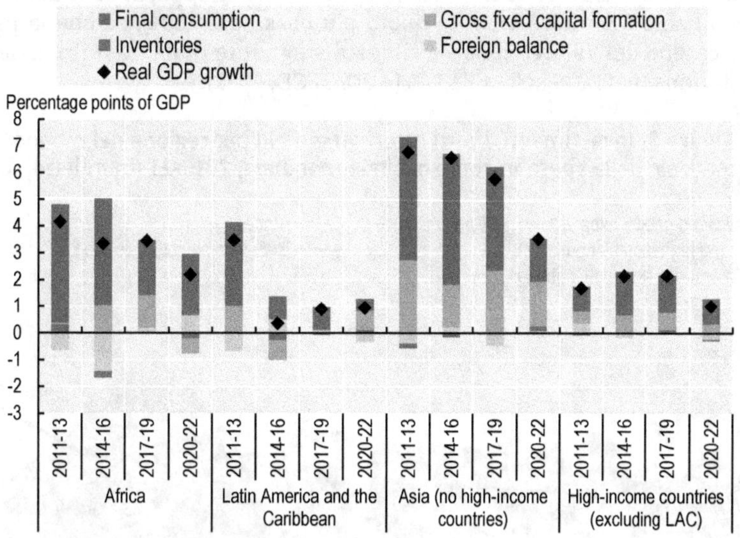

Nota: cfr. la nota sotto la Figura 1.1 del Capitolo 1.

Fonti: calcoli degli autori basati su FMI (2022), *Prospettive economiche mondiali (banca dati)*, edizione ottobre 2022, www.imf.org/en/Publications/WEO/weo-database/2022/October.

StatLink https://stat.link/14zp78

Il continente africano possiede un capitale umano e naturale unico per gli investimenti sostenibili. La popolazione africana è la più giovane del mondo, con un'età media di 19 anni, rispetto ai 30 dell'America latina e dei Caraibi, ai 31 dell'Asia in via di sviluppo e ai 42 dell'Europa. Entro il 2050 la popolazione africana sarà quasi raddoppiata, passando da circa 1,4 miliardi di abitanti a quasi 2,5 miliardi. Più della metà della crescita demografica mondiale avverrà nel continente (AfDB/OECD/UNDP, 2015; UN DESA, 2022). La percentuale di giovani africani che completano un'istruzione secondaria superiore o terziaria potrebbe raggiungere il 34 % entro il 2040, rispetto al 23 % del 2020 e al 18 % del 2010 (AUC/OECD, 2021). Dal 2011 al 2020 lo stock di carbonio delle foreste africane è aumentato di 11,6 milioni di chilotoni di emissioni nette di CO_2 equivalente, mentre gli stock di carbonio delle foreste al di fuori dell'Africa sono diminuiti di 13 milioni di chilotoni. Il 59 % di questo aumento si è registrato nelle foreste dell'Africa centrale, riconosciute ormai come il più grande serbatoio di carbonio del mondo (FAO, 2022). Il continente detiene il 60 % delle migliori risorse solari a livello globale (IEA, 2022a). Il capitale naturale rappresenta il 19 % della ricchezza totale dell'Africa, rispetto al 7 % dell'America latina e dei Caraibi e al 3 % dell'Asia in via di sviluppo (World Bank, 2021).

La percezione del rischio e la carenza di informazioni hanno ridotto la fiducia degli investitori e aumentato il costo del capitale in Africa più che in altre regioni del mondo.

Malgrado il suo potenziale, l'Africa attira la quota più bassa di capitale da parte degli investitori istituzionali rispetto ad altre regioni del mondo. Nel periodo 2017-18 i fondi pensione e le compagnie assicurative globali hanno allocato solo lo 0,5 % del loro capitale in attivi africani, rispetto all'1,2 % dell'America latina e dei Caraibi e al 4,2 % dell'Asia in via di sviluppo. La quota dell'Africa nel capitale d'investimento globale è rimasta bassa (inferiore all'1 %), anche se gli attivi globali in gestione sono aumentati passando da 48 mila miliardi di USD nel 2010 a oltre 112 mila miliardi di USD nel 2021, malgrado la recessione economica (BCG, 2022).

La quota di investimenti diretti esteri (IDE) e la partecipazione dell'Africa alle catene del valore globali sono rimaste immobili. Nell'ultimo decennio, gli IDE *greenfield* globali - ovvero i progetti di IDE annunciati che creano nuovi impianti di produzione invece di acquisire quelli esistenti - sono diminuiti a un tasso medio del 3 % all'anno. Inoltre, dal 2016 i nuovi investimenti si sono spostati dai Paesi in via di sviluppo ai Paesi ad alto reddito (**Figura 3**). La pandemia da COVID-19 ha accelerato questa tendenza: nel 2020-21 i Paesi ad alto reddito al di fuori dell'America latina e dei Caraibi hanno attirato il 61 % degli IDE *greenfield* globali (la quota più alta mai registrata), rispetto al 17 % dell'Asia in via di sviluppo, al 10 % dell'America latina e dei Caraibi e al solo 6 % dell'Africa (la quota più bassa dal 2004). Anche la partecipazione dell'Africa alle catene del valore globali è rimasta stagnante dalla crisi finanziaria mondiale del 2008, attestandosi nel 2019 solo all'1,7 % (AUC/OECD, 2022).

Figura 3. Investimenti diretti esteri greenfield per regione del mondo, in percentuale della spesa in conto capitale mondiale, 2010-21 (in miliardi di USD)

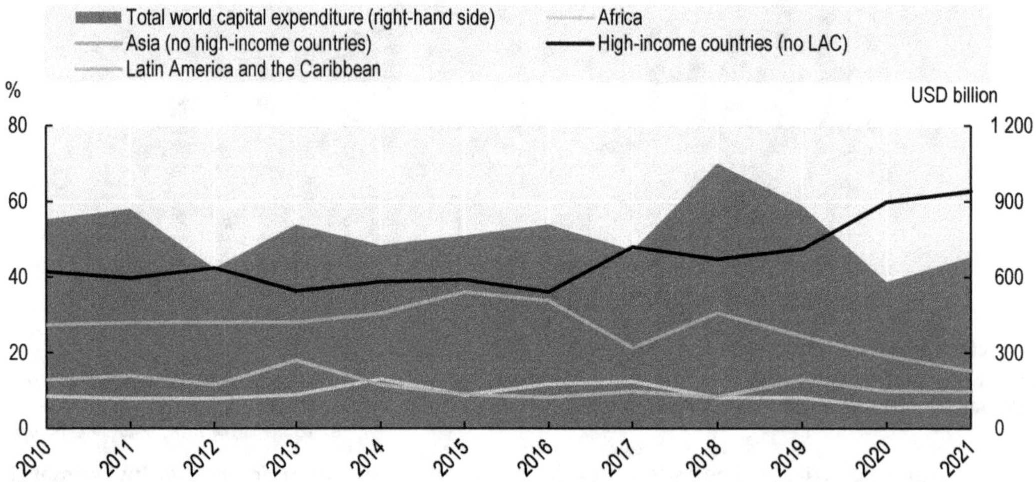

Nota: ALC = America latina e Caraibi.

Fonte: calcoli degli autori basati su fDiIntelligence (2022), *fDi Markets* (banca dati), www.fdiintelligence.com/fdi-markets.

StatLink https://stat.link/7eoa6z

I rischi e la mancanza di informazioni continuano a ostacolare la mobilitazione di investimenti in molti Paesi africani. I rappresentanti delle imprese multinazionali mondiali partecipanti all'indagine e intervistati per il presente rapporto hanno indicato i rischi macroeconomici, l'instabilità delle politiche e la mancanza di capacità normativa come ostacoli persistenti ai loro investimenti in Africa (Figura 4). Tuttavia, alcuni hanno evidenziato che gli investitori con esperienza nel Paese possono generare tassi di rendimento più elevati in Africa che in altre regioni del mondo. Una generale mancanza di informazioni impedisce le valutazioni delle opportunità di investimento nei mercati africani: informazioni e dati limitati possono causare ritardi (gli investitori "rimangono in attesa") e amplificare i "premi di percezione".

Figura 4. Risposte alla domanda dell'indagine CUA/OCSE tra gli investitori "Quali dei seguenti rischi sono stati più importanti per i vostri investimenti nei Paesi africani?"

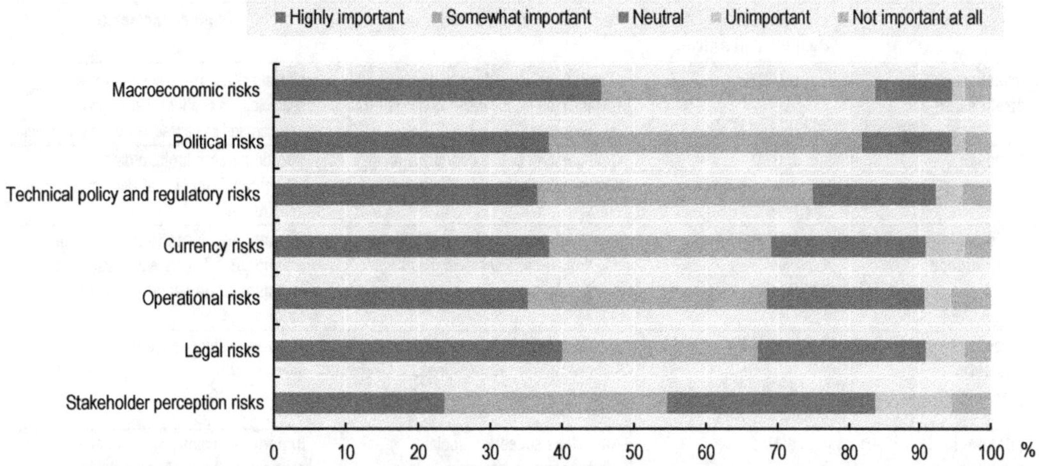

Nota: n = 52-55. L'indagine CUA/OCSE è stata condotta nel settembre 2022 presso le reti dei consigli delle imprese africane e il Forum delle imprese UE-Africa. Per ulteriori informazioni, cfr. la Figura 1.6 nel Capitolo 1.

StatLink https://stat.link/ucf36n

Gli scarsi rating creditizi di molti Paesi africani possono sovrastimare i rischi e determinare un costo eccessivo del capitale. Nel dicembre 2022 le principali agenzie di rating del credito hanno attribuito un rating *investment-grade* solo al Botswana e a Maurizio, seguiti dalla Costa d'Avorio, dal Marocco e dal Sudafrica nella categoria speculativa *non-investment grade* (Trading Economics, 2022). Le agenzie di rating del credito potrebbero non disporre di dati e approfondimenti dettagliati sui Paesi africani. Un recente studio dell'UNDP (2023) ha confrontato i rating neutrali basati su modelli con quelli emessi dalle agenzie di rating del credito, stimando che questi ultimi hanno portato a tassi d'interesse più elevati e hanno frenato la mobilitazione degli investimenti, creando un costo opportunità totale che ha raggiunto i 74,5 miliardi di USD per i Paesi africani. I rating del credito dei Paesi servono anche come parametro di riferimento per i detentori di debito privato, influenzando così anche il costo del capitale privato (ad esempio, i tassi di interesse e la durata dei prestiti). L'elevato costo del capitale ha costituito un ostacolo alla mobilitazione di investimenti, in particolare nei settori in cui sono necessarie notevoli spese iniziali in conto capitale. È il caso del settore energetico dove, nel 2021, il costo medio ponderato del capitale in Africa era circa sette volte superiore a quello dell'Europa e dell'America del Nord (IEA, 2022).

Una migliore allocazione delle fonti di finanziamento esistenti può contribuire all'integrazione regionale e allo sviluppo sostenibile dell'Africa.

Le fonti di finanziamento esterne e interne dell'Africa mostrano un potenziale non sfruttato per promuovere investimenti sostenibili nel continente. La Tabella 1 esamina i punti di forza e di debolezza di alcune delle principali fonti potenziali di investimenti sostenibili in Africa. Il potenziale degli IDE e delle rimesse per contribuire a una crescita sostenibile rimane sottoutilizzato a causa della limitata integrazione con le attività produttive del continente. L'aiuto pubblico allo sviluppo (APS) ha mostrato capacità di recupero durante la pandemia da COVID-19, ma rimane al di sotto dei livelli promessi. Gli investimenti privati orientati alla sostenibilità come gli investimenti a impatto sociale e la filantropia, hanno ancora dimensioni e impatti ridotti e si prestano a specifici pregiudizi settoriali e nazionali. Tra le fonti interne di investimento, le imprese multinazionali regionali e gli investitori istituzionali offrono un potenziale inutilizzato per sostenere una crescita sostenibile e resiliente. Le entrate pubbliche rappresentano la principale fonte di finanziamento nella maggior parte dei Paesi, ma la loro allocazione a favore degli obiettivi di sostenibilità rimane limitata e non sufficientemente segnalata. La mobilitazione delle risorse nazionali è necessaria per ampliare lo spazio fiscale dei governi nazionali e ridurre il peso dell'indebitamento, nonché per attirare investimenti sostenibili dal settore privato.

Tabella 1. Principali fonti di finanziamento dell'Africa e loro potenziale di promozione dello sviluppo sostenibile

	Fonti	Importi % del PIL dell'Africa	Punti di forza	Punti di debolezza
Esterne	Investimenti diretti esteri	83 miliardi di USD 2,6 % del PIL (2021)	Ricadute positive di produttività per i fornitori locali; formazione per la forza lavoro locale	Limitato allineamento con lo sviluppo sostenibile; le ricadute dipendono da collegamenti efficaci; vulnerabilità agli shock
	Rimesse	96 miliardi di USD 3,8 % del PIL (2021)	Collegamenti con le economie locali e il settore informale	Coordinamento limitato dei fondi; attenzione limitata alla trasformazione produttiva
	Aiuto pubblico allo sviluppo	65 miliardi di USD 2,5 % del PIL (2021)	Resilienza agli shock globali; attenzione alla sostenibilità sociale ed ecologica	Rimangono al di sotto degli impegni assunti; mobilitazione limitata degli investimenti privati nei Paesi a basso reddito
	Investitori d'impatto globale	24,3 miliardi di USD 1,0 % del PIL (2019) (attivi in gestione allocati in Africa)	Attenzione sui settori trasformativi (ad esempio, energia, finanza e piccole e medie imprese)	Attenzione sulle economie grandi e più avanzate
	Filantropia privata	2,1 miliardi di USD 0,1 % del PIL (2018-19)	Attenzione sui settori sociali (ad es. sanità e istruzione)	Importi relativamente modesti; non destinati ai Paesi più poveri
Interne	Entrate statali	466 miliardi di USD 16,7 % del PIL (2021)	Principale fonte di finanziamento nella maggior parte dei Paesi; resilienza alle condizioni monetarie internazionali	Sfide specifiche del Paese; diminuzione delle entrate su base reale pro capite; dati limitati sull'allocazione per lo sviluppo sostenibile
	Imprese multinazionali con sede in Africa	2,7 miliardi di USD 0,1 % del PIL (2021) (deflussi di IDE)	Impronta regionale; resilienza agli shock globali	Importi di finanziamento limitati; rischio di intensificare le disuguaglianze regionali
	Investitori istituzionali nazionali	1,8 mila miliardi di USD 73,3 % del PIL (2020) (attivi in gestione detenuti in Africa)	Vaste risorse finanziarie; integrate nei mercati finanziari locali	Avversione al rischio; investimenti limitati in attivi sostenibili

Nota: gli "importi" corrispondono ai flussi finanziari durante il periodo di riferimento, ad eccezione degli "Investitori d'impatto globale" e degli "Investitori istituzionali nazionali", che si riferiscono agli stock di fine periodo (attivi in gestione). Le fonti finanziarie possono sovrapporsi e non possono essere aggregate. Gli investitori d'impatto globale (GIIN, 2020) e la filantropia privata (OECD, 2021a) sono considerati fonti di finanziamento esterne, in quanto hanno origine per lo più al di fuori del continente africano.
Fonte: elaborazione degli autori basata su varie fonti. Per ulteriori informazioni, cfr. la Tabella 1.2 nel Capitolo 1.

Gli apporti finanziari esterni rappresentano importanti fonti di finanziamento per lo sviluppo del continente africano (Figura 1), ma il loro impatto sullo sviluppo sostenibile rimane limitato.

- Nel 2021 gli IDE e le rimesse sono rimasti i maggiori flussi finanziari esterni (6,4 % del PIL africano), ma il loro potenziale di promozione dello sviluppo sostenibile rimane sottoutilizzato. Ad esempio, un milione di USD di IDE crea 14 posti di lavoro nel settore tessile, 10 in quello delle apparecchiature elettroniche e nove in quello automobilistico, ma questi settori ad alta intensità occupazionale hanno attirato solo il 4,5 % degli IDE *greenfield* nei Paesi africani nel periodo 2003-20.
- L'APS è aumentato in risposta al COVID-19, ma è rimasto allo 0,36 % circa del reddito nazionale lordo dei Paesi donatori, ben al di sotto del livello promesso dello 0,7 % fissato dall'Agenda 2030 per lo sviluppo sostenibile. Nel 2022 l'APS bilaterale all'Africa è diminuito del 7,4 % rispetto all'anno precedente, malgrado un aumento generale a livello globale (OECD, 2023). Inoltre, l'APS presenta specifiche distorsioni settoriali e per Paese: mentre i finanziamenti privati mobilitati attraverso l'APS sono quintuplicati in Africa tra il 2012 e il 2020 (da soli 4 miliardi di USD a 22 miliardi di USD), meno del 30 % degli importi mobilitati è stato destinato ai Paesi a basso reddito (OECD, 2022b).
- Gli investimenti privati orientati alla sostenibilità (investimenti a impatto sociale e filantropia) sono ancora modesti e sbilanciati. Ad esempio, l'Africa meridionale ha un PIL (a parità di potere d'acquisto) pro capite tre volte superiore a quello dell'Africa centrale ma, nel periodo 2016-19, ha ricevuto afflussi filantropici pro capite quattro volte superiori.

Gli IDE con legami con le economie e i fornitori locali possono contribuire allo sviluppo sostenibile. Anche se gli effetti possono richiedere tempo per concretizzarsi, gli IDE possono aumentare la crescita e l'innovazione nel Paese ospitante (Diallo, Jacolin e Rabaud, 2021; OECD, 2022c). La nostra analisi dei dati a livello di impresa provenienti dalle Indagini sulle imprese della Banca mondiale mostra che, in media, le imprese straniere che operano nei Paesi africani fanno meno affidamento sui fattori di produzione provenienti da fornitori locali rispetto alle loro omologhe in Asia, in particolare nei settori della trasformazione agroalimentare e della produzione.

La mobilitazione degli investimenti della diaspora può contribuire allo sviluppo della produzione locale. Tra il 20 % e il 30 % delle rimesse globali sono destinate ad attività economiche (IFAD/World Bank, 2015). Gli investimenti della diaspora sono ideali per sostenere le reti di produzione locali, poiché la maggior parte degli investitori della diaspora tende a stabilire maggiori legami con i fornitori locali (Amendolagine et al., 2013). Tuttavia, la maggior parte di questi investimenti è indirizzata verso attività informali (Asquith e Opoku-Owusu, 2020). I prodotti di investimento strutturati della diaspora potrebbero attingere ai 33,7 miliardi di USD di risparmi annuali stimati della diaspora (Faal, 2019). Un'attenta pianificazione, l'approvazione delle normative nei Paesi ospitanti e prezzi competitivi sono fondamentali per il successo delle iniziative obbligazionarie della diaspora africana (AUC/OECD, 2021).

Gli IDE greenfield intra-africani sono stati più resistenti agli shock globali rispetto a quelli provenienti dall'esterno dell'Africa, oltre a presentare un margine di crescita. Dal 2017 al 2021 i flussi di IDE intra-africani hanno rappresentato solo il 9 % del totale degli IDE *greenfield* verso i Paesi africani. Hanno dato prova di resilienza durante la pandemia da COVID-19: nel 2020-21 gli IDE *greenfield* intra-africani sono diminuiti del 20 % rispetto al periodo 2018-19, mentre il calo degli IDE *greenfield* provenienti dall'esterno del continente è stato circa 3 volte superiore (-58 %). Gli investitori africani hanno incrementato i nuovi progetti di investimento nei settori delle TIC, delle energie rinnovabili e dei metalli (fDi Intelligence, 2022). L'analisi dei dati a livello di impresa della banca dati *Orbis* evidenzia che la stragrande maggioranza (69 %) delle società quotate in Africa opera in settori in crescita orientati ai servizi, come i servizi finanziari (29 %), la vendita al dettaglio (8 %), il settore immobiliare (6 %) e le tecnologie dell'informazione e della comunicazione (6 %).

Gli attivi detenuti dagli investitori istituzionali africani sono cresciuti rapidamente, con un grande potenziale di investimenti in attività economiche sostenibili. Secondo le stime, nel 2020 gli investitori istituzionali africani avevano un patrimonio in gestione di circa 1,8 mila miliardi di USD, con un aumento del 48 % rispetto al 2017 (Juvonen et al., 2019). I dati dell'OCSE mostrano che i fondi pensione di 15 Paesi africani hanno accumulato 380 miliardi di USD di attivi entro il 2020, con il Sudafrica che rappresenta quasi l'80 % del totale (OECD, 2021b). Ciò si traduce in una quota media del PIL del 25 % per l'Africa (trainata soprattutto dal Sudafrica, dalla Namibia e dal Botswana), rispetto al 22 % dell'America latina e dei Caraibi e al 3 % dell'Asia in via di sviluppo. Tuttavia, gli attivi alternativi - come infrastrutture, immobili, attivi verdi e sostenibili, *private equity* e capitale di rischio - rappresentano meno del 3 % dei portafogli in una valutazione di cinque mercati pensionistici africani, ovvero Ghana, Kenya, Namibia, Nigeria e Sudafrica (AfDB/IFC/MFW4A, 2022). La metà dei principali fondi pensione africani dichiara che la sostenibilità è un obiettivo importante dei propri investimenti; tuttavia, essi condividono informazioni limitate sulle proprie strategie di sostenibilità (Stewart, 2022). Ciò rispecchia le tendenze globali degli investitori istituzionali (OECD, 2021c).

Dati migliori, partenariati diretti dalle istituzioni africane e politiche regionali possono accelerare gli investimenti sostenibili in tutto il continente

Quali politiche possono aiutare i Paesi africani a mobilitare maggiori investimenti e a destinarli all'Agenda 2063 e alle priorità per lo sviluppo sostenibile? L'allocazione efficace delle risorse finanziarie e fiscali africane esistenti a favore della sostenibilità offre il potenziale maggiore. Mentre la comunità internazionale deve rispettare i suoi obblighi di finanza sostenibile nei confronti dei Paesi in via di sviluppo, i governi africani, il settore privato e la società civile devono collaborare più strettamente per attirare più investimenti sostenibili nelle economie africane. Il presente rapporto propone tre principali priorità delle politiche per accelerare gli investimenti sostenibili nel continente(Tabella 2).

Tabella 2. Investire nello sviluppo sostenibile dell'Africa: tre principali agende in materia di politiche per il continente

Sfida	Agenda delle politiche	Azione basata sulle politiche
Scarsa fiducia degli investitori ed elevato costo del capitale	Orientare le valutazioni del rischio e le misure di sostenibilità	Rafforzare la capacità statistica nazionale per le valutazioni del rischio Paese
		Orientare la *due diligence* degli investitori e la valutazione del rischio del progetto con dati dettagliati
		Contribuire a quadri di sostenibilità e raccolta dati adattati al contesto locale
	Partenariati diretti dall'Africa per la realizzazione di quadri e strumenti	Il rafforzamento dei mercati dei capitali per sostenere la crescita delle imprese africane e ampliare la disponibilità di prodotti finanziari per gli investitori
Sono necessari quadri di riferimento per esaminare gli attivi africani e orientare gli investimenti verso lo sviluppo sostenibile		Aumentare la capacità delle istituzioni finanziarie locali di allineare la finanza sostenibile alle priorità nazionali
		Adattare e sviluppare strumenti di finanziamento innovativi adatti ai contesti locali
	Integrazione regionale per ottimizzare gli impatti	Armonizzare le politiche, migliorare le infrastrutture digitali e i corridoi di sviluppo
		Fornire sostegno alle piccole e medie imprese ai fini dell'integrazione nelle catene del valore regionali
		Garantire l'effettiva attuazione del Protocollo sugli investimenti della Zona continentale di libero scambio per l'Africa

Le regioni africane possono far maggior leva sulle loro risorse per accelerare la trasformazione produttiva e lo sviluppo sostenibile. I cinque capitoli del rapporto dedicati alle regioni evidenziano come le regioni africane possano accelerare gli investimenti sostenibili nei settori strategici (cfr. la Tabella 3 e Capitoli 3-7). Gli studi di caso propongono modi per rendere operative le raccomandazioni strategiche continentali presentate nella Tabella 2 in settori e regioni specifici, suggerendo al contempo come la trasformazione produttiva e i risultati dello sviluppo sostenibile possano rafforzarsi a vicenda.

- L'Africa meridionale rappresenta circa il 60 % della capacità di energia solare installata in Africa, mentre la Rift Valley nell'Africa orientale possiede il potenziale geotermico più ricco del continente. Il settore delle energie rinnovabili offre a queste regioni l'opportunità di combinare la sicurezza energetica e la mitigazione del clima con la creazione di posti di lavoro e imprese.
- Le foreste dell'Africa centrale contengono il 62 % dello stock di carbonio da biomassa del continente, ovvero l'11 % dello stock globale. La conservazione degli ecosistemi naturali della regione promette vantaggi sia economici che ecologici.
- Il finanziamento misto legato al clima destinato all'Africa settentrionale è aumentato di 4,9 volte, passando da una media di 91 milioni di USD nel periodo 2012-16 a 447 milioni di USD nel 2017-21, rispetto a un fattore di 2,4 per l'Asia in via di sviluppo e di 3,4 per l'America latina e i Caraibi. Quadri istituzionali armonizzati e approfonditi su tali strumenti finanziari possono aiutare la regione a mobilitare i fondi necessari per un adattamento efficace ai cambiamenti climatici.
- Il valore aggiunto dell'agricoltura, della silvicoltura e della pesca nell'Africa occidentale era pari al 24,4 % del PIL nel 2021, rispetto al 16,5 % dell'Africa e al 4,3 % del mondo. Il miglioramento delle catene di approvvigionamento della regione per i prodotti alimentari trasformati ridurrebbe le importazioni e l'informalità del settore.

Tabella 3. Investire nello sviluppo sostenibile dell'Africa: raccomandazioni strategiche per regione

Regione	Studio di caso	Raccomandazioni strategiche
Africa meridionale	Energie rinnovabili	• Armonizzare i quadri normativi e accelerare le iniziative regionali nel settore delle infrastrutture per l'energia rinnovabile • Rafforzare le alleanze pubblico-privato e i finanziamenti per lo sviluppo sulla base delle priorità energetiche nazionali • Adottare soluzioni strategiche mirate per sviluppare i progetti di energia rinnovabile fuori rete nelle aree rurali
Africa centrale	Ecosistemi naturali	• Migliorare la contabilità del capitale naturale per orientare meglio gli investitori e le parti interessate • Creare un quadro istituzionale per la monetizzazione degli ecosistemi naturali • Garantire la proprietà locale nello sviluppo di meccanismi di finanziamento innovativi
Africa orientale	Energie rinnovabili	• Migliorare i quadri normativi e la capacità delle aziende energetiche pubbliche di accrescere la fiducia degli investitori • Rafforzare le istituzioni finanziarie locali per agevolare la disponibilità di risorse destinate ai progetti di energia rinnovabile • Sostenere la crescita di imprese innovative attraverso politiche di integrazione regionale come la Zona continentale di libero scambio per l'Africa e la Comunità economica dell'Africa orientale
Africa settentrionale	Finanziamenti per il clima	• Migliorare le valutazioni delle esigenze di finanziamento in funzione delle priorità nazionali e multisettoriali • Adottare e attuare quadri normativi inclusivi sulla finanza sostenibile • Incoraggiare lo sviluppo di mercati finanziari sostenibili (a livello nazionale e regionale)
Africa occidentale	Catene del valore agroalimentari	• Migliorare l'accesso delle piccole aziende agricole a prodotti finanziari incentrati su produttività e sostenibilità • Rafforzare le politiche agricole regionali e i programmi legati al territorio, come i parchi agroindustriali • Sostenere la sicurezza alimentare e le pratiche agricole attraverso poli agricoli, incubatori e partenariati tecnici

Una maggiore disponibilità di informazioni e di dati favorisce una migliore allocazione delle risorse e rafforza la fiducia degli investitori

Il rafforzamento delle capacità statistiche nazionali dei Paesi africani può rendere più accurate le valutazioni del rischio Paese e ridurre il costo del servizio del debito. Le organizzazioni e i partenariati internazionali potrebbero intensificare il sostegno alle capacità statistiche nazionali dei ministeri delle Finanze e degli Istituti statistici. A livello nazionale, la maggior parte dei governi può aumentare la spesa pubblica per le capacità statistiche fino allo 0,15 % del bilancio nazionale (rispetto a una media africana dello 0,07 % appena nel 2021), come previsto dalla *Strategia per l'armonizzazione delle statistiche in Africa 2017-2026* (AUC/AfDB/UNECA/ACBF, 2017; AUDA-NEPAD, 2022). Un gran numero di Paesi africani potrebbe migliorare i propri differenziali dei titoli sovrani di 14,5 punti base e diminuire il proprio debito estero di circa 400 milioni di USD ponendo i propri livelli medi di trasparenza dei dati (ossia l'adesione alle norme e alle migliori pratiche internazionali in materia di dati) al pari di quelli dei Paesi più performanti (Kubota e Zeufack, 2020). Il potenziamento delle capacità statistiche delle autorità fiscali aiuterebbe inoltre i Paesi africani a recuperare una parte dei 50 miliardi di USD di flussi finanziari illeciti che perdono ogni anno, ad esempio consentendo alle autorità di applicare la rendicontazione finanziaria Paese per Paese per le imprese multinazionali o di confrontare i registri fiscali con i dati di registrazione delle imprese (High Level Panel on Illicit Financial Flows from Africa, 2021).

Tabella 4. Raccomandazioni basate su politiche volte a migliorare la disponibilità di informazioni e di dati

Tipo di valutazione del rischio	Azioni strategiche specifiche	Illustrazione
Valutazioni del rischio sovrano	• Migliorare la raccolta e la diffusione dei dati, in particolare quelli macroeconomici • Prevedere obblighi di licenza e di divulgazione per le agenzie di rating del credito	Nel 2021, meno del 30% dei Paesi africani aveva un piano statistico completamente finanziato, rispetto al 44 % dell'America latina e dei Caraibi e al 47 % dell'Asia in via di sviluppo.
Valutazioni del rischio del progetto	• Collaborare con terze parti per condividere informazioni dettagliate di mercato, tecniche e legali per settori mirati. • Rafforzare il dialogo tra imprese e governo, consentendo un riscontro sulle politiche e sugli ostacoli agli investimenti	La Rete africana di dati del settore automobilistico (African Automotive Data Network) raccoglie dati dettagliati sulle vendite di veicoli, sulla domanda, sui tassi di motorizzazione e sugli stabilimenti di assemblaggio.
Valutazioni di sostenibilità	• Armonizzare e applicare le metodologie di valutazione e segnalazione in materia di sostenibilità • Fornire alle piccole e medie imprese la capacità di raccogliere dati sugli investimenti sostenibili	L'indagine CUA/OCSE sugli investitori mostra che la mancanza di capacità dei partner della catena di approvvigionamento, la scarsa chiarezza dei criteri di sostenibilità e la limitata capacità di misurazione rappresentano importanti ostacoli.

Nota: per ulteriori esempi, cfr. la Tabella 2.2 del Capitolo 2.

Gli enti pubblici e le organizzazioni internazionali, in collaborazione con gli attori privati, possono aggregare e condividere informazioni settoriali e dati sulla sostenibilità. I risultati dell'indagine AUC/OECD tra gli investitori mostrano che gli investitori richiedono informazioni maggiormente ufficiali e specifiche sugli incentivi e sui dati statistici (Figura 5). Le agenzie di promozione degli investimenti, le autorità di regolamentazione e altri enti pubblici dovrebbero fornire tali informazioni a livello nazionale, aggiornando regolarmente i dati e presentandoli in formati armonizzati e di facile utilizzo. Allo stesso modo, i governi africani possono incoraggiare la raccolta di dati sulla sostenibilità attraverso quadri nazionali in grado di diventare la base per un'architettura continentale della finanza sostenibile (Were, 2022; Capitolo 7).

Nell'**Africa centrale**, il miglioramento della contabilità del capitale naturale potrebbe sbloccare ulteriori finanziamenti a favore dello sviluppo sostenibile della regione (Capitolo 4). Malgrado rappresenti il più grande bacino di assorbimento del carbonio al mondo, con un valore di 55 miliardi di USD all'anno, nell'ultimo decennio solo il 12 % dei finanziamenti internazionali destinati alla gestione sostenibile delle foreste è stato destinato alle foreste del bacino del fiume Congo, dopo il bacino del Rio delle Amazzoni (34 %) e le foreste del Sud-est asiatico (55 %). L'adesione a quadri internazionali quale il Sistema di contabilità economica ambientale delle Nazioni Unite, come hanno fatto il Burundi e il Camerun, può aiutare i governi a fornire stime attendibili del capitale naturale, a valutare le opportunità e a migliorare l'allocazione dei finanziamenti sostenibili.

Figura 5. Risposte alla domanda dell'indagine CUA/OCSE tra gli investitori "Quali fonti di informazione dovrebbero essere maggiormente disponibili?"

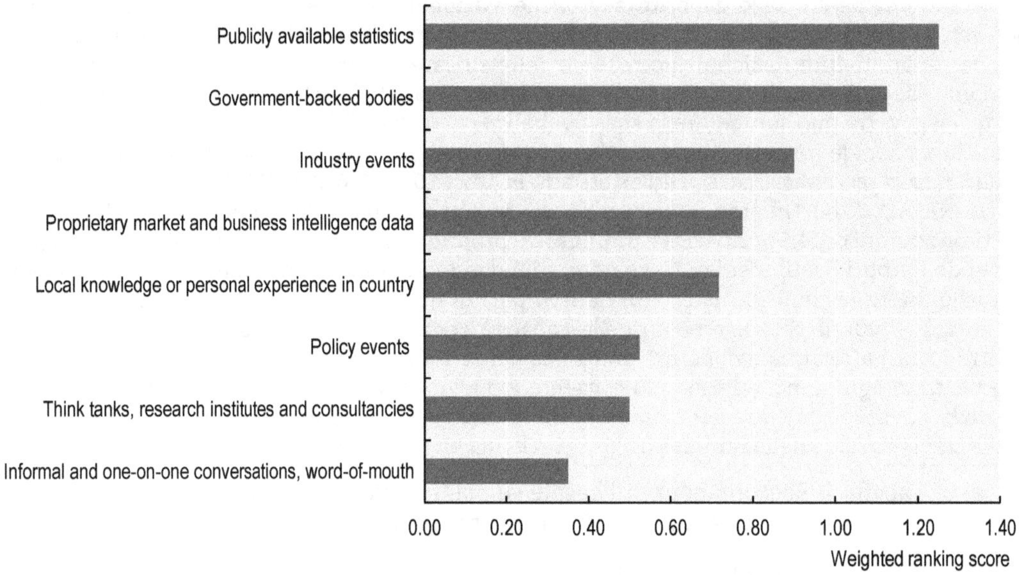

Nota: n = 40. L'indagine CUA/OCSE tra gli investitori è stata condotta nel settembre 2022 presso le reti dei consigli delle imprese africane e il Forum delle imprese UE-Africa. I risultati mostrano un punteggio di classifica ponderato. Per ulteriori informazioni, cfr. la Figura 2.1 nel Capitolo 2.

StatLink *https://stat.link/rpqjic*

Il rafforzamento delle istituzioni e dei partenariati a guida africana può rendere più efficace la finanza sostenibile

L'espansione e l'interconnessione delle borse locali potrebbe mobilitare ulteriori finanziamenti a sostegno della crescita delle imprese africane. La capitalizzazione di mercato delle 28 borse nazionali e delle 2 regionali in Africa rimane molto inferiore a quella di economie in via di sviluppo comparabili: nel 2021, il valore totale delle offerte pubbliche iniziali (IPO) africane consisteva in meno di un miliardo di USD (rispetto ai 14 miliardi di USD del Brasile e ai 17 miliardi dell'India). Nel periodo 2017-21 le IPO africane hanno rappresentato meno dell'1 % del valore globale di 1,5 mila miliardi di USD (PwC, 2021). Nello stesso periodo, il 77 %

di tutti i capitali raccolti tramite le IPO in Africa proveniva da tre soli mercati (Egitto, Nigeria e Sudafrica). L'interconnessione delle borse è in grado di ridurre i costi delle transazioni, aumentare l'attività di negoziazione e consentire una maggiore integrazione dei mercati dei capitali. Migliorare la trasparenza dei requisiti di quotazione nelle borse africane potrebbe sbloccare i finanziamenti a favore delle imprese più piccole. Ad esempio, il Progetto di collegamento delle borse africane (African Exchanges Linkage Project), lanciato nel 2022, consente la negoziazione transfrontaliera di titoli senza soluzione di continuità tra sette borse africane che rappresentano circa 1,5 mila miliardi di USD di capitalizzazione.

Migliorare la capitalizzazione delle istituzioni di finanziamento allo sviluppo (IFS) africane può consentire loro di sostenere gli obiettivi di sviluppo nazionali. L'Africa ospita 102 IFS, che rappresentano circa il 20 % del numero totale a livello globale. Tuttavia, le IFS africane raramente gestiscono attivi per un valore superiore al 2-3 % del PIL del loro Paese. Date le posizioni fiscali limitate dei governi africani, i donatori potrebbero aumentare la capitalizzazione delle IFS africane per rafforzare la loro capacità di canalizzare gli investimenti. Iniziative come il Programma di preparazione del Fondo mondiale per il clima (GCF) possono aiutare le IFSI africane a diversificare i loro finanziamenti. Il programma fornisce sovvenzioni fino a un milione di USD all'anno e assistenza tecnica alle istituzioni locali di 35 Paesi africani per ricevere gli accreditamenti e assicurarsi i finanziamenti del GCF (GCF, n.d.). La comunità internazionale potrebbe anche considerare la possibilità di riassegnare parte dei diritti speciali di prelievo dell'FMI a istituzioni finanziarie africane caratterizzate da una buona gestione, per garantire l'allineamento con le priorità regionali. La Banca africana di sviluppo e il presidente dell'Unione africana hanno chiesto la riassegnazione di 100 miliardi di USD in diritti speciali di prelievo attraverso il Fondo africano di sviluppo per fornire finanziamenti agevolati ai Paesi a basso reddito (AfDB, 2022).

Lo sfruttamento di strumenti di finanziamento innovativi può sbloccare ulteriori investimenti sostenibili. I governi africani possono ricorrere a strumenti innovativi come le obbligazioni "verdi, sociali, sostenibili e legate alla sostenibilità" o i crediti di carbonio per aumentare i finanziamenti per il clima (Dembele, Schwarz e Horrocks, 2021; Capitoli 4, 5 e 6). Ad esempio, nel 2021 il Gabon è diventato il primo Paese africano a ricevere fondi (17 milioni di USD) nell'ambito dell'accordo di 150 milioni di USD basato sui risultati con l'Iniziativa per le foreste dell'Africa centrale, per gli sforzi compiuti dal Paese nella riduzione della deforestazione nel biennio 2016-17 (CAFI, 2021). L'emissione di obbligazioni verdi in nove Paesi africani ha mobilitato 4,5 miliardi di USD nel periodo 2014-21. Potrebbe essere incrementata con riforme normative di supporto, come quelle attuate nell'America latina e nei Caraibi, che hanno attratto 32,8 miliardi nello stesso periodo. L'attuazione di sistemi di scambio di crediti di carbonio potrebbe mobilitare fino a 245 miliardi di USD (Wambui, 2022; Yu et al., 2021). L'Iniziativa per i mercati del carbonio in Africa (Africa Carbon Markets Initiative), lanciata alla COP27, mira a mobilitare 6 miliardi di USD e a creare 30 milioni di posti di lavoro entro il 2030. Infine, le soluzioni di finanziamento in valuta locale e altri strumenti di mitigazione del rischio possono rendere i progetti più fattibili ed economicamente accessibili per gli investitori locali. Ad esempio, InfraCredit Nigeria fornisce garanzie in valuta locale e dal 2017 ha mobilitato quasi 240 milioni di USD dai fondi pensione nazionali per finanziare attività infrastrutturali.

> Nell'**Africa settentrionale e occidentale**, i partenariati diretti dall'Africa promuovono lo sviluppo di strumenti di finanziamento verdi (Capitoli 6 e 7). Le consultazioni tra più parti interessate e le riforme normative hanno permesso all'Egitto e al Marocco di mobilitare 1,1 miliardi di USD attraverso l'emissione di obbligazioni verdi, ovvero il 25 % del totale delle emissioni di obbligazioni verdi in tutta l'Africa nel periodo 2014-21. L'Iniziativa dell'Africa occidentale per un'agricoltura intelligente sul piano climatico, un fondo di finanziamento misto, opera attraverso istituzioni finanziarie locali e terze parti per offrire assistenza tecnica e prestiti a tassi di interesse agevolati alle organizzazioni di agricoltori e alle imprese agroalimentari che utilizzano pratiche agricole resilienti al clima.

Politiche di integrazione regionale efficaci possono contribuire a mobilitare investimenti sostenibili

L'armonizzazione delle politiche nazionali di investimento e delle strategie di trasformazione produttiva può aumentare le opportunità di investimento sostenibile. I piccoli mercati nazionali, i rischi macroeconomici, i contesti normativi inadeguati e i regimi di autorizzazione e di registrazione aumentano i rischi e i costi di ricerca delle opportunità di investimento. Le politiche di investimento e le strategie di trasformazione produttiva possono essere abbinate per affrontare questi problemi. I governi africani possono mettere la sostenibilità al centro delle politiche di investimento e dell'efficacia normativa, in particolare in settori strategici come quello delle energie rinnovabili (cfr. i Capitoli 3 e 5).

I corridoi di sviluppo e le infrastrutture digitali possono essere ampliati per ridurre i deficit, aumentare la sostenibilità e facilitare il commercio. Entro il 2030 saranno necessari 411 miliardi di USD per tutti i mezzi di trasporto - camion, veicoli ferroviari, aerei e navi - per far fronte all'aumento degli scambi commerciali determinato dalla Zona continentale di libero scambio per l'Africa (AfCFTA) (UNECA, 2022). Nel contesto del Programma per lo sviluppo delle infrastrutture in Africa, l'Unione africana ha posto i corridoi di sviluppo in cima all'agenda dell'integrazione regionale africana (AU, 2017). Un approccio olistico e multidimensionale ai corridoi di sviluppo può aiutare ad affrontare i deficit infrastrutturali del continente e contribuire alla sostenibilità sociale e ambientale (AU, 2020). L'espansione delle infrastrutture digitali attraverso il Sistema panafricano di pagamento e regolamento mira a facilitare gli scambi commerciali, in particolare riducendo il costo del cambio nelle 42 valute africane (AUC/OECD, 2021, 2022).

La creazione di legami tra le imprese multinazionali e le piccole e medie imprese locali richiede tempo e necessita di un contributo mediante politiche volte a generare risultati sostenibili. L'impatto di tali legami può richiedere fino a 15 anni per concretizzarsi, in quanto le imprese leader necessitano di tempo per investire risorse finanziarie, umane e tecnologiche (Jenkins et al., 2007). I responsabili delle politiche possono mettere in campo servizi di sostegno complementari - come programmi di sviluppo dei fornitori, servizi di abbinamento e fornitura di dati, incentivi mirati, politiche di raggruppamento inclusive e supporto per soddisfare le norme internazionali - per favorire i collegamenti della catena del valore (AUC/OECD, 2022; OECD, 2021d). Il sostegno di terzi, come agenzie di formazione o di certificazione, può aumentare i benefici che le aziende leader trasferiscono alle PMI attraverso i collegamenti della catena del valore (cfr. il Capitolo 7).

Il Protocollo sugli investimenti dell'AfCFTA promette di armonizzare il panorama delle politiche di investimento africane. Attualmente esistono 852 trattati bilaterali di investimento sia tra Paesi africani sia tra Paesi africani e non africani (UNECA/AU/AfDB/UNCTAD, 2019). La liberalizzazione del commercio e l'armonizzazione delle leggi sugli investimenti, sulla concorrenza e sui diritti di proprietà intellettuale nell'ambito dell'AfCFTA potrebbero incrementare lo stock di IDE dell'Africa del 122 % dall'esterno del continente e del 68 % da altri Paesi africani rispetto ai livelli del 2017 (Echandi, Maliszewska e Steenbergen, 2022). L'attuazione del Protocollo sugli investimenti dell'AfCFTA, approvato al Vertice dell'Unione africana nel febbraio 2023, richiede meccanismi di monitoraggio; le esperienze delle comunità economiche regionali africane - come la scheda di valutazione del clima degli investimenti dell'ECOWAS e il quadro della politica degli investimenti della SADC - e di altre regioni del mondo forniscono esempi di come coordinare le politiche e monitorare i progressi. Lo scambio continuo con i rappresentanti del settore privato, ad esempio attraverso l'iniziativa AfroChampions, contribuirebbe a promuovere le opportunità di investimento durante il processo di attuazione dell'AfCFTA.

> Nell'**Africa orientale e meridionale**, i progetti transfrontalieri possono sostenere lo sviluppo delle energie rinnovabili e il commercio transfrontaliero di energia rinnovabile (Capitoli 3 e 5). Il Corridoio africano per l'energia pulita, che collega il Pool energetico dell'Africa orientale (Eastern Africa Power Pool) e il Pool energetico dell'Africa meridionale (Southern African Power Pool), mira ad aumentare la fornitura di elettricità di 2,5 volte, soddisfacendo il 40-50 % del fabbisogno energetico di entrambe le regioni entro il 2030 e riducendo al contempo i livelli di emissioni annuali di CO_2 di 310 megatoni.

Nota

1. La crescita del PIL pro capite dovrebbe essere inferiore, pari all'1,3 % nel 2023 e all'1,8 % nel 2024, a causa della forte crescita demografica.

Riferimenti bibliografici

AfDB (2022), "President Macky Sall and African Development Bank Group head Dr Akinwumi Adesina call for substantial support for Africa's low-income countries", 17 September, African Development Bank article, www.afdb.org/fr/news-and-events/president-macky-sall-and-african-development-bank-group-head-dr-akinwumi-adesina-call-substantial-support-africas-low-income-countries-54845.

AfDB/IFC/MFW4A (2022), *Gauging Appetite of African Institutional Investors for New Asset Classes*, African Development Bank, International Finance Corporation and Making Finance Work for Africa, www.mfw4a.org/sites/default/files/resources/gauging_appetite_of_african_institutional_investors_for_new_asset_classes_-_published.pdf.

AfDB/OECD/UNDP (2015), *African Economic Outlook 2015: Regional Development and Spatial Inclusion*, OECD Publishing, Paris, https://doi.org/10.1787/aeo-2015-en.

Amendolagine, V. et al. (2013), "FDI and local linkages in developing countries: Evidence from sub-Saharan Africa", *World Development*, Vol. 50, pp. 41-56, https://doi.org/10.1016/j.worlddev.2013.05.001.

Asquith, P. and S. Opoku-Owusu (2020), "Diaspora investment to help achieve the SDGs in Africa: Prospects and trends", in *Foreign Direct Investment Perspective through Foreign Direct Divestment*, IntechOpen, London, www.intechopen.com/chapters/72728.

AU (2020), *The Integrated Corridor Approach - "A Holistic Infrastructure Planning Framework to Establish PIDA-PAP 2"*, Strategic Note, African Union, https://pp2.au-pida.org/wp-content/uploads/2020/04/English-Strategic-Note_Integrated-Corridor-Approach-and-Selection-Criteria-AUC.pdf.

AU (2017), "Infrastructure corridors are key to Africa's intra-regional trade, job creation: Stakeholders agree at PIDA Session", Press Release, African Union, https://au.int/en/pressreleases/20171127/infrastructure-corridors-are-key-africa%E2%80%99s-intra-regional-trade-job-creation.

AUC/AfDB/UNECA/ACBF (2017), *Strategy for the Harmonization of Statistics in Africa 2017-2026 (SHaSA 2)*, https://au.int/sites/default/files/documents/34580-doc-34577-doc-shasa_ii_strategy_eng_full_web.pdf.

AUC/OECD (2022), *Africa's Development Dynamics 2022: Regional Value Chains for a Sustainable Recovery*, AUC, Addis Ababa/OECD Publishing, Paris, https://doi.org/10.1787/2e3b97fd-en.

AUC/OECD (2021), *Africa's Development Dynamics 2021: Digital Transformation for Quality Jobs*, AUC, Addis Ababa/OECD Publishing, Paris, https://doi.org/10.1787/0a5c9314-en.

AUC/OECD (2019), *Africa's Development Dynamics 2019: Achieving Productive Transformation*, OECD Publishing, Paris/AUC, Addis Ababa, https://doi.org/10.1787/c1cd7de0-en.

AUC/OECD (2018), *Africa's Development Dynamics 2018: Growth, Jobs and Inequalities*, OECD Publishing, Paris/AUC, Addis Ababa, https://doi.org/10.1787/9789264302501-en.

AUDA-NEPAD (2022), *Second Continental Report on the Implementation of Agenda 2063*, African Union Development Agency, South Africa, www.nepad.org/microsite/2nd-continental-report-implementation-of-agenda-2063.

BCG (2022), *Global Asset Management 2022: From Tailwinds to Turbulence*, Boston Consulting Group, https://web-assets.bcg.com/c8/5a/2f2f5d784302b945ba1f3276abbc/global-asset-management-2022-from-tailwinds-to-turbulence-may-2022.pdf.

CAFI (2021), "Gabon: First in Africa to receive payments for preserved rainforests", Central African Forest Initiative, www.cafi.org/countries/gabon/gabon-first-africa-receive-payments-preserved-rainforests.

Dembele, F., R. Schwarz and P. Horrocks (2021), *Scaling Up Green, Social, Sustainability and Sustainability-linked Bond Issuances in Developing Countries*, OECD Publishing, Paris, www.oecd.org/dac/financing-sustainable-development/blended-finance-principles/documents/scaling-up-green-social-sustainability-sustainability-linked-bond-issuances-developing-countries.pdf.

Diallo, A., L. Jacolin and I. Rabaud (2021), "Foreign direct investment and domestic private investment in sub-Saharan African countries: Crowding-in or out", *Ferdi Working Papers*, No. 292, https://ferdi.fr/dl/df-MtwJiRQa4ZgpWvN5BBwKh5X3/ferdi-p292-foreign-direct-investment-and-domestic-private-investment-in.pdf.

Echandi, R., M. Maliszewska and V. Steenbergen (2022), *Making the Most of the African Continental Free Trade Area: Leveraging Trade and Foreign Direct Investment to Boost Growth and Reduce Poverty*, International Bank for Reconstruction and Development/World Bank, Washington, DC, https://documents1.worldbank.org/curated/en/099305006222230294/pdf/P1722320bf22cd02c09f2b0b3b320afc4a7.pdf.

Faal, G. (2019), *Strategic, Business and Operational Framework for an African Diaspora Finance Corporation: African Union Legacy Project on Diaspora Investment, Innovative Finance and Social Enterprise in Africa*, African Union Commission, Addis Ababa, https://au.int/sites/default/files/documents/40847-doc-EN_-_ADFC_Business_and_Operational_Framework_-_May_2019.pdf.

FAO (2022), *FAOSTAT* (database), Food and Agriculture Organization of the United Nations, www.fao.org/faostat/en/#home, (consultato nell'ottobre 2022).

fDi Intelligence (2022), *fDi Markets* (database), www.fdiintelligence.com/fdi-markets (consultato il 19 settembre 2022).

GCA (2022), *State and Trends in Adaptation in Africa 2022*, Global Center on Adaptation, Rotterdam, https://gca.org/reports/sta22/.

GCF (n.d.), "Overview", Green Climate Fund webpage, www.greenclimate.fund/readiness (consultato il 2 febbraio 2023).

GIIN (2020), *Annual Impact Investor Survey*, Global Impact Investing Network, https://thegiin.org/assets/GIIN%20Annual%20Impact%20Investor%20Survey%202020.pdf.

High Level Panel on Illicit Financial Flows from Africa (2021), *Track it! Stop it! Get it! Report of the High Level Panel on Illicit Financial Flows from Africa*, AU/UNECA Conference of Ministers of Finance, Planning and Economic Development, https://au.int/sites/default/files/documents/40545-doc-IFFs_REPORT.pdf.

IEA (2022), *Africa Energy Outlook 2022*, International Energy Agency, Paris, www.iea.org/reports/africa-energy-outlook-2022.

IFAD/World Bank (2015), *The Use of Remittances and Financial Inclusion*, International Fund for Agricultural Development, Rome, www.ifad.org/documents/38714170/40187309/gpfi.pdf/58ce7a06-7ec0-42e8-82dc-c069227edb79.

IMF (2023a), *Regional Economic Outlook Africa, April 2023*, IMF Publication Services, International Monetary Fund, Washington, DC, www.imf.org/en/Publications/REO/SSA/Issues/2023/04/14/regional-economic-outlook-for-sub-saharan-africa-april-2023.

IMF (2023b), "List of LIC DSAs for PRGT-eligible countries", International Monetary Fund, Washington, DC, www.imf.org/external/Pubs/ft/dsa/DSAlist.pdf.

IMF (2022), *World Economic Outlook Database*, October 2022 Edition, International Monetary Fund, www.imf.org/en/Publications/WEO/weo-database/2022/October (consultato nell'ottobre 2022).

Jenkins, B. et al. (2007), *Business Linkages: Lessons, Opportunities, and Challenges*, International Finance Corporation, International Business Leaders Forum and the Kennedy School of Government, Harvard, www.hks.harvard.edu/sites/default/files/centers/mrcbg/programs/cri/files/report_16_BUSINESS%2BLINKAGESFINAL.pdf.

Juvonen, K. et al. (2019), "Unleashing the potential of institutional investors in Africa", *AfDB Working Papers*, No. 325, African Development Bank, Abidjan, www.afdb.org/sites/default/files/documents/publications/wps_no_325_unleashing_the_potential_of_institutional_investors_in_africa_c_rv1.pdf.

Kubota, M. and A. Zeufack (2020), "Assessing the returns on investment in data openness and transparency", *World Bank Policy Research Working Paper*, No. 9139, World Bank, Washington, DC, https://openknowledge.worldbank.org/entities/publication/5dad280a-b4a8-538b-a34b-407980c8a848.

OECD (2023), "ODA Levels in 2022 – preliminary data: Detailed summary note", OECD, Paris, www.oecd.org/dac/financing-sustainable-development/ODA-2022-summary.pdf.

OECD (2022a), *Global Outlook on Financing for Sustainable Development 2023*, OECD Publishing, Paris, https://doi.org/10.1787/fcbe6ce9-en.

OECD (2022b), "Mobilisation", *Flows Based on Individual Projects (CRS)* (dataset), OECD Publishing, Paris, https://stats-1.oecd.org/Index.aspx?DataSetCode=DV_DCD_MOBILISATION (consultato nel dicembre 2022).

OECD (2022c), *FDI Qualities Policy Toolkit*, OECD Publishing, Paris, www.oecd-ilibrary.org/finance-and-investment/fdi-qualities-policy-toolkit_7ba74100-en.

OECD (2021a), *Private Philanthropy for Development: Data for Action Dashboard* (database), OECD Publishing, Paris, https://oecd-main.shinyapps.io/philanthropy4development/ (consultato nel novembre 2022).

OECD (2021b), *OECD Global Pension Statistics* (database), https://doi.org/10.1787/pension-data-en (consultato nell'ottobre 2022).

OECD (2021c), *Mobilising Institutional Investors for Financing Sustainable Development in Developing Countries: Emerging Evidence of Opportunities and Challenges*, OECD Publishing, Paris, www.oecd.org/dac/financing-sustainable-development/Mobilising-institutional-investors-for-financing-sustainable-development-final.pdf.

OECD (2021d), "Enabling SME linkages with foreign firms in global value chains", in *Middle East and North Africa Investment Policy Perspectives*, OECD Publishing, Paris, https://doi.org/10.1787/824a45f1-en.

OECD/ATAF/AUC (2022), *Revenue Statistics in Africa 2022*, OECD Publishing, Paris, https://doi.org/10.1787/ea66fbde-en-fr.

PwC (2021), *Africa Capital Markets Watch 2021*, PricewaterhouseCoopers, www.pwc.co.za/en/assets/pdf/africa-capital-markets-watch-2021.pdf.

Smith, G. (3 October 2022), "African Eurobonds in Q3 2022", LinkedIn, www.linkedin.com/pulse/african-eurobonds-q3-2022-gregory-smith/.

Stewart, F. (18 January 2022), "The elephant in the room: Bringing sustainable investment to Africa", World Bank Private Sector Development Blog, https://blogs.worldbank.org/psd/elephant-room-bringing-sustainable-investment-africa.

Trading Economics (2022), "Indicators: Credit Rating | Africa", *Trading Economics* (database), https://tradingeconomics.com/country-list/rating?continent=africa (consultato nel gennaio 2023).

UN DESA (2022), "World Population Prospects: The 2022 Revision", *United Nations* (database), United Nations Department of Economic and Social Affairs, New York, https://population.un.org/dataportal/data/indicators/67/locations/903/start/2000/end/2030/table/pivotbylocation (consultato nell'ottobre 2022).

UNDP (2023), *Lowering the Cost of Borrowing in Africa: The Role of Sovereign Credit Ratings*, United Nations Development Program, New York, www.undp.org/africa/publications/lowering-cost-borrowing-africa-role-sovereign-credit-ratings.

UNECA (2022), *The African Continental Free Trade Area and Demand for Transport Infrastructure and Services*, United Nations Economic Commission for Africa, Addis Ababa, https://hdl.handle.net/10855/47596.

UNECA/AU/AfDB/UNCTAD (2019), *Assessing Regional Integration in Africa (ARIA IX): Next Steps for the African Continental Free Trade Area*, United Nations Economic Commission for Africa, African Union, African Development Bank and United Nations Conference on Trade and Development, Addis Ababa, https://archive.uneca.org/sites/default/files/PublicationFiles/aria9_report_en_4sept_fin.pdf.

Wambui, R. (2022), "Scaling up sustainable finance and investment in the Global South: A case study of sub-Saharan Africa", in *Scaling Up Sustainable Finance and Investment in the Global South*, CEPR Press, London, https://cepr.org/system/files/publication-files/175477-scaling_up_sustainable_finance_and_investment_in_the_global_south.pdf.

Were, A. (2022), "The impacts of climate change continue to compromise the livelihoods of hundreds of millions of Africans", FSD Kenya Blog, 21 October, www.fsdkenya.org/blogs-publications/blog/how-to-develop-a-green-project-pipeline-in-africa/.

World Bank (2021), *The Changing Wealth of Nations 2021: Managing Assets for the Future*, World Bank, Washington, DC, http://hdl.handle.net/10986/36400.

Yu, S. et al. (2021), "The potential role of Article 6 compatible carbon markets in reaching net-zero", *School of Public Policy and IETA Working Paper*, International Emissions Trading Association and University of Maryland, www.ieta.org/resources/Resources/Net-Zero/Final_Net-zero_A6_working_paper.pdf.

Capitolo 1

Gli investimenti sostenibili in Africa in tempi di crisi globali

Il presente capitolo mette in evidenza la necessità dei Paesi africani di ricevere un maggior numero di investimenti sostenibili per creare posti di lavoro e promuovere una crescita inclusiva e illustra inoltre in che misura gli investimenti e i finanziamenti sostenibili non hanno saputo cogliere le numerose opportunità offerte dal continente, analizzandone il potenziale di miglioramento. Il capitolo valuta innanzitutto il panorama degli investimenti sostenibili che sta emergendo sulla scia delle crisi concomitanti della pandemia da COVID-19, delle ripercussioni globali dei conflitti e dei cambiamenti climatici e fornisce una stima del deficit di finanziamento sostenibile a livello del continente. In secondo luogo individua nella scarsa fiducia degli investitori e nell'elevato costo del capitale gli ostacoli specifici agli investimenti che queste crisi hanno amplificato. In terzo luogo individua tre settori - i legami di investimento con le piccole e medie imprese, gli investimenti intra-africani e gli investitori istituzionali - che offrono un potenziale non sfruttato per sostenere l'integrazione regionale e la crescita sostenibile dell'Africa.

IN SINTESI

A causa di tre crisi globali (la pandemia da COVID-19, le ripercussioni globali dei conflitti e la crisi climatica), il fabbisogno di finanziamenti sostenibili in Africa sta crescendo. All'inizio della pandemia da COVID-19, nel 2020, il deficit di finanziamento sostenibile in Africa ha raggiunto i 272 miliardi di USD, il livello più alto dall'inizio delle proiezioni nel 2015. Tale deficit appare tuttavia esiguo rispetto al capitale disponibile a livello mondiale e nel continente: il deficit di finanziamento sostenibile medio stimato nel presente rapporto, pari a 194 miliardi di USD per il periodo 2015-21, equivale a meno dello 0,2 % dello stock globale e al 10,5 % dello stock africano di attivi in gestione - attivi finanziari che le società di gestione patrimoniale gestiscono per conto degli investitori.

Gli shock che di recente hanno colpito il mondo intero hanno accentuato gli ostacoli agli investimenti, riducendo la fiducia degli investitori e aggravando la carenza di informazioni, aumentando allo stesso tempo il costo del capitale in Africa più che in altre regioni del mondo. I rischi legati agli shock globali e alla carenza di informazioni rimangono le cause principali della limitata attrattiva dell'Africa per gli investimenti. A causa di rating creditizi sfavorevoli e di una maggiore avversione al rischio da parte degli investitori internazionali, in numerosi Paesi africani i costi del capitale pubblico e privato sono di gran lunga superiori alle medie mondiali, soprattutto nel settore delle energie rinnovabili. La limitata disponibilità di dati è un problema diffuso che ostacola le valutazioni del rischio e le strategie di mitigazione e aumenta i costi di ricerca delle opportunità di investimento. La mancanza di dati rende inoltre difficile valutare l'allocazione dei fondi per lo sviluppo sostenibile e i relativi impatti.

Le attuali fonti di investimento possono sostenere meglio l'integrazione regionale, la creazione di posti di lavoro e la crescita inclusiva. Una migliore integrazione degli investimenti diretti esteri nelle economie locali può creare posti di lavoro e migliorare la partecipazione dell'Africa alle catene del valore globali e regionali. Le imprese regionali africane leader e gli investitori istituzionali hanno un grande potenziale per dare impulso a settori in grado di favorire un migliore equilibrio tra la sostenibilità economica, sociale e ambientale, come le tecnologie dell'informazione e della comunicazione, la finanza e le energie rinnovabili.

Africa's sustainable investments in times of global crises

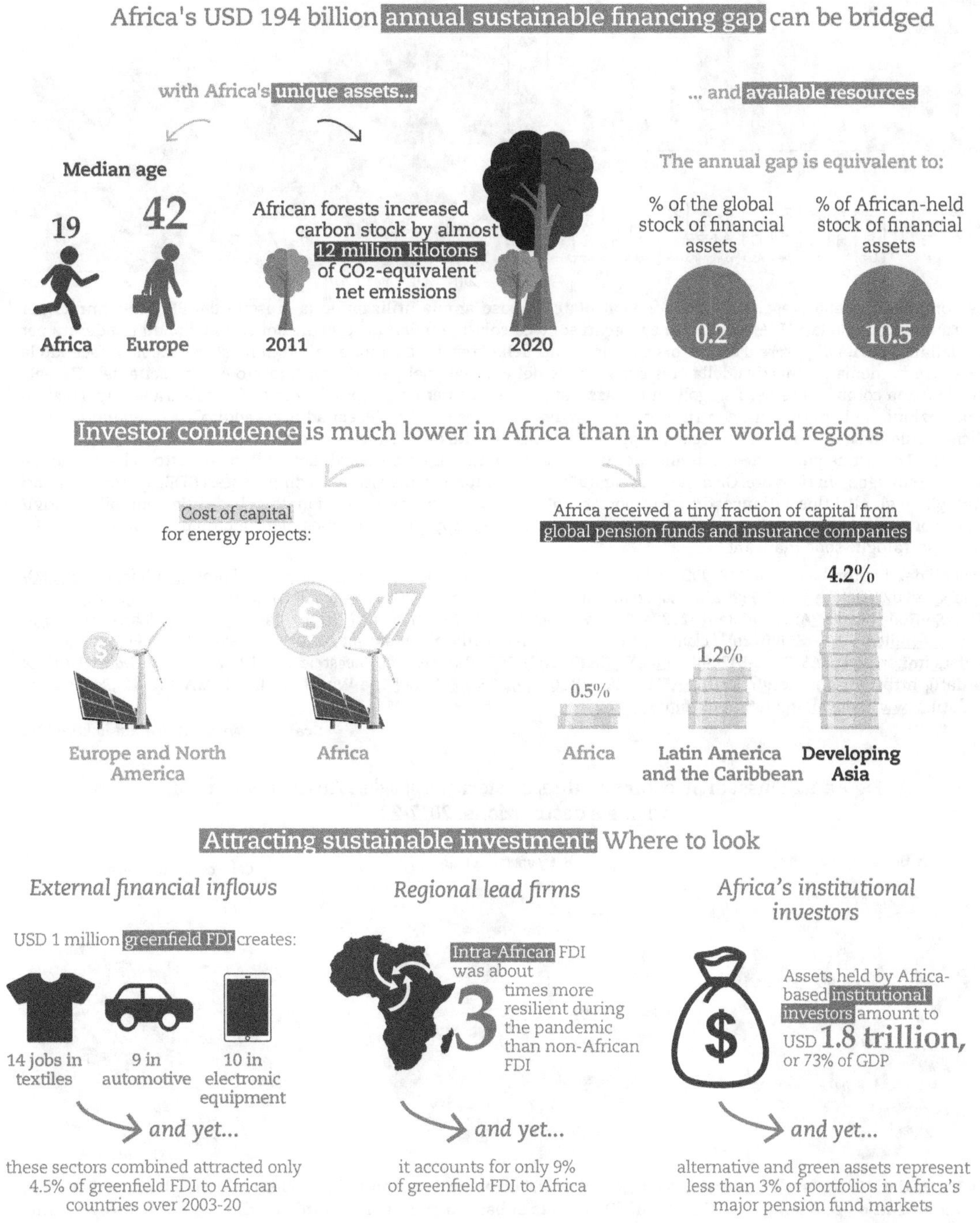

Profilo continentale dell'Africa

Figura 1.1 **Componenti della crescita economica e fonti di finanziamento in Africa**

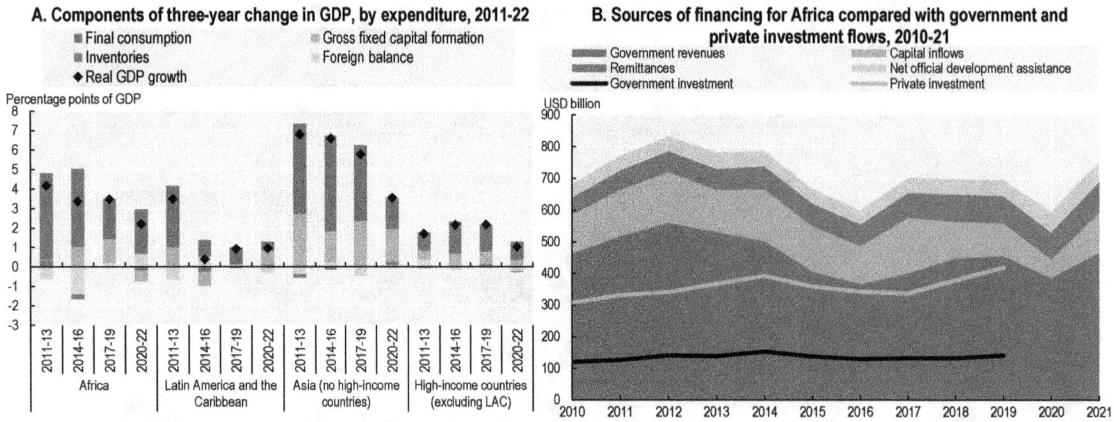

Nota: le componenti della crescita del PIL sono calcolate su base annua utilizzando la crescita del PIL reale annuo per stimare l'aumento in dollari USA reali. I dati aggregati sono calcolati prendendo la media dei dati nazionali ponderata per il PIL in dollari a parità di potere d'acquisto. Le componenti della crescita triennale del PIL sono state calcolate facendo la differenza tra la media geometrica della crescita annuale del PIL reale nel periodo considerato e la crescita del PIL reale quando ciascuna componente per i singoli anni è azzerata. Il saldo estero corrisponde alla differenza tra le importazioni e le esportazioni. Le importazioni contribuiscono negativamente al PIL. Per "Paesi ad alto reddito" si intendono i Paesi classificati come "ad alto reddito" in base ai gruppi di Paesi per reddito della Banca mondiale al di fuori dell'America latina e dei Caraibi. Le entrate pubbliche comprendono tutte le entrate fiscali e non fiscali dello Stato, al netto del servizio del debito e delle sovvenzioni ricevute. Gli apporti di capitale comprendono gli investimenti diretti esteri (IDE), gli investimenti di portafoglio e gli altri flussi di investimenti riportati dal Fondo monetario internazionale in base alla contabilità attivi/passivi. Occorre una certa cautela nell'interpretare i dati relativi agli apporti di capitale poiché alcuni dati relativi al 2021 e ai flussi di portafoglio sono mancanti.

Fonti: calcoli degli autori basati su IMF (2022a), *Prospettive economiche mondiali (banca dati)*, www.imf.org/en/Publications/WEO/weo-database/2022/October; OECD (2022a), *Comitato di aiuto allo sviluppo dell'OCSE* (banca dati), https://stats-1.oecd.org/Index.aspx?DataSetCode=TABLE2A; World Bank (2022a), *World Economic Outlook* (banca dati), https://datatopics.worldbank.org/world-development-indicators/; FMI (2022b), *Balance of Payments and International Investment Position Statistics (BOP/IIP)* (banca dati), https://data.imf.org/?sk=7A51304B-6426-40C0-83DD-CA473CA1FD52; IMF (2022c), *Investment and Capital Stock Dataset (ICSD)* (banca dati), https://data.imf.org/?sk=1CE8A55F-CFA7-4BC0-BCE2-256EE65AC0E4; e World Bank-KNOMAD (2022),*Remittances* (banca dati), www.knomad.org/data/remittances.

StatLink https://stat.link/06793s

Figura 1.2 **Flussi di investimenti diretti esteri *greenfield* in Africa, per attività, origine e destinazione, 2017-22**

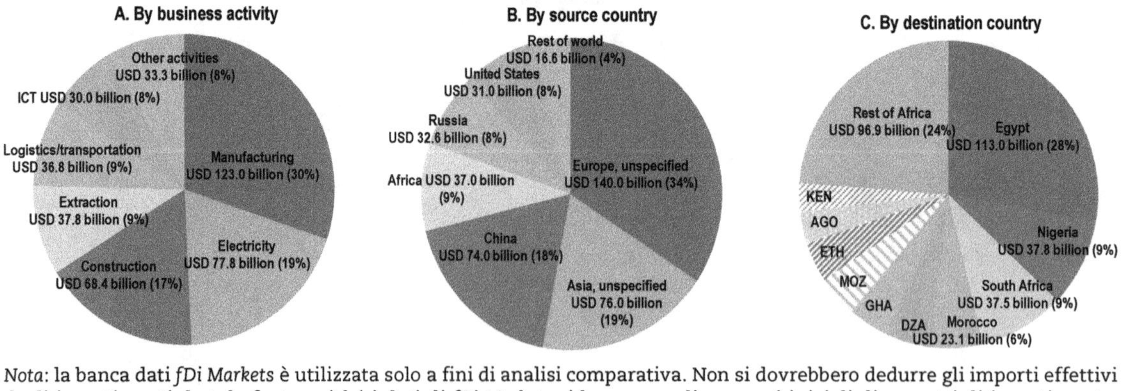

Nota: la banca dati *fDi Markets* è utilizzata solo a fini di analisi comparativa. Non si dovrebbero dedurre gli importi effettivi degli investimenti da tale fonte poiché i dati di *fDi Markets* si basano sugli annunci iniziali di progetti di investimento, una parte dei quali non si concretizza. AGO = Angola, DZA = Algeria, ETH = Etiopia, GHA = Ghana, KEN = Kenya e MOZ = Mozambico. TIC = Tecnologie dell'informazione e della comunicazione.

Fonte: calcoli degli autori basati su fDi Intelligence (2022), *fDi Markets* (banca dati), www.fdiintelligence.com/fdi-markets.

StatLink https://stat.link/xftpb6

Gli investimenti sostenibili non hanno tuttora colto le opportunità offerte dalle economie africane

Forti delle loro importanti risorse, i Paesi africani rappresentano la frontiera degli investimenti a livello mondiale. La popolazione africana è di gran lunga la più giovane di tutti i continenti, con un'età media di 19 anni contro i 30 dell'America latina e dei Caraibi, i 31 dell'Asia in via di sviluppo, le regioni immediatamente più giovani, e i 42 dell'Europa, la regione più anziana (UN DESA, 2022). Entro il 2050 la popolazione africana sarà quasi raddoppiata, passando da circa 1,4 miliardi di abitanti a quasi 2,5 miliardi. Più della metà della crescita demografica mondiale avverrà in tale continente, comprese le zone rurali (UN DESA, 2022; AfDB/OECD/UNDP, 2015). Nel 2022 l'Africa era l'unica regione del mondo con una crescita annuale positiva dei finanziamenti alle start-up (5 %) (Cuvellier, 2023). Secondo le stime, le rese agricole di cereali e granaglie in gran parte dell'Africa potrebbero raddoppiare o triplicare, incrementando del 20 % la produzione globale (McKinsey, 2019). La produzione di cobalto - fattore di produzione fondamentale per la produzione di batterie - della Repubblica democratica del Congo rappresenta il 70 % del totale a livello globale (ANRC, 2021). Dal 2011 al 2020 lo stock di carbonio delle foreste africane è aumentato di 11,6 milioni di chilotoni di emissioni nette di CO_2 equivalente, mentre gli stock di carbonio delle foreste al di fuori dell'Africa sono diminuiti di 13 milioni di chilotoni. Il 59 % di questo aumento si è registrato nelle foreste dell'Africa centrale, riconosciute ormai come il più grande serbatoio di carbonio del mondo. Il continente detiene il 60 % delle migliori risorse solari a livello globale (IEA, 2022a).

L'Africa ha beneficiato di una forte crescita, sostenuta dagli investimenti, che però non ha stimolato sufficientemente la trasformazione produttiva. Dall'inizio del XXI secolo, l'Africa ha registrato il secondo tasso di crescita economica più alto del mondo dopo l'Asia in via di sviluppo. La crescita africana sta riprendendo vigore dopo la recessione globale del 2020: le stime di crescita indicano il 3,7 % nel 2023 e il 4,2 % nel 2024 - dopo l'Asia in via di sviluppo e prima dell'America latina e dei Caraibi, rispettivamente al 5 % e all'1,6 % per il 2023 e al 4,9 % e al 2,2 % per il 2024. Elevati tassi di investimento hanno stimolato la crescita dell'Africa, con il contributo della formazione lorda di capitale fisso (FLCF) alla crescita del prodotto interno lordo (PIL) che ha raggiunto un picco di 1,2 punti percentuali nel 2017-19, prima di diminuire durante la pandemia da COVID-19 nel 2020-22 (Figura 1.1). Nel complesso, l'elevata crescita non ha favorito sufficientemente la trasformazione produttiva, in particolare la creazione di posti di lavoro e l'integrazione della catena del valore (AUC/OECD, 2018, 2019, 2022).

Gli investimenti sostenibili sono essenziali per orientare la trasformazione produttiva verso l'inclusione e la resilienza. In sede di mobilitazione e di allocazione degli investimenti, i Paesi africani devono conciliare gli obiettivi economici di trasformazione produttiva con gli obiettivi sociali e ambientali, quali l'inclusione e la resilienza ai cambiamenti climatici (Riquadro 1.1). Si tratta, ad esempio, di trovare l'equilibrio tra produzione di energia e mitigazione delle emissioni di carbonio, sfruttamento dei terreni agricoli e conservazione, o creazione massiccia di posti di lavoro e norme in materia di lavoro. Per affrontare le sfide globali emergenti del XXI secolo, i Paesi africani possono utilizzare gli investimenti sostenibili per sfruttare al meglio le risorse uniche del continente, riducendo al contempo la loro vulnerabilità alle crisi e agli shock.

Riquadro 1.1. **Agenda 2063 e investimenti sostenibili: l'approccio del presente rapporto**

L'Agenda 2063 dell'Unione africana mira a una trasformazione che coniughi produttività e sostenibilità. L'Agenda 2063 codifica l'obiettivo di un'"Africa prospera, fondata sulla crescita inclusiva e sullo sviluppo sostenibile" (AU, 2015). Sebbene la creazione di posti di lavoro di qualità e lo sviluppo di settori altamente produttivi rimangano obiettivi essenziali (AUC/OECD, 2018), il continente africano deve cogliere, in questo momento, la crescente opportunità di orientare la propria trasformazione economica verso la risposta ai cambiamenti climatici e la conservazione degli ambienti naturali. L'Agenda 2063 menziona esplicitamente la sostenibilità ambientale, affermando che "le dotazioni naturali uniche dell'Africa, il suo ambiente e i suoi ecosistemi [dovrebbero] essere sani, valorizzati e protetti, con economie e comunità resilienti al clima" (AU, 2015).

Riquadro 1.1. **Agenda 2063 e investimenti sostenibili: l'approccio del presente rapporto (continua)**

Gli investimenti sono sostenibili se la somma dei loro benefici economici, sociali e ambientali complessivi sarà superiore al loro costo totale. La sostenibilità economica corrisponde alla redditività a lungo termine di un'attività basata sul mercato per tutti gli attori coinvolti. La sostenibilità sociale designa gli effetti sullo sviluppo umano, sul benessere individuale e sui risultati collettivi, come la pace e la coesione sociale (UN Global Compact, 2022). Si ha sostenibilità ambientale quando l'attività dell'investimento non supera i limiti dei sistemi ecologici che sostengono la vita sulla Terra (tenendo conto di problematiche quali i cambiamenti climatici, l'inquinamento chimico e l'uso dell'acqua dolce) (NBS, 2022). Tra i quadri di riferimento globali che monitorano i risultati della sostenibilità figurano gli Obiettivi di sviluppo sostenibile (OSS) delle Nazioni Unite e diverse norme ambientali, sociali e di governance (OECD, 2022b).

La presente edizione del rapporto *Le dinamiche di sviluppo dell'Africa 2023* **analizza gli investimenti in grado di offrire il miglior equilibrio e di ridurre al minimo i compromessi tra sostenibilità economica, sociale e ambientale, collocando ciascuna dimensione nel contesto delle sfide specifiche dell'Africa:**

- **Sostenibilità economica: integrazione regionale.** Le recenti crisi hanno dimostrato la necessità per l'Africa di ridurre la propria vulnerabilità agli shock globali attraverso una migliore integrazione dei mercati e il rafforzamento delle catene di approvvigionamento regionali (AUC/OECD, 2022).
- **Sostenibilità sociale: creazione di occupazione e crescita inclusiva.** Tenuto conto della crescita demografica dell'Africa e delle disuguaglianze tra zone rurali e urbane, la creazione su vasta scala di posti di lavoro di qualità e di opportunità per le popolazioni povere dell'Africa è fondamentale per la sostenibilità sociale (AUC/OECD, 2018, 2019, 2021).
- **Sostenibilità ambientale: resilienza climatica e una transizione energetica equa.** In considerazione del modesto contributo dell'Africa ai cambiamenti climatici e della sua vulnerabilità agli eventi meteorologici estremi, l'attuazione di strategie di adattamento al clima e di investimenti energetici specifici per ogni Paese costituisce una priorità.

Per comprendere gli investimenti sostenibili nella loro complessità, il rapporto *Le dinamiche di sviluppo dell'Africa 2023* analizza le fonti pubbliche e private di finanziamento sostenibile, confrontandole tra regioni, Paesi e settori. La ricerca si basa su una serie di banche dati, in particolare quelle relative agli investimenti diretti esteri (IDE) e alle imprese multinazionali, alle entrate statali, ai fondi pensione, all'aiuto pubblico allo sviluppo (APS), all'investimento a impatto sociale e alla filantropia, integrate da dati primari tratti da un'indagine e da interviste presso investitori multinazionali. Il rapporto mette a confronto i risultati dei diversi settori per quanto riguarda la sostenibilità, basandosi sull'attuale letteratura e sugli indicatori disponibili, quali le emissioni di gas serra e la creazione di posti di lavoro. Il documento contiene una serie di analisi aggiuntive su settori specifici ad alto potenziale di sostenibilità, come le energie rinnovabili e le infrastrutture.

Nonostante l'impatto delle crisi globali, il deficit di finanziamento sostenibile dell'Africa può essere colmato

La pandemia da COVID-19, le ripercussioni globali dei conflitti e i cambiamenti climatici stanno accentuando il fabbisogno di finanziamento sostenibile dell'Africa.

- Nel 2020 il deficit annuale di finanziamento sostenibile (cioè la differenza tra il finanziamento necessario per conseguire gli OSS e la disponibilità di risorse finanziarie) ha raggiunto 272 miliardi di USD, il livello più alto dall'inizio delle proiezioni nel 2015 (Figura 1.3), in gran parte a causa della pandemia da COVID-19. Sebbene la disponibilità di finanziamenti sia aumentata nel 2021, il peggioramento delle condizioni macroeconomiche nel 2022 rischia di incrementare il deficit ancora una volta.
- Le ripercussioni dei conflitti creano ulteriori esigenze di investimento e pesano sulle finanze dell'Africa. I recenti conflitti hanno provocato interruzioni nelle catene di

approvvigionamento e aumenti dei prezzi delle importazioni essenziali (cibo, energia e fertilizzanti), alimentando l'inflazione e innescando un inasprimento globale delle politiche monetarie. Ne potrebbe derivare un ulteriore fabbisogno di finanziamenti stimato tra i 6 e i 10 miliardi di USD all'anno per i Paesi africani importatori di materie prime (IMF, 2022d).

- Nell'ottica di mantenere il riscaldamento globale al di sotto di 1,5°C entro il 2030, i Paesi africani necessitano di finanziamenti stimati a 277 miliardi di USD all'anno per attuare i loro contributi determinati a livello nazionale, come previsto dall'Accordo di Parigi - importo di quasi dieci volte superiore ai 29,5 miliardi di USD mobilitati finora (CPI, 2022).

Figura 1.3 **Finanziamenti disponibili e deficit di finanziamento sostenibile, 2015-21**

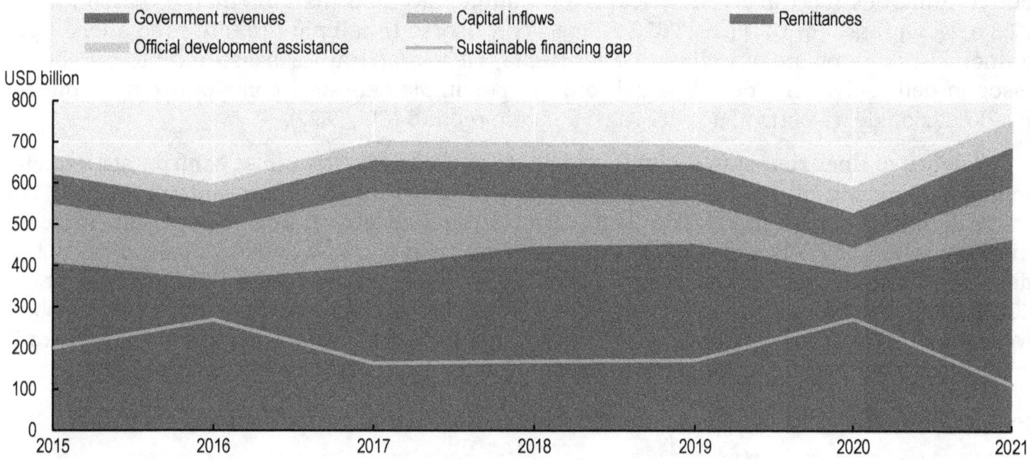

Nota: per i dettagli cfr. l'Allegato 1.A.

Fonte: calcoli degli autori basati su OECD (2022b), *Global Outlook on Financing for Sustainable Development 2023: No Sustainability Without Equity*, https://doi.org/10.1787/fcbe6ce9-en; IMF (2022a), *Prospettive economiche mondiali (banca dati)*, www.imf.org/en/Publications/WEO/weo-database/2022/October; OECD (2022a), *Comitato di aiuto allo sviluppo dell'OCSE* (banca dati), https://stats-1.oecd.org/Index.aspx?DataSetCode=TABLE2A; World Bank (2022a), *International Debt Statistics* (banca dati), https://databank.worldbank.org/source/international-debt-statistics; IMF (2022b), *Balance of Payments and International Investment Position Statistics (BOP/IIP)* (banca dati), https://data.imf.org/?sk=7A51304B-6426-40C0-83DD-CA473CA1FD52; e World Bank-KNOMAD (2022), *Remittances* (banca dati), www.knomad.org/data/remittances; UNCTAD (2020b), "Economic Development in Africa Report 2020: Press Conference", comunicato stampa, https://unctad.org/osgstatement/economic-development-africa-report-2020-press-conference.

StatLink https://stat.link/uvlh0r

La diminuzione delle entrate fiscali e l'aumento del livello di indebitamento e dei tassi di interesse stanno mettendo molti Paesi africani in situazione di sofferenza debitoria. Pur continuando a rappresentare di gran lunga la principale fonte di finanziamento, le entrate statali hanno subito un drastico calo a seguito della pandemia da COVID-19 (Figura 1.3), mentre il PIL pro capite è diminuito del 4,1 % nel 2020. Nel 2020 i governi africani hanno riscosso in media il 6,2 % di entrate in meno rispetto al 2015, su base reale pro capite (tenendo conto della crescita demografica e dell'inflazione). L'aumento dei livelli di indebitamento, sempre più di frequente presso creditori privati, ha contribuito a far salire il costo del servizio del debito dal 3 % appena a oltre il 5 % del reddito nazionale lordo nel periodo 2010-20. Il rialzo dei tassi di interesse a livello globale da marzo 2022 ha accentuato la pressione sui governi africani, incidendo sulla liquidità e sui tassi di cambio globali e innescando flussi in uscita di investimenti di portafoglio. A febbraio 2023, il Fondo monetario internazionale (FMI) considerava otto Paesi africani in situazione di sovraindebitamento [1], e altri 13 Paesi[2] ad alto rischio di sovraindebitamento (IMF, 2023). Ad esempio, tra il 2021 e il 2022 i rendimenti delle eurobbligazioni sono più che triplicati per il Ghana e quasi raddoppiati per l'Egitto, il Gabon, il Kenya, la Nigeria e la Tunisia, determinando l'esclusione di questi Paesi dal mercato (Smith, 2022). I meccanismi di riduzione del debito possono liberare i Paesi da una parte dell'onere, in particolare l'Iniziativa di sospensione del servizio del debito (DSSI) del G20 o il Quadro comune del G20 / Club di Parigi per i trattamenti del debito oltre la DSSI (Ekeruche, 2022; IMF, 2021a).

L'APS per l'Africa deve continuare ad aumentare, soprattutto al fine di favorire l'adattamento ai cambiamenti climatici. L'APS è aumentato in risposta al COVID-19, con versamenti ai Paesi africani di circa 65 miliardi di USD nel 2020 e 2021, rispetto ai meno di 51 miliardi nel 2019. Tuttavia, nel 2020, questo aumento non ha permesso di compensare l'insufficienza della spesa dei governi africani e delle entrate finanziarie (Figura 1.3). L'APS inoltre non ha ancora raggiunto i livelli promessi dalla comunità internazionale. Nel 2020 i Paesi ad alto reddito hanno fornito e mobilitato 83,3 miliardi di USD per l'azione per il clima nei Paesi in via di sviluppo, mancando l'obiettivo di 100 miliardi di USD fissato al Vertice sul clima delle Nazioni Unite di Copenaghen nel 2009 (OECD, 2022c). Dal 2019 al 2020 i finanziamenti pubblici internazionali per il clima destinati ai Paesi africani sono aumentati solo marginalmente, passando da 22,3 a 24,3 miliardi di USD (CPI, 2022). I Paesi con risorse fiscali più limitate sono anche i più vulnerabili ai cambiamenti climatici: in media, i Paesi africani a basso reddito avrebbero bisogno dell'equivalente del 21 % del loro PIL per implementare i contributi determinati a livello nazionale, rispetto al 9 % dei Paesi a medio reddito (CPI, 2022).

Il deficit di finanziamento sostenibile dell'Africa rimane contenuto se confrontato a quello mondiale. Il deficit di finanziamento sostenibile medio, stimato nel presente rapporto a 194 miliardi di USD per il periodo 2015-21 (Figura 1.3), equivarrebbe a una riallocazione annuale di meno dello 0,2 % dello stock totale di 112 mila miliardi di USD a livello globale, o del 10,5 % dello stock africano di 1,8 mila miliardi di USD di attivi in gestione (BCG, 2022; Juvonen et al., 2019). Una riallocazione annuale dello 0,2 % porterebbe l'allocazione totale degli attivi globali in gestione all'Africa dall'attuale valore, inferiore all'1 % (Tabella 1.1), a circa il 2,3 % entro il 2030, ancora ben al di sotto della quota del continente nel PIL mondiale (2,9 % nel 2020).

Tabella 1.1 **Ripartizione di fonti di investimenti istituzionali selezionate tra le regioni del mondo**

Tipo di investimento	Mondo	Africa	America latina e Caraibi	Asia	Anno
Capitale di rischio	600 miliardi di USD	5 miliardi di USD (0,8 %)	n.d.	n.d.	2021
Finanziamento azionario	250,1 miliardi di USD	1,7 miliardi di USD (0,7 %)	5,3 miliardi di USD (2 %)	63,3 miliardi di USD (25 %)	2022 T1&T2
Fondi pensione	3,3 mila miliardi di USD	24,5 miliardi di USD (~0,7 %)	57,9 miliardi di USD (1,76 %)	180 miliardi di USD (5,46 %)	2017-18
Compagnie di assicurazione	1,8 mila miliardi di USD	0,36 miliardi di USD (~0,02 %)	2,88 miliardi di USD (0,16 %)	32,76 miliardi di USD (1,8 %)	2017-18

Nota: i dati relativi al capitale di rischio e al finanziamento azionario si basano su fonti di dati complete. I dati relativi ai fondi pensione e alle compagnie di assicurazione provengono dall'edizione 2019 dell'*Indagine annuale dell'OCSE sui grandi fondi pensione e sui fondi pensione pubblici di riserva* (OECD, 2019). Hanno comunicato i dati 36 fondi pensione e 30 compagnie di assicurazione. I dati relativi ai fondi pensione e alle compagnie di assicurazione sono stati estrapolati dalle rispettive dichiarazioni sugli investimenti totali nei Paesi in via di sviluppo.

Fonte: elaborazione degli autori basata su AVCA (2022), *Venture Capital in Africa Report*, www.avca-africa.org/media/2967/62644-avca-avca-venture-capital-in-africa-report-v13.pdf, CB insights (2022), *State of Venture*, www.cbinsights.com/reports/CB-Insights_Venture-Report-Q2-2022.pdf; e OECD (2021a), *Mobilising Institutional Investors for Financing Sustainable Development in Developing Countries: Emerging Evidence of Opportunities and Challenges*, www.oecd.org/dac/financing-sustainable-development/Mobilising-institutional-investors-for-financing-sustainable-development-final.pdf.

La quota di investimenti mondiale del continente africano ha registrato un ristagno

A causa delle crisi globali, l'incertezza, il rischio e il debito sovrano sono diventati ostacoli agli investimenti per i Paesi africani. Il "paradosso di Lucas", che prende il nome dal famoso articolo di Robert Lucas (Lucas, 1990), mette in evidenza il fenomeno in base al quale il capitale globale non circola dai Paesi ricchi a quelli poveri, nonostante i rendimenti marginali più elevati nelle economie più povere. Secondo studi empirici, diversi fattori istituzionali interni, quali la stabilità del governo e la qualità delle procedure burocratiche, sono le principali cause di questo enigma (Alfaro et al., 2008). Tuttavia le recenti crisi globali, pur avendo avuto uno scarso effetto sui fattori istituzionali, hanno invece esacerbato diversi fattori esplicativi alternativi: le imperfezioni del mercato dei capitali, in particolare l'incertezza, il rischio, il debito sovrano e gli *home biases* (pregiudizi nazionali) (Leimbach e Bauer, 2022; Ndikumana e Boyce, 2003).

I recenti accadimenti a livello globale hanno accentuato la crescente preferenza per i nuovi IDE *greenfield* nei Paesi ad alto reddito a scapito di quelli in via di sviluppo, hanno ridotto la partecipazione dell'Africa alle catene del valore globali e potrebbero causare un aumento della povertà. Negli ultimi dieci anni gli IDE *greenfield* globali - nuovi progetti di IDE che riflettono le tendenze di investimento future - hanno registrato un tasso medio annuo di diminuzione del 3 %. Dal 2016 i nuovi investimenti si sono spostati dai Paesi in via di sviluppo ai Paesi ad alto reddito (Figura 1.4). La pandemia da COVID-19 ha accelerato questa tendenza: nel 2020-21 i Paesi ad alto reddito al di fuori dell'America latina e dei Caraibi hanno attirato il 61 % degli IDE *greenfield* globali (la quota più alta mai registrata), rispetto al 17 % dell'Asia in via di sviluppo, al 10 % dell'America latina e dei Caraibi e al solo 6 % dell'Africa (la quota più bassa dal 2004). Anche la partecipazione dell'Africa alle catene del valore globali è rimasta stagnante dalla crisi finanziaria mondiale del 2008, attestandosi nel 2019 solo all'1,7 % (AUC/OECD, 2022). La pandemia ha accentuato questa tendenza, dovuta in parte al fatto che le imprese multinazionali dei Paesi ad alto reddito hanno proceduto a una rilocalizzazione o a una delocalizzazione di prossimità della loro produzione al fine di ridurre l'esposizione agli shock della catena di approvvigionamento o di rimandare le decisioni di investimento in presenza dell'instabilità a livello globale. Secondo le stime della Banca mondiale (Brenton, Ferrantino e Maliszewska, 2022), uno spostamento verso la rilocalizzazione globale in Paesi ad alto reddito e nella Repubblica popolare cinese (di seguito "Cina") potrebbe trascinare altri 52 milioni di persone in condizioni di estrema povertà, di cui oltre l'80 % in Africa.

Figura 1.4 **Investimenti diretti esteri *greenfield* per regione del mondo, in percentuale della spesa in conto capitale mondiale, 2010-21**

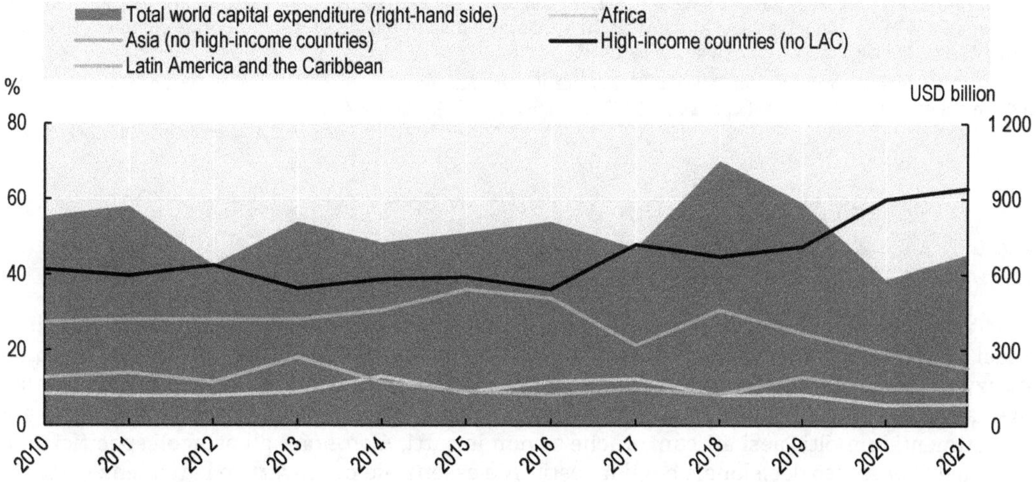

Nota: ALC = America latina e Caraibi.

Fonte: calcoli degli autori basati su fDi Intelligence (2022), *fDi Markets* (banca dati), www.fdiintelligence.com/fdi-markets.

StatLink https://stat.link/yr8mj9

I rendimenti degli IDE in Africa sono diminuiti rispetto agli IDE destinati ai Paesi ad alto reddito. La riduzione dei differenziali di rendimento degli IDE tra i Paesi in via di sviluppo e le economie avanzate ha contribuito alla diminuzione delle quote dei flussi in entrata di IDE verso i Paesi in via di sviluppo (Evenett e Fritz, 2021). In Africa, il calo dei rendimenti degli IDE è imputabile in gran parte alle economie ricche di risorse, sotto l'effetto della tendenza al ribasso dei prezzi del petrolio dal 2011 fino alla loro ripresa nel 2021 (Figura 1.5). Al contrario, i flussi di IDE in entrata verso Paesi non esportatori di risorse (come l'Etiopia, il Kenya, il Madagascar e Maurizio) sono stati relativamente più resilienti (Ideue, 2019).

Rispetto ad altre regioni del mondo, l'Africa attira la quota più bassa di capitale da parte degli investitori istituzionali. Nell'ultimo decennio, gli attivi gestiti a livello globale sono passati da 48 mila miliardi di USD nel 2010 a oltre 112 mila miliardi di USD nel 2021, nonostante le recessioni economiche. Anche durante il primo anno della pandemia da COVID-19, gli attivi gestiti a livello globale sono aumentati ulteriormente a un tasso record del 12 % (BCG, 2022). Tra i diversi tipi di investitori l'Africa riceve la quota più bassa di capitale globale, che va dallo 0,8 % per il capitale di rischio allo 0,02 % per le compagnie di assicurazione (Tabella 1.1).

Figura 1.5 **Tassi di rendimento dei flussi di investimenti diretti esteri in entrata per regione del mondo, 2011-20**

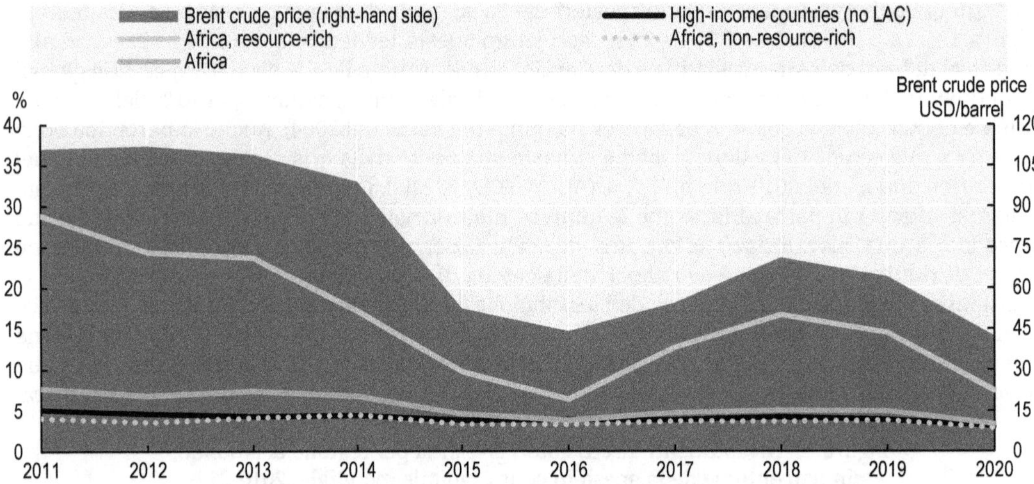

Nota: il tasso di rendimento degli IDE è calcolato come il rapporto tra il passivo del reddito realizzato dagli IDE nell'anno t e la media delle passività delle posizioni IDE nell'anno t e t-1 (UNCTAD, 2019). I dati relativi all'Africa riguardano 28 Paesi. Dei nove Paesi africani ricchi di risorse è disponibile una serie temporale completa solo per l'Angola e la Nigeria. ALC = America latina e Caraibi.

Fonte: calcoli degli autori basati su FMI (2022b), *Balance of Payments and International Investment Position Statistics (BOP/IIP)* (banca dati), https://data.imf.org/?sk=7A51304B-6426-40C0-83DD-CA473CA1FD52.

StatLink https://stat.link/cfjan3

La scarsa fiducia degli investitori e il costo più elevato del capitale contribuiscono a spiegare perché gli investimenti rimangono più deboli in molti Paesi africani rispetto ad altre regioni del mondo

Tra i molteplici fattori in grado di attirare una quota maggiore di investimenti globali, i Paesi africani possono concentrarsi sul miglioramento della fiducia degli investitori e sulla riduzione del costo del capitale. Le crisi globali hanno amplificato gli effetti negativi delle marcate asimmetrie in termini di incertezza, rischio e informazioni che caratterizzano gli investimenti in molti Paesi africani, anche se non in tutti. Affrontare gli ostacoli specifici alla fiducia e al processo decisionale degli investitori è essenziale per invertire le tendenze attuali e sostenere elevati livelli di investimento, anche in caso di shock futuri.

I rischi e la mancanza di informazioni continuano a ostacolare gli investimenti in molti Paesi africani

Gli investitori esteri continuano a considerare i rischi economici e politici come freni agli investimenti. Dai dati delle indagini attuali emerge che i fattori che hanno pesato sulla fiducia degli investitori per diversi decenni - quali le condizioni macroeconomiche, il rischio politico, la debolezza dei sistemi normativi, l'aumento del debito e la volatilità delle valute (Collier e Pattillo, 2000) - continuano a destare preoccupazione (Figura 1.6). I rappresentanti delle imprese multinazionali mondiali (intervistati per il presente rapporto) hanno indicato l'instabilità delle politiche e la mancanza di capacità normativa come ostacoli, osservando che i bruschi cambiamenti li hanno spinti a ritirare gli investimenti. Le persone intervistate hanno auspicato, in particolare, una maggiore trasparenza nel processo negoziale della Zona continentale di libero scambio per l'Africa (AfCFTA), deplorando la limitata informazione pubblica e le insufficienti possibilità di fornire contributi tecnici.

Figura 1.6 **Risposte alla domanda dell'indagine CUA/OCSE tra gli investitori "Quali dei seguenti rischi sono stati più importanti per i vostri investimenti nei Paesi africani?"**

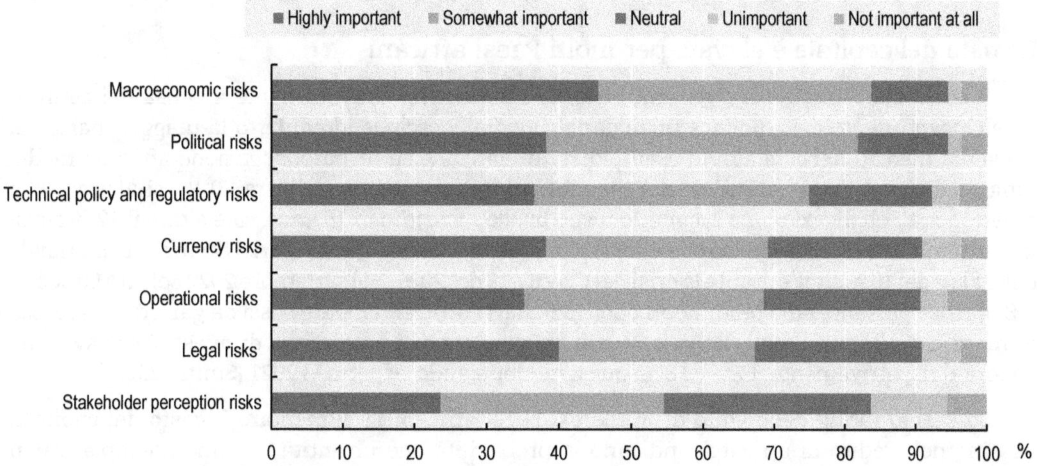

Nota: n = 52-55. L'indagine è stata condotta nel settembre 2022 presso le reti dei consigli delle imprese africane e il Forum delle imprese UE-Africa. Le dimensioni del rischio sono classificate in base alla media ponderata. Per illustrare le categorie di rischio sono stati proposti gli esempi seguenti: rischi macroeconomici - volatilità economica, inadempienza del governo; rischi di cambio - svalutazione, fluttuazione; rischi operativi - fragilità delle catene di approvvigionamento, disponibilità delle risorse; rischi legali - esecutività dei contratti; rischi politici - protezionismo, favoritismi, modifiche retroattive delle politiche; rischi tecnici, strategici e normativi - concessione di licenze, tassazione, regolamentazione, processi di aggiudicazione degli appalti; rischi legati alla percezione delle parti interessate - opposizione di dirigenti o azionisti a investire in Africa.

StatLink https://stat.link/vu9l0w

Gli investitori tengono conto dei rischi legati a fattori politici e strategici, in particolare la governance. Mentre gli investitori si sono rivolti tradizionalmente all'Africa per l'accesso ai mercati, la crescita e le risorse naturali (Onyeiwu e Shrestha, 2016; Cheung et al., 2012), dati recenti suggeriscono che la considerazione preventiva dei fattori politici e strategici può essere altrettanto importante (Andoh e Cantah, 2020; Calderon et al., 2019; Osabutey e Okoro, 2015). La buona governance favorisce gli investimenti soprattutto quando i Paesi raggiungono una soglia minima di stabilità governativa, responsabilità democratica, ordine pubblico e qualità delle procedure burocratiche (Yeboua, 2020).

Sono sempre più diffuse modalità di ingresso nei mercati esteri non azionarie, che possono limitare l'esposizione ai rischi. Le modalità di ingresso nei mercati esteri che non impongono agli investitori l'acquisizione di una quota di proprietà (ad esempio, contratti di licenza, franchising e gestione) sono aumentate rapidamente negli ultimi vent'anni, superando la crescita degli IDE (Qiang, Liu e Steenbergen, 2021). Poiché si collocano a metà strada tra il commercio alle normali condizioni di mercato e gli IDE, tali accordi possono consentire alle multinazionali incentrate sulla tecnologia di accedere ai mercati esteri attraverso contratti e canali digitali senza una presenza fisica importante (UNCTAD, 2020b).

Amplificate dalla frammentazione dei mercati africani, la mancanza di informazioni e la limitata disponibilità di dati ostacolano gli investimenti. Le interviste approfondite, l'analisi della letteratura e l'indagine tra gli investitori condotta dalla CUA/OCSE per il presente rapporto confermano che una generale mancanza di informazioni e di dati impedisce di valutare le opportunità di investimento nei mercati africani (cfr. anche Pineau, 2014). La scarsità di dati può comportare ritardi (gli investitori rimangono in attesa) e frenare le attività di investimento (quando le informazioni sono insufficienti ai fini di una decisione informata). Nonostante i progressi in corso nell'attuazione dell'AfCFTA, i mercati africani rimangono eterogenei e frammentati, con capacità statistiche variabili, che aumentano i costi di ricerca e impediscono la realizzazione di economie di scala per gli investimenti stranieri in cerca di nuovi mercati.

La mancanza di informazioni può alimentare i "premi di percezione". La mancanza di dati statistici genera incertezza, amplificando gli effetti negativi dei rischi reali sulla mobilitazione degli investimenti. Quando la valutazione dei rischi diventa più difficile, le percezioni soggettive acquistano importanza, influenzando potenzialmente in modo diretto (Jaspersen et al., 2000) o indiretto le decisioni di investimento attraverso l'aumento del costo del capitale (Fofack, 2021).

Il costo del capitale è elevato per molti Paesi africani

Il costo del capitale per i governi africani è aumentato drasticamente a causa dei conflitti e dell'inasprimento della politica finanziaria mondiale, escludendo di fatto la maggior parte dei Paesi dai mercati dei capitali. Ad esempio, il differenziale su un'eurobbligazione africana media (una misura del costo potenziale del prestito sui mercati dei capitali) tra 20 Paesi africani che emettono tali obbligazioni ha raggiunto il suo livello massimo in 15 anni, vale a dire il 12 % circa, nel settembre 2022, eclissando i precedenti picchi del 9 % circa durante la crisi finanziaria mondiale del 2008 e del 10 % circa durante la crisi del COVID-19 del 2020. Nel settembre 2022 solo il Marocco e il Sudafrica presentavano rendimenti obbligazionari sufficientemente bassi da garantire l'accesso ai mercati dei capitali con relativa certezza, mentre anche i rendimenti di questi Paesi avevano superato rispettivamente il 7 % e l'8 %, quasi raddoppiando rispetto al 2021 (Smith, 2022).

Lo scarso rating del credito di numerosi Paesi africani fa aumentare il costo del capitale. I rating del credito di un Paese indicano la probabilità che un'entità sovrana adempia o non adempia alle proprie obbligazioni finanziarie estere. I rating del credito non solo influenzano le condizioni del debito sovrano, ma servono anche come punto di riferimento per i creditori privati (UN, 2022). Influenzano il costo del capitale pubblico e privato (ad esempio, tassi di interesse e durata dei prestiti). Gli investitori privati si basano principalmente sui rating pubblicati dalle agenzie di rating (Riquadro 1.2), mentre le agenzie di credito all'esportazione (ad esempio Coface, SACE) e le organizzazioni internazionali (ad esempio FMI, OCSE) sviluppano i propri rating per determinare le condizioni finanziarie che le fonti di finanziamento pubblico possono offrire. L'elevato costo del capitale costituisce un ostacolo agli investimenti, in particolare nei settori in cui sono necessarie notevoli spese iniziali in conto capitale (Riquadro 1.3).

Riquadro 1.2. **L'influenza delle agenzie di rating sul costo del capitale in Africa**

I rating del rischio per Paese, pubblicati dalle agenzie di rating del credito mondiali come Moody's, Standard & Poor's e Fitch, sono fondamentali per la valutazione del rischio di investimento. Oltre a fattori quantificabili (quali le entrate pubbliche o i livelli di debito), le agenzie di rating fanno ricorso ai giudizi soggettivi qualitativi, basati sull'esperienza, e alle previsioni degli analisti, in particolare per determinare il rischio politico (Bouchet et al., 2003). Nel dicembre 2022 le principali agenzie di rating hanno attribuito al Botswana e a Maurizio un rating *investment-grade* in considerazione dell'elevata stabilità politica e dell'impegno a rimborsare il debito, mentre hanno classificato la Costa d'Avorio, il Marocco e il Sudafrica nella categoria speculativa *non-investment grade* (Trading Economics, 2022).

Secondo le critiche, le agenzie di rating mancano di responsabilità e sovrastimano i rischi per i Paesi africani. Le critiche sulle modalità di valutazione dei Paesi africani da parte delle agenzie di rating si sono intensificate dopo che 17 Paesi africani sono stati declassati nel 2020 all'inizio della pandemia da COVID-19 - il numero più alto per le regioni in via di sviluppo (OECD, 2022d). Tali declassamenti sono spesso prociclici, provocando un aumento del costo del capitale per i Paesi africani proprio nel momento in cui la spesa dovrebbe essere incrementata (Fofack, 2021). Gli oppositori sostengono che le agenzie di rating tendono a sovrastimare il rischio per i Paesi africani a causa della mancanza di informazioni. I Paesi africani possono non disporre di dati storici e dettagliati sui quali si basano le metodologie delle agenzie di rating, mentre le principali agenzie di rating hanno una capacità limitata di valutazione diretta e approfondita del rischio delle imprese e dei governi africani. Questo può portare a un comportamento imitativo in base al quale le agenzie di rating seguono

Riquadro 1.2. **L'influenza delle agenzie di rating sul costo del capitale in Africa (continua)**

reciprocamente le tendenze di rating le une delle altre, piuttosto che basarsi su valutazioni indipendenti (Mutize, 2022; Pandey, 2020). Per la maggior parte dei Paesi africani, i rating del credito non vengono richiesti (Ahouassou, 2011), il che può incentivare le agenzie ad abbassare il punteggio del rating (Fulghieri et al., 2014). Sebbene i governi africani abbiano avviato diverse azioni di rifiuto e di ricorso, finora tali sforzi non hanno dato luogo ad alcuna revisione del rating, in parte perché i ricorsi sono gestiti direttamente dalle agenzie di rating (Mutize, 2022). Le agenzie di rating scoraggiano inoltre i governi africani dal ristrutturare il loro debito, in quanto considerano ogni ristrutturazione come un default sovrano, con ripercussioni negative sul rating (AU/UNECA, 2021).

I responsabili delle politiche possono incitare le agenzie di rating ad adottare un comportamento di mercato più equo, a rendere più trasparenti le loro metodologie e a condividere maggiormente i loro dati. Tra le proposte ambiziose figura la creazione di nuove agenzie di rating imparziali, a livello mondiale o nell'ambito dell'Unione africana (Fofack, 2021; Sovereign Group, 2022). Il Sudafrica ha adottato l'approccio più immediato esigendo che le agenzie di rating siano autorizzate a livello locale, il che consente un esame normativo di presunte pratiche anticoncorrenziali delle agenzie di rating e l'imposizione di ammende (Mutize, 2022). La trasparenza e la responsabilità delle agenzie di rating potrebbero essere migliorate imponendo loro di precisare in che misura i rating si basano su modelli o invece su giudizi soggettivi, di distinguere tra rating a breve e a lungo termine tenendo conto dei percorsi di transizione climatica e di coordinare e condividere i dati con un'organizzazione internazionale come l'FMI (Fofack, 2021; UN 2022; cfr. anche il Capitolo 2).

Riquadro 1.3. **Il settore delle energie rinnovabili in Africa e l'elevato costo del capitale**

La produzione di energia rinnovabile rappresenta un'opportunità unica di investimento sostenibile per l'Africa. Gli investimenti nella produzione di energia rinnovabile possono sostenere diverse priorità di sviluppo dell'Africa, come l'accesso all'elettricità, la mitigazione delle emissioni di carbonio, la riduzione della dipendenza dall'estrazione di risorse naturali e dalle importazioni di combustibili e la creazione di posti di lavoro (IEA, 2022a; OECD/World Bank/UNEP, 2021; RES4Africa, 2022; UNECA 2016).

I nuovi investimenti nel settore energetico africano sono sempre più orientati verso le energie rinnovabili a scapito dei combustibili fossili, ma dopo la crisi energetica mondiale del 2022 gli investimenti in alcuni mercati africani del petrolio e del gas stanno riprendendo quota. La parte delle energie rinnovabili sul totale degli IDE *greenfield* nel settore energetico è aumentata passando dal 5 % nel 2010 al 61 % nel 2021 (Figura 1.7). Nonostante una tendenza generale al ribasso in tutti i settori durante la pandemia da COVID-19, il valore delle operazioni internazionali di *project finance* nel settore delle energie rinnovabili in Africa è aumentato del 19 % nel 2020 e del 117 % nel 2021 (UNCTAD, 2022b). Negli ultimi dieci anni l'energia solare è diventata una delle principali componenti della produzione di energia rinnovabile in Africa. Entro il 2030 dovrebbe diventare di gran lunga la fonte di energia più economica in Africa (18-49 USD per MWh contro i 33-86 USD per l'eolico terrestre e i 30-110 USD per il gas) (IEA, 2022a). Sotto la direzione di imprese come ZOLA Electric (Off Grid Electric), EcoZoom, M-Kopa e Mobisol (Engie Energy Access), l'Africa è diventata la destinazione principale degli investimenti in soluzioni fuori rete, attirando il 70 % (1,7 miliardi di USD) del totale globale tra il 2010 e il 2020 (IRENA e AfDB, 2022, sulla base dei dati di Wood Mackenzie, 2021). Ciononostante, nel 2022 i tentativi dell'Europa di diversificare il proprio approvvigionamento liberandosi dal gas naturale russo hanno alimentato gli investimenti in alcuni mercati africani del petrolio e del gas che sono garantiti contro il rischio di controparte (acquirente) internazionale. Nel luglio 2022 i governi dell'Algeria, del Niger e della Nigeria hanno firmato un protocollo d'intesa per la costruzione di un gasdotto trans-sahariano, un progetto stimato in 13 miliardi di USD che potrebbe trasferire fino a 30 miliardi di metri cubi di gas all'anno in Europa (Chikhi, 2022).

Riquadro 1.3. **Il settore delle energie rinnovabili in Africa e l'elevato costo del capitale (continua)**

Figura 1.7 **Investimenti diretti esteri *greenfield* nei settori energetici in Africa, spesa in conto capitale, 2003-21**

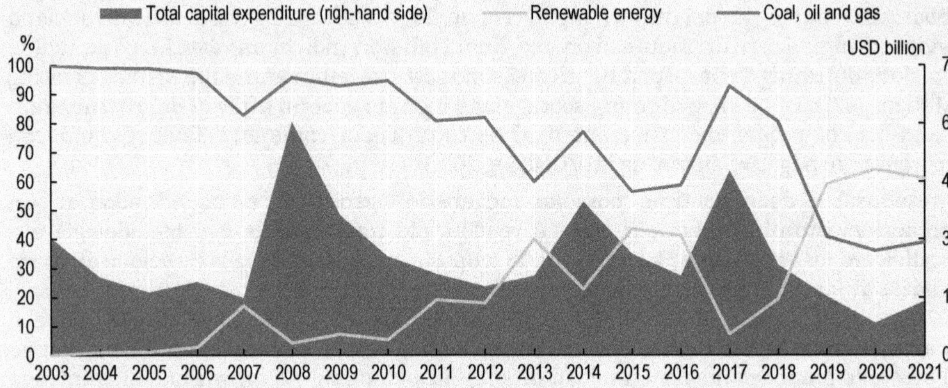

Fonte: calcoli degli autori basati su fDi Intelligence (2022), *fDi Markets* (banca dati), www.fdiintelligence.com/fdi-markets..

StatLink https://stat.link/npmug9

L'elevato costo del capitale è particolarmente pregiudizievole per gli investimenti nel settore delle energie rinnovabili. Ad esempio, dopo la decisione della banca centrale del Ghana di rialzare il tasso di riferimento al 17 % (il tasso di riferimento degli Stati Uniti è del 3,5 %), il costo per chilowattora degli impianti solari è aumentato di otto volte rispetto a quello di un impianto a gas (Kincer e Moss, 2022). La pandemia da COVID-19 ha invertito una lenta tendenza alla diminuzione del costo medio ponderato del capitale per i progetti energetici in Africa, che nel 2021 era circa sette volte superiore a quello dell'Europa e dell'America del Nord (IEA, 2022a). Il costo medio ponderato del capitale per i progetti di energia rinnovabile varia notevolmente in Africa (tra l'8 % e il 32 %). I premi di rischio più elevati spesso si applicano nei Paesi con il maggior fabbisogno di investimenti (Ameli et al., 2021).

Gli investimenti rimangono ben al di sotto dei livelli necessari all'Africa per raggiungere gli obiettivi di produzione di energia pulita. Il continente ospita il 60 % delle migliori risorse solari a livello mondiale, ma solo l'1 % della capacità fotovoltaica globale installata (IEA, 2022a). Il conseguimento dell'accesso generalizzato all'energia moderna pulita in Africa entro il 2030 richiederebbe investimenti per un totale di 25 miliardi di USD all'anno fino al 2030, pari a poco più dell'1 % degli investimenti energetici totali a livello mondiale. Gli attuali investimenti annuali sono di gran lunga inferiori a questi obiettivi e dovrebbero aumentare di quasi otto volte perché l'Africa possa raggiungere l'accesso universale all'energia entro il 2030 (IEA, 2022a). Gli investimenti dovranno spostarsi dall'energia prodotta da combustibili all'elettricità e agli usi finali, come gli edifici ad alta efficienza energetica. Per realizzare la transizione energetica sostenibile dell'Africa, il capitale privato dovrebbe coprire il 60 % degli investimenti energetici cumulativi entro il 2030 (IEA, 2022a).

I migliori rendimenti dell'Africa in termini di investimenti rispetto ad altre regioni del mondo non comportano necessariamente un aumento degli investimenti. Storicamente, la superiorità dei rendimenti degli investimenti nei Paesi africani non si è tradotta in un aumento degli investimenti, poiché gli investitori si aspettano maggiori rendimenti a compensazione del rischio più elevato (Asiedu, 2002). Ad esempio, negli ultimi dieci anni i tassi di rendimento corretti per il rischio sono diminuiti a causa dell'incertezza delle politiche (come in materia di misure protezionistiche) (Evenett e Fritz, 2021). Gli IDE in cerca di mercato in settori come il commercio al dettaglio, le tecnologie dell'informazione e della comunicazione (TIC), i servizi finanziari e altri servizi rivolti ai consumatori in Africa sono aumentati meno che in altre parti del mondo, nonostante i rendimenti più elevati. Ad esempio, le imprese statunitensi attive nei settori del commercio all'ingrosso, della finanza e delle assicurazioni ottengono un significativo premio di rendimento dalle loro attività nel continente rispetto a quelle di altre regioni del mondo, sebbene meno dell'1 % dei loro investimenti esteri avvenga in Africa (soprattutto in Egitto, Nigeria e Sudafrica) (Figura 1.8).

Figura 1.8 **Quote e tassi di rendimento intrasettoriali degli investimenti diretti esteri provenienti dagli Stati Uniti, per destinazione dell'investimento e settore, 2017-21**

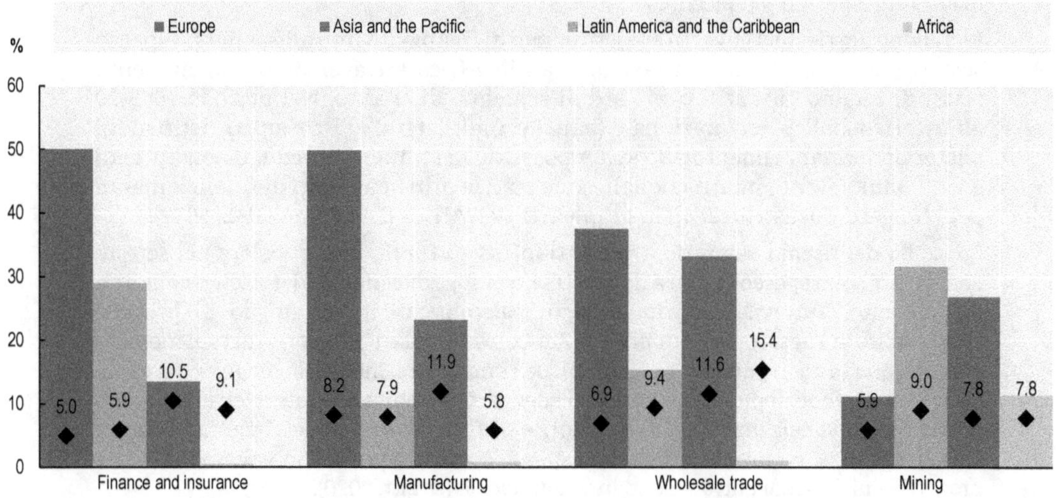

Nota: le barre mostrano le quote intrasettoriali degli stock di IDE statunitensi in uscita per destinazione dell'investimento. I diamanti mostrano i tassi di rendimento degli IDE statunitensi per settore e destinazione dell'investimento, calcolati come il rapporto tra il reddito degli IDE statunitensi all'estero nell'anno t e la media degli stock di fine anno degli IDE statunitensi all'estero nell'anno t e t-1(UNCTAD, 2019). La figura mostra le medie del periodo 2017-21 e riguarda determinati settori e destinazioni. I settori sono classificati in ordine decrescente in base allo stock totale di IDE.

Fonte: calcoli degli autori basati su U.S. Bureau of Economic Analysis (2022), *U.S. BEA* (banca dati), https://apps.bea.gov/iTable/iTable.cfm?ReqID=2&step=1.

StatLink *https://stat.link/u85jez*

La maggior parte dei progetti infrastrutturali nei Paesi africani non beneficia degli investimenti necessari per avere successo, ma le specificità di alcuni Paesi avvantaggiano gli investitori esperti. Nelle infrastrutture, l'80 % dei progetti fallisce nella fase dello studio di fattibilità e di pianificazione, poiché solo pochi progetti soddisfano le aspettative di rischio-rendimento degli investitori (OECD/ACET, 2020; McKinsey, 2020). Allo stesso tempo, l'Africa presenta i tassi di insolvenza più bassi sul debito di finanziamento di progetti infrastrutturali, pari al 5,3 %, rispetto al 6,1 % dell'Asia e al 10,1 % dell'America latina (Kelhoffer, 2021). Le imprese multinazionali intervistate per il presente rapporto hanno sottolineato che l'esperienza specifica dell'Africa consente loro di generare tassi di rendimento più elevati in Africa rispetto ad altre regioni del mondo. Una volta sostenuti i costi iniziali per la mitigazione del rischio (cfr. il Riquadro 1.4), si possono innescare cicli virtuosi tra il riconoscimento da parte di altri attori del mercato, la competenza operativa, le relazioni con i governi, le economie di scala e l'innovazione. I nuovi investitori si affidano spesso a intermediari esperti per compensare la mancanza di informazioni, creando svantaggi competitivi per i piccoli investitori che non possono permettersi tali servizi.

Riquadro 1.4. **Strategie di mitigazione del rischio utilizzate dagli investitori in infrastrutture**

L'approfondita *due diligence* e le misure di mitigazione del rischio contribuiscono a spiegare i tassi di selezione e di inadempienza più bassi per i progetti infrastrutturali nei Paesi africani. Diversi gestori patrimoniali con esperienza nel continente hanno individuato i seguenti approcci per affrontare le sfide tipiche dei progetti infrastrutturali:

- *Due diligence*. I gestori patrimoniali che operano nei Paesi africani spesso devono approfondire la loro conoscenza della situazione locale nel tempo attraverso ricerche documentali, lunghi processi di *due diligence* locale e sforzi organizzativi

Riquadro 1.4. **Strategie di mitigazione del rischio utilizzate dagli investitori in infrastrutture (continua)**

(Deloitte, 2016). Se da un lato questi sforzi a lungo termine migliorano la fiducia negli investimenti nella regione e aumentano la qualità complessiva dei progetti infrastrutturali, dall'altro il notevole impegno iniziale spesso scoraggia i detentori di attivi inesperti o più piccoli.

- **Riduzione dei rischi.** I governi e le istituzioni di finanziamento allo sviluppo spesso sostengono le operazioni infrastrutturali in Africa attraverso cofinanziamenti, flussi di reddito garantiti o misure di sostegno al credito. Nel periodo 2015-20 gli attori pubblici non nazionali (banche multilaterali di sviluppo, istituzioni bilaterali di finanziamento allo sviluppo, governi stranieri africani e non africani e fondi multilaterali internazionali) sono stati le principali fonti di finanziamento per i progetti infrastrutturali in gran parte dell'Africa (Lee e Gonzalez, 2022).
- **Controllo del rischio valutario.** I progetti infrastrutturali, in particolare nel settore energetico, sono spesso fissati a dollari USA o euro, riducendo così il rischio valutario del progetto. Tuttavia, ciò riduce significativamente il portafoglio di progetti finanziabili. In Paesi come l'Etiopia e lo Zimbabwe i dollari USA sono rari sul mercato e, anche quando sono disponibili, difficili da rimpatriare. Inoltre, la maggior parte dei Paesi non dispone di prodotti finanziari adeguati nei mercati valutari locali, in grado di soddisfare le esigenze degli investitori e di finanziare i progetti più importanti. Di conseguenza, gli investitori devono spesso contrarre prestiti in valuta estera per progetti i cui flussi di entrate sono in valuta locale (Orbitt, 2020).
- **Strategie di uscita.** Anche la possibilità di uscire dai progetti in un determinato arco di tempo è una preoccupazione per la maggior parte degli investitori con un orizzonte di investimento a medio termine (Deloitte, 2016). Secondo uno studio di African Infrastructure Investment Managers, il contesto di uscita per gli investimenti infrastrutturali africani è migliorato negli ultimi anni. Il sistema offre migliori opportunità di rifinanziamento una volta che i progetti sono operativi e producono ricavi. Tuttavia, mercati finanziari ristretti e poco sviluppati, controlli sui capitali e quadri giuridici deboli possono spesso rallentare l'uscita o aumentarne i costi.

Fonte: elaborazione degli autori basata su Mercer (2018), *Investment in African Infrastructure: Challenges and Opportunities*, e Eyraud, Pattillo e Selassie (14 giugno 2021), "*How to attract private finance to Africa's development*", www.imf.org/en/Blogs/Articles/2021/06/14/blog-how-to-attract-private-finance-to-africa-s-development.

I canali di investimento esistenti mostrano un potenziale non sfruttato per sostenere l'integrazione regionale e lo sviluppo sostenibile dell'Africa.

Gli apporti finanziari esterni e le fonti di investimento interne possono essere sfruttati meglio ai fini di una crescita sostenibile

Gli **apporti finanziari esterni rappresentano importanti fonti di finanziamento per lo sviluppo del continente africano** (Tabella 1.2). Nel 2021, come negli anni precedenti, gli IDE e le rimesse hanno costituito i maggiori flussi finanziari esterni (6,4 % del PIL africano); tuttavia il loro potenziale per promuovere una crescita sostenibile rimane sottoutilizzato a causa della limitata integrazione con le attività produttive del continente. L'APS e gli investimenti privati orientati alla sostenibilità (investimenti a impatto sociale e filantropia) hanno ancora dimensioni ridotte e presentano specifici pregiudizi settoriali e nazionali (Riquadro 1.5).

Allo stesso modo, tra le fonti interne di investimento nei Paesi africani, le imprese multinazionali regionali e gli investitori istituzionali offrono un potenziale inutilizzato per sostenere una crescita sostenibile e resiliente (Tabella 1.2). La mobilitazione delle risorse nazionali è necessaria per ampliare lo spazio fiscale dei governi nazionali e ridurre il peso dell'indebitamento, nonché per attirare investimenti sostenibili dal settore privato.

Tabella 1.2 **Le potenziali fonti esterne e interne di finanziamento sostenibile dell'Africa**

Esterne/interne	Fonti	Importi	Percentuale del PIL dell'Africa
Esterne	Investimenti diretti esteri	83 miliardi di USD (2021)	2,6 % (2021)
	Investimenti di portafoglio	-9,7 miliardi di USD (2021)	-0,1 % (2021)
	Rimesse	96 miliardi di USD (2021)	3,8 % (2021)
	Aiuto pubblico allo sviluppo	65 miliardi di USD (2021)	2,5 % (2021)
	Investitori d'impatto globale	24,3 miliardi di USD (2019) (attivi in gestione investiti in Africa)	1,0 % (2019)
	Filantropia privata	2,1 miliardi di USD (2018-19)	0,1 % (2019)
Interne	Entrate statali	466 miliardi di USD (2021)	16,7 % (2021)
	Imprese multinazionali con sede in Africa	2,7 miliardi di USD (2021) (flussi di IDE in uscita)	0,1 % (2021)
	Investitori istituzionali nazionali	1,8 mila miliardi di USD (2020) (attivi in gestione basati in Africa)	73,3 % (2020)

Nota: gli "importi" corrispondono ai flussi finanziari durante il periodo di riferimento, ad eccezione degli "Investitori d'impatto globale" e degli "Investitori istituzionali nazionali", che si riferiscono agli stock di fine periodo (attivi in gestione). Le fonti finanziarie possono sovrapporsi e non possono essere aggregate. Le entrate pubbliche escludono le sovvenzioni e le spese per i servizi del debito. Gli investitori d'impatto globali (GIIN, 2020) e la filantropia privata (OECD, 2021b) sono considerati fonti di finanziamento esterne, in quanto hanno origine per lo più al di fuori del continente africano.

Fonte: elaborazione degli autori basata su UNCTAD (2022c), *UNCTADstat* (banca dati), https://unctadstat.unctad.org/EN/; FMI (2022b), *Balance of Payments and International Investment Position Statistics (BOP/IIP)* (banca dati), https://data.imf.org/?sk=7A51304B- 6426-40C0-83DD-CA473CA1FD52; IMF (2022c), *Investment and Capital Stock Dataset (ICSD)* (banca dati), https://data.imf.org/?sk=1CE8A55F-CFA7-4BC0-BCE2-256EE65AC0E4; World Bank-KNOMAD (2022), *Remittances* (banca dati), www.knomad.org/data/remittances; OECD (2022a), *Comitato di aiuto allo sviluppo dell'OCSE* (banca dati), https://stats-1.oecd.org/Index.aspx?DataSetCode=TABLE2A; GIIN (2020), *Annual Impact Investor Survey*, https://thegiin.org/assets/GIIN%20Annual%20Impact%20Investor%20Survey%202020.pdf; OECD (2021b), *OECD Private Philanthropy for Development: Data for Action* (banca dati), https://oecd-main.shinyapps.io/philanthropy4development/; FMI (2022a), *Prospettive economiche mondiali* (banca dati), www.imf.org/en/Publications/WEO/weo-database/2022/October; Juvonen et al. (2019), "Unleashing the potential of institutional investors in Africa", *Documenti di lavoro dell'AfDB*, n. 325, www.afdb.org/sites/default/files/documents/publications/wps_no_325_unleashing_the_potential_of_institutional_investors_in_africa_c_rv1.pdf.

Riquadro 1.5. **Le fonti esterne di finanziamento sostenibile in Africa**

L'aiuto pubblico allo sviluppo è aumentato durante la pandemia da COVID-19, dando priorità ai settori sociali soprattutto nei Paesi africani a basso reddito. Nel 2020 18 Paesi africani hanno ricevuto un aumento dell'APS superiore a qualsiasi altro anno dal 2015, compensando in parte la contrazione delle finanze pubbliche. In media, l'APS netto rappresentava il 9 % del PIL per i Paesi africani a basso reddito nel 2020, rispetto ad appena l'1,4 % e lo 0,5 % per i Paesi a reddito medio-basso. Coerentemente con gli stanziamenti bilaterali di APS registrati nell'ultimo decennio, oltre la metà è stata destinata al sostegno di settori sociali nel 2020, come la sanità (28 %) e l'istruzione (9 %) o per rispondere a situazioni di emergenza umanitaria (20 %).

I finanziamenti privati mobilitati attraverso l'APS sono aumentati, anche se i Paesi a basso reddito non sono stati i principali beneficiari. I finanziamenti privati mobilitati attraverso l'intervento dell'APS sono quintuplicati in Africa tra il 2012 e il 2020, passando da soli 4 miliardi di USD a 22 miliardi di USD. Circa tre quarti degli importi sono stati destinati a tre settori: servizi bancari e finanziari (31 %), industria, miniere e costruzioni (27 %) ed energia (20 %). Tuttavia, meno del 30 % degli importi mobilitati è stato destinato ai Paesi a basso reddito (OECD, 2022e).

Malgrado la percezione del rischio, l'interesse per gli investimenti a impatto sociale dovrebbe aumentare tra gli investitori istituzionali globali, anche se gli attivi attuali sono detenuti in gran parte in due Paesi africani. Gli investimenti a impatto sociale sono gli "investimenti effettuati con l'intenzione di generare un impatto sociale e ambientale positivo, misurabile con un rendimento finanziario"[3]. Secondo l'indagine annuale 2020 sugli investitori d'impatto (GIIN, 2020), i Paesi africani attirano oltre il 21 % delle attività a livello mondiale (24,3 miliardi di USD) e il 52 % degli investitori d'impatto globali prevede di espandere i propri investimenti in Africa entro il 2025. Fino al 2015 circa il

Riquadro 1.5. **Le fonti esterne di finanziamento sostenibile in Africa (continua)**

50 % degli investimenti a impatto sociale era destinato al Kenya e al Sudafrica (GIIN, 2015, 2016). L'incertezza politica potrebbe impedire all'Africa di realizzare appieno il suo potenziale per gli investimenti a impatto sociale, con il 35 % degli investitori che considera gravi i rischi valutari e nazionali.

Sebbene l'Africa riceva una quota maggiore di donazioni filantropiche private rispetto ad altre parti del mondo, le sue regioni più povere non sono le principali beneficiarie ed esistono diversi ostacoli. Nel periodo 2016-19 l'Africa ha attirato il 39 % dei flussi filantropici transfrontalieri globali, mentre l'America latina e i Caraibi e l'Asia in via di sviluppo hanno ricevuto rispettivamente il 33 % e il 23 %. L'Africa orientale ha ricevuto la maggior parte degli apporti filantropici africani con 2,4 miliardi di USD, seguita dall'Africa occidentale con 1,7 miliardi di USD (cfr. la Figura 1.9). Le donazioni filantropiche transfrontaliere non si concentrano sulle regioni più povere dell'Africa: ad esempio, l'Africa meridionale ha un PIL (a parità di potere d'acquisto) pro capite tre volte superiore a quello dell'Africa centrale, ma ha ricevuto oltre quattro volte più apporti filantropici pro capite. Tra i principali ostacoli ai flussi filantropici verso i Paesi africani vi sono l'incertezza politica, la rigidità delle normative, la volatilità della valuta e la percezione della corruzione (Indiana University Lilly Family School of Philanthropy, 2022; Murisa, 2022).

Figura 1.9 **Apporti filantropici transfrontalieri per regione e settore africano, in milioni di USD, 2016-19**

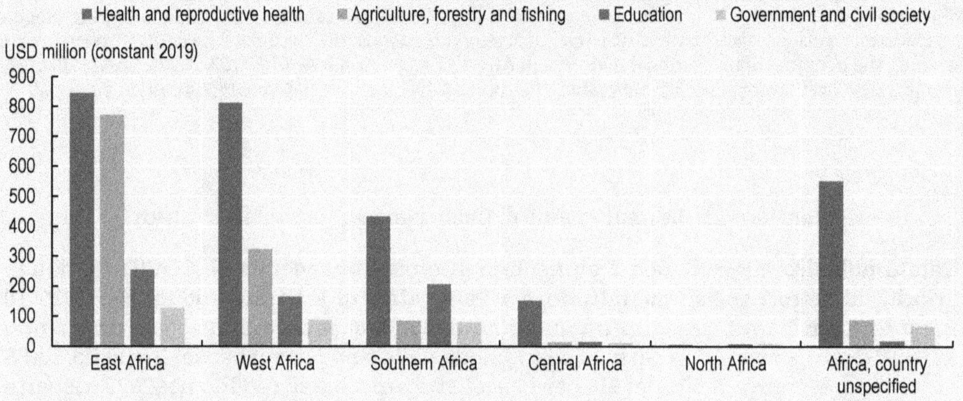

Fonte: calcoli degli autori basati su OECD (2021b), *OECD Private Philanthropy for Development: Data for Action* (banca dati), https://oecd-main.shinyapps.io/philanthropy4development/.

StatLink https://stat.link/i7knqp

Una migliore integrazione degli investimenti diretti esteri con le economie locali può creare posti di lavoro e ricadute positive a vantaggio delle imprese africane

Gli investimenti diretti esteri possono contribuire allo sviluppo sostenibile al di là del capitale investito e possono avere effetti *crowding-in* a lungo termine. Grazie alle ricadute positive sui fornitori locali e sulle imprese nazionali e alla formazione della forza lavoro, gli IDE possono favorire la crescita e l'innovazione nel Paese ospitante e contribuire al suo sviluppo sostenibile (Riquadro 1.6). Da uno studio recente è emerso che gli IDE in Africa hanno un effetto limitato sugli investimenti privati nazionali nel breve periodo, ma creano significativi effetti *crowding-in* nel lungo periodo: un aumento di un punto percentuale della quota degli IDE sul PIL ha portato a un aumento dello 0,3 % degli investimenti privati nazionali in un ampio campione di Paesi africani, con effetti più deboli nei Paesi esportatori di materie prime non diversificate (Diallo, Jacolin e Rabaud, 2021).

Riquadro 1.6. Indicatori dell'OCSE relativi alla qualità degli IDE in Africa

Gli indicatori di qualità degli IDE dell'OCSE mirano a far luce sul modo in cui gli IDE contribuiscono allo sviluppo sostenibile, concentrandosi su produttività e innovazione, qualità del lavoro e competenze, parità di genere e transizione a basse emissioni di carbonio (OECD, 2022f). Lo strumentario "FDI Qualities Policy Toolkit" dell'OCSE sostiene ulteriormente i governi nell'identificazione di politiche e accordi istituzionali in grado di migliorare l'impatto degli IDE sullo sviluppo sostenibile (OECD, 2022g).

Le economie delle regioni in via di sviluppo ed emergenti, la cui tecnologia interna è spesso molto lontana dalla frontiera tecnologica, possono trarre particolare beneficio dagli IDE attraverso il trasferimento di tecnologie straniere più avanzate. In tutta l'Africa, la percentuale di imprese straniere che utilizzano tecnologie provenienti dall'estero è del 32 %, rispetto al 13 % delle imprese nazionali. Questa differenza è inferiore a quella dell'America latina e dei Caraibi, ma superiore a quella dell'Asia in via di sviluppo e dei Paesi OCSE (Figura 1.10, Pannello A). Fornendo maggiori opportunità di formazione ai propri dipendenti, le imprese straniere presenti nelle regioni africane contribuiscono in modo significativo allo sviluppo delle competenze sul posto di lavoro (Figura 1.10, Pannello B). Nella maggior parte delle regioni africane, i tassi di occupazione femminile sono simili a quelli delle imprese straniere e nazionali, mentre la quota di donne top manager è più alta nelle imprese nazionali che in quelle straniere. Ciò suggerisce che gli IDE possono creare opportunità di lavoro per le donne, mentre le imprese straniere non offrono necessariamente migliori opportunità di avanzamento di carriera per la loro forza lavoro femminile in generale (Figura 1.10, Pannelli C e D).

Figura 1.10 **Indicatori di qualità degli IDE dell'OCSE per l'Africa e altre regioni del mondo**

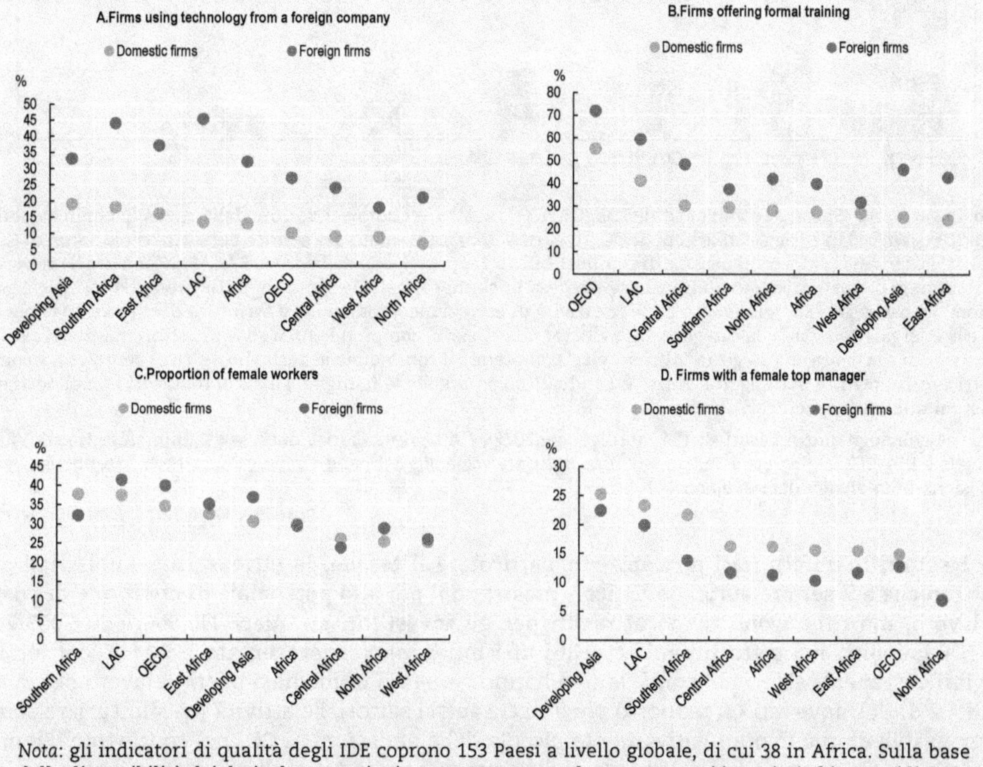

Nota: gli indicatori di qualità degli IDE coprono 153 Paesi a livello globale, di cui 38 in Africa. Sulla base della disponibilità dei dati, alcune regioni non coprono completamente tutti i Paesi. L'Africa meridionale esclude il Sudafrica. ALC = America latina e Caraibi.

Fonte: OECD (2022g), *FDI Qualities Policy Toolkit*, https://doi.org/10.1787/7ba74100-en.

StatLink https://stat.link/h92cj4

Negli ultimi due decenni, l'industria africana del carbone, del petrolio e del gas ha attirato la maggior parte degli IDE *greenfield*, ma le tendenze recenti mostrano un aumento degli investimenti in cerca di mercato (*market-seeking*) nei settori dei servizi, come la vendita al dettaglio e le TIC. Nel periodo 2003-20 la quota maggiore di IDE *greenfield* nel continente è stata destinata al settore energetico (36 %), per lo più ad attività nell'industria del carbone, del petrolio e del gas (30 %), mentre gli investimenti nelle energie rinnovabili hanno rappresentato solo il 6 % del totale. Circa il 60 % degli IDE *greenfield* destinati a carbone, petrolio e gas proveniva dall'Europa e dall'America del Nord. Questi investimenti hanno generato in media solo 0,25 posti di lavoro per un milione di USD di spesa in conto capitale, alimentando al contempo l'industria più inquinante dell'Africa, responsabile di quasi il 50 % delle emissioni continentali di CO_2 dall'inizio del secolo (Figura 1.11). Sebbene questa industria abbia rappresentato la maggiore fonte di entrate statali e la metà delle esportazioni al di fuori del continente per molti Paesi africani ricchi di risorse (IEA, 2022a), non ha favorito la trasformazione produttiva e l'integrazione regionale. Negli ultimi anni, l'emergere di nuove tecnologie e il boom dei mercati dei consumi interni hanno fatto sì che i nuovi IDE si concentrassero meno sui settori estrattivi africani a vantaggio di commercio al dettaglio, TIC, servizi finanziari e altri servizi al consumo (AUC/OECD 2021).

Figura 1.11 **Investimenti diretti esteri *greenfield* in Africa per settore e indicatori di sostenibilità selezionati, 2003-20**

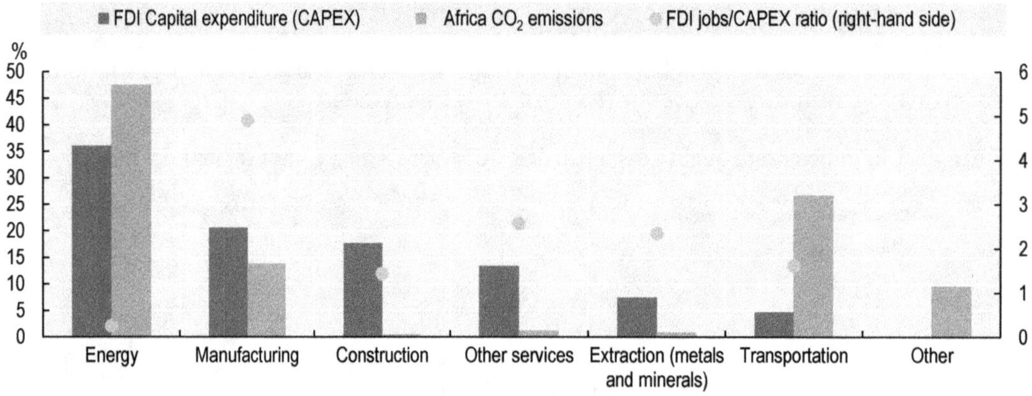

Nota: la categoria "Spesa in conto capitale IDE (CAPEX)" mostra le quote per settore della spesa in conto capitale degli IDE *greenfield* in Africa. "Emissioni di CO_2 in Africa" mostra le quote per settore delle emissioni totali di CO_2 dell'Africa derivanti dalla combustione di combustibili. Il "rapporto posti di lavoro IDE / CAPEX" mostra il rapporto tra il numero di posti di lavoro annunciati e la spesa in conto capitale destinata agli IDE *greenfield* in Africa, per settore. La categoria "Energia" comprende le attività di estrazione, produzione e fornitura di carbone, petrolio e gas e le energie rinnovabili, la categoria "Attività manifatturiere" comprende tutti gli altri settori manifatturieri e l'agricoltura e la pesca, la categoria "Altri servizi" comprende il commercio al dettaglio, le TIC, i servizi finanziari e altri servizi, mentre la categoria "Altro" è residuale e comprende le famiglie, gli autoproduttori non allocati e i consumi finali non specificati altrove.

Fonte: calcoli degli autori basati su fDi Intelligence (2022), *fDi Markets* (banca dati), www.fdiintelligence.com/fdi-markets e IEA (2022b), *Data and Statistics* (banca dati), www.iea.org/data-and-statistics/data-tools/greenhouse-gas-emissions-from-energy-data-explorer.

StatLink *https://stat.link/cie2mg*

I settori manifatturieri africani - in particolare il tessile, le attrezzature industriali ed elettroniche e il settore automobilistico - mostrano il più alto potenziale di creazione di posti di lavoro, ma rimangono meno attraenti per gli investitori stranieri. Nel periodo 2003-20, gli IDE *greenfield* nei settori manifatturieri africani hanno rappresentato il 20,6 % del totale degli investimenti esteri nel continente e hanno generato in media 5 posti di lavoro per ogni milione di USD investiti - il rapporto più alto tra tutti i settori. Le attività manifatturiere sono responsabili di una quota relativamente piccola delle emissioni di CO_2 nel continente (Figura 1.11). I sottosettori specifici del tessile, delle attrezzature industriali ed elettroniche e quello automobilistico hanno ottenuto i migliori risultati in termini di creazione di posti di lavoro (rispettivamente 14, 10 e 9 posti di lavoro per un milione di USD investiti), ma hanno attirato solo il 4,5 % della spesa totale in investimenti diretti esteri in Africa nel periodo 2003-20[4].

I legami tra le affiliate locali delle imprese multinazionali e i fornitori nazionali sono canali importanti per le ricadute di produttività degli IDE. Tali legami possono aiutare le imprese nazionali e le piccole e medie imprese a espandersi (Amendolagine et al., 2019; Javorcik e Spatareanu, 2008) attraverso diversi canali di ricadute positive (Tabella 1.3).

Tabella 1.3 **Esempi di ricadute positive da imprese estere a imprese nazionali**

Canale di diffusione	Breve descrizione	Esempio
Creazione della domanda	Le imprese straniere offrono opportunità di mercato ai fornitori locali	Uno studio della Banca mondiale sui fornitori di imprese multinazionali in Ruanda (Qiang, Liu e Steenbergen, 2021) mostra che i legami di approvvigionamento con le imprese multinazionali aumentano del 2 % la probabilità che un'impresa nazionale diventi esportatrice. L'effetto è maggiore nelle catene del valore più complesse, che richiedono norme di prodotto più rigide e interazioni più profonde, come il tessile, il chimico e i servizi professionali.
Trasferimento di conoscenze e tecnologie	Le imprese straniere forniscono formazione e assistenza tecnica ai fornitori locali	Nel 2022 Renault Trucks, Toyota Tsusho Corporation e Carrier Global Corporation hanno collaborato con il Programma alimentare mondiale e il governo del Ghana per costruire un centro di formazione sui trasporti ad Accra. Il centro mira a migliorare le capacità di trasporto e logistica in tutta l'Africa occidentale attraverso una formazione gratuita online e pratica per un massimo di 400 persone all'anno (WFP, 2022).
Certificazione	Le imprese straniere facilitano i processi di certificazione della qualità dei fattori di produzione presso i fornitori locali	Nel 2015 il produttore Barry Callebaut, con sede a Zurigo, ha lanciato un programma di certificazione per promuovere l'agricoltura sostenibile all'interno della sua catena di approvvigionamento del cacao. A febbraio 2022 il programma registrava circa 121 000 agricoltori in Ghana, 101 000 in Costa d'Avorio, 19 000 in Camerun e 1 700 in Nigeria (Cocoa Horizons, 2022).

Fonte: elaborazione degli autori basata su un'analisi della letteratura.

Le imprese straniere sono meno propense a rifornirsi localmente in Africa rispetto all'Asia e la portata dell'approvvigionamento locale varia a seconda dei Paesi africani. L'analisi dei dati a livello di impresa provenienti dalle indagini sulle imprese della Banca mondiale mostra che, in media, le imprese straniere che operano nei Paesi africani fanno meno affidamento sui fattori produttivi provenienti da fornitori locali rispetto alle imprese equivalenti in Asia (Figura 1.12). Fattori specifici del settore, strutture della catena del valore e considerazioni riguardanti le politiche possono spiegare le variazioni tra i Paesi africani: ad esempio, in Etiopia e in Marocco le capacità avanzate dei fornitori locali in settori chiave come il tessile e l'automobilistico consentono ai produttori stranieri di rifornirsi localmente. Le differenze nelle quote di approvvigionamento locale da parte degli investitori stranieri possono derivare da requisiti legali e normativi, come ad esempio in Egitto (OECD, 2020a) e in Tunisia (OECD, 2021c).

Figura 1.12 **Approvvigionamento locale di fattori produttivi da parte di imprese manifatturiere estere in Paesi selezionati dell'Africa e dell'Asia, in percentuale dell'approvvigionamento totale**

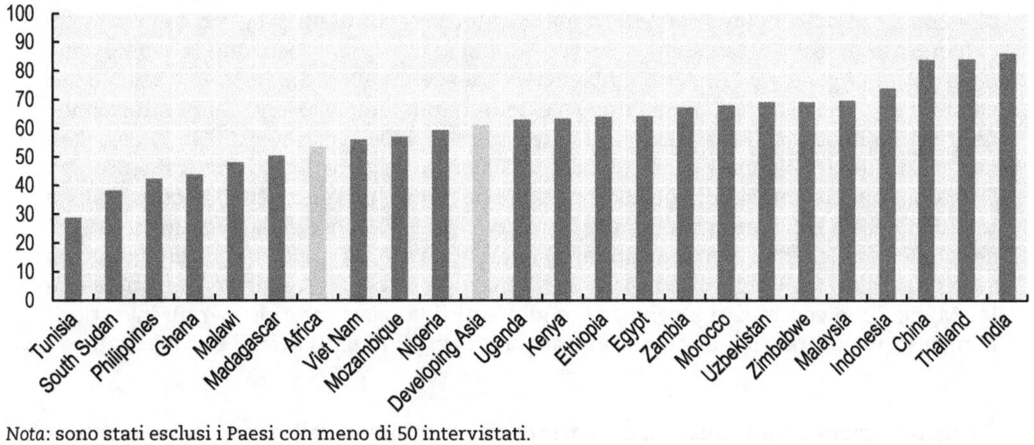

Nota: sono stati esclusi i Paesi con meno di 50 intervistati.

Fonte: calcoli degli autori basati su World Bank (2022b), *Enterprise Surveys* (banca dati), www.enterprisesurveys.org.

StatLink *https://stat.link/v5yfiq*

Il trasferimento di conoscenze e tecnologie dalle imprese multinazionali dipende dalla capacità di assorbimento delle piccole e medie imprese africane, che spesso sono vittime di un alto livello di informalità e di asimmetrie informative. La capacità di assorbimento - definita come il divario produttivo e tecnologico tra le imprese nazionali e quelle estere - determina la capacità delle imprese locali e delle piccole e medie imprese di beneficiare delle ricadute tecnologiche delle imprese multinazionali (Lugemwa, 2014; Vu, 2018). Un recente studio condotto su 100 imprese manifatturiere in Kenya mostra che la capacità di assorbimento svolge un ruolo statisticamente significativo nell'incremento delle prestazioni delle imprese da parte degli IDE, il che implica che le imprese necessitano di un certo livello di conoscenza e di capacità tecnologica per sfruttare appieno i benefici degli IDE (Wanjere et al., 2021). Tuttavia, gli investimenti destinati alle piccole e medie imprese africane sono spesso ostacolati dall'informalità e dalle asimmetrie informative (Riquadro 1.7).

Riquadro 1.7. **Investimenti sostenibili nelle piccole e medie imprese africane: abbinare il finanziamento alle valutazioni d'impatto**

Le numerose sfide finanziarie che molte piccole e medie imprese (PMI) africane devono affrontare le rendono meno attrattive agli occhi degli investitori tradizionali, in particolare per quanto riguarda gli investimenti sostenibili. Il fabbisogno di capitale delle PMI africane varia in genere tra 2 000 e 100 000 USD, a seconda dei livelli di reddito del Paese. Questo segmento di imprese di "mesofinanza" non costituisce un gruppo target consolidato per i canali di finanziamento tipici: le PMI sono spesso troppo grandi per la microfinanza, ma troppo piccole e non strutturate per attirare banche e investitori tradizionali. La maggior parte degli imprenditori non ha una formazione in materia di pianificazione aziendale, non dispone di dati finanziari documentati e - a quanto pare, e questo è l'ostacolo più significativo all'accesso al credito - non è in grado di fornire garanzie collaterali per ottenere il credito (ad esempio terreni, edifici o attrezzature) (EIB, 2022). Alcuni imprenditori, inoltre, non sono disposti ad aprire i loro libri contabili agli investitori azionari, perché temono che le loro decisioni vengano messe in discussione o perché non hanno familiarità con questo tipo di finanziamento. A causa della mancanza di liquidità nei mercati finanziari, gli investitori non possono vendere facilmente le loro quote nelle PMI e ottenere uscite redditizie, soprattutto nell'Africa francofona e nei Paesi meno sviluppati. Queste sfide sono ancora più pronunciate quando si tratta di attirare investimenti sostenibili per fare espandere le PMI, migliorando al contempo le loro pratiche sociali e ambientali.

Mentre le PMI rimangono poco attraenti per i finanziatori tradizionali, gli investitori specializzati che abbinano il finanziamento alla consulenza aziendale possono fornire investimenti sostenibili. Ad esempio, Investisseurs & Partenaires (I&P), un investitore sociale focalizzato sui Paesi meno sviluppati dell'Africa, offre soluzioni dedicate alle start-up e alle PMI ad alto potenziale (I&P, n.d. a; Severino, 2018). I&P ha sviluppato una scheda di valutazione dell'impatto per determinare l'allineamento di un progetto con i principi dell'impatto di I&P (ad esempio, la fornitura di beni e servizi essenziali, la promozione della parità di genere e l'impatto ambientale). Esegue un audit ambientale e sociale per valutare le pratiche attuali di un'impresa e definire un piano d'azione per la mitigazione dei rischi individuati. Finora I&P ha realizzato oltre 150 investimenti, l'87 % dei quali nei Paesi meno sviluppati e dei quali il 75 % circa ha contribuito direttamente agli OSS. Con una crescita media dell'occupazione post-investimento del 50 % circa, queste microimprese e PMI hanno mantenuto o creato quasi 9 000 posti di lavoro diretti (il 96 % dei quali beneficia di copertura sanitaria) e hanno avuto un impatto indiretto su quasi 50 000 familiari (I&P, n.d. b; Coulibaly, 2022). L'esperienza dell'investitore suggerisce che le PMI possono continuare a generare rendimenti finanziari inferiori per gli investitori d'impatto, ma offrono il massimo valore aggiunto per gli impatti sociali e ambientali.

La mobilitazione delle rimesse come parte degli investimenti della diaspora può contribuire allo sviluppo delle reti produttive locali. Secondo il Fondo internazionale per lo sviluppo agricolo (IFAD/World Bank, 2015), fino al 30 % delle rimesse è destinato ad attività economiche. Tuttavia, la maggior parte di tali rimesse viene convogliata verso attività informali e micro, piccole e medie imprese attraverso legami familiari estesi e reti sociali, piuttosto che verso prodotti di investimento strutturati della diaspora. Ciò è dovuto a limitazioni quali la mancanza di conoscenza delle opportunità di investimento e la scarsa fiducia nei sistemi normativi e politici (Asquith e Opoku-Owusu, 2020). Gli investimenti della diaspora possono sostenere lo sviluppo di reti produttive locali, poiché la maggior parte degli investitori della diaspora tende a stabilire più connessioni con i fornitori locali rispetto agli investitori stranieri non appartenenti alla diaspora (Amendolagine et al., 2013). I prodotti di investimento strutturati della diaspora potrebbero attingere ai 33,7 miliardi di USD di risparmi annuali stimati della diaspora, incanalando alcuni di questi fondi più direttamente verso investimenti produttivi nel continente (Faal, 2019).

La crescita degli investimenti intra-africani può sostenere la creazione di posti di lavoro e l'integrazione regionale

Le imprese multinazionali africane rappresentano una quota minore degli IDE *greenfield* destinati al continente, ma hanno aumentato i loro investimenti in settori specifici. Dal 2017 al 2021 i flussi di IDE intra-africani hanno rappresentato solo il 9 % del totale degli IDE *greenfield* verso il continente[4]. Tuttavia, nel 2020-21, nonostante la forte riduzione del totale degli IDE *greenfield* verso l'Africa durante la pandemia da COVID-19, gli investitori basati in Africa hanno aumentato la loro partecipazione a nuovi progetti di investimento nel settore delle TIC, delle energie rinnovabili e dei metalli (Figura 1.13). Ad esempio, nel 2020 MTN Nigeria (una filiale del gruppo MTN con sede in Sudafrica) ha annunciato l'intenzione di investire oltre 1,6 miliardi di USD in infrastrutture di rete 4G in tutto il Paese fino al 2023 (NIPC, 2020).

Figura 1.13 **Investimenti diretti esteri greenfield in Africa per regione di provenienza e settore, variazione percentuale della spesa in conto capitale tra il 2018-19 e il 2020-21**

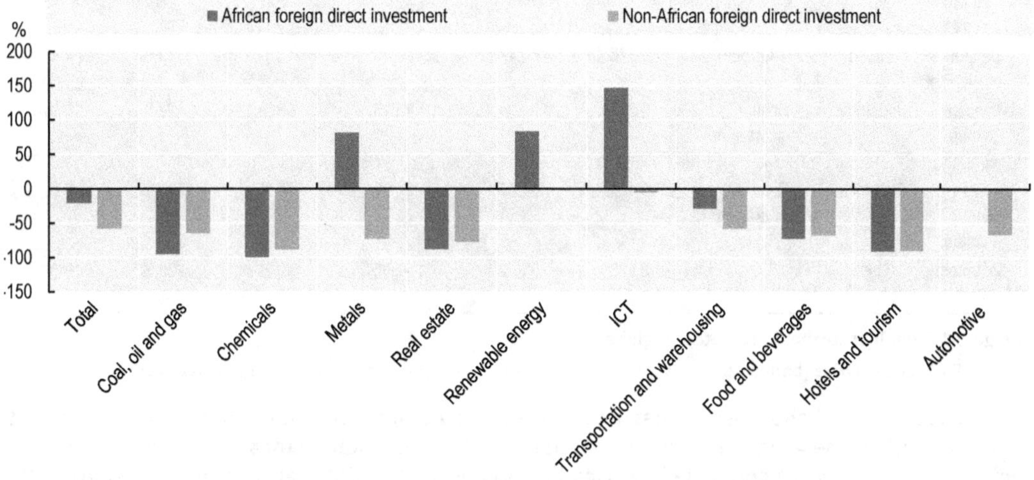

Nota: la figura mostra i primi dieci settori per spesa totale in conto capitale nel 2018-19. I settori sono ordinati da sinistra a destra in base alla diminuzione della spesa totale in conto capitale nel 2018-19. TIC = Tecnologie dell'informazione e della comunicazione.

Fonte: calcoli degli autori basati su fDi Intelligence (2022), *fDi Markets* (banca dati), www.fdiintelligence.com/fdi-markets.

StatLink *https://stat.link/z4wj6m*

L'analisi iniziale alla base del presente rapporto indica che la crescita delle imprese multinazionali africane nei servizi - come la finanza e la vendita al dettaglio - ha aumentato il potenziale di creazione di posti di lavoro, ma ciò è perlopiù determinato dai gruppi sudafricani. Nel complesso, i settori dei servizi africani combinano un impatto ambientale relativamente basso con un potenziale di creazione di posti di lavoro relativamente positivo (Figura 1.11). Ad esempio, gli IDE *greenfield* nel settore del commercio al dettaglio generano in media 5,6 posti di lavoro per ogni milione di USD di spesa in conto capitale[4]. Nel Sudafrica, principale origine e destinazione degli IDE dell'Africa nel 2021, il settore del commercio al dettaglio rappresenta il 21,5 % dell'occupazione totale (Statistics South Africa, 2022), soprattutto a causa della predominanza di grandi imprese nazionali del settore. L'analisi dei dati a livello di impresa della banca dati *Orbis* relativi a 521 imprese private africane quotate in borsa con filiali in Africa evidenzia la predominanza delle imprese sudafricane come investitori intra-africani (Tabella 1.4), che rappresentano il 34 % delle imprese incluse nel campione e tre quarti del fatturato e della capitalizzazione di mercato. Mentre il 23 % delle imprese africane quotate in borsa incluse nel campione opera nel settore manifatturiero, la stragrande maggioranza (69 %) è attiva in settori orientati ai servizi, come i servizi finanziari (29 %), la vendita al dettaglio (8 %), il settore immobiliare (6 %) e le tecnologie dell'informazione e della comunicazione (6 %).

Tabella 1.4 **Prime dieci società quotate in Africa per capitalizzazione di mercato**

Classifica	Nome della società	Paese	Settore	Fatturato (milioni di USD)	Dipendenti	Capitalizzazione di mercato (milioni di USD)	% di filiali nazionali	% di filiali continentali	% di filiali al di fuori dell'Africa
1	Naspers Limited	Sudafrica	TIC	5 934	28 445	89 883	30 %	2 %	68 %
2	Firstrand Limited	Sudafrica	Finanza e assicurazione	7 710	-	28 560	81 %	12 %	7 %
3	Standard Bank Group Limited	Sudafrica	Finanza e assicurazione	8 426	49 224	21 180	54 %	32 %	14 %
4	Sasol Limited	Sudafrica	Produzione	14 275	28 949	19 108	56 %	4 %	41 %
5	Sanlam Limited	Sudafrica	Finanza e assicurazione	6 892	-	12 726	56 %	32 %	12 %
6	MTN Group Limited	Sudafrica	TIC	11 455	16 390	12 294	17 %	56 %	27 %
7	Dangote Cement Plc	Nigeria	Produzione	3 378	17 747	10 040	8 %	89 %	4 %
8	Nedbank Group Limited	Sudafrica	Finanza e assicurazione	3 667	-	9 915	62 %	22 %	16 %
9	Absa Group Limited	Sudafrica	Finanza e assicurazione	5 404	35 267	9 782	66 %	28 %	6 %
10	Safaricom PLC	Kenya	TIC	2 593	5 852	9 646	70 %	20 %	10 %

Nota: cfr. l'Allegato 1.B per le informazioni metodologiche.

Fonte: Bureau van Dijk (2022), *Orbis* (banca dati), www.bvdinfo.com/en-gb/our-products/data/international/orbis.

I gruppi africani che operano nei servizi finanziari e nella vendita al dettaglio tendono ad avere una diffusione geografica più ampia. In base all'analisi della banca dati *Orbis*, in media le società quotate in borsa con sede in Africa hanno aperto 17 filiali nel continente, rispetto alle otto delle società dell'Europa occidentale, alle quattro delle società nordamericane e alle sole tre delle società asiatiche. I gruppi africani detengono i tre quarti delle filiali operanti in Africa nel settore finanziario - principalmente holding finanziarie e banche - rispetto alle società di altre regioni (Figura1.14). Sebbene meno del 10 % delle imprese africane quotate in borsa operi nel settore della vendita al dettaglio - per lo più alimenti e bevande, materiali da costruzione - esse rappresentano oltre la metà delle filiali di vendita al dettaglio nel continente, il che dimostra il dominio di pochi grandi gruppi africani (ad esempio Shoprite, Pick n Pay).

Figura 1.14 **Filiali di società quotate attive in Africa, per settore e regione di provenienza del gruppo societario**

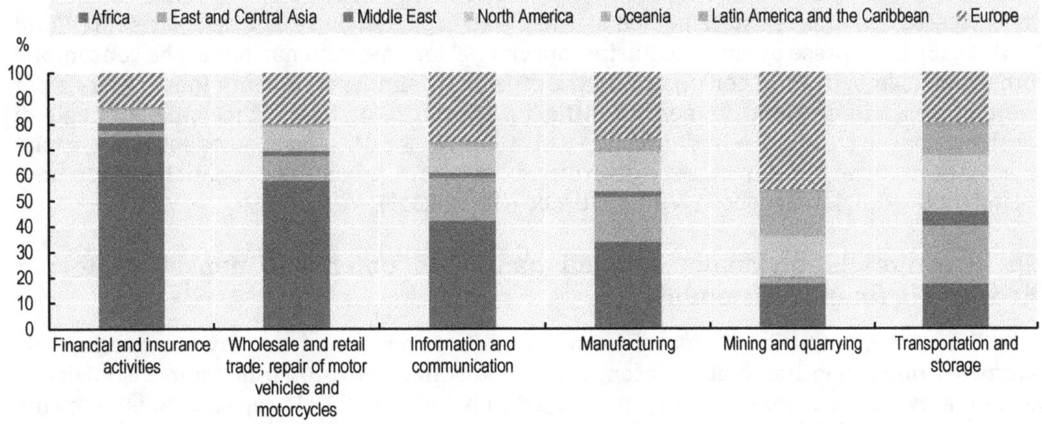

Nota: la figura mostra i primi sei settori per numero di filiali africane. Il campione comprende 521 società private quotate con sede in Africa e 2 355 società private quotate non africane con filiali in Africa. Per ulteriori informazioni metodologiche, cfr. l'Allegato 1.B.

Fonte: calcoli degli autori basati su Bureau van Dijk (2022), *Orbis* (banca dati), www.bvdinfo.com/en-gb/our-products/data/international/orbis.

StatLink *https://stat.link/5bzk8m*

L'industria manifatturiera e il commercio al dettaglio sono i settori a maggiore intensità di lavoro, ma i settori ad alto valore di mercato - finanziario e TIC - possono creare posti di lavoro indirettamente. I settori manifatturiero e del commercio al dettaglio rappresentano oltre il 50 % dell'occupazione diretta delle società quotate in borsa con sede in Africa. Al contrario, i settori finanziario e delle TIC rappresentano oltre il 60 % della capitalizzazione di mercato, ma creano meno di un quarto dell'occupazione diretta totale, circa 500 000 dipendenti (Figura 1.15). Tuttavia, i settori finanziario e delle TIC offrono il potenziale per la creazione indiretta di posti di lavoro attraverso l'aumento dell'inclusione finanziaria e l'aggiornamento digitale nel resto dell'economia (AUC/OECD, 2021).

Figura 1.15 **Quote di capitalizzazione di mercato e occupazione tra le società quotate in Africa**

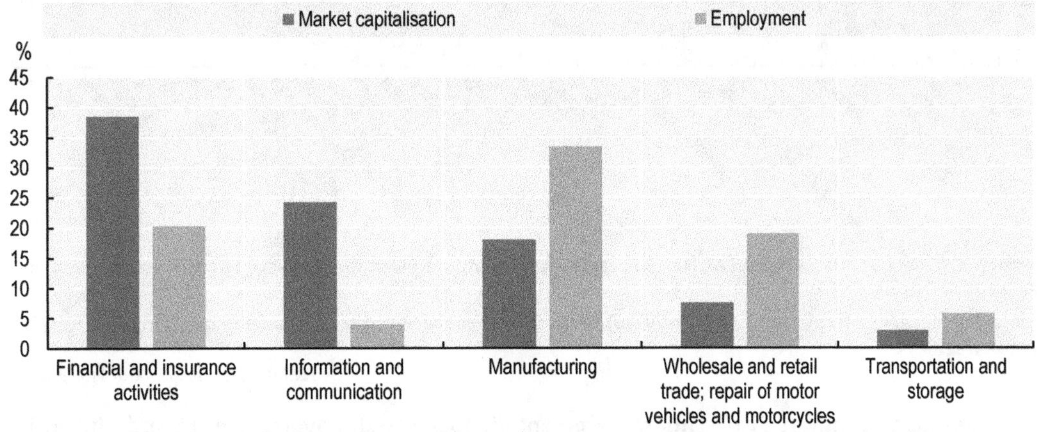

Nota: la figura mostra i primi cinque settori per capitalizzazione di mercato. Il campione comprende 521 società private quotate in Africa. Per ulteriori informazioni metodologiche, cfr. l'Allegato 1.B.

Fonte: Bureau van Dijk (2022), *Orbis* (banca dati), www.bvdinfo.com/en-gb/our-products/data/international/orbis.

StatLink *https://stat.link/g3iyza*

Le imprese africane che si espandono all'interno del continente hanno spesso una migliore conoscenza dei nuovi ambienti commerciali rispetto alle imprese non africane. La conoscenza formale e informale dell'ambiente imprenditoriale spesso aiuta i pionieri regionali a entrare nei mercati vicini, facilitando le decisioni di investimento e riducendo i costi (Kathuria, Yatawara e Zhu, 2021). Utilizzando tali conoscenze, Dangote Cement, ad esempio, è riuscita a competere con successo con imprese storiche non africane e ad espandersi in dieci Paesi africani (World Bank, 2016). Le imprese possono acquisire capacità nel loro mercato nazionale che consentono loro di espandersi in Paesi con un contesto istituzionale simile; ciò sembra fondamentale per avere successo in ambienti di mercato difficili (Verhoef, 2011). Una ricerca sulle strategie di localizzazione di tre imprese sudafricane - SABMiller, MTN e Massmart - evidenzia la capacità di attuare strategie non di mercato e di sfruttare importanti connessioni politiche per operare in ambienti istituzionali deboli (White, Kitimbo e Rees, 2019).

Gli investitori istituzionali nazionali hanno un potenziale non sfruttato per sbloccare la finanza sostenibile

Gli investitori istituzionali africani hanno acquisito terreno, ma i loro investimenti in attivi alternativi rimangono trascurabili. Secondo le ultime stime, nel 2020 gli investitori istituzionali africani avevano un attivo in gestione di circa 1,8 mila miliardi di USD, registrando un aumento del 48 % rispetto al 2017 (Juvonen et al., 2019). I dati dell'OCSE mostrano che i fondi pensione di 15 Paesi africani hanno accumulato 380 miliardi di USD di attivi entro il 2020, con il Sudafrica che rappresenta quasi l'80 % del totale (OECD, 2021d). Ciò si traduce in una quota media del PIL del 25 % per l'Africa (trainata soprattutto dal Sudafrica, dalla Namibia e dal Botswana), rispetto al 22 % dell'America latina e dei Caraibi e al 3 % dell'Asia in via di sviluppo (Figura 1.16). Tuttavia, gli attivi alternativi - come infrastrutture, immobili, attivi verdi e sostenibili, *private equity e* capitale di rischio - rappresentano meno del 3 % dei portafogli in una valutazione di cinque mercati pensionistici africani, ovvero Ghana, Kenya, Namibia, Nigeria e Sudafrica (AfDB/IFC/MFW4A, 2022).

Figura 1.16 **Attivi gestiti dai fondi pensione, 2015-20, in percentuale del PIL**

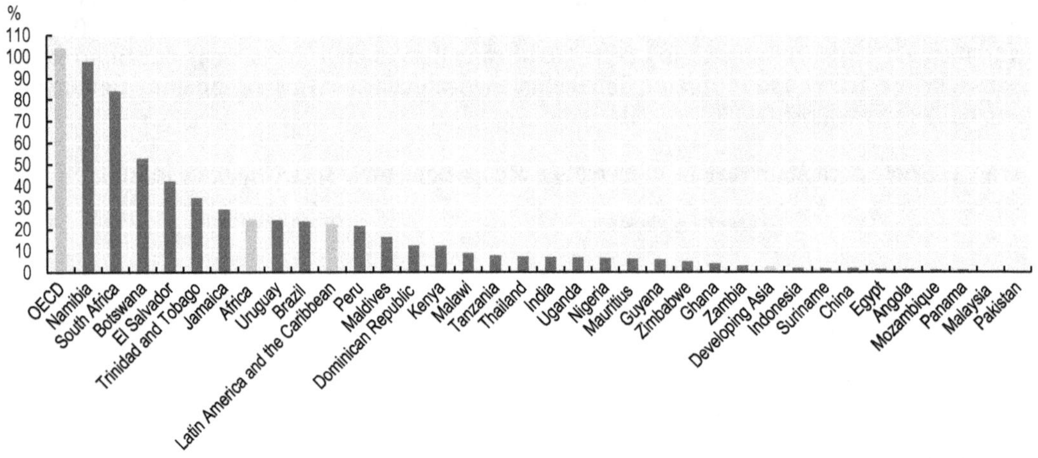

Nota: l'OCSE comprende 38 Paesi, l'Africa 15 Paesi, l'America latina e i Caraibi 10 Paesi e l'Asia in via di sviluppo 7 Paesi.

Fonte: calcoli degli autori basati su OECD (2021d), *OECD Global Pension Statistics* (banca dati), https://doi.org/10.1787/pension-data-en.

StatLink https://stat.link/9tdoye

L'assenza di quadri di riferimento ambientali, sociali e di governance (ESG), i vincoli in termini di capacità e la mancanza di informazioni per gli investitori limitano gli investimenti sostenibili nei Paesi africani. Mancano ancora quadri di riferimento specifici per gli investimenti sostenibili in tutto il continente africano, con l'eccezione dell'attuazione da parte del Sudafrica di una tassonomia ESG nell'aprile 2022. Le limitazioni in termini di dati e di capacità di gestione rendono più difficili valutare in maniera accurata i criteri ESG, il che può abbassare i punteggi ESG e aumentare il rischio di esclusione dagli investimenti sostenibili internazionali (OECD, 2022b). In un sondaggio condotto presso 70 banche africane, il 70 % ha visto nei prestiti verdi un'opportunità, ma il 60 % ha citato la capacità tecnica come ostacolo all'attuazione (EIB, 2022). Rispecchiando le tendenze globali degli investitori istituzionali (OECD, 2021a), la metà dei principali fondi pensione africani fornisce informazioni sull'importanza della sostenibilità per i propri investimenti, ma condivide solo informazioni limitate sulle proprie specifiche strategie e attuazioni (Stewart, 2022).

Una migliore governance istituzionale e la cooperazione tra i Paesi possono aiutare i fondi sovrani africani ad attirare capitali privati per investimenti sostenibili. Gli attivi totali gestiti dai fondi sovrani africani ammontano a 100 miliardi di USD in 30 fondi (Global SWF, 2022). Diversi fondi sovrani hanno creato fondi di *private equity* per settori come la sanità e le energie rinnovabili per attirare gli investitori stranieri verso opportunità di investimento sostenibili (Tabella 1.5). In una recente indagine condotta tra gli alti dirigenti dei fondi sovrani africani, tutti gli intervistati hanno sottolineato l'importanza di una governance istituzionale indipendente ed efficace come prima priorità per acquisire la fiducia dei partner internazionali e nazionali. L'83 % degli intervistati ha dichiarato che l'attuale collaborazione tra i fondi sovrani del continente è insufficiente e che occorre fare molto di più anche nel contesto dell'AfCFTA (IFSWF e Templeton, 2021). Nel giugno 2022 i fondi sovrani africani, con un patrimonio collettivo in gestione di 12,6 miliardi di USD, hanno costituito l'African Sovereign Investors Forum, una nuova piattaforma condivisa per accelerare il coordinamento ai fini della mobilitazione di capitali per investimenti sostenibili (AfDB, 2022).

Tabella 1.5 **Esempi di progetti di investimento sostenibile da parte di fondi sovrani africani**

Sovereign wealth fund (Fondo sovrano)	Paese	Attivi in gestione (2020)	Progetti di investimento sostenibili
Fonds Souverain d'Investissements Stratégiques (Fonsis)	Senegal	846 milioni di USD	Dal 2017 Fonsis ha realizzato quattro parchi solari che oggi rappresentano oltre il 50 % della capacità solare del Senegal, la fornitura di energia per quasi un milione di famiglie e la potenziale diminuzione di anidride carbonica nella misura di 160 tonnellate all'anno.
Fondo di investimento per le infrastrutture del Ghana (GIIF)	Ghana	330 milioni di USD	Nel 2017 il GIIF ha stanziato 51 milioni di USD per un partenariato pubblico-privato con un'impresa locale di TIC per realizzare 880 km di cavi in fibra ottica interni per un'estesa rete a banda larga di alta qualità nell'ovest del Ghana. Il progetto ha collegato le principali città e ha creato circa 12 000 posti di lavoro diretti e indiretti durante la fase di costruzione.
Il Fondo sovrano dell'Egitto (TSFE)	Egitto	12,7 miliardi di USD	Il TSFE ha firmato protocolli d'intesa che rappresentano 40 miliardi di USD di investimenti nell'idrogeno verde con imprese di energia e di trasporti (Furness, 2022).
Autorità per gli investimenti sovrani della Nigeria (NSIA)	Nigeria	1,8 miliardi di USD	La NSIA ha completato un progetto di investimento da 12,5 milioni di USD per l'ammodernamento, l'equipaggiamento, la manutenzione e la gestione di una struttura ambulatoriale per il trattamento del cancro, la prima del suo genere in Nigeria. Il nuovo centro offre servizi di radioterapia esterna avanzata, brachiterapia e chemioterapia ed è dotato di una struttura di formazione di livello mondiale per i professionisti dell'oncologia. Dalla sua fondazione, nel maggio 2019, ha trattato oltre 4 000 pazienti.

Fonte: elaborazione degli autori basata su IFSWF e Templeton (2021), *Investing for Growth and Prosperity: In Africa Sovereign Wealth Funds Focus su G, S ed E*, www.ifswf.org/sites/default/files/IFSWF_Africa_Paper_v2.pdf e ricerca documentale.

I fondi pensione e i fondi sovrani potrebbero essere disposti a investire in progetti infrastrutturali africani, a condizione che siano soddisfatti i criteri di qualità. In uno studio del 2018 sugli investimenti istituzionali e lo sviluppo di progetti commerciali in Africa, tutti i fondi pensione e sovrani intervistati hanno dichiarato di essere disposti a prendere in considerazione l'investimento in progetti infrastrutturali africani che stanno già generando ricavi. Mentre solo l'11 % dei fondi pensione ha dichiarato di essere interessato a progetti infrastrutturali in fase di sviluppo (progetti *greenfield*), la maggior parte ha indicato la volontà di investire indirettamente nella fase iniziale di preparazione dei progetti attraverso veicoli di investimento ed entità che soddisfano rigorosamente i loro criteri di investimento, come obbligazioni di alta qualità, fondi, banche e società. La maggior parte degli investitori intervistati ha classificato l'impegno del settore pubblico e la gestione esperta dei progetti tra i principali requisiti di investimento (Danso e Samuels, 2018).

Allegato 1.A. La stima del deficit di finanziamento sostenibile in Africa

La stima del deficit di finanziamento sostenibile in Africa contenuta nel presente rapporto si basa sulla metodologia delineata nel *Global Outlook on Financing for Sustainable Development 2023* dell'OCSE (OECD, 2022b). Sebbene esistano altre metodologie di stima (ad esempio UNCTAD, 2022a), quella dell'OCSE può essere replicata con i dati disponibili per quasi tutti i Paesi africani nel corso del tempo. Sulla base delle proiezioni iniziali del fabbisogno finanziario annuale dei Paesi africani per il conseguimento degli OSS e delle risorse finanziarie disponibili per soddisfare tale fabbisogno messe in campo nel 2015 (UNCTAD, 2014, 2016), il presente rapporto ipotizza uno scenario di riferimento per il deficit di finanziamento sostenibile pari a 200 miliardi di USD all'anno per il continente africano fino al 2030, nel caso in cui le condizioni di finanziamento rimangano costanti (UNCTAD, 2020b). Secondo l'approccio dell'OCSE (2022b), lo scenario di riferimento viene adeguato in base alle variazioni delle principali fonti di finanziamento (estere e nazionali) dell'Africa rispetto al 2015, anno di proiezione dello scenario di riferimento (Allegato Tabella 1.A.1).

A differenza dell'approccio dell'OCSE (2022b), il presente rapporto presenta i finanziamenti disponibili e il deficit di finanziamento sostenibile dal 2015 al 2021 (Figura 1.3). A tal fine, la metodologia si discosta da quella dell'OCSE (2022b) in quanto utilizza come base di riferimento il 2015 anziché il 2019 e omette le misure fiscali una tantum legate al COVID-19. Per calcolare i finanziamenti ufficiali allo sviluppo, sono stati utilizzati solo i dati netti dell'APS invece di quelli della banca dati *Total Official Support for Sustainable Development* (TOSSD, 2022), che non sono disponibili per tutti i Paesi africani per il periodo 2015-21.

Allegato - Tabella 1.A.1. **Calcolo del deficit di finanziamento sostenibile in Africa nel 2020**

Flussi finanziari	Valore	Descrizione	Fonte
Stima di base del deficit di finanziamento annuale sostenibile	200,0 miliardi di USD	Deficit medio annuo di finanziamento sostenibile dell'Africa previsto per il 2015	UNCTAD, 2020b
+ Diminuzione delle entrate pubbliche disponibili (escluse le sovvenzioni e il servizio del debito estero)	21,6 miliardi di USD	Variazione delle entrate pubbliche tra il 2015 e il 2020	Calcoli basati su IMF, 2022a, e World Bank, 2022a.
+ Diminuzione degli apporti di capitale	82,7 miliardi di USD	Variazione degli apporti di IDE, investimenti di portafoglio e altri investimenti tra il 2015 e il 2020	IMF, 2022b
- Aumento delle rimesse	12,6 miliardi di USD	Variazione dei flussi di rimesse tra il 2015 e il 2020	World Bank-KNOMAD, 2022
- Aumento dell'aiuto pubblico allo sviluppo	19,8 miliardi di USD	Variazione dell'aiuto pubblico allo sviluppo tra il 2015 e il 2020	OECD, 2022a
Deficit di finanziamento sostenibile nel 2020	271,9 miliardi di USD		

Nota: Gli apporti di capitale comprendono gli investimenti diretti esteri (IDE), gli investimenti di portafoglio e gli altri flussi di investimenti in entrata riportati dal Fondo monetario internazionale in base alla contabilità attivi/passivi. Occorre una certa cautela nell'interpretare i dati relativi agli apporti di capitale poiché alcuni dati relativi ai flussi di portafoglio sono mancanti.

Fonti: calcoli ed elaborazioni degli autori basati su OECD (2022b), *Global Outlook on Financing for Sustainable Development 2023: No Sustainability Without Equity*, https://doi.org/10.1787/fcbe6ce9-en; IMF (2022a), *Prospettive economiche mondiali (banca dati)*, www.imf.org/en/Publications/WEO/weo-database/2022/October; OECD (2022a), *Comitato di aiuto allo sviluppo dell'OCSE* (banca dati), https://stats-1.oecd.org/Index.aspx?DataSetCode=TABLE2A; World Bank (2022a), *International Debt Statistics* (banca dati), https://databank.worldbank.org/source/international-debt-statistics; IMF (2022b), *Balance of Payments and International Investment Position Statistics (BOP/IIP)* (banca dati), https://data.imf.org/?sk=7A51304B-6426-40C0-83DD-CA473CA1FD52; UNCTAD (2020b), "Economic Development in Africa Report 2020: Press Conference", comunicato stampa, https://unctad.org/osgstatement/economic-development-africa-report-2020-press-conference e World Bank-KNOMAD (2022), *Remittances* (banca dati), www.knomad.org/data/remittances.

Allegato 1.B. Analisi delle imprese leader africane

La banca dati *Orbis*[5]

La banca dati Orbis di Bureau van Dijk (BvD) - una società di Moody's Analytics - fornisce informazioni di natura finanziaria e sulla struttura del capitale armonizzate a livello di impresa, in oltre 100 Paesi e su più di 400 milioni di società private e pubbliche quotate in borsa. I dati sono raccolti presso oltre 160 diversi fornitori di informazioni governative e commerciali (registri nazionali delle imprese). Sebbene BvD armonizzi i dati in un formato standard "globale", questi ultimi non sono rappresentativi a livello nazionale (per maggiori informazioni cfr. Kalemly-Ozcan et al., 2022).

Criteri di selezione del campione [6]

Per estrarre un campione di imprese attive in Africa dalla banca dati *Orbis*, sono stati applicati i seguenti criteri di selezione dei dati:

- imprese private attive con filiali (minimo 10 % di proprietà diretta)[7] situate in Paesi africani
- imprese il cui "ultimo anno di bilancio" non risale a più di cinque anni fa (2017-2021)
- società quotate in borsa registrate come titolari effettivi mondiali (Global Ultimate Owners - GUO)[8].

Per ogni impresa sono riportati i conti consolidati. Se non sono disponibili, vengono riportati i conti non consolidati.

Ai fini della qualità dei dati (cfr. anche OECD, 2020b), l'analisi si concentra sulle imprese quotate in borsa, per le quali i dati sono più completi e presentano una migliore qualità, che consentono un'analisi comparativa tra settori e Paesi.

Note

1. Repubblica del Congo, Malawi, Mozambico, São Tomé e Príncipe, Somalia, Sudan, Zambia e Zimbabwe.
2. Burundi, Camerun, Repubblica centrafricana, Ciad, Comore, Gibuti, Etiopia, Gambia, Ghana, Guinea-Bissau, Kenya, Sierra Leone e Sud Sudan.
3. https://thegiin.org/impact-investing/
4. Calcoli degli autori basati su fDi Intelligence (2022).
5. https://www.nber.org/papers/w21558
6. I dati sono stati scaricati il 15 settembre 2022.
7. La soglia del 10 % è stabilita in base alla definizione di rapporto IDE dell'OCSE: https://www.oecd.org/daf/inv/investment-policy/2487495.pdf.
8. Nella banca dati *Orbis*, un titolare effettivo mondiale (Global Ultimate Owner - GUO) è la persona o l'entità al vertice della struttura proprietaria dell'impresa. Il criterio GUO viene applicato per identificare il gruppo di imprese ed evitare la selezione di più entità appartenenti allo stesso gruppo.

Riferimenti bibliografici

AfDB (2022), "African Development Bank, Africa50 and the newly launched African Sovereign Investors Forum signal strong desire to jointly mobilize capital for infrastructure projects", Press Release, www.afdb.org/en/news-and-events/press-releases/african-development-bank-africa50-and-newly-launched-african-sovereign-investors-forum-signal-strong-desire-jointly-mobilize-capital-infrastructure-projects-52677.

AfDB/IFC/MFW4A (2022), *Gauging Appetite of African Institutional Investors for New Asset Classes*, African Development Bank, International Finance Corporation and Making Finance Work for Africa, www.mfw4a.org/sites/default/files/resources/gauging_appetite_of_african_institutional_investors_for_new_asset_classes_-_published.pdf.

AfDB/OECD/UNDP (2015), *African Economic Outlook 2015: Regional Development and Spatial Inclusion*, OECD Publishing, Paris, https://doi.org/10.1787/aeo-2015-en.

Ahouassou, A. (24 May 2011), "African countries credit ratings: Key for effective resource mobilization on international capital markets", African Development Bank, www.afdb.org/fr/news-and-events/african-countries-credit-ratings-key-for-effective-resource-mobilization-on-international-capital-markets-8023.

Alfaro, L. et al. (2008), "Why doesn't capital flow from rich to poor countries? An empirical investigation", *Review of Economics and Statistics*, Vol. 90/2, pp. 347–368, https://doi.org/10.1162/rest.90.2.347.

Ameli, N. et al. (2021), "Higher cost of finance exacerbates a climate investment trap in developing economies", *Nature Communications*, Vol. 12, https://doi.org/10.1038/s41467-021-24305-3.

Amendolagine, V. et al. (2019), "Local sourcing in developing countries: The role of foreign direct investments and global value chains", *World Development*, Vol. 113, pp. 73-88, https://doi.org/10.1016/j.worlddev.2018.08.010.

Amendolagine, V. et al. (2013), "FDI and local linkages in developing countries: Evidence from sub-Saharan Africa", *World Development*, Vol. 50, pp. 41-56, https://doi.org/10.1016/j.worlddev.2013.05.001.

Andoh, F. K. and W. G. Cantah (2020), "Foreign Direct Investment in Sub-Saharan Africa: Is Tax Obligation Still an Issue?", *Global Business Review*, Vol. 23/5, pp. 1236-1251, https://doi.org/10.1177/0972150919890241.

ANRC (2021), *Lithium-Cobalt Value Chain Analysis for Mineral Based Industrialization in Africa*, African Natural Resources Centre, Abidjan, www.afdb.org/pt/documents/lithium-cobalt-value-chain-analysis-mineral-based-industrialization-africa.

Asiedu, E. (2002), "On the determinants of foreign direct investment to developing countries: Is Africa different?", *World Development*, Vol. 30/1, pp. 107-119, http://dx.doi.org/10.2139/ssrn.280062.

Asquith, P. and S. Opoku-Owusu (2020), "Diaspora investment to help achieve the SDGs in Africa: Prospects and trends", in *Foreign Direct Investment Perspective through Foreign Direct Divestment*, IntechOpen, London, www.intechopen.com/chapters/72728.

AUC (2015), *Agenda 2063: The Africa We Want*, African Union Commission, Addis Ababa, https://au.int/sites/default/files/documents/36204-doc-agenda2063_popular_version_en.pdf.

AUC/UNECA (2021), *Africa sovereign Credit Rating Review: 2021 End of Year Outlook*, United Nations Economic Commission for Africa and African Union Commission, Addis Ababa, https://hdl.handle.net/10855/47399.

AUC/OECD (2022), *Africa's Development Dynamics 2022: Regional Value Chains for a Sustainable Recovery*, AUC, Addis Ababa/OECD Publishing, Paris, https://doi.org/10.1787/2e3b97fd-en.

AUC/OECD (2021), *Africa's Development Dynamics 2021: Digital Transformation for Quality Jobs*, AUC, Addis Ababa/OECD Publishing, Paris, https://doi.org/10.1787/0a5c9314-en.

AUC/OECD (2019), *Africa's Development Dynamics 2019: Achieving Productive Transformation*, AUC, Addis Ababa/OECD Publishing, Paris, https://doi.org/10.1787/c1cd7de0-en.

AUC/OECD (2018), *Africa's Development Dynamics 2018: Growth, Jobs and Inequalities*, AUC, Addis Ababa/OECD Publishing, Paris, https://doi.org/10.1787/9789264302501-en.

AVCA (2022), *Venture Capital in Africa Report*, African Private Equity and Venture Capital Association, www.avca-africa.org/media/2967/62644-avca-avca-venture-capital-in-africa-report-v13.pdf.

BCG (2022), *Global Asset Management 2022: From Tailwinds to Turbulence*, Boston Consulting Group, https://web-assets.bcg.com/c8/5a/2f2f5d784302b945ba1f3276abbc/global-asset-management-2022-from-tailwinds-to-turbulence-may-2022.pdf.

Bouchet, M. et al. (2003), *Country Risk Assessment: A Guide to Global Investment Strategy*, Wiley Finance, West Sussex, https://developingfinance.org/download/Wiley-Finance-Country-Risk-Assessment-A-Guide-to-Global-Investment-Strategy.pdf.

Brenton, P., M. J. Ferrantino and M. Maliszewska (2022), *Reshaping Global Value Chains in Light of COVID-19: Implications for Trade and Poverty Reduction in Developing Countries*, World Bank, Washington, DC, https://doi.org/10.1596/978-1-4648-1821-9.

Bureau van Dijk (2022), *Orbis* (database), www.bvdinfo.com/en-gb/our-products/data/international/orbis (consultato nell'ottobre 2022).

Calderon, C. et al. (2019), "Drivers of gross capital inflows: Which factors are more important for sub-Saharan Africa?", *Policy Research Working Paper*, No. 8777, World Bank, Washington, DC, https://openknowledge.worldbank.org/handle/10986/31403.

CB Insights (2022), *State of Venture*, www.cbinsights.com/reports/CB-Insights_Venture-Report-Q2-2022.pdf.

Cheung, Y. W. et al. (2012), "China's outward direct investment in Africa", *Review of International Economics*, Vol. 20/2, John Wiley & Sons, Hoboken, https://doi.org/10.1111/j.1467-9396.2012.01017.x.

Chikhi, L. (9 luglio 2022), "Algeria, Niger and Nigeria sign MoU for Saharan gas pipeline", Reuters, www.reuters.com/business/energy/algeria-niger-nigeria-sign-mou-saharan-gas-pipeline-2022-07-28/.

Cocoa Horizons (2022), *The Cocoa Snapshot: 21/22 Mid-Year Review*, www.cocoahorizons.org/sites/www.cocoahorizons.org/files/Cocoa%20Snapshot%2021-22%20Half%20Year%20EN.pdf.

Collier, P. and C. Pattillo (2000), "Investment and Risk in Africa", in *Studies on the African Economies Series*, Palgrave Macmillan, London, https://doi.org/10.1007/978-1-349-15068-7_1.

Coulibaly, N. (23 luglio 2022), "Entrepreneuriat durable : I&P veut faire émerger 500 champions africains d'ici à 2030", JeuneAfrique, www.jeuneafrique.com/1362840/economie/entrepreneuriat-durable-ip-veut-faire-emerger-500-champions-africains-dici-a-2030/.

CPI (2022), *Landscape of Climate Finance in Africa*, Climate Policy Initiative, San Francisco, www.climatepolicyinitiative.org/wp-content/uploads/2022/09/Landscape-of-Climate-Finance-in-Africa.pdf.

Cuvellier, M. (24 gennaio 2022), "Africa vs. The Rest of The World", Africa: The Big Deal, https://thebigdeal.substack.com/p/africa-vs-the-rest-of-the-world.

Danso H. and B. Samuels (2018), "Benchmark for Investing in African Infrastructure Project Development ("I4PD Benchmark")" in *Special Report Institutional Investment and Commercial Project Development in Africa*, www.africainvestor.com/wp-content/uploads/2022/02/I4PD-Benchmark-Report-2018-Update-D15-2.pdf.

Deloitte (2016), *Your Essential Guide to De-risking Africa: Unlocking the Value in Africa*, Deloitte www2.deloitte.com/content/dam/Deloitte/za/Documents/risk/ZA_De-risking%20Africa%20Brochure_FINAL_digi_spreads.pdf.

Diallo, A., L. Jacolin and I. Rabaud (2021), "Foreign direct investment and domestic private investment in sub-Saharan African countries: Crowding-in or out", *Ferdi Working Papers*, No. 292, https://ferdi.fr/dl/df-MtwJiRQa4ZgpWvN5BBwKh5X3/ferdi-p292-foreign-direct-investment-and-domestic-private-investment-in.pdf.

EIB (2022), *Finance in Africa: Navigating the Financial Landscape in Turbulent Times*, European Investment Bank, www.eib.org/attachments/lucalli/finance_in_africa_2022_en.pdf.

Ekeruche, M. A. (2022), *Africa's Rising Debt and the Emergence of New Creditors, African Debt Series*, Vol. 2, FES AU/AU, Addis Ababa, https://library.fes.de/pdf-files/bueros/fes-ua/19365.pdf.

Evenett, S. J. and J. Fritz (2021), *Advancing Sustainable Development with FDI: Why Policy Must Be Reset*, CEPR Press, London, www.globaltradealert.org/reports/75.

Eyraud, L., C. Pattillo and A. A. Selassie (14 June 2021), "How to attract private finance to Africa's development", IMF blogs, www.imf.org/en/Blogs/Articles/2021/06/14/blog-how-to-attract-private-finance-to-africa-s-development.

Faal, G. (2019), *Strategic, Business and Operational Framework for an African Diaspora Finance Corporation: African Union Legacy Project on Diaspora Investment, Innovative Finance and Social Enterprise in Africa*, African Union Commission, Addis Ababa, https://au.int/sites/default/files/documents/40847-doc-EN - ADFC Business and Operational Framework - May 2019.pdf.

fDi Intelligence (2022), *fDi Markets* (database), www.fdiintelligence.com/fdi-markets (consultato il 19 settembre 2022).

Fofack, H. (2021), *The Ruinous Price for Africa of Pernicious' Perception Premiums*, Africa Growth Initiative at Brookings, www.brookings.edu/wp-content/uploads/2021/10/21.10.07_Perception-premiums.pdf.

Fulghieri, P. et al. (2014), "The Economics of Solicited and Unsolicited Credit Ratings", *The Review of Financial Studies*, Vol. 27/2, pp. 484-518, https://doi.org/10.1093/rfs/hht072.

Furness, V. (2 August 2022), "How Egypt's sovereign fund plans to green the country's strategic infrastructure", Capital Monitor, https://capitalmonitor.ai/regions/middle-east-and-africa/egypts-green-plans-sovereign-wealth-fund/.

GIIN (2020), *Annual Impact Investor Survey*, Global Impact Investing Network, https://thegiin.org/assets/GIIN%20Annual%20Impact%20Investor%20Survey%202020.pdf.

GIIN (2016), *The Landscape for Impact Investing in Southern Africa*, Global Impact Investing Network, https://thegiin.org/assets/documents/pub/Southern%20Africa/GIIN_SouthernAfrica.pdf.

GIIN (2015), *The Landscape for Impact Investing in East Africa*, Global Impact Investing Network, https://thegiin.org/research/publication/the-landscape-for-impact-investing-in-east-africa/.

Global SWF (23 agosto 2022), "African SWFs: The art of patience", https://globalswf.com/news/african-swfs-the-art-of-patience#:~:text=The%20biggest%20African%20SWF%20is,of%20around%20US%24100%20billion.

Indiana University Lilly Family School of Philanthropy (2022), *2022 Global Philanthropy Environment Index*, Indiana University Lilly Family School of Philanthropy, Indianapolis, www.developmentaid.org/api/frontend/cms/file/2022/04/IU2022GPEIGlobalReport-1.pdf.

I&P (n.d. a), "Notre approche", Investisseurs & Partenaires webpage, www.ietp.com/fr/node/1963/#approche-section (consultato il 6 gennaio 2023).

I&P (n.d. b), "Impact", Investisseurs & Partenaires webpage, www.ietp.com/fr/content/impact (consultato il 6 gennaio 2023).

Ideue, K. (2019), "Recent trends in foreign direct investment in sub-Saharan Africa", in *Connecting Asia and Africa: Challenges and Prospects*, Institute of Developing Economies, Chiba, www.ide.go.jp/library/Japanese/Publish/Reports/Seisaku/pdf/2018_1_10_001_ch03.pdf.

IEA (2022a), *Africa Energy Outlook 2022*, International Energy Agency, Paris, www.iea.org/reports/africa-energy-outlook-2022.

IEA (2022b), "Greenhouse gas emissions from Energy Data Explorer", *Data and Statistics* (database), www.iea.org/data-and-statistics/data-tools/greenhouse-gas-emissions-from-energy-data-explorer (consultato nell'ottobre 2022).

IFAD/World Bank (2015), *The Use of Remittances and Financial Inclusion*, International Fund for Agricultural Development, Rome, www.ifad.org/documents/38714170/40187309/gpfi.pdf/58ce7a06-7ec0-42e8-82dc-c069227edb79.

IFSWF and F. Templeton (2021), *Investing for Growth and Prosperity: In Africa Sovereign Wealth Funds Focus on G, S and E*, International Forum of Sovereign Wealth Funds, www.ifswf.org/sites/default/files/IFSWF_Africa_Paper_v2.pdf.

IMF (2023), "List of LIC DSAs for PRGT-eligible countries", International Monetary Fund, https://www.imf.org/external/pubs/ft/dsa/dsalist.pdf.

IMF (2022a), *World Economic Outlook Database*, October 2022 Edition, International Monetary Fund, www.imf.org/en/Publications/WEO/weo-database/2022/October (consultato nell'ottobre 2022).

IMF (2022b), *Balance of Payments and International Investment Position Statistics (BOP/IIP)* (database), International Monetary Fund, https://data.imf.org/?sk=7A51304B-6426-40C0-83DD-CA473CA1FD52 (consultato il 22 novembre 2022).

IMF (2022c), *Investment and Capital Stock Dataset (ICSD)* (database), https://data.imf.org/?sk=1CE8A55F-CFA7-4BC0-BCE2-256EE65AC0E4 (consultato nell'ottobre 2022).

IMF (2022d), *Regional Economic Outlook Africa April 2022*, IMF Publication Services, International Monetary Fund, Washington, DC, www.imf.org/en/Publications/REO/SSA/Issues/2022/04/28/regional-economic-outlook-for-sub-saharan-africa-april-2022.

IMF (2021a), "Questions and Answers on Sovereign Debt Issues", International Monetary Fund webpage, www.imf.org/en/About/FAQ/sovereign-debt (consultato il 12 gennaio 2023).

IMF (2021b), *Database of Fiscal Policy Responses to COVID-19*, International Monetary Fund, www.imf.org/en/Topics/imf-and-covid19/Fiscal-Policies-Database-in-Response-to-COVID-19 (consultato nell'ottobre 2022).

IRENA and AfDB (2022), *Renewable Energy Market Analysis: Africa and Its Regions*, International Renewable Energy Agency and African Development Bank, Abu Dhabi and Abidjan, www.irena.org/publications/2022/Jan/Renewable-Energy-Market-Analysis-Africa.

Jaspersen, F. et al. (2000), "Risk and private investment: Africa compared with other developing areas", in *Studies on the African Economies Series*, Palgrave Macmillan, London, https://doi.org/10.1007/978-1-349-15068-7_3.

Javorcik, B. S. and M. Spatareanu (2008), "To share or not to share: Does local participation matter for spillovers from foreign direct investment?", *Journal of Development Economics*, Vol. 85/(1-2), pp. 194-217, https://doi.org/10.1016/j.jdeveco.2006.08.005.

Juvonen, K. et al. (2019), "Unleashing the potential of institutional investors in Africa", *AfDB Working Papers*, No. 325, African Development Bank, Abidjan, www.afdb.org/sites/default/files/documents/publications/wps_no_325_unleashing_the_potential_of_institutional_investors_in_africa_c_rv1.pdf.

Kalemli-Ozcan, S. et al. (2022), "How to construct nationally representative firm level data from the Orbis Global Database: New facts and aggregate implications", *NBER Working Papers*, No. 21558, https://doi.org/10.3386/w21558.

Kathuria, S., R. A. Yatawara and X. Zhu (2021), *Regional Investment Pioneers in South Asia: The Payoff of Knowing Your Neighbors*, World Bank, Washington, DC, https://doi.org/10.1596/978-1-4648-1534-8.

Kelhoffer, K. (settembre 2021), "Examining infrastructure as an asset class", Moody's Analytics, www.moodysanalytics.com/articles/2020/examining-infrastructure-as-an-asset-class.

Kincer, J. and T. Moss (22 aprile 2022), "Gas prices high, but renewables also at risk from rising interest rates", Energy for Growth blog, www.energyforgrowth.org/blog/gas-prices-high-but-renewables-also-at-risk-from-rising-interest-rates/.

Lee, N. and M. C. Gonzalez (2022), "Stuck near ten billion: Public-private infrastructure finance in sub-Saharan Africa", *CGD Policy Paper 251 February 2022*, www.cgdev.org/sites/default/files/stuck-near-ten-billion-public-private-infrastructure-finance-sub-saharan-africa.pdf.

Leimbach, M. and N. Bauer (2022), "Capital markets and the costs of climate policies", *Environmental Economics and Policy Studies*, Vol. 24/3, pp. 397-420, https://doi.org/10.1007/s10018-021-00327-5.

Lucas, R. E. (1990), "Why doesn't capital flow from rich to poor countries?", *The American Economic Review*, Vol. 80/2, pp. 92-96, www.jstor.org/stable/2006549.

Lugemwa, P. (2014), "Foreign direct investment and SME growth: Highlighting the need for absorptive capacity to support linkages between transnational corporations and SMEs in developing countries", *International Journal of Economics, Finance and Management Sciences*, Vol. 2, No. 4, pp. 245-256, http://dx.doi.org/10.11648/j.ijefm.20140204.13.

McKinsey (6 marzo 2020), "Solving Africa's infrastructure paradox", McKinsey & Company, www.mckinsey.com/capabilities/operations/our-insights/solving-africas-infrastructure-paradox.

McKinsey (15 febbraio 2019), "Winning in Africa's agricultural market", McKinsey & Company, www.mckinsey.com/industries/agriculture/our-insights/winning-in-africas-agricultural-market.

Mercer (2018), *Investment in African Infrastructure: Challenges and Opportunities*, www.marshmclennan.com/content/dam/mmc-web/insights/publications/2018/dec/innovations-in-infrastructure/Investment-in-African-Infrastructure/gl-2018-wealth-investment-opportunities-in-african-infrastructure-full-report-mercer.pdf.

Murisa, T. (2022), "Region Report: Sub-Saharan Africa", 2022 Global Philanthropy Environment Index, SIVIO Institute, https://scholarworks.iupui.edu/bitstream/handle/1805/27917/2022GPEISub-SaharanAfrica.pdf.

Mutize (13 febbraio 2022), "Moody's has bought a leading African rating agency: Why it's bad news", The Conversation, https://theconversation.com/moodys-has-bought-a-leading-african-rating-agency-why-its-bad-news-176827.

NBS (2022), "Environmental sustainability: Meaning, examples and importance", Network for Business Sustainability, https://nbs.net/environmental-sustainability-meaning-examples-importance/.

Ndikumana, L. and J. K. Boyce (2003), "Public debts and private assets: Explaining capital flight from sub-Saharan African countries", *World Development*, Vol. 31/1, pp. 107-130, https://doi.org/10.1016/S0305-750X(02)00181-X.

NIPC (2020), "MTN Nigeria to Invest 600bn in Network Expansion", Nigeria Investment Promotion Commission, www.nipc.gov.ng/2020/03/03/mtn-nigeria-to-invest-600bn-in-network-expansion/.

OECD (2022a), "Aid (ODA) disbursements to countries and regions", *OECD Development Assistance Committee* (database), https://stats-1.oecd.org/Index.aspx?DataSetCode=TABLE2A (consultato il 15 dicembre 2022).

OECD (2022b), *Global Outlook on Financing for Sustainable Development 2023: No Sustainability Without Equity*, OECD Publishing, Paris, https://doi.org/10.1787/fcbe6ce9-en.

OECD (2022c), *Climate Finance Provided and Mobilised by Developed Countries in 2016-2020: Insights from Disaggregated Analysis*, Climate Finance and the USD 100 Billion Goal, OECD Publishing, Paris, https://doi.org/10.1787/286dae5d-en.

OECD (2022d), *OECD Sovereign Borrowing Outlook 2022*, OECD Publishing, Paris, https://doi.org/10.1787/b2d85ea7-en.

OECD (2022e), "Mobilisation", *Flows Based on Individual Projects* (CRS) (dataset), OECD Publishing, Paris, https://stats-1.oecd.org/Index.aspx?DataSetCode=DV_DCD_MOBILISATION (consultato nel dicembre 2022).

OECD (2022f), *FDI Qualities Indicators 2022*, www.oecd.org/fr/investissement/fdi-qualities-indicators.htm.

OECD (2022g), *FDI Qualities Policy Toolkit*, OECD Publishing, Paris, https://doi.org/10.1787/7ba74100-en.

OECD (2021a), *Mobilising Institutional Investors for Financing Sustainable Development in Developing Countries: Emerging Evidence of Opportunities and Challenges*, OECD Publishing, Paris, www.oecd.org/dac/financing-sustainable-development/Mobilising-institutional-investors-for-financing-sustainable-development-final.pdf.

OECD (2021b), *Private Philanthropy for Development: Data for Action Dashboard*, OECD Publishing, Paris, https://oecd-main.shinyapps.io/philanthropy4development/ (consultato nel novembre 2022).

OECD (2021c), "Enabling SME linkages with foreign firms in global value chains", in *Middle East and North Africa Investment Policy Perspectives*, OECD Publishing, Paris, https://doi.org/10.1787/824a45f1-en.

OECD (2021d), *OECD Global Pension Statistics* (database), https://doi.org/10.1787/pension-data-en (consultato nell'ottobre 2022).

OECD (2020a), *OECD Investment Policy Reviews: Egypt 2020*, OECD Publishing, Paris, https://doi.org/10.1787/9f9c589a-en.

OECD (2020b), "Coverage and representativeness of Orbis data", *OECD Science, Technology and Industry Working Papers*, No. 2020/06, OECD Publishing, Paris, https://doi.org/10.1787/c7bdaa03-en.

OECD (2019), *Annual Survey of Large Pension Funds and Public Pension Reserve Funds*, www.oecd.org/finance/survey-large-pension-funds.htm (consultato il 17 febbraio 2021).

OECD/ACET (2020), *Quality Infrastructure in 21st Century Africa: Prioritising, Accelerating and Scaling up in the Context of PIDA (2021-30)*, www.oecd.org/dev/Africa-Quality-infrastructure-21st-century.pdf.

OECD/World Bank/UNEP (2018), *Financing Climate Futures: Rethinking Infrastructure*, OECD Publishing, Paris, https://doi.org/10.1787/9789264308114-en.

Onyeiwu, S. and H. Shrestha (2016), "Determinants of foreign direct investment in Africa", *Journal of Developing Societies*, Vol. 20/1-2, pp. 89-106, https://doi.org/10.1177/0169796X04048305.

Orbitt (3 giugno 2023), "Managing currency risk in Africa: A playbook for decision-making", https://orbitt.capital/managing-currency-risk-in-africa-a-playbook-for-decision-making/.

Osabutey, E. L. C. and C. Okoro (2015), "Political risk and foreign direct investment in Africa: The case of the Nigerian telecommunications industry", *Thunderbird International Business Review*, Vol. 57/6, pp. 417-429, https://doi.org/10.1002/tie.21672.

Pandey, A. (14 settembre 2020), "Is Africa a victim of bias by international investors?", Deutsche Welle, www.dw.com/en/africa-imf-bias-discrimination-debt-international-investors/a-54564359.

Pineau, C. (2 settembre 2014), "The African data gap: What it means for business", Devex, www.devex.com/news/the-african-data-gap-what-it-means-for-business-84246.

Qiang, C. Z., Y. Liu and V. Steenbergen (2021), *An Investment Perspective on Global Value Chains*, World Bank, Washington, DC, https://openknowledge.worldbank.org/handle/10986/35526.

RES4Africa (2022), *Sustainable Electricity for a Prosperous Africa, Renewable Energy Solutions for Africa*, https://static1.squarespace.com/static/609a53264723031eccc12e99/t/628cea0bc18a56354ede110e/1653402171127/RES4Africa+5th+Flagship+Publication+2022+-+Sustainable+electricity+for+a+Prosperous+Africa_double+paged.pdf.

Severino, J. M. (20 marzo 2018), "Three things we have learned about investing in African small businesses and in fragile countries", OECD Development Matters blog, https://oecd-development-matters.org/2018/03/20/three-things-we-have-learned-about-investing-in-african-small-businesses-and-in-fragile-countries/.

Smith, G. (3 ottobre 2022), "African Eurobonds in Q3 2022", LinkedIn, https://www.linkedin.com/pulse/african-eurobonds-q3-2022-gregory-smith/.

Sovereign Group (2022), "Africa Union moves to set up Africa-owned credit rating agency", webpage, www.sovereigngroup.com/news/news-and-views/africa-union-moves-to-set-up-africa-owned-credit-rating-agency/ (consultato nell'ottobre 2022).

Statistics South Africa (2022), "Quarterly employment statistics (QES)", Statistical Release P0277, Pretoria, www.statssa.gov.za/publications/P0277/P0277June2022.pdf.

Stewart, F. (18 January 2022), "The elephant in the room: Bringing sustainable investment to Africa", World Bank Private Sector Development Blog, https://blogs.worldbank.org/psd/elephant-room-bringing-sustainable-investment-africa.

TOSSD (2022), "TOSSD", *Total Official Support for Sustainable Development* (database), https://tossd.online/ (consultato nell'ottobre 2022).

Trading Economics (2022), "Indicators: Credit Rating | Africa", *Trading Economics* (database), https://tradingeconomics.com/country-list/rating?continent=africa (consultato nel gennaio 2023).

UN (2022), *Financing for Sustainable Development Report 2022*, United Nations, New York, https://development finance.un.org/fsdr2022.

UN DESA (2022), "World Population Prospects: The 2022 Revision", *United Nations* (database), United Nations Department of Economic and Social Affairs, New York, https://population.un.org/dataportal/data/indicators/67/locations/903/start/2000/end/2030/table/pivotbylocation (consultato nell'ottobre 2022).

UN Global Compact (2022), "Social sustainability", webpage, www.unglobalcompact.org/what-is-gc/our-work/social (consultato nell'ottobre 2022).

UNCTAD (2022a), "Financing for development: Mobilizing sustainable development finance beyond COVID-19", Note by the UNCTAD secretariat, United Nations Conference on Trade and Development, https://unctad.org/system/files/official-document/tdb_efd5d2_en.pdf/.

UNCTAD (2022b), "Regional trends: Africa", Highlights of *World Investment Report 2022*, United Nations Conference on Trade and Development, United Nations Publishing, New York, https://unctad.org/system/files/non-official-document/WIR2022-Regional_trends_Africa_en.pdf.

UNCTAD (2022c), "Foreign direct investment: Inward and outward flows and stock, annual", *UNCTADstat* (database), United Nations Conference on Trade and Development, https://unctadstat.unctad.org/EN/ (consultato nell'ottobre 2022).

UNCTAD (2020a), *World Investment Report 2020*, United Nations Conference on Trade and Development, United Nations Publishing, New York, https://unctad.org/system/files/official-document/wir2020_en.pdf.

UNCTAD (2020b), "Economic Development in Africa Report 2020: Press Conference", Press Release, United Nations Conference on Trade and Development, https://unctad.org/osgstatement/economic-development-africa-report-2020-press-conference.

UNCTAD (2019), "Global investment trends and prospects", in *World Investment Report 2019: Special Economic Zones*, United Nations Publications, New York, https://unctad.org/system/files/official-document/WIR2019_CH1.pdf.

UNCTAD (2016), *Economic Development in Africa Report 2016: Debt Dynamics and Development Finance in Africa*, United Nations Conference on Trade and Development, United Nations Publishing, New York, https://unctad.org/system/files/official-document/aldcafrica2016_en.pdf.

UNCTAD (2014), *World Investment Report 2014: Investing in the SDGs*, United Nations Publishing, New York, https://unctad.org/system/files/official-document/wir2020_en.pdf.

UNECA (2016), "The policy framework for greening industrialization in Africa" in *Economic Report on Africa 2016*, Economic Commission for Africa, Addis Ababa, www.uneca.org/sites/default/files/chapterimages/era2016_chap4_en-rev6may.pdf.

U.S. Bureau of Economic Analysis (2022), "International data: Direct investment and MNE", *U.S. BEA* (database), https://apps.bea.gov/iTable/?ReqID=2&step=1 (consultato nell'ottobre 2022).

Verhoef, G. (2011), "The globalisation of South African conglomerates, 1990-2009", *Economic History of Developing Regions*, Vol. 26/2, pp. 83-106, https://doi.org/10.1080/20780389.2011.625242.

Vu, H. D. (2018), "Firm's absorptive capacity: The case of Vietnamese manufacturing firms", *Review of Economic Perspectives*, Vol. 18/3, pp. 301-325, https://doi.org/10.2478/revecp-2018-0015.

Wanjere, M. et al. (2021), "Mediating role of absorptive capacity on the relationship between foreign direct investment and local firm's performance", *European Journal of Business and Management Research*, Vol. 6/5, pp.256-263, https://doi.org/10.24018/ejbmr.2021.6.5.1134.

WFP (21 July 2022), "WFP and partners bring first-of-its-kind transport training centre to West Africa", World Food Programme, https://www.wfp.org/news/wfp-and-partners-bring-first-its-kind-transport-training-centre-west-africa.

White, L., A. Kitimbo and L. Rees (2019), "Institutions and the location strategies of South African firms in Africa", *Thunderbird International Business Review*, Vol. 61/1, pp. 61-73, https://doi.org/10.1002/tie.21965.

Wood Mackenzie (2021), "Off-Grid Renewable Investment", *Wood Mackenzie* (database), https://datahub.woodmac.com/app/main#/dashboards/5d3a1511d249d18c0f001758 (consultato nell'ottobre 2022).

World Bank (2022a), *World Development Indicators* (database), World Bank, Washington, DC, https://datatopics.worldbank.org/world-development-indicators/ (consultato il 12 gennaio 2023).

World Bank (2022b), *Enterprise Surveys* (database), www.enterprisesurveys.org (accessed October 2022).

World Bank (2021), "Migration and remittances data", *Annual Remittances Data May 2021* (database), www.worldbank.org/en/topic/migrationremittancesdiasporaissues/brief/migration-remittances-data (consultato nell'ottobre 2022).

World Bank (2016), *Breaking Down Barriers: Unlocking Africa's Potential through Vigorous Competition Policy*, World Bank, Nairobi, http://hdl.handle.net/10986/24688.

World Bank-KNOMAD (2022), *Remittances* (database), The Global Knowledge Partnership on Migration and Development (KNOMAD), World Bank, www.knomad.org/data/remittances (consultato il 19 dicembre 2022).

Yeboua, K. (2020), "Foreign direct investment and economic growth in Africa: New empirical approach on the role of institutional development", *Journal of African Business*, Vol. 22/3, pp. 361-378, https://doi.org/10.1080/15228916.2020.1770040.

Capitolo 2

Politiche per accelerare gli investimenti sostenibili in Africa

Il presente capitolo individua priorità strategiche per permettere ai responsabili delle politiche africani di mobilitare maggiori investimenti sostenibili e allocare meglio le risorse esistenti a favore dello sviluppo sostenibile. In primo luogo descrive in che modo le istituzioni africane possono migliorare la disponibilità delle informazioni e dei dati necessari per le valutazioni dei rischi e della sostenibilità. In secondo luogo esamina come i partenariati e le istituzioni a guida africana possono sbloccare finanziamenti sostenibili in linea con le priorità di sviluppo. In terzo luogo illustra il ruolo che efficaci politiche di integrazione regionale possono svolgere per incrementare gli investimenti sostenibili.

IN SINTESI

Il continente africano mira al duplice obiettivo di mobilitare maggiori risorse e di allinearle alle sue priorità di sviluppo sostenibile. Al fine di conseguire entrambi gli obiettivi, i governi africani e tutti i gruppi di portatori di interessi devono collaborare, concentrandosi su tre priorità strategiche per accelerare gli investimenti sostenibili in Africa:

- Il miglioramento della disponibilità e della comparabilità dei dati rafforzerà la fiducia degli investitori, la trasparenza e la responsabilità. Il miglioramento dei dati macroeconomici potrebbe consentire a molti Paesi di allineare i rating di credito ai rischi reali. Le alleanze pubblico-privato possono consentire alle agenzie governative di condividere dati ufficiali e di mercato che orientano le strategie di valutazione del rischio degli investitori e riducono i costi di raccolta delle informazioni. I quadri globali per la divulgazione di dati e informazioni sulla sostenibilità devono essere adattati ai contesti africani e completati da un sostegno diretto agli investitori e ai partner della catena di approvvigionamento.
- Il rafforzamento dei partenariati e delle istituzioni finanziarie a guida africana consentirà un'allocazione più efficace dei finanziamenti sostenibili. La comunità internazionale deve rispettare gli obblighi esistenti e convogliare le risorse verso istituzioni finanziarie africane caratterizzate da una buona gestione, ad esempio rendendo disponibili i finanziamenti per l'adattamento ai cambiamenti climatici o riassegnando i diritti speciali di prelievo. Le istituzioni finanziarie locali possono dirigere lo sviluppo dei progetti e gli strumenti di mitigazione del rischio, allineando gli sforzi alle agende di sviluppo nazionali. In molti Paesi stanno emergendo strumenti innovativi di finanziamento sostenibile, come le obbligazioni verdi, sociali, di sostenibilità e legate alla sostenibilità, che potrebbero essere sviluppati su più ampia scala. Lo sviluppo e l'interconnessione dei mercati dei capitali e delle borse valori stimolerà la crescita delle imprese africane.
- Il collegamento e l'armonizzazione dei mercati regionali, attraverso politiche nazionali, regionali e continentali efficaci, agevolerà gli investimenti sostenibili su scala. I quadri strategici nazionali per gli investimenti rimangono essenziali per attirare investimenti sostenibili, mentre i progetti di investimento transfrontalieri riducono gli attriti commerciali e la frammentazione del mercato. Le piccole e medie imprese, con le loro esigenze specifiche, necessitano di un sostegno strategico per sfruttare le opportunità di investimento sostenibile e integrarsi nelle catene del valore regionali dirette dalle imprese più grandi. Il successo nell'attuazione del Protocollo sugli investimenti della Zona continentale di libero scambio per l'Africa richiede un monitoraggio efficace e partenariati con il settore privato a livello regionale e continentale.

Policies to accelerate sustainable investments for Africa

Information and data improve resource allocation and investor confidence

Enhance national statistical capacity to improve debt transparency

Better data transparency could reduce African sovereign bond spreads by **14.5 basis points** and decrease external debt by at least **USD 400 million**

Improve the collection of sustainability data

Top **3** barriers for tracking the sustainability of investments:

1) lack of supply chain reporting
2) unclear sustainability standards
3) difficult measurements

African-led partnerships can make sustainable finance more effective

WARNING!

Between 2019 and 2020 an estimated USD **11.4 billion** went to climate change adaptation in Africa - significantly less than the USD 53 billion needed annually

IPO

African-based initial public offerings (IPO) represented less than **1%** of the USD 1.5 trillion global IPOs over 2017-21

Africa is home to **102** Development finance institutions (DFIs)

That's about **20%** of the global total

Yet, African DFIs rarely manage assets worth more than 2-3% of their country's GDP

Effective regional integration policies can scale up sustainable investments

By 2030, increased trade due to the AfCFTA will require **USD 411 billion** worth of investment in transport equipment

Investment in Africa's development corridors projects mostly comes from:

- 31% Regional development banks
- 30% National governments
- 17% International development finance providers

I governi africani e tutti i gruppi di portatori di interessi devono collaborare per ridurre il deficit di finanziamento sostenibile del continente. In primo luogo, l'allocazione efficace delle risorse africane esistenti orientata a risultati di sostenibilità offre il potenziale maggiore: le entrate dei governi nazionali ammontavano a 466 miliardi di USD nel 2021, pari al 17 % del prodotto interno lordo (PIL), e gli attivi detenuti dagli investitori istituzionali africani ammontavano a 1,8 mila miliardi di USD nel 2020, pari al 73 % del PIL. In secondo luogo, la comunità internazionale deve assumersi le proprie responsabilità e rispettare gli obblighi di finanza sostenibile. In terzo luogo, i governi africani, il settore privato e la società civile devono collaborare sempre più strettamente per attirare maggiori investimenti sostenibili nelle economie africane.

I Paesi africani devono affrontare la duplice sfida di mobilitare maggiori risorse e di destinarle alle loro priorità di sviluppo sostenibile. Il presente capitolo propone tre approcci strategici principali che consentirebbero ai responsabili delle politiche di realizzare questi obiettivi affrontando direttamente le due sfide generali individuate nel capitolo precedente (Tabella 2.1). Il Capitolo 1 ha individuato nella scarsa fiducia degli investitori e nell'eccessivo costo del capitale gli ostacoli agli investimenti che le crisi globali hanno esacerbato, e ha inoltre dimostrato la necessità di disporre di quadri e strumenti più numerosi e solidi che consentano ai Paesi africani di sfruttare al meglio le loro risorse uniche e di destinare i notevoli flussi finanziari esistenti - comprese le risorse proprie dell'Africa - in modo più diretto allo sviluppo sostenibile in tutto il continente.

Tabella 2.1 **Azioni strategiche per la mobilitazione e l'allocazione di investimenti sostenibili, mappate in funzione delle sfide**

Sfida	Agenda delle politicje	Azione strategica
Scarsa fiducia degli investitori ed elevato costo del capitale	Orientare le valutazioni del rischio e le misure di sostenibilità	Rafforzare la capacità statistica nazionale per le valutazioni del rischio Paese
		Orientare la *due diligence* degli investitori e la valutazione del rischio del progetto con dati dettagliati
		Contribuire a quadri di sostenibilità e raccolta dati adattati al contesto locale
	Partenariati guidati dall'Africa per la realizzazione di quadri e strumenti	Approfondire i mercati dei capitali e le borse valori regionali per sostenere la crescita delle imprese africane
Sono necessari quadri di riferimento per esaminare gli attivi africani e orientare gli investimenti verso lo sviluppo sostenibile		Aumentare la capacità delle istituzioni finanziarie locali di allineare la finanza sostenibile alle priorità nazionali
		Adattare e sviluppare strumenti di finanziamento innovativi adatti ai contesti locali
	Integrazione regionale per ottimizzare gli impatti	Armonizzare le politiche, migliorare le infrastrutture digitali e i corridoi di sviluppo
		Fornire sostegno alle piccole e medie imprese ai fini dell'integrazione nelle catene di valore regionali
		Garantire l'effettiva attuazione del Protocollo sugli investimenti della Zona continentale di libero scambio per l'Africa

Fonte: elaborazione degli autori.

Le raccomandazioni strategiche contenute nel presente capitolo rappresentano un ventaglio di opzioni volte a stimolare un dialogo partecipativo sulle politiche che coinvolga la società civile africana. Il capitolo mira a incoraggiare un dialogo sulle politiche basato su dati concreti, presentando raccomandazioni strategiche che affrontano i principali ostacoli agli investimenti sostenibili individuati nel capitolo precedente, nonché a orientare il dialogo nei forum organizzati da e per i responsabili delle politiche africani, il settore privato e la società civile. Gli attori africani sono invitati a fare proprie le raccomandazioni, perfezionandole e adattandole ai loro scopi e contesti.

Strategie nazionali olistiche possono collegare le singole raccomandazioni strategiche allineandole alle priorità locali. Nel Capitolo 1 è stata illustrata l'entità del deficit di finanziamento sostenibile dell'Africa e si è evidenziato che, per colmarlo, è necessario affrontare sfide complesse e coordinare diverse fonti di finanziamento su scala nazionale, regionale, continentale e globale, spesso attraverso partenariati tra più soggetti. Il presente capitolo non intende fornire una soluzione definitiva e onnicomprensiva. Offre invece un programma generale di azioni strategiche chiave, illustrandole con esempi di politiche diffuse in tutto il continente. In definitiva, la combinazione vincente di politiche sarà specifica e diversa per ogni Paese africano e l'attuazione efficace delle politiche richiederà un ulteriore adattamento ai contesti nazionali.

Una maggiore disponibilità di informazioni e di dati favorisce una migliore allocazione delle risorse e rafforza la fiducia degli investitori.

Informazioni più precise possono migliorare la valutazione del rischio, allineare la percezione del rischio ai rischi reali, ridurre i costi di transazione e sostenere la valutazione dei risultati in termini di sostenibilità (Tabella 2.2). Gli investitori non sono a conoscenza delle opportunità di investimento in alcuni Paesi africani: necessitano di informazioni più complete, granulari e attendibili per valutare e orientarsi tra i rischi reali (Capitolo 1). Le istituzioni pubbliche e private possono migliorare la rendicontazione delle spese e degli investimenti per aumentare l'allocazione delle risorse africane esistenti verso attività sostenibili. Dati accurati sui rischi Paese potrebbero migliorare i rating creditizi e ridurre il costo del capitale, in particolare nei settori ad alto potenziale di sostenibilità. I dati sui progetti di investimento possono facilitare la ricerca di opportunità e la *due diligence*, riducendo gli ostacoli all'ingresso per i nuovi investitori. I dati sui risultati degli investimenti sostenibili devono essere raccolti secondo schemi armonizzati a livello regionale e continentale.

Una maggiore capacità statistica nazionale può migliorare le valutazioni del rischio e della sostenibilità del Paese e la trasparenza del debito.

Il rafforzamento delle capacità statistiche dei Paesi africani può rendere più accurate le valutazioni del rischio Paese. Gli indicatori macroeconomici, la mobilitazione delle entrate interne e i dati sul debito sono elementi critici per la valutazione del rischio sovrano; tuttavia, nei Paesi africani spesso non sono disponibili in modo sufficientemente approfondito e dettagliato (Capitolo 1). Nel 2021 meno di un terzo dei Paesi africani (30 %) era dotato di un piano statistico completamente finanziato, rispetto a quasi la metà dei Paesi dell'America latina e dei Caraibi (44 %) e dell'Asia in via di sviluppo (47 %) (PARIS21, 2023). Con finanziamenti supplementari, le organizzazioni e i partenariati internazionali come il Partenariato statistico per lo sviluppo nel XXI secolo (PARIS21) potrebbero intensificare i loro sforzi di sostegno delle capacità statistiche dei ministeri delle Finanze e degli uffici statistici attraverso distacchi, comunità di pratiche e sovvenzioni (altri esempi sono riportati nella Tabella 2.2). Allo stesso tempo, potrebbero considerare di concentrarsi più direttamente sulla fornitura tempestiva di dati rilevanti per il rischio Paese (in particolare sul debito privato). È necessario dare ulteriore seguito alla decisione dei capi di Stato africani di destinare lo 0,15 % dei bilanci nazionali alle capacità statistiche (AUC/AfDB/UNECA/ACBF, 2017).

Regolamenti e accordi di condivisione dei dati possono migliorare la trasparenza e la coerenza dei rating di credito dei Paesi. Parallelamente agli sforzi per istituire un'agenzia di rating del credito africana (AU, 2022a), la regolamentazione delle agenzie di rating del credito può garantire l'integrità, la responsabilità, la buona governance e l'indipendenza delle attività di rating del credito, al fine di assicurare rating di qualità e alti livelli di protezione degli investitori. Le autorità di regolamentazione africane potrebbero seguire l'esempio della legge sui servizi di credito del Sudafrica, che richiede una licenza locale per le agenzie e impone requisiti di divulgazione degli assetti proprietari e delle metodologie (Pillay e Sikochi, 2022). Le agenzie di rating del credito e le istituzioni finanziarie internazionali possono pubblicare rating di credito a lungo termine che tengano conto dei percorsi di transizione climatica, rendendo trasparenti le componenti dei rating basate su modelli e quelle discrezionali (UN, 2022). I dati potrebbero essere consolidati tra le diverse valutazioni del rischio Paese, come quelle delle agenzie di rating del credito, delle agenzie per il credito all'esportazione e delle banche di sviluppo (ad esempio le Country Portfolio Performance Reviews della Banca africana di sviluppo [AfDB] [AfDB, n.d.] o le IDA Country Performance Ratings della World Bank [IDA, 2022]).

Tabella 2.2 **Azioni strategiche ed esempi per migliorare la disponibilità di informazioni e di dati**

Azione strategica	Misura strategica	Esempio di politica	Impatto	Livello
Rafforzare la capacità statistica nazionale per le valutazioni del rischio Paese	Aumentare la capacità statistica nazionale in materia di macroeconomia, entrate nazionali e rischio sovrano	*Statistiche sulle entrate in Africa* a cura del Centro per lo sviluppo dell'OCSE, del Centro per la politica e l'amministrazione fiscale dell'OCSE, del Forum africano sull'amministrazione fiscale e della Commissione dell'Unione africana	La pubblicazione annuale *Revenue Statistics in Africa* presenta indicatori comparabili a livello internazionale sulla mobilitazione delle risorse interne per 31 Paesi africani, al fine di orientare l'analisi delle politiche fiscali e le riforme (OECD/ATAF/AUC, 2022).	N
	Condividere i dati sul rischio sovrano	Centri regionali africani di assistenza tecnica (AFRITAC) del Fondo monetario internazionale	Cinque AFRITAC rafforzano le capacità statistiche macroeconomiche dei ministeri e degli uffici statistici africani. Ad esempio, l'AFRITAC East ha sostenuto l'armonizzazione dei dati fiscali e delle statistiche sul PIL in tutta l'Africa orientale (FMI, n.d.).	R/C/G
	Imporre obblighi di licenza e di divulgazione alle agenzie di rating del credito	Legge sudafricana sui servizi di rating del credito	L'Autorità europea degli strumenti finanziari e dei mercati ha ritenuto la legge sudafricana sui servizi di rating del credito altrettanto rigorosa delle norme dell'Unione europea (UE), consentendo alle agenzie dell'UE di avallare i rating emessi dalle sei agenzie registrate in Sudafrica (FSCA, 2023; Pillay e Sikochi, 2022).	N
Orientare la *due diligence* **degli investitori e la valutazione del rischio del progetto con dati dettagliati**	Aggregazione di informazioni dettagliate sui progetti di investimento	*Banca dati sul rischio dei mercati emergenti globali*	La banca dati aggrega i dati delle banche multilaterali e delle istituzioni finanziarie sulle inadempienze creditizie nei mercati emergenti. Sebbene la banca dati stia ampliando la sua copertura, finora solo gli enti legati al settore pubblico inseriscono i dati, non vengono forniti i tassi di recupero e i dati sulle inadempienze non possono essere disaggregati per Paese, settore o tipo di strumento di credito (Lee, Forster e Paxton, 2021).	G
	Collaborare con terze parti per rendere disponibili dati disaggregati e settoriali	Rete africana di dati del settore automobilistico (AADN)	Attraverso l'AADN, l'Associazione africana dei produttori di automobili raccoglie dati dettagliati sulle vendite di veicoli, sulla domanda, sui tassi di motorizzazione e sugli impianti di assemblaggio (AADN, n.d.).	C
	Pubblicare informazioni tecniche e legali aggiornate e prospettiche	Indice di regolamentazione dell'energia elettrica (ERI) della Banca africana di sviluppo	Le normative variano notevolmente tra i settori energetici africani, e solo 27 dei 43 Paesi presi in esame hanno condotto studi sul costo del servizio e attuato regolamenti sulla qualità del servizio e sulla rete di trasmissione nel 2022. Nove Paesi non pubblicano alcuna metodologia tariffaria (AfDB, 2021).	C
	Rafforzare il dialogo tra imprese e governo, consentendo un riscontro sulle politiche e sugli ostacoli agli investimenti	Hub digitale per lo sviluppo (D4D) dell'Unione africana e dell'Unione europea (UA-UE)	L'Uub D4D UA-UE ha lanciato una piattaforma online, D4D Access, volta a facilitare la condivisione di esperienze tra attori africani ed europei sulla trasformazione digitale inclusiva e sostenibile. L'Hub D4D ha facilitato l'accordo di investimento Francia-Ruanda 2023 per modernizzare e armonizzare l'infrastruttura di rete delle amministrazioni centrali e locali (D4D Hub, 2023).	G
Contribuire a quadri di sostenibilità e raccolta dati adattati al contesto locale	Armonizzazione e applicazione delle metodologie di valutazione e segnalazione in materia di sostenibilità	Le riforme egiziane sulla divulgazione di informazioni ambientali, sociali e di governance (ESG)	A partire dal 2022 l'Autorità di regolamentazione finanziaria dell'Egitto richiede relazioni trimestrali sulla conformità ESG a tutte le società quotate nella borsa egiziana con un capitale versato superiore a 100 milioni di EGP (oltre 230 società) (Atef, 2022).	N
	Fornire alle imprese la capacità di raccogliere dati sugli investimenti sostenibili	Investisseurs & Partenaires (I&P)	I&P è un investitore sociale che si concentra sulle micro, piccole e medie imprese, valutando le loro pratiche attraverso audit sociali e ambientali e misurando gli impatti sulla sostenibilità sulla base di una scheda di valutazione. Ha realizzato oltre 150 investimenti che hanno mantenuto o creato quasi 9 000 posti di lavoro diretti, e circa il 75 % di essi ha contribuito direttamente agli Obiettivi di sviluppo sostenibile (I&P, n.d.).	R

Nota: N = nazionale, R = regionale, C = continentale, G = globale.
Fonte: elaborazione degli autori.

I governi africani, gli uffici statistici e le istituzioni finanziarie possono fare di più per monitorare l'allocazione e gli impatti dei finanziamenti sostenibili. Il Capitolo 1 ha mostrato che è improbabile che il deficit di finanziamento sostenibile dell'Africa possa essere colmato solo mobilitando maggiori investimenti. I portatori di interessi africani possono anche colmare il deficit aumentando l'allocazione delle risorse esistenti a favore dello sviluppo sostenibile; tuttavia, ciò richiede una comprensione più granulare dei flussi finanziari. I quadri di valutazione della sostenibilità dovrebbero essere attuati per tutti i principali flussi finanziari (entrate statali, flussi di capitale, rimesse e aiuto pubblico allo sviluppo), attingendo ai parametri di riferimento della finanza sostenibile (OECD/UNDP, 2021) e integrando le valutazioni generali dei risultati dello sviluppo sostenibile (UNECA/AfDB/AU/PNL, 2022).

I governi africani possono condividere i dati con le istituzioni internazionali per consentire valutazioni armonizzate del rischio Paese e della sostenibilità e migliorare la trasparenza del debito. Il processo in corso per rendere operativa la seconda strategia dell'Unione africana per l'armonizzazione delle statistiche in Africa (AUC/AfDB/UNECA/ACBF, 2017) potrebbe concentrarsi più direttamente sui dati macroeconomici e di sostenibilità; STATAFRIC, l'istituto statistico panafricano fondato di recente nell'ambito della strategia, è nella posizione ideale per guidare tale sforzo nel tempo. Organizzazioni come il Fondo monetario internazionale (FMI) potrebbero facilitare la raccolta e l'aggregazione dei dati (Mutize, 2022). Le organizzazioni internazionali e le agenzie di rating del credito potrebbero coordinare i loro esercizi di raccolta dati per regolarizzare il flusso di dati ed evitare la duplicazione del lavoro degli uffici statistici nazionali, che sono sotto pressione. Gli enti regionali, come i Centri di assistenza tecnica regionale africana dell'FMI (FMI, n.d.), potrebbero fungere da punti focali per i dati macroeconomici, mentre i gruppi di riflessione africani, come Afrobarometro, potrebbero lavorare alle valutazioni di sostenibilità. Anche dati completi sul debito sovrano pubblico e privato possono contribuire a un migliore coordinamento della riduzione del debito tra creditori tradizionali ed emergenti (Riquadro 2.1; Ekeruche, 2022). Investire nella trasparenza dei dati può ridurre significativamente i costi del servizio del debito. Una ricerca della Banca mondiale mostra che un gran numero di Paesi africani avrebbe potuto migliorare i propri differenziali delle obbligazioni sovrane di 14,5 punti base se il loro livello medio di trasparenza dei dati fosse stato pari a quello dei Paesi più performanti (Kubota e Zeufack, 2020).

Riquadro 2.1. **Trasparenza del debito in Africa**

Una maggiore trasparenza del debito può migliorare la capacità di indebitamento dei governi africani. La trasparenza del debito contribuisce ad aumentare il rating del credito, a ridurre i costi di finanziamento e a migliorare i flussi di investimenti in entrata. Nel Burkina Faso, il miglioramento delle capacità dell'ufficio nazionale per la gestione del debito ha favorito una diminuzione dei costi di prestito per tutti gli strumenti di debito e ha prorogato la scadenza delle obbligazioni da cinque a dieci anni (World Bank, 2022a). Tuttavia, nel 2021 il 40 % dei Paesi a basso reddito non aveva mai pubblicato dati sul debito o non aveva aggiornato i propri dati nei due anni precedenti (Rivetti, 2021). L'ultima revisione delle statistiche sul debito internazionale della Banca mondiale ha aggiunto quasi 200 miliardi di USD di impegni di prestito precedentemente non dichiarati, l'aumento maggiore degli ultimi 50 anni. In 11 Paesi africani la revisione ha superato di oltre il 10 % lo stock di debito inizialmente comunicato (Horn, Mihalyi e Nickol, 2022).

I partner internazionali possono sostenere i governi africani nella segnalazione e nella gestione del debito. Mettere i Paesi africani in condizione di comunicare i dati sul debito potrebbe aiutare i finanziatori pubblici e privati a superare la loro riluttanza a divulgare informazioni e facilitare le valutazioni del rischio. Le iniziative multilaterali sulla gestione del debito possono aiutare i governi a creare piani di sviluppo basati sui costi e a migliorare le valutazioni dei progetti e la gestione degli investimenti pubblici (AfDB, 2022a; World Bank/IMF, 2017). Nel 2021 l'OCSE ha inoltre avviato l'Iniziativa per la trasparenza del debito dell'OCSE per sostenere la divulgazione volontaria di dati granulari sui prestiti commerciali concessi ai Paesi a basso reddito (OECD, 2023).

Il miglioramento della trasparenza nell'emissione del debito potrebbe facilitare la ristrutturazione del debito. I processi di ristrutturazione del debito sono stati lenti nei casi di Ciad, Etiopia e Zambia. Pacchetti di salvataggio "a ombrello" come il Piano Brady o l'Iniziativa per i Paesi poveri fortemente indebitati hanno avuto un'applicabilità limitata nel panorama del debito contemporaneo più frammentato. Ad esempio, l'Iniziativa per la sospensione del

Riquadro 2.1. **Trasparenza del debito in Africa (continua)**

servizio del debito ha registrato una partecipazione limitata dei creditori privati, nonostante la loro crescente importanza (Ekeruche, 2022). Tuttavia, iniziative come l'inclusione di clausole di azione collettiva rafforzate nelle emissioni di obbligazioni sovrane possono incoraggiare la partecipazione dei creditori privati ai processi di ristrutturazione del debito (AUC/OECD, 2021). Inoltre, un'autorità di regolamentazione africana per migliorare la trasparenza fiscale, la gestione fiscale e la lotta ai flussi finanziari illeciti potrebbe migliorare la trasparenza e la gestione del debito (AU, 2022a).

Gli investitori necessitano di dati dettagliati per orientare la *due diligence* e le valutazioni del rischio

Enti pubblici come le agenzie di promozione degli investimenti (API), in collaborazione con attori privati, possono aggregare e condividere pubblicamente informazioni e dati. Il successo degli investimenti dipende da una valutazione completa del rischio e da strategie di mitigazione, prima e dopo la decisione di investire (cfr.il Riquadro 1.4 nel Capitolo 1). I risultati dell'indagine CUA/OCSE tra gli investitori mostrano che, oltre all'esperienza diretta, gli investitori richiedono informazioni più ufficiali e specifiche sugli incentivi e sui dati statistici (Figura 2.1). Le API e altri enti pubblici dovrebbero fornire tali informazioni, aggiornando regolarmente i dati e presentandoli in formati di facile utilizzo (ad esempio, tramite quadri operativi in tempo reale). Le API possono aggregare le indagini tra gli investitori condotte dalle Camere di commercio e collaborare con fornitori di *business intelligence* come Asoko Insights. Dovrebbero concentrarsi in particolare sui dati relativi a progetti nei settori prioritari, sui dati anonimi e in materia di performance degli investimenti e sulla sofferenza sui crediti, o sul coordinamento dell'assistenza tecnica da parte delle organizzazioni internazionali.

Figura 2.1 **Risposte alla domanda dell'indagine CUA/OCSE tra gli investitori: "Quali fonti di informazione dovrebbero essere maggiormente disponibili?"**

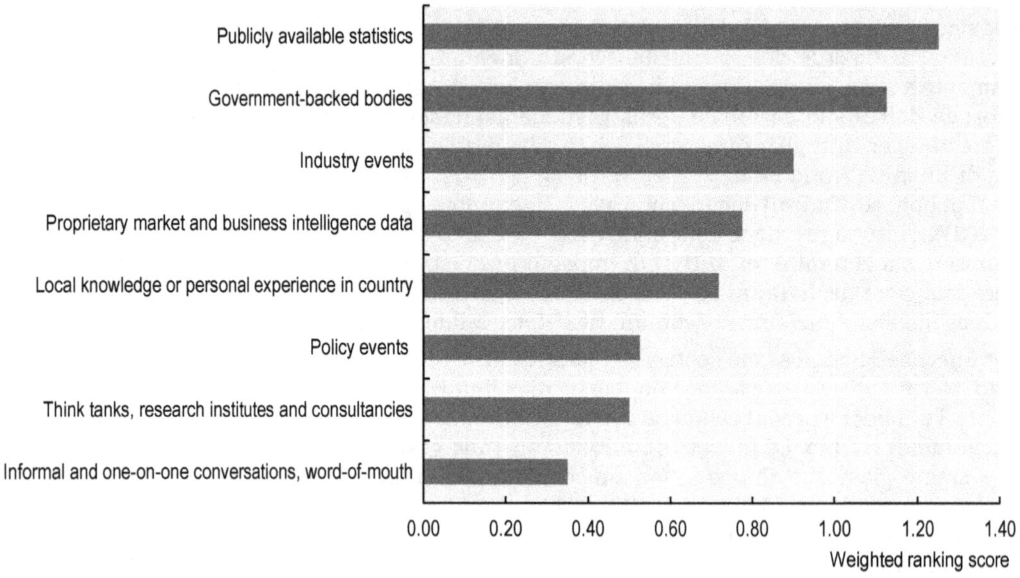

Nota: n = 40. L'indagine è stata condotta nel settembre 2022 presso le reti dei consigli delle imprese africane e il Forum delle imprese UE-Africa. I risultati mostrano una classificazione ponderata, in base alla quale alle prime tre risposte sono stati attribuiti punteggi da tre a uno (cioè il punteggio più alto per la risposta classificatasi al primo posto in merito a "dovrebbero essere più numerose"). Per "organismi sostenuti dal governo" sono stati indicati ai partecipanti "agenzie di promozione degli investimenti, agenzie per il credito all'esportazione e di assicurazione degli investimenti".

Fonte: elaborazione degli autori.

StatLink https://stat.link/t9cobl

Con il sostegno pubblico e dei donatori, le istituzioni accademiche e le associazioni imprenditoriali possono offrire dati dettagliati a livello di settore e sulla catena di valore. Ad esempio, l'African Market Observatory monitora i prezzi e le dinamiche di mercato nelle filiere agroalimentari dell'Africa orientale e meridionale (CCRED, n.d.), mentre la Rete africana di dati del settore automobilistico raccoglie dati dettagliati sull'industria automobilistica del continente (Tabella 2.2).

Gli investitori traggono vantaggio dalle informazioni sulle politiche nazionali, sui rischi e sui piani di sviluppo, informazioni che spesso possono essere fornite dalle autorità di regolamentazione. Gli investitori valutano non solo le politiche e le normative attualmente in vigore, ma anche specifici fattori di rischio tecnici e giuridici, come l'ammissibilità agli incentivi fiscali o l'affidabilità preventiva dei piani strategici e delle decisioni normative. I piani di sviluppo dettagliati delle infrastrutture e i precedenti di controversie legali tra investitori e autorità di regolamentazione possono essere un'importante fonte di informazione in settori particolarmente regolamentati e con un elevato potenziale di sostenibilità, come quello energetico (RES4Africa/PwC Italy, 2021). Le autorità di regolamentazione possono intensificare la pubblicazione di tali dettagli a livello nazionale, contribuendo al contempo alle iniziative di raccolta di informazioni a livello panafricano, in particolare tramite l'Osservatorio africano degli investimenti, una collaborazione di prossima realizzazione tra la Commissione dell'Unione africana e l'OCSE.

Gli enti pubblici possono approfondire il dialogo con il settore privato e gli investitori istituzionali. Gli investitori internazionali trarrebbero vantaggio da ulteriori canali di dialogo tra imprese e governi per condividere le loro osservazioni sulle politiche e sugli ostacoli agli investimenti, ad esempio punti focali per le politiche di facile accesso, processi formali di consultazione ed eventi interattivi (Tabella 2.2). In Uganda, ad esempio, la Tavola rotonda presidenziale degli investitori permette di riunire gli investitori stranieri e ugandesi e di facilitare il dialogo tra imprese e governo, ponendo l'accento sui settori chiave della strategia nazionale di investimento.

I quadri di riferimento adattati a livello locale e il sostegno diretto agli investitori e ai partner della catena di approvvigionamento possono rafforzare la raccolta e la valutazione dei dati sulla sostenibilità.

I finanziamenti globali per il clima non sono adeguati alle esigenze, ai rischi e all'informalità delle imprese nei mercati africani. Le norme internazionali di finanza climatica per la conformità e la segnalazione sono frammentarie e sono state elaborate per lo più al di fuori del continente africano (OECD, 2022a). Sebbene il continente sia vulnerabile agli impatti dei cambiamenti climatici in settori come l'agricoltura, l'acqua, il turismo, la pesca e la silvicoltura, i finanziamenti globali per il clima tendono a concentrarsi sulla mitigazione (riduzione delle emissioni di gas serra) piuttosto che sull'adattamento (riduzione degli impatti dei cambiamenti climatici) (Were, 2022a). Tra il 2019 e il 2020, 11,4 miliardi di USD dei finanziamenti per il clima all'Africa sono stati destinati all'adattamento, una cifra nettamente inferiore ai 52,7 miliardi di USD necessari ogni anno entro il 2030 (GCA, 2022). I fornitori di finanziamenti per il clima hanno spesso un'esperienza limitata nell'attuazione di soluzioni nei Paesi africani, il che porta a un'alta percezione del rischio, a un elevato costo del capitale e a prodotti finanziari che non tengono conto dei rischi climatici specifici del luogo o della grande quota di imprese informali (Ameli et al., 2021; Mullan e Ranger, 2022; cfr. anche i Capitoli 1 e 6).

I governi africani possono incoraggiare la raccolta di dati sulla sostenibilità attraverso quadri nazionali che possono diventare la base per un'architettura continentale di finanziamento della sostenibilità. I risultati dell'indagine CUA/OCSE tra gli investitori indicano che gli standard di misurazione e la mancanza di capacità dei partner rappresentano i principali ostacoli alla raccolta e alla valutazione sistematica dei dati sulla sostenibilità (Figura 2.2). I responsabili delle politiche africani possono facilitare le valutazioni di sostenibilità attraverso obblighi di divulgazione per le assicurazioni e le imprese multinazionali (in particolare per i rischi e gli impatti climatici che sono relativamente facili da misurare), fornendo al contempo alle piccole imprese e a quelle informali la capacità di raccogliere dati sugli investimenti sostenibili attraverso formazione, incentivi e banche dati accessibili (Tabella 2.2). I governi potrebbero anche sovvenzionare la raccolta di dati sul rischio per le comunità più vulnerabili, poiché è meno probabile che siano oggetto di prodotti privati di gestione del rischio (Mullan e Ranger, 2022). Nel tempo, i dati raccolti a livello nazionale possono confluire in architetture di finanza sostenibile condivise, soprattutto per quanto riguarda i finanziamenti per il clima, nel cui ambito i crescenti impegni internazionali richiedono il coordinamento e un'allocazione mirata a livello nazionale e regionale (Were, 2022b; Capitolo 7).

Figura 2.2 **Risposte alla domanda dell'indagine CUA/OCSE tra gli investitori: "Quali sono i principali ostacoli che avete incontrato nel garantire la sostenibilità dei vostri investimenti nei Paesi africani?"**

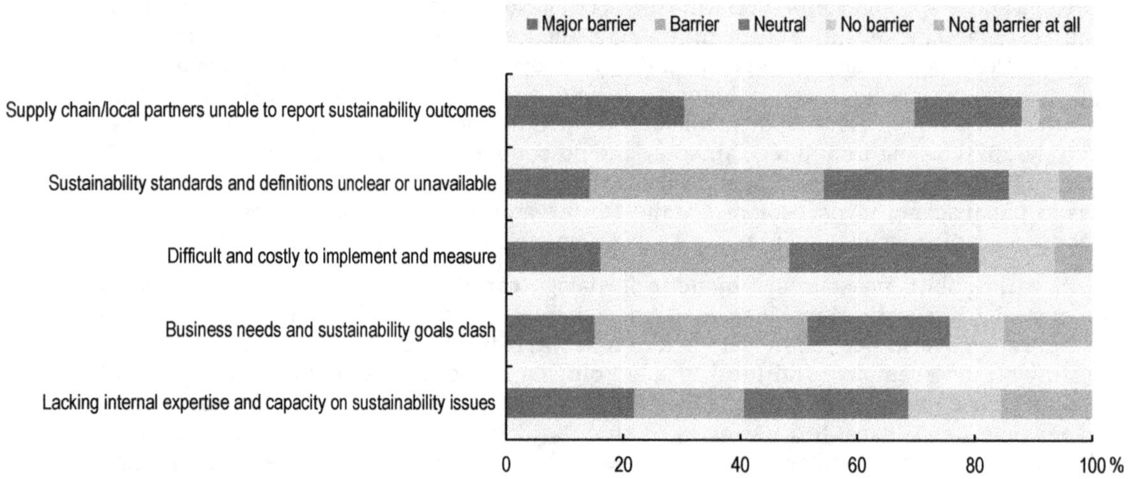

Nota: n = 31-35. L'indagine è stata condotta nel settembre 2022 presso le reti dei consigli delle imprese africane e il Forum delle imprese UE-Africa. Le dimensioni del rischio sono classificate in base alla media ponderata.

Fonte: elaborazione degli autori.

StatLink https://stat.link/ptz1ga

Le API possono svolgere un ruolo più importante nella valutazione del contributo degli investimenti allo sviluppo sostenibile. Le API stanno iniziando a definire metriche e indicatori chiave di prestazione (ICP) pertinenti che colgono gli aspetti della sostenibilità, sostenendo gli investitori e i loro partner della catena di approvvigionamento nella raccolta e nella valutazione dei dati. Si tratta di un'area emergente per le API di tutto il mondo, non solo in Africa. In una recente indagine condotta tra le API dei Paesi OCSE, in media solo il 16 % ha dichiarato di monitorare i propri contributi agli Obiettivi di sviluppo sostenibile attraverso indicatori specifici. Secondo l'indagine, gli ICP sulla sostenibilità e l'inclusività più utilizzati per orientare i progetti di investimento sono quelli relativi alla produttività e all'innovazione, seguiti da quelli sull'occupazione. Circa la metà delle API intervistate utilizza ICP relativi alle transizioni a basse emissioni di carbonio, mentre altri ICP sono rari (OECD, 2021a).

Il rafforzamento dei partenariati a guida africana può rendere più efficace la finanza sostenibile

Le istituzioni finanziarie e i partenariati a guida africana offrono valide possibilità per raccogliere meglio i finanziamenti sostenibili e allocarli in linea con le priorità di sviluppo (Tabella 2.3). Gli attivi detenuti dagli investitori istituzionali africani possono essere convogliati in finanziamenti per investimenti sostenibili, mentre i mercati dei capitali in molti Paesi africani inibiscono gli investimenti transfrontalieri (Capitolo 1). Si possono rafforzare i collegamenti tra le istituzioni finanziarie africane esistenti e le loro capacità, al fine di mobilitare strategicamente i finanziamenti in linea con le agende delle politiche. Strumenti di finanziamento innovativi possono aiutare a monetizzare le attività non sfruttate e a migliorare la mobilitazione delle risorse interne. L'ulteriore sviluppo dei mercati dei capitali africani può sbloccare i finanziamenti per sostenere la crescita delle imprese africane e ampliare la disponibilità di prodotti finanziari per gli investitori locali e stranieri.

Tabella 2.3 **Azioni strategiche ed esempi per il rafforzamento delle istituzioni e dei partenariati a guida africana per la finanza sostenibile**

Azione strategica	Misura strategica	Esempio di politica	Impatto	Livello
Approfondire i mercati dei capitali e le borse valori regionali per sostenere la crescita delle imprese africane	Interconnessione dei mercati azionari per ridurre i costi di transazione e aumentare l'attività di negoziazione e la liquidità dei mercati nazionali	Progetto di collegamento delle borse africane (AELP)	Il progetto AELP Trading Link, lanciato nel 2022, consente la negoziazione transfrontaliera di titoli senza soluzione di continuità tra sette borse africane che rappresentano circa 1,5 mila miliardi di USD di capitalizzazione (AfDB, 2022b).	R
	Agevolare le quotazioni per sbloccare i finanziamenti alle imprese locali	Programma ELITE della borsa di Casablanca	In Marocco, il programma ELITE ha certificato 20 imprese locali, consentendo loro di raccogliere capitali nelle borse nazionali entro la fine del 2018 (UNECA, 2020).	N
Aumentare la capacità delle istituzioni finanziarie locali di allineare la finanza sostenibile alle priorità nazionali	Migliorare la governance e la capitalizzazione delle istituzioni finanziarie nazionali	Emissione di un'obbligazione blu delle Seychelles	La Banca di sviluppo delle Seychelles, insieme a un fondo per la conservazione e al supporto tecnico della Banca mondiale, ha cogestito l'emissione di un'obbligazione blu da 15 milioni di USD per sostenere progetti di conservazione marina e di pesca (World Bank, 2019).	N
	Consentire l'accesso in una fase inziale a strumenti di sviluppo di progetti, di assistenza tecnica e di mitigazione del rischio allineati alle priorità di sviluppo nazionali	Strumento di preparazione dei progetti (PPF) di Africa50	Il PPF di Africa50 è riuscito a far concludere un finanziamento per una centrale solare da 400 megawatt in Egitto in tempi dimezzati rispetto a quelli tipici per questo tipo di progetti (Nassiry et al., 2018).	C
Adattare e sviluppare strumenti di finanziamento innovativi adatti ai contesti locali	Mettere in comune le attività di grandi e piccoli investitori per ridurre il rischio dei progetti di investimento	Consorzio di investimento dei fondi pensione del Kenya (KPFIC)	Il KPFIC mira a raccogliere almeno 250 milioni di USD dai 1 300 fondi pensione che operano nel Paese. Nel 2022 aveva già mobilitato 16 miliardi di KES (scellini kenioti) (124 milioni di USD) per finanziare le infrastrutture stradali (Taarifa News, 2022).	N
	Promuovere soluzioni di finanziamento in valuta locale per ridurre il rischio di cambio e attirare investitori locali	InfraCredit Nigeria	InfraCredit fornisce garanzie in valuta locale per il finanziamento di attività infrastrutturali in Nigeria. Dal 2017 ha mobilitato quasi 110 miliardi di NGN (naira nigeriana) (240 milioni di USD) dai fondi pensione nazionali, ha portato alla chiusura finanziaria 9 progetti di infrastrutture e ha creato circa 2 300 posti di lavoro (InfraCredit, 2023).	N
	Valorizzare le risorse naturali dell'Africa per mobilitare i finanziamenti per il clima	Iniziativa per le foreste dell'Africa centrale (CAFI)	Nel 2021 il Gabon è diventato il primo Paese africano a ricevere fondi (17 milioni di USD) dalla CAFI per i suoi sforzi nella riduzione della deforestazione nel biennio 2016-17 (CAFI, 2021).	R
	Elaborare quadri normativi su misura per sostenere l'adozione di strumenti innovativi	Regolamento 29 della Namibia	Il regolamento 29 della Namibia facilita gli investimenti dei fondi pensione nazionali in società non quotate in borsa attraverso veicoli d'investimento regolamentati a fini speciali. Dopo la sua introduzione nel 2018, gli investimenti in *private equity* sono aumentati di quasi il 50 % rispetto al 2017-18 (World Bank, 2020).	N

Note: N = nazionale, R = regionale, C = continentale, G = globale.
Fonte: elaborazione degli autori.

Mercati dei capitali più profondi sosterranno la crescita delle imprese africane e amplierà la disponibilità di prodotti finanziari per gli investitori

Rendere i mercati dei capitali locali più profondi potrebbe migliorare la disponibilità di prodotti formali investibili. Attualmente, la maggior parte degli investitori istituzionali si rivolge ad attività relativamente prive di rischio e liquide come i titoli a reddito fisso, le azioni o i titoli di Stato, principalmente a causa della scarsità di strumenti di investimento alternativi. Ad esempio, il settore pensionistico del Kenya detiene circa il 75 % del proprio patrimonio in titoli a reddito fisso. Al contrario, i Paesi con mercati dei capitali più sviluppati, come Maurizio e la Nigeria, destinano meno di un terzo ai titoli di Stato (IFC, 2021). Le iniziative regionali attuate insieme ai portatori di interessi africani del settore, tra cui l'Africa Private Equity and Debt Programme, possono sostenere lo sviluppo dei mercati dei capitali locali e contribuire a diversificare i portafogli degli investitori nazionali (FSD Africa, 2022).

Se l'attività delle borse africane fosse paragonabile a quella di altri Paesi in via di sviluppo, si renderebbero disponibili ulteriori finanziamenti per le imprese africane. Ad oggi, la capitalizzazione di mercato delle 28 borse valori nazionali e delle 2 regionali in Africa rimane molto al di sotto delle economie in via di sviluppo comparabili. Nel periodo 2017-21 le offerte pubbliche iniziali (IPO) africane hanno rappresentato meno dell'1 % del valore globale di 1,5 mila miliardi di USD delle IPO. Nello stesso periodo, il 77 % di tutti i capitali raccolti tramite le IPO in Africa proveniva da soli tre mercati (Egitto, Nigeria e Sudafrica), con una raccolta complessiva di 6 miliardi di USD, soprattutto nei settori dei servizi e delle tecnologie dell'informazione e della comunicazione. Fra tutte le attività di raccolta di capitali registrate nelle borse in Africa, l'80 % è rappresentato da quotazioni di società africane in borse nazionali, il 15 % da quotazioni di società non africane in borse africane e il resto da quotazioni intra-africane ed extra-continentali (rispettivamente 5 % e 3 %) (Figura 2.3).

Figura 2.3 **Attività sulle borse africane, 2017-21**

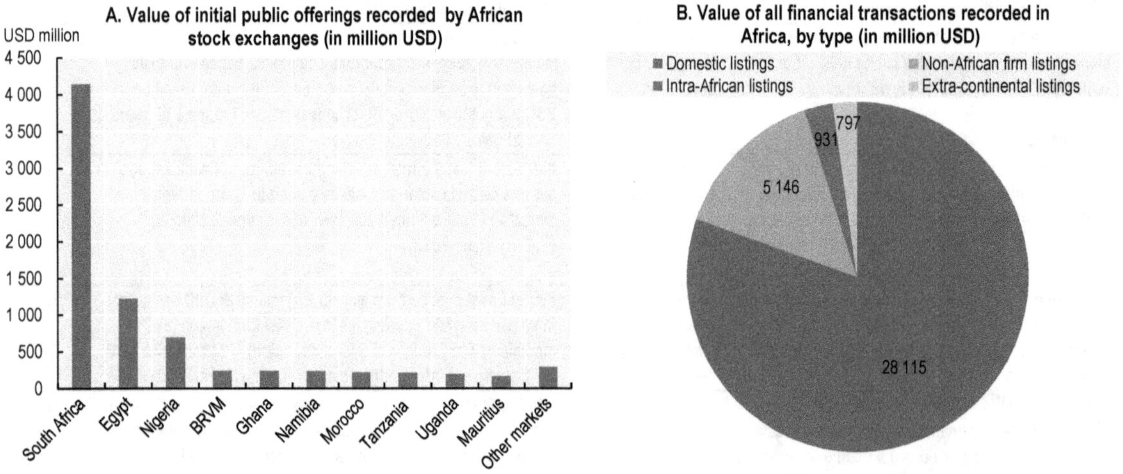

Nota: la BRVM (Bourse Régionale des Valeurs Mobilières) è una borsa valori che serve i seguenti Paesi dell'Africa occidentale: Burkina Faso, Costa d'Avorio, Mali, Niger, Senegal e Togo. Gli "altri mercati" comprendono dieci mercati dei capitali africani che hanno registrato un valore totale di IPO inferiore a 100 milioni di USD nel periodo 2017-21 - ovvero Botswana, Malawi, Tunisia, Mozambico, Zambia, Ruanda, Algeria, BVMAC (Central African Stock Exchange), Kenya e Zimbabwe (classificati dal valore più alto a quello più basso). Le "transazioni finanziarie" si riferiscono sia alle offerte pubbliche iniziali sia alle offerte successive (cioè l'emissione di ulteriori azioni agli azionisti esistenti o a nuovi investitori) registrate in borsa. Vengono registrati quattro tipi di transazioni finanziarie: i) "quotazioni nazionali": società africane che si quotano in una borsa nazionale; ii) "quotazioni intra-africane": società africane che si quotano in una borsa africana diversa da quella locale; iii) "quotazioni extra-continentali": società africane che si quotano in una borsa al di fuori dell'Africa; e iv) "quotazioni di società non africane": società non africane che si quotano in una borsa africana.

Fonte: PwC (2021), *African Capital Markets Watch 2021*, www.pwc.co.za/en/assets/pdf/africa-capital-markets-watch-2021.pdf.

StatLink *https://stat.link/bcj6lx*

L'interconnessione delle borse può ridurre i costi delle transazioni, aumentare l'attività di negoziazione e consentire una maggiore integrazione dei mercati dei capitali. Il collegamento delle borse nazionali potrebbe creare opportunità di diversificazione e maggiore efficienza, riducendo al contempo i costi degli investimenti transfrontalieri (Soumaré et al., 2021). La borsa valori nazionale di Maurizio ha introdotto sistemi di negoziazione automatizzati che consentono la negoziazione di attivi tramite browser web e un'applicazione mobile chiamata mySEM (AfDB, 2022c). A livello regionale, la Comunità dell'Africa orientale (EAC) ha collegato quattro borse nazionali (Tanzania, Ruanda, Burundi e Uganda) attraverso la piattaforma EAC Capital Markets Infrastructure, riducendo il tempo necessario per la negoziazione di azioni quotate in borsa da oltre un mese a tre giorni. Questi sforzi di interconnessione possono anche gettare le basi per un'ulteriore integrazione dei mercati dei capitali, ad esempio attraverso la co-quotazione delle società africane in diverse borse valori o la designazione di alcune borse come hub regionali (Cercle des Économistes, 2022).

Migliorare la trasparenza dei requisiti di quotazione nelle borse africane potrebbe sbloccare i finanziamenti a favore delle imprese più piccole. Le lunghe procedure amministrative per la quotazione, la mancanza di formazione e di conoscenza dei mercati dei capitali e la più ampia mancanza di trasparenza limitano la capacità delle imprese nazionali di accedere ai mercati dei capitali africani. I mercati azionari potrebbero istituire programmi mirati per facilitare la quotazione delle piccole e medie imprese (PMI) o di imprese specifiche del settore. Dall'inizio degli anni 2000, 15 Paesi africani hanno creato mercati alternativi per aiutare le PMI ad accedere a capitali a lungo termine (Johnson e Kotey, 2018). Nel 2018 la borsa di Londra ha collaborato con il Marocco e le borse dell'Unione economica e monetaria dell'Africa occidentale per attuare il programma ELITE, che offre tutoraggio e consulenza e consente alle PMI locali di accedere ai mercati dei capitali (UNECA, 2020).

Con la giusta governance e i giusti partenariati, le istituzioni africane possono incanalare efficacemente i finanziamenti sostenibili verso le priorità nazionali

Migliorare la capitalizzazione delle istituzioni di finanziamento allo sviluppo (IFS) africane può consentire loro di sostenere gli obiettivi di sviluppo nazionali, anche attraverso la riallocazione dei diritti speciali di prelievo (DSP). Le IFS africane raramente gestiscono attivi per un valore superiore al 2-3 % del PIL (Figura 2.4). Date le posizioni fiscali limitate dei governi africani, la diversificazione della capitalizzazione delle IFS africane rafforzerebbe la loro capacità di canalizzare gli investimenti. La comunità internazionale potrebbe prendere in considerazione la possibilità di riassegnare parte dei DSP dell'FMI a istituzioni finanziarie africane caratterizzate da una buona gestione per garantire l'allineamento alle priorità regionali (AfDB, 2022d). Nel 2021 i Paesi africani hanno ricevuto solo il 5 % (33 miliardi di USD) dell'assegnazione globale una tantum di 650 miliardi di USD di DSP per il recupero dal COVID-19. Mentre le economie del G20 si sono impegnate a reindirizzare 100 miliardi di USD in DSP alle economie in via di sviluppo, la maggior parte dei fondi passerà attraverso il Fondo fiduciario per la crescita e la riduzione della povertà o il Fondo fiduciario per la sostenibilità e la resilienza dell'FMI sotto forma di prestiti agevolati con criteri di ammissibilità restrittivi (CEPR, 2022).

Le IFS africane si trovano in una posizione ideale per agire come intermediari tra la finanza internazionale e i progetti locali, in linea con le priorità nazionali di sostenibilità. Attualmente l'Africa ospita 102 IFS, che rappresentano circa il 20 % del totale globale (Figura 2.4). Grazie alla loro conoscenza dei mercati locali, le IFS regionali e nazionali africane sono in grado di incanalare strategicamente i finanziamenti internazionali verso progetti validi e rispondenti alle priorità di sviluppo nazionali (cfr. l'esempio nel Riquadro 2.2 e nel Capitolo 7). Dal 2011 l'AfDB e altri finanziatori multilaterali hanno emesso garanzie per 1,1 miliardi di USD attraverso il Fondo di garanzia africano a favore di 161 IFS locali in 40 Paesi africani; hanno sostenuto prestiti a PMI, donne e giovani e progetti legati all'adattamento ai cambiamenti climatici e alla mitigazione delle catene di valore (AGF, 2022). Sebbene la maggior parte delle IFS africane sia multisettoriale (41 %), alcune hanno il mandato di rivolgersi a settori o gruppi specifici come le microimprese e le PMI (26 %), lo sviluppo rurale (10 %), l'edilizia abitativa (8 %) o le infrastrutture (6 %) (Xu et al., 2021). Ad esempio, gli sforzi della Banca di sviluppo della Nigeria per allentare i vincoli di finanziamento delle microimprese e delle PMI hanno portato all'Impact Credit Guarantee, un meccanismo che consente alle banche commerciali nazionali di fornire garanzie per i prestiti alle PMI (Fitch, 2021). Durante la pandemia da COVID-19, le banche pubbliche di sviluppo africane hanno dimostrato un alto livello di adattabilità, attuando risposte anticicliche per sostenere gli investimenti e spostando l'attenzione su nuovi settori (ad esempio, la salute e la transizione verde) (Attridge, Chen e Getzel, 2022). Nuove importanti iniziative di investimento sostenibile, come il pacchetto di investimenti Global Gateway dell'Unione europea da 150 miliardi di euro[1], beneficeranno di una guida e di un coordinamento attraverso le IFS nazionali.

Figura 2.4 **Numero e capitalizzazione delle istituzioni di finanziamento allo sviluppo operative nelle regioni in via di sviluppo**

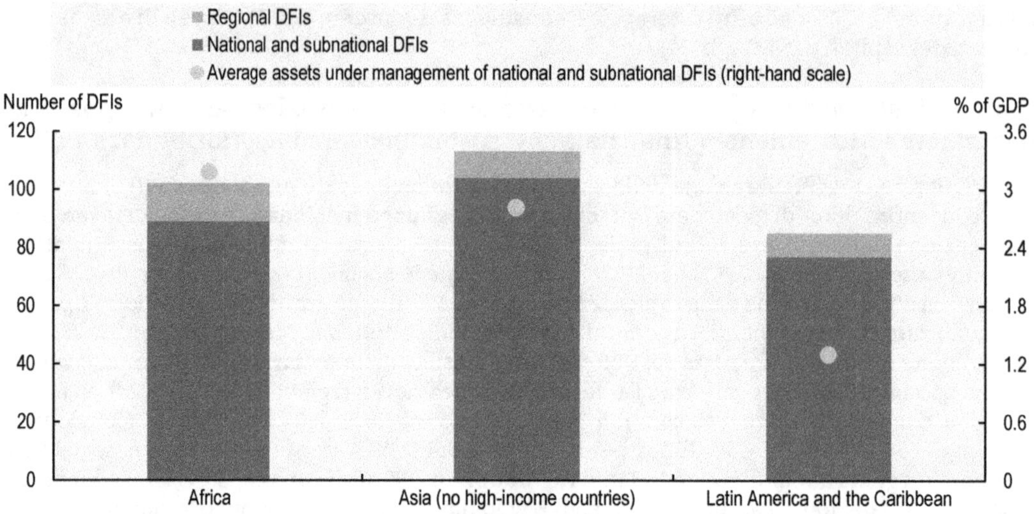

Fonte: Xu et al. (2021), "What are public development banks and development financing institutions? – Qualification criteria, stylized facts and development trends", *China Economic Quarterly International*, Vol. 1/4, https://doi.org/10.1016/j.ceqi.2021.10.001.

StatLink https://stat.link/2jghrl

Riquadro 2.2. **Creare opportunità di investimento nei Paesi africani di lingua portoghese**

I Paesi africani di lingua portoghese (PALOP) - Angola, Cabo Verde, Guinea-Bissau, Mozambico e São Tomé e Príncipe - stanno cercando di attirare maggiori investimenti sostenibili. Gli investimenti privati rimangono altamente volatili nei Paesi PALOP, con flussi di investimenti diretti esteri (IDE) in entrata che vanno dal 10,7 % del PIL nel 2015 allo 0,8 % nel 2021. Nel periodo 2015-21 oltre il 90 % degli IDE *greenfield* ha riguardato solo due Paesi, Angola e Mozambico, per lo più nel settore manifatturiero e nelle industrie estrattive. Più di tre quarti degli IDE provengono dalla Repubblica popolare cinese (di seguito "Cina"), dai Paesi europei e dagli Stati Uniti. I Paesi PALOP stanno cercando di sviluppare nuove opportunità di investimento sostenibile, in particolare nei settori verdi. Ad esempio, il produttore di carta Portucel ha investito oltre 2,3 miliardi di USD in attività forestali sostenibili in Mozambico, piantando oltre 20 milioni di alberi - uno stock di carbonio di 1,7 milioni di tonnellate. L'investimento mira anche a sostenere la sicurezza alimentare e la generazione di reddito per 7 000 famiglie rurali attraverso un programma di sviluppo comunitario da 40 milioni di USD.

La cooperazione tra le IFS africane e i partner internazionali offre l'opportunità di superare gli ostacoli e diversificare i portafogli di progetti nei Paesi PALOP. Il *Lusophone Development Compact*, una piattaforma di investimento creata con il sostegno dell'AfDB e del governo portoghese, mira a promuovere la crescita del settore privato nei Paesi PALOP. Opera attraverso tre meccanismi fondamentali: riduzione dei costi di finanziamento, strumenti di mitigazione del rischio e rafforzamento delle capacità per migliorare la finanziabilità dei progetti (AfDB, 2019). I membri del Compact hanno sviluppato accordi specifici per Paese in linea con le priorità di sviluppo dei Paesi PALOP. Ad esempio, a São Tomé e Príncipe, l'iniziativa Zuntámon Compact mira a stimolare le industrie agricole e turistiche, in particolare per le imprese dirette da donne e giovani. Si prevede di migliorare l'accesso al mercato per 60 PMI attraverso la formazione tecnica e commerciale e i finanziamenti, con una crescita media del 10 % delle vendite aziendali entro il 2025 (AfDB, 2023). A settembre 2022 il governo portoghese e l'AfDB hanno firmato un accordo in base al quale il Portogallo fornirà garanzie fino a 400 milioni di EUR esclusivamente per i progetti finanziati dalla banca e approvati nell'ambito del Lusophone Compact.

Gli strumenti africani per la preparazione dei progetti (PPF) possono creare portafogli di progetti finanziariamente validi attraverso lo sviluppo dei progetti nelle prime fasi e l'assistenza continua. L'espansione dei PPF africani che vantano precedenti di successo può facilitare il percorso dagli studi di fattibilità dei progetti alla chiusura finanziaria. Ad esempio, il PPF di Africa50 è riuscito a chiudere il finanziamento di una centrale solare da 400 MW in Egitto a in tempi dimezzati rispetto a quelli tipici per questi progetti (Nassiry et al., 2018). I PPF nazionali potrebbero anche snellire la preparazione dei progetti, affidandoli a strutture globali che spesso sostengono i progetti solo dalla fase di pre-fattibilità (CEPA, 2015). In Sudafrica, il Tesoro nazionale, insieme alla Banca per lo sviluppo del Sudafrica, ha fornito finanziamenti per la preparazione dei progetti nella fase iniziale per avviare il programma REIPPP (Renewable Energy IPP Procurement), che in seguito ha mobilitato 14 miliardi di USD di investimenti del settore privato (GIH, 2019).

I miglioramenti della governance, della trasparenza e della gestione del rischio rafforzano la performance delle IFS locali. Le riforme della governance possono aiutare le IFS africane ad attuare modelli orientati ai risultati e a metterle al riparo da interferenze politiche (UNECA, 2022a). Le riforme della governance societaria della Banca di sviluppo dell'Uganda hanno contribuito a integrare meglio le priorità di sviluppo e a ridurre la proporzione di prestiti non produttivi dal 60 % a meno del 10 % nel periodo 2014-19 (Griffith-Jones, Attridge e Gouett, 2020). Le norme prudenziali, le linee guida e il sistema di rating, sviluppati dall'Associazione delle istituzioni africane di finanziamento allo sviluppo con il contributo di banche centrali, commerciali e multilaterali, possono aiutare le IFS africane a monitorare le performance. Le revisioni effettuate nel periodo 2011-18 su oltre 30 IFS africane hanno evidenziato miglioramenti significativi in termini di indipendenza della gestione, trasparenza e liquidità (AADFI, 2017).

La cooperazione tra le IFSI africane e le parti interessate internazionali può intensificare la condivisione delle informazioni, la trasparenza e lo sviluppo delle capacità. Il PPF Network dell'Infrastructure Consortium for Africa riunisce 15 PPF globali e regionali per migliorare la condivisione di informazioni e di dati su progetti, pratiche di governance e opportunità di finanziamento incrociato (ICA, 2017). La cooperazione multilaterale può contribuire a garantire che i finanziatori internazionali e le IFS africane operino secondo regole trasparenti per migliorare l'allocazione dei finanziamenti sostenibili (Riquadro 2.3). Tra le iniziative figura il Programma di preparazione del Fondo mondiale per il clima (GFC), che fornisce sovvenzioni che arrivano a un milione di USD all'anno e assistenza tecnica alle istituzioni locali di 35 Paesi africani per ricevere gli accreditamenti necessari all'ottenimento dei finanziamenti del GCF (GCF, n.d.). Un'altra iniziativa di questo tipo è la prima piattaforma africana di co-garanzia (CGP), che mira a rafforzare la capacità di mitigazione del rischio migliorando la cooperazione tra le IFS africane, comprese le agenzie per il credito all'esportazione. L'attuale portafoglio di progetti CGP, sviluppato in collaborazione con l'Agenzia di sviluppo dell'Unione africana-Nuovo partenariato per lo sviluppo dell'Africa, comprende 20 progetti, per un valore di oltre 12 miliardi di USD, in settori quali l'energia, le infrastrutture, l'agroalimentare e il commercio regionale (AfDB, 2022e).

Riquadro 2.3. **Rafforzare la condivisione delle informazioni e l'allocazione dei finanziamenti tra le agenzie per il credito all'esportazione**

Le agenzie per il credito all'esportazione (ECA) sono utili ai Paesi africani in quanto forniscono finanziamenti e mitigano i rischi. Le ECA rappresentano una fonte significativa di finanziamenti per lo sviluppo dei Paesi africani. Le ECA sono istituzioni finanziarie con un mandato pubblico, che forniscono strumenti finanziari come sostegno ai tassi d'interesse, garanzie, assicurazioni o rifinanziamenti. Questi strumenti attenuano i rischi per gli esportatori dei Paesi di origine delle ECA che cercano di finanziare progetti sui mercati esteri.

Le ECA dei Paesi membri dell'OCSE si differenziano dalle altre:

- le ECA dei Paesi membri dell'OCSE - ad eccezione del Cile, del Costa Rica e dell'Islanda - aderiscono all'Accordo del 1978 sui crediti all'esportazione che beneficiano di sostegno pubblico. Questo quadro stabilisce condizioni di finanziamento comuni e considerazioni sulla lotta alla corruzione, sulla sostenibilità del debito e sulla *due diligence* ambientale

Riquadro 2.3. Rafforzare la condivisione delle informazioni e l'allocazione finanziaria tra le agenzie per il credito all'esportazione (continua)

e sociale. Secondo il Gruppo per i crediti all'esportazione dell'OCSE, nel periodo 2012-21 l'Africa ha ricevuto indirettamente una media annua di 5,9 miliardi di USD[2] di finanziamenti per crediti all'esportazione, soprattutto nei settori dell'energia, dei trasporti e dello stoccaggio, delle risorse minerarie e dell'industria.

- Negli ultimi anni le ECA che non rientrano nell'accordo OCSE hanno acquisito importanza. Nel 2018 le attività regolamentate da accordi hanno rappresentato solo il 36 % del sostegno globale al commercio, mentre il ruolo delle ECA della Cina e dell'India è cresciuto (EBF/BIAC/ICC, 2019). In Africa, dieci Paesi[3] dispongono di ECA operative che forniscono finanziamenti commerciali agli esportatori locali, nonché di due ECA regionali (l'African Export-Import Bank e l'African Trade Insurance Agency) che promuovono il commercio e gli investimenti regionali.

La cooperazione multilaterale può aumentare la condivisione delle informazioni e l'allocazione dei fondi tra le ECA, anche per quanto riguarda le considerazioni relative ai cambiamenti climatici e alla sostenibilità. Piattaforme internazionali come il Gruppo per i crediti all'esportazione dell'OCSE o l'Unione di Berna offrono l'opportunità di aumentare la collaborazione, la raccolta di informazioni e la condivisione di conoscenze tra le ECA africane e quelle non africane che operano nel continente. La cooperazione multilaterale può anche incoraggiare una migliore allocazione dei finanziamenti delle ECA. Una recente indagine condotta su 32 ECA internazionali ha evidenziato che le considerazioni legate al clima e alla sostenibilità sono ancora limitate, ma in crescita (OECD, 2021b). Tra gli impegni assunti figurano sia la creazione della coalizione "Export Finance for Future" da parte di sette Paesi europei nel 2021, che mira ad allineare i finanziamenti all'esportazione all'Accordo sul clima di Parigi, sia l'impegno della Cina a non finanziare più progetti a carbone, che ha portato alla cancellazione di centrali elettriche a carbone nel Sudafrica, nella Tanzania e nello Zimbabwe (CREA, 2022).

La voce dei governi africani nei negoziati internazionali è necessaria per garantire il rispetto degli impegni finanziari in materia di clima ed energia. Il Gruppo africano di negoziatori sui cambiamenti climatici ha svolto un ruolo chiave nei negoziati della COP27; ha portato all'adozione dello Scudo globale, un sistema di assicurazione contro le perdite e i danni che riceverà un aiuto finanziario iniziale di 200 milioni di USD per i Paesi più vulnerabili ai cambiamenti climatici (Werners e Okunola, 2023). Il rafforzamento del coordinamento con i partner internazionali sarà cruciale per garantire che i Paesi ad alto reddito eroghino e incrementino i finanziamenti per l'adattamento climatico oltre i 25 miliardi di USD impegnati entro il 2025 (Kabukura, 2022). I finanziamenti internazionali per il clima dovrebbero inoltre allinearsi con le priorità africane per bilanciare il sostegno alla transizione energetica equa e all'accesso universale all'energia, realizzando al contempo gli obiettivi di creazione di posti di lavoro e industrializzazione (AU, 2022b).

Strumenti di finanziamento innovativi devono adattarsi ai contesti locali per espandere i finanziamenti sostenibili

La messa in comune di attivi finanziari di grandi e piccoli investitori offre opportunità di mitigazione del rischio. A livello nazionale, il Kenya Pension Fund Investment Consortium raccoglie i finanziamenti dei 1 300 fondi pensione nazionali. Ha potenzialmente sbloccato oltre un miliardo di USD di investimenti a seguito di una revisione delle norme sugli investimenti pensionistici che consente ai fondi di investire fino al 10% del loro patrimonio in infrastrutture. L'iniziativa ha ricevuto il sostegno di partner multilaterali, attirando investimenti da parte di fondi pensione internazionali e nazionali (Davis et al., 2022). Iniziative regionali come l'Africa50 Infrastructure Fund e il Pan African Infrastructure Development Fund dell'AfDB forniscono inoltre sportelli unici, anche per i meccanismi di mitigazione del rischio, per facilitare gli investimenti congiunti nel settore delle infrastrutture. I prodotti finanziari messi in comune possono anche raggiungere basi di investitori più piccole, come gli investitori della diaspora.

Ad esempio, il Fondo fiduciario della diaspora etiope ha raccolto oltre 5 milioni di USD da 25 000 persone in 93 Paesi nel periodo 2018-20 (EDTF, 2022).

Il finanziamento in valuta locale può essere utilizzato per mobilitare i finanziamenti degli investitori nazionali. Le soluzioni di finanziamento in valuta locale compensano il rischio di disallineamento tra attività e passività e possono rendere i progetti più redditizi e accessibili per gli investitori locali. Ad esempio, la Nigerian Sovereign Investment Authority ha collaborato con GuarantCo per istituire la Nigerian Infrastructure Credit Enhancement Facility (InfraCredit), che fornisce garanzie in valuta locale per il finanziamento di attività infrastrutturali (Halland et al., 2021). Dal 2017 InfraCredit ha mobilitato 110 miliardi di NGN dai fondi pensione nazionali, portando alla chiusura finanziaria 9 progetti infrastrutturali e creando circa 2 300 posti di lavoro nel Paese. Analogamente, un partenariato tra la Banca di sviluppo dell'Africa occidentale e BPI France (l'agenzia francese per il credito all'esportazione) ha facilitato l'accesso a valute internazionali e locali per coprire i costi dell'impianto di purificazione dell'acqua del fiume La Mé, che dovrebbe fornire circa un terzo dell'acqua potabile di Abidjan entro il 2025.

Sfruttare il capitale naturale dell'Africa potrebbe aiutare a incrementare i finanziamenti per il clima. Nella maggior parte dei Paesi africani, il capitale naturale (ad esempio terra, foreste, capacità di energia solare e acqua) rappresenta dal 30 % al 50 % della ricchezza nazionale totale (UNEP, 2016). Per proteggere e generare valore economico da questa ricchezza, i governi africani fanno sempre più leva su strumenti innovativi come le obbligazioni verdi, sociali, sostenibili e legate alla sostenibilità o i crediti di carbonio (Dembele, Schwarz e Horrocks, 2021; Capitoli 4, 5 e 6). Ad esempio, il Gabon è stato il primo Paese africano a ricevere fondi (17 milioni di USD) per i suoi sforzi nella riduzione della deforestazione nel 2016-17 (CAFI, 2021). L'emissione di obbligazioni verdi in nove Paesi africani ha mobilitato 4,5 miliardi di USD nel periodo 2014-21, mentre l'attuazione di sistemi di scambio di crediti di carbonio potrebbe mobilitare fino a 245 miliardi di USD (Wambui, 2022; Yu et al., 2021). L'Iniziativa per i mercati del carbonio in Africa lanciata alla COP27 e le iniziative regionali come le West African e Eastern African Alliances on Carbon Markets and Climate Finance sono esempi di quadri istituzionali che possono aiutare ad aumentare i finanziamenti sostenibili (BAFU, 2022).

La cooperazione tra autorità di regolamentazione e investitori può favorire l'emergere di attività finanziarie innovative. Gli organismi di regolamentazione possono impegnarsi con gli investitori istituzionali attraverso piattaforme e forum pubblico-privato per migliorare la chiarezza dei regolamenti e aumentare la conoscenza dei nuovi strumenti finanziari (AfDB/IFC/MFW4A, 2022). Ad esempio, le autorità di regolamentazione e quasi 50 investitori istituzionali hanno partecipato a consultazioni nella fase di progettazione di un nuovo prodotto obbligazionario inclusivo (Riquadro 2.4). In Namibia, normative specifiche per il contesto, sotto forma di un quadro di governance rivisto e denominato regolamento 29, hanno contribuito a porre rimedio allo scarso sviluppo dei mercati dei capitali e ai problemi di governance. Il sistema facilita gli investimenti diretti locali da parte dei fondi pensione nazionali attraverso veicoli di investimento speciali regolamentati e ha più che raddoppiato gli investimenti azionari in imprese non quotate in borsa a un solo anno dalla sua attuazione (Gratcheva e Stewart, 2020).

Riquadro 2.4. Messa a punto di prodotti d'investimento innovativi: spunti di riflessione dalle obbligazioni inclusive

Il programma di obbligazioni inclusive dell'UNECA e dei suoi partner mira a fornire finanziamenti accessibili e sostenibili alle PMI, alle imprese informali e alle microimprese. L'obbligazione attingerà a un'ampia gamma di fonti di investimento, tra cui investitori istituzionali nazionali e internazionali, nonché risparmi nazionali e della diaspora. Lo Stato, le IFS e i beneficiari forniranno garanzie per rassicurare gli investitori e ridurre i tassi di interesse, mentre le istituzioni di microfinanza locali gestiranno i prestiti a imprese selezionate con rischi di insolvenza limitati, impegnandosi in consultazioni con gruppi imprenditoriali e cooperative.

Riquadro 2.4. **Messa a punto di prodotti d'investimento innovativi: spunti di riflessione dalle obbligazioni inclusive (continua)**

Vengono condotte consultazioni con più parti interessate per garantire l'adeguatezza del programma ai contesti locali:

- **Definendo le priorità di sviluppo con i governi:** le prime emissioni obbligazionarie sono destinate a due Paesi pilota dell'Africa centrale e occidentale. I settori pertinenti sono stati identificati con i governi in base alle priorità di sviluppo nazionali nel contesto della Zona continentale di libero scambio per l'Africa (AfCFTA), e includono agricoltura, trasporti e commercio transfrontaliero.
- **Garantendo la fattibilità e la riduzione del rischio con le autorità di regolamentazione.** Data l'assenza di precedenti in materia di obbligazioni di questo tipo, saranno condotti studi di fattibilità con le autorità di regolamentazione locali per garantire alle autorità locali e agli investitori la fattibilità del progetto.
- **Sensibilizzando i beneficiari e gli investitori.** Verranno organizzati seminari tecnici per definire le pratiche di monitoraggio (tra cui la *due diligence* e la comunicazione dell'impatto) e informare gli imprenditori e gli investitori sui vantaggi delle obbligazioni.

Fonte: elaborazione degli autori basata su un'intervista con l'UNECA.

Politiche di integrazione regionale efficaci possono agevolare la mobilitazione di investimenti sostenibili su scala

I progetti di integrazione regionale e le politiche di investimento armonizzate a livello nazionale, regionale e continentale possono accelerare gli investimenti sostenibili e migliorarne l'allocazione (Tabella 2.4). È opportuno integrare meglio gli IDE nelle economie locali e incrementare gli investimenti sostenibili da parte delle imprese leader africane e degli investitori istituzionali, dato il loro potenziale unico, come suggerito nel Capitolo 1. Per raggiungere questi obiettivi, i quadri nazionali armonizzati delle politiche di investimento devono essere integrati da progetti regionali efficaci che riducano le barriere non tariffarie e migliorino l'integrazione dei mercati. Le PMI sono attori economici fondamentali all'interno delle catene di valore regionali africane, ma necessitano di politiche di sostegno per sfruttare le opportunità di investimento sostenibili. Il protocollo sugli investimenti dell'AfCFTA ha il potenziale per agevolare investimenti sostenibili su scala continentale, ma richiede meccanismi di monitoraggio efficaci e partenariati con il settore privato.

Tabella 2.4 **Azioni strategiche ed esempi per l'integrazione e l'armonizzazione regionale**

Azione strategica	Misura strategica	Esempio di politica	Impatto	Livello
Armonizzare le politiche, migliorare le infrastrutture digitali e i corridoi di sviluppo	Adozione di quadri strategici per gli investimenti sostenibili	Legge 2021 del Ruanda sulla promozione e l'agevolazione degli investimenti	Nel gennaio 2021 il Ruanda ha promulgato una legge per la promozione e l'agevolazione degli investimenti, che introduce nuovi settori prioritari e incentivi fiscali volti a migliorare la competitività e la produttività dell'economia e a rendere Kigali un hub per investitori e startup innovativi (ALN, 2021).	N
	Ridurre gli ostacoli ai progetti di investimento regionali	Sistema panafricano di pagamento e regolamento (PAPSS)	Il PAPSS mira a semplificare le transazioni transfrontaliere e a facilitare i pagamenti istantanei nelle 42 valute locali dell'Africa. A giugno 2022 la rete PAPSS è composta da 8 banche centrali, 28 banche commerciali e 6 prestatori di servizi di pagamento (Allegato 2.C).	C
	Miglioramento dei corridoi di sviluppo transfrontalieri e delle zone economiche speciali	Corridoio economico settentrionale	Tra il 2014 e il 2015, in seguito all'entrata in funzione di diversi posti di frontiera unici, il tempo di transito dei camion lungo il corridoio economico settentrionale tra Mombasa e Kampala è stato ridotto da 18 a 4 giorni (Nugent e Soi, 2020).	R
Fornire sostegno alle piccole e medie imprese ai fini dell'integrazione nelle catene di valore regionali	Aumentare i legami tra imprese multinazionali e PMI locali	Programma di sviluppo della catena di approvvigionamento del Ghana	Il programma di sviluppo della catena di approvvigionamento del Ghana, finanziato da USAID, ha formato 650 dipendenti di 254 PMI in 96 seminari di formazione. Il programma ha portato all'assegnazione di 78 contratti, per un valore di 18,5 milioni di USD (PYXERA Global, 2018).	N
	Sostenere le PMI locali a soddisfare le norme e le certificazioni internazionali	Alleanza per la qualità dei prodotti in Africa	In Ghana, il progetto ha aiutato Fairafric, un produttore di cioccolato biologico, a ottenere due certificazioni di qualità, fornendo formazione e sostegno finanziario. Le certificazioni hanno incrementato le vendite dell'azienda di circa il 20 %, anche attraverso le esportazioni in Francia, Giappone e Stati Uniti, consentendo la creazione di 20 posti di lavoro diretti e 5 indiretti (Alliance for Product Quality in Africa, 2022).	N
Garantire l'effettiva attuazione del Protocollo sugli investimenti dell'AfCFTA	Monitoraggio dei progressi a livello nazionale attraverso la cooperazione regionale	ECOWAS (Comunità economica degli Stati dell'Africa occidentale) Scheda di monitoraggio degli investimenti per il clima	La scheda di monitoraggio degli investimenti per il clima di ECOWAS è stata sviluppata nell'ambito del progetto Improved Business and Investment Climate in West Africa come strumento di riferimento delle riforme degli Stati membri relative agli investimenti (ECOWAS, 2020).	R
	Coinvolgere le reti regionali del settore privato per agevolare gli investimenti su scala continentale	Un quadro di investimento da mille miliardi di USD per l'Africa	Attraverso l'iniziativa AfroChampions, l'Unione africana intende promuovere l'AfCFTA attraverso un veicolo di finanziamento misto del settore privato che finanzierà investimenti in progetti strategici (Sasi, 2022).	C

Note: N = nazionale, R = regionale, C = continentale, G = globale.
Fonte: elaborazione degli autori.

Politiche armonizzate, migliori infrastrutture digitali e corridoi di sviluppo possono aumentare gli investimenti sostenibili transfrontalieri

L'armonizzazione delle politiche nazionali di investimento e delle strategie di trasformazione produttiva può aiutare i Paesi africani ad aumentare le opportunità di sviluppo sostenibile. Le ridotte dimensioni dei mercati interni, gli elevati rischi macroeconomici, la debolezza dei contesti normativi deboli e la fragilità dei regimi di autorizzazione e di registrazione aumentano i rischi e innalzano il costo della ricerca di opportunità di investimento a livelli proibitivi in molti Paesi africani (Capitolo 1). I quadri delle politiche di investimento (Allegato 2.A) e le strategie di trasformazione produttiva possono essere abbinati per affrontare tali questioni. Oltre a individuare le priorità di investimento e a chiarire il loro contributo agli obiettivi di sviluppo sostenibile, le strategie di trasformazione produttiva coprono una serie di politiche favorevoli - dai quadri normativi alla logistica e ai costi del commercio, dai pagamenti digitali alle tariffe e dallo sviluppo delle risorse umane alle strategie di industrializzazione settoriale (AUC, 2019; AUC/OECD, 2019; OECD et al., 2021). I governi africani possono rafforzare gli aspetti di sostenibilità delle politiche di investimento e delle strategie di trasformazione produttiva concentrandosi, ad esempio, sugli IDE o sulla regolamentazione di settori come l'energia (Allegato 2.A e Allegato 2.B).

Gli incentivi fiscali per attirare investimenti sostenibili devono essere studiati con attenzione e valutati sistematicamente. Gli incentivi fiscali hanno il potenziale per aumentare la produzione, l'occupazione, la produttività e altri obiettivi di sostenibilità. Tuttavia, se mal concepiti possono ridurre la capacità di raccolta del gettito, creare distorsioni economiche, erodere l'equità, aumentare i costi amministrativi e di conformità e innescare potenzialmente una concorrenza fiscale dannosa. I tassi di ridondanza - la percentuale di investitori che dichiarano che avrebbero investito anche senza incentivi fiscali - hanno superato il 70 % in 10 delle 14 indagini sulle economie in via di sviluppo ed emergenti in uno studio del 2015 (IMF/OECD/UN/World Bank, 2015). Una ricerca condotta in sette Paesi africani ha rilevato che gli incentivi fiscali riducono in media del 30 % le aliquote effettive dell'imposta sulle società, mentre una mappatura contestualizzata e dettagliata degli incentivi esistenti può sostenere la messa a punto di un quadro di incentivi coerente (Celani, Dressler e Wermelinger, 2022).

L'infrastruttura digitale rappresenta un importante percorso verso una maggiore integrazione del mercato. L'espansione di infrastrutture digitali come il Sistema panafricano di pagamento e regolamento (Allegato 2.C) potrebbe migliorare ulteriormente l'integrazione regionale (AUC/OECD, 2021, 2022). Il prossimo protocollo AfCFTA sul commercio elettronico potrebbe ispirarsi ad accordi già esistenti, come l'accordo di partenariato sull'economia digitale tra Singapore, Nuova Zelanda e Cile, includendo disposizioni sui pagamenti digitali e adottando norme internazionali sulla lotta al riciclaggio di denaro e al finanziamento del terrorismo (AML/CFT) e sullo scambio di dati elettronici (Elms, 2021).

Il potenziamento delle infrastrutture di trasporto e della logistica rimane fondamentale per gli investimenti transfrontalieri. Infrastrutture di trasporto limitate, normative frammentate e ritardi ai posti di frontiera continuano a pesare sui progetti di investimento che si basano su importazioni ed esportazioni. Iniziative come il Programma per lo sviluppo delle infrastrutture in Africa (PIDA) possono mobilitare investimenti e contribuire all'aggiornamento delle attuali reti infrastrutturali. Un recente studio dell'UNECA mostra che, entro il 2030, saranno necessari 411 miliardi di USD per tutte le attrezzature di trasporto - camion, veicoli ferroviari, aerei e navi - necessarie a far fronte all'aumento del commercio nell'ambito dell'AfCFTA. Dei 69 progetti da attuare nell'ambito del secondo Piano d'azione prioritario PIDA, un terzo riguarda le infrastrutture di trasporto in 44 Paesi (11 progetti stradali, sei ferroviari, cinque di trasporti marittimi/porti e uno in un posto di frontiera) (UNECA, 2022b).

I corridoi di sviluppo regionale e le zone economiche speciali (ZES) transfrontaliere possono offrire "risultati rapidi" per attirare investimenti regionali sostenibili. I corridoi di sviluppo rappresentano modi importanti per rimediare ai deficit infrastrutturali del continente, ma dovrebbero essere sottoposti a valutazioni multidimensionali dettagliate per fornire risultati pienamente sostenibili (Riquadro 2.5). Allo stesso modo, le ZES transfrontaliere stanno emergendo come strumenti per agevolare gli investimenti privati. Ad esempio, la ZES di Musina-Makhado si trova vicino al posto di frontiera di Beitbridge tra il Sudafrica e lo Zimbabwe, una porta di accesso ai Paesi della Comunità per lo sviluppo dell'Africa australe (SADC) e un punto critico del corridoio commerciale nord-sud della regione. La ZES è destinata a incrementare il commercio regionale nel settore energetico e manifatturiero, in particolare nell'industria metallurgica, creando almeno 50 000 opportunità di lavoro nei prossimi dieci anni (UNCTAD, 2021).

Riquadro 2.5. **I corridoi di sviluppo regionale dell'Africa**

Nell'agenda di sviluppo dell'Africa, i corridoi di sviluppo transfrontalieri rappresentano soluzioni consolidate per accelerare l'integrazione regionale. I corridoi di sviluppo comprendono grandi progetti di infrastrutture pesanti e leggere in aree geografiche estese, spesso transnazionali, in cerca di investimenti sostenibili (Juffe-Bignoli et al., 2021). Nell'ambito del PIDA, l'Unione africana ha posto i corridoi di sviluppo in cima all'agenda dell'integrazione regionale africana (AU, 2017, 2020). Secondo l'African Development Corridor Database, che raccoglie informazioni su 79 corridoi del continente, la forma di infrastruttura predominante nei corridoi di sviluppo africani è la strada (35 %), seguita dai porti marittimi (21 %), dalle ferrovie per passeggeri e merci (18 %) e dagli aeroporti (8 %). La maggior parte dei progetti ha sede in Kenya (19 %), seguito dalla Tanzania (10 %), dal

Riquadro 2.5. **I corridoi di sviluppo regionale dell'Africa (continua)**

Sudafrica e dalla Repubblica democratica del Congo (9% ciascuno). Il costo medio di un corridoio varia da 3,5 a 4 miliardi di USD. Le banche di sviluppo regionali e i governi nazionali hanno investito rispettivamente nel 31 % e nel 30 % tra tutti i progetti dei corridoi di sviluppo, seguiti dalle banche multilaterali (11 %), dalla comunità internazionale di sviluppo (6 %) e dalle comunità economiche regionali (5 %). Le imprese private e le banche nazionali investono in una piccola percentuale dei progetti dei corridoi di sviluppo (rispettivamente 4 % e 3 %) (Thorn et al., 2022).

I corridoi di sviluppo possono facilitare il commercio transfrontaliero, ma una valutazione completa delle pressioni ambientali deve orientare i progetti attuali e futuri. Ad esempio, tra il 2014 e il 2015, in seguito all'entrata in funzione di diversi posti di frontiera unici, il tempo di transito dei camion lungo il corridoio economico settentrionale tra Mombasa e Kampala è stato ridotto da 18 a 4 giorni (Nugent e Soi, 2020). Tuttavia, i corridoi sottopongono anche vaste aree di terreno a nuove pressioni ambientali. Uno studio del 2015 su 33 corridoi previsti ed esistenti in Africa ha mostrato che, collettivamente, i corridoi dividerebbero in due parti oltre 400 aree protette esistenti e potrebbero degradarne altre 1 800 facendo avanzare la distruzione dell'habitat vicino o all'interno delle riserve (Laurance et al., 2015).

Le piccole e medie imprese necessitano di politiche di sostegno per accedere a investimenti sostenibili lungo le catene di valore regionali

Stabilire legami tra le imprese multinazionali e le PMI locali richiede tempo e politiche di sostegno, ma può avere risultati sostenibili. L'impatto dei collegamenti con le PMI può richiedere fino a 15 anni per concretizzarsi, poiché le imprese leader necessitano di tempo per investire risorse finanziarie, di personale e tecnologiche nei partenariati commercial (iJenkins et al., 2007). Poiché i collegamenti diretti con le imprese multinazionali richiedono il soddisfacimento di standard elevati che possono essere difficili da raggiungere per le PMI, le grandi imprese nazionali locali possono svolgere un ruolo di intermediazione. I responsabili delle politiche possono mettere in campo servizi di sostegno complementari per favorire la creazione di collegamenti alla catena di valore (AUC/OECD, 2022; OECD, 2021c), a seconda degli obiettivi e dei parametri di attuazione (Tabella 2.5). Una volta stabiliti i collegamenti, i servizi di sostegno possono sfruttare la posizione delle imprese leader nelle catene di valore per incanalare gli investimenti verso le PMI e guidarle verso risultati sostenibili (cfr. il Capitolo 7 per gli esempi dell'industria agroalimentare dell'Africa occidentale).

Tabella 2.5 **Esempi di strumenti strategici per promuovere i collegamenti tra le imprese multinazionali e le PMI locali**

Strumento strategico	Descrizione	Sfide di attuazione	Esempio
Programmi di sviluppo dei fornitori	Migliorare la qualità della base di fornitori nei settori strategici per soddisfare le richieste degli investitori stranieri	• Complessità e costi di gestione e di attuazione	Il programma di sviluppo della catena di approvvigionamento del Ghana, finanziato dall'USAID, ha formato 650 persone di 254 PMI con 96 seminari di formazione. Il programma ha portato all'assegnazione di 78 contratti, per un valore di 18,5 milioni di USD (PYXERA Global, 2018).
Abbinamento e fornitura di dati	Ridurre le asimmetrie informative tra imprese straniere e nazionali	• Necessità di una base di fornitori adeguata • Costi di attuazione e di aggiornamento	In Tunisia, le agenzie governative forniscono servizi di abbinamento e una banca di fornitori locali che include informazioni sulle imprese dotate di certificazioni di qualità (OECD, 2021c).
Incentivi fiscali mirati	Gruppi di imprese integrate localmente	• Necessità di una base di fornitori adeguata • Costi fiscali e amministrativi • Rischio di distorsione della concorrenza	Il programma di investimenti strategici del Sudafrica offre una detrazione iniziale di capitale del 50 % o del 100 % per le imprese straniere che estendono i collegamenti alle imprese nazionali (Sabha, Liu e Willem, 2020).
Incentivi mirati non fiscali	Ridurre gli ostacoli normativi e amministrativi per facilitare i collegamenti	• Necessità di una base di fornitori adeguata • Necessità di capacità istituzionale e meccanismi di cooperazione efficaci	L'Egitto ha snellito le procedure normative e amministrative per le imprese locali che riforniscono le aziende in zone con regimi di esenzione dai dazi doganali (OECD, 2020).
Zone economiche speciali e raggruppamenti industriali inclusivi	Favorire i collegamenti attraverso agglomerati geografici industriali polifunzionali aperti alle imprese locali	• Necessità di una base di fornitori adeguata • Complessità e costi di gestione e di attuazione • Necessità di capacità istituzionale	In Kenya, l'Export Business Accelerator è stato introdotto nel 2013 allo scopo di fornire sostegno alle PMI che intendevano stabilire le loro attività nella Zona di trasformazione per l'esportazione di Athi River. Il numero di imprese locali nella zona è passato dal 25 % nel 2012 al 38 % nel 2018 (UNCTAD, 2021).

Fonte: elaborazione degli autori basata su un'analisi della letteratura.

Lo sviluppo di imprese e i partenariati di filiera da parte di soggetti privati possono contribuire a migliorare la capacità produttiva delle PMI e a facilitare i collegamenti. Ad esempio:

- ACET Business Transform è un programma di accelerazione e incubazione d'impresa del Centro africano per la trasformazione economica che mira a rendere alcune PMI del Ghana pronte per l'investimento e l'integrazione nelle catene di valore globali. Il programma comprende servizi di tutoraggio da parte di dirigenti di aziende leader, fornendo alle PMI locali l'accesso alle conoscenze e alle reti commerciali[4].
- Nell'agosto 2021 Ethiopian Airlines e DHL hanno firmato un protocollo d'intesa con l'African Electronic Trade Group per la creazione dell'East African Smart Logistics and Fulfilment Hub presso l'aeroporto internazionale di Bole. Il partenariato mira a integrare tutte le attività commerciali e logistiche (commercio elettronico online, magazzino, trasporto e consegna porta a porta) all'interno di una piattaforma multifunzionale per promuovere servizi accessibili alle PMI e favorire il commercio regionale (AU, 2021)[5].

L'armonizzazione delle norme di qualità e delle certificazioni può consentire alle imprese locali di cogliere le opportunità di investimento a livello regionale. I partner internazionali possono fornire assistenza tecnica ai governi e aiutare direttamente i produttori locali a rispettare le norme internazionali e a ottenere le certificazioni (Riquadro 2.6).

Riquadro 2.6. **Alleanza per la qualità dei prodotti in Africa**

L'Alleanza per la qualità dei prodotti in Africa si propone di assistere le imprese e le istituzioni locali che operano in settori rilevanti per l'esportazione di Paesi selezionati a conformarsi alle norme internazionali o a ottenere certificazioni. L'Agenzia tedesca per la cooperazione internazionale GmbH (GIZ) e l'Istituto nazionale tedesco di metrologia (PTB) hanno avviato il progetto nel 2019 nell'ambito dell'Iniziativa speciale per la formazione e la creazione di posti di lavoro del ministero federale tedesco per la Cooperazione economica e lo sviluppo (BMZ). Il programma si concentra sulla Costa d'Avorio, l'Egitto, l'Etiopia, il Ghana, il Marocco, il Ruanda, il Senegal e la Tunisia, e si prefigge di:

- Agevolare l'adozione da parte delle imprese locali di norme e certificazioni internazionali per stabilire rapporti di fornitura a lungo termine con le imprese europee, creando al contempo posti di lavoro locali (cfr. l'esempio di Fairafric nella Tabella 2.4).
- Sostenere le istituzioni governative dei Paesi partner per rafforzare le infrastrutture nazionali di qualità. Il progetto prevede lo sviluppo di capacità tecniche, l'apprendimento tra pari e il dialogo pubblico-privato, ad esempio per migliorare i test sui residui di pesticidi da parte dell'ente per le norme relative ai prodotti agricoli del Ruanda. Aderendo alle internazionali, i produttori agricoli del Ruanda dovrebbero migliorare la loro competitività.

Fonte: contributi del BMZ e del GIZ.

L'effettiva attuazione del Protocollo sugli investimenti dell'AfCFTA è fondamentale per armonizzare il panorama degli investimenti sostenibili in Africa

Il Protocollo sugli investimenti dell'AfCFTA mira ad armonizzare il panorama delle politiche di investimento africane. Attualmente esistono 852 trattati bilaterali di investimento sia tra Paesi africani sia tra Paesi africani e non africani (UNECA/AU/AfDB/UNCTAD, 2019). Partendo dal Codice panafricano degli investimenti, uno strumento non vincolante introdotto nel 2017 per orientare gli investimenti intra-continentali, il Protocollo sugli investimenti dell'AfCFTA mira a i) agevolare e proteggere gli investimenti sostenibili, ii) gestire la risoluzione delle controversie in materia di investimenti e iii) consentire la cooperazione in materia di promozione e agevolazione degli investimenti. Il protocollo mira inoltre a istituire un'Agenzia panafricana per gli investimenti che fornisca mobilitazione di risorse finanziarie, sviluppo commerciale e supporto tecnico agli Stati, alle agenzie nazionali di promozione degli investimenti e al settore privato (Tralac, 2021). La bozza del protocollo è stata conclusa nell'ottobre 2022 ed è stata adottata dal Consiglio dei ministri dell'AfCFTA. Successivamente, il testo sarà sottoposto all'Assemblea dei capi di Stato per la revisione e l'adozione (IISD, 2022).

L'attuazione dell'AfCFTA potrebbe stimolare gli investimenti globali e intra-africani in settori strategici e aumentare le retribuzioni delle donne. Il successo della liberalizzazione del commercio e dell'armonizzazione delle leggi sugli investimenti, sulla concorrenza e sui diritti di proprietà intellettuale nell'ambito dell'AfCFTA potrebbe incrementare del 122 % le scorte di IDE verso l'Africa dall'esterno del continente e del 68 % dall'interno del continente (IDE intra-africani), rispetto ai livelli del 2017 (Echandi, Maliszewska e Steenbergen, 2022). La realizzazione di questi guadagni, tuttavia, non è automatica e dipende in parte dalla disponibilità di capacità produttive locali. L'eliminazione delle barriere potrebbe anche stimolare gli investimenti nelle catene di valore ad alto potenziale, come l'industria automobilistica, i servizi e i prodotti farmaceutici. Ad esempio, il Segretariato dell'AfCFTA, Afreximbank e l'Associazione africana dei produttori di automobili hanno unito gli sforzi per sviluppare il Patto panafricano per il settore automobilistico (PAAP). L'attuale strategia del PAAP mira a collegare i produttori automobilistici commerciali, aumentando le vendite di veicoli da 1 a 5 milioni di unità entro il 2035 (AAAM/Deloitte, 2020; AUC/OECD, 2022: Capitolo 3). Inoltre, poiché in gran parte dell'Africa più del 50 % delle donne lavora nell'agricoltura, un aumento degli investimenti agricoli attraverso l'integrazione regionale potrebbe aumentare ile retribuzioni delle donne di almeno il 10 % rispetto ai livelli attuali (UNDP/AfCFTA Secretariat, 2021; World Bank, 2022b)).

Le esperienze delle comunità economiche regionali africane e di altre regioni del mondo mostrano come coordinare le politiche e monitorare i progressi. I meccanismi di monitoraggio regionale possono contribuire all'efficace attuazione del Protocollo sugli investimenti dell'AfCFTA a livello nazionale. Le precedenti iniziative di politica regionale offrono spunti di riflessione preziosi (Tabella 2.6).

Tabella 2.6 **Esempi di meccanismi di monitoraggio delle politiche commerciali e di investimento regionali**

Iniziativa di politica regionale	Descrizione
Unità di libero scambio dell'Associazione delle nazioni del sud-est asiatico (ASEAN)	Il meccanismo di monitoraggio previsto dalla Zona di libero scambio dell'ASEAN (AFTA) ha portato all'istituzione di Unità nazionali AFTA nelle capitali della maggior parte dei Paesi membri dell'ASEAN. Le unità hanno la responsabilità di vigilare che gli atti necessari per le riduzioni tariffarie siano adottati e attuati a livello nazionale (ASEAN, 2012).
Meccanismo di controllo degli investimenti esteri dell'UE	Nel 2020 l'Unione europea ha introdotto un meccanismo di controllo degli investimenti esteri, istituendo punti di contatto formali e canali sicuri in ogni Stato membro e all'interno della Commissione europea, che consentono la condivisione delle informazioni, l'analisi e il coordinamento delle azioni (EC,2020).
Scheda di monitoraggio del clima degli investimenti dell'ECOWAS	La scheda di monitoraggio del clima degli investimenti dell'ECOWAS è stata sviluppata nell'ambito del progetto Improved Business and Investment Climate in West Africa come strumento di riferimento delle riforme degli Stati membri relative agli investimenti. Attraverso questo strumento, il progetto ha contribuito a intensificare l'integrazione regionale, in particolare nel settore degli investimenti regionali nel mercato comune dell'ECOWAS (ECOWAS, 2020).
Quadro della politica di investimento della SADC	Il Segretariato della SADC, in collaborazione con l'OCSE, ha sviluppato una serie di indicatori per valutare e monitorare i progressi degli Stati membri nell'attuazione del quadro di riferimento per la politica di investimento della SADC. Il Segretariato della SADC assume la responsabilità centrale del monitoraggio, mentre le funzioni specifiche di comunicazione sono affidate a punti di contatto nazionali dedicati in ogni Stato membro (OECD/SADC, 2017).

Fonte: elaborazione degli autori.

Ulteriori scambi con i rappresentanti del settore privato, come l'iniziativa AfroChampions, contribuirebbero a promuovere le opportunità di investimento. Attraverso l'iniziativa AfroChampions, l'Unione Africana mira a mobilitare gli investimenti del settore privato in aree commerciali chiave. Questo quadro di investimenti e finanziamenti è denominato Trillion Dollar Investment Framework for Africa. L'obiettivo è quello di creare un veicolo di finanziamento misto che finanzi gli investimenti in progetti strategici attraverso la collaborazione con sviluppatori di progetti, investitori, finanziatori, imprese multinazionali, PMI, associazioni imprenditoriali, governi, enti regionali e istituzioni di finanziamento allo sviluppo (Sasi, 2022).

Allegato 2.A. Quadro strategico dell'OCSE per gli investimenti e strumentario per la qualità degli IDE (FDI Qualities Policy Toolkit) nei Paesi africani

L'OCSE ha collaborato con diversi Paesi in tutto il mondo per promuovere riforme del clima degli investimenti sulla base del suo Quadro strategico per gli investimenti (Policy Framework for Investment - PFI) (OECD, 2015). Questo strumento completo, sostenuto a livello multilaterale, è stato sviluppato nel 2006 e aggiornato nel 2015. Il PFI pone l'accento sulla coerenza delle politiche, su un approccio esteso a tutta l'amministrazione e sui principi fondamentali dello Stato di diritto, della trasparenza, della non discriminazione e della tutela dei diritti di proprietà. Sulla base del PFI, sono state condotte quasi 40 revisioni delle politiche di investimento, di cui 10 in Africa: il Marocco è attualmente alla sua seconda revisione della politica di investimento, Maurizio e Zambia hanno richiesto una seconda revisione e il Ruanda ha presentato una prima richiesta.

Sulla base degli Indicatori di qualità degli IDE (Riquadro 1.6 nel Capitolo 1), il strumentario "FDI Qualities Policy Toolkit" (OECD, 2022b) integra il PFI occupandosi dell'impatto degli investimenti diretti esteri su occupazione e competenze, PMI, innovazione e parità di genere. Lo sviluppo dello strumentario ha comportato una mappatura dettagliata delle politiche e degli accordi istituzionali che regolano gli impatti degli investimenti sullo sviluppo sostenibile in dieci Paesi, tra cui il Marocco, il Ruanda, il Senegal e la Tunisia (Allegato - Figura 2.A.1). All'interno dell'Africa, sono previste revisioni delle qualità degli IDE per l'Egitto e la Tunisia nel 2023.

Un valore aggiunto delle analisi delle politiche di investimento e delle analisi della qualità degli IDE è rappresentato dall'istituzione di una task force interministeriale e dalla consultazione del settore privato e di altre parti interessate. Questo approccio garantisce che i governi beneficiari e le parti interessate facciano proprie le proposte di riforma. Inoltre, l'FDI Qualities Guide for Development Co-operation (**OECD**, 2022c), introdotta nell'ottobre 2022, mira a rafforzare il ruolo della cooperazione allo sviluppo per mobilitare gli investimenti diretti esteri e migliorarne l'impatto.

Allegato - Figura 2.A.1. **Misure strategiche mirate per promuovere investimenti diretti esteri sostenibili in determinati Paesi**

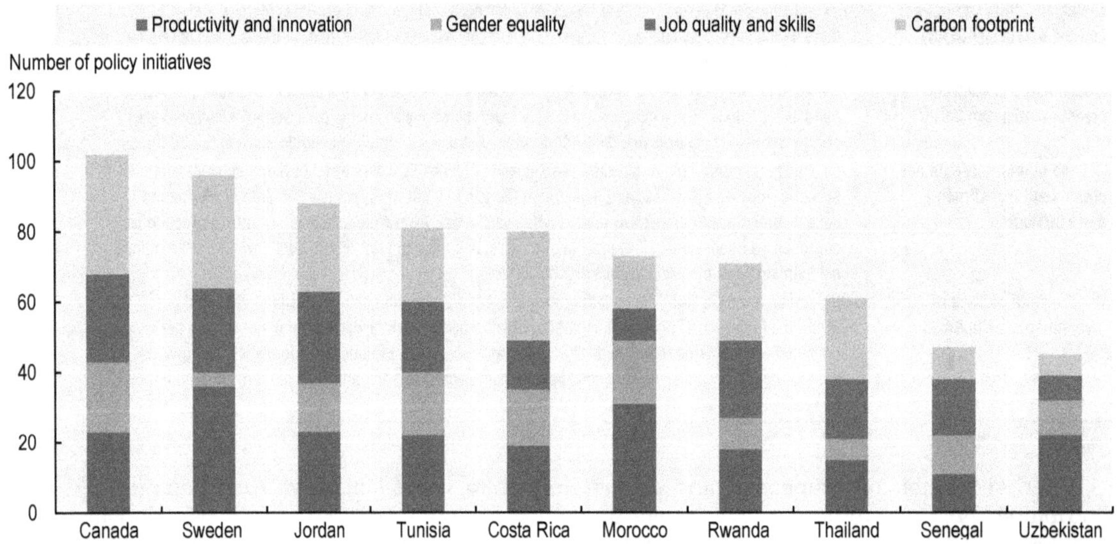

Fonte: OECD (2022b), FDI Qualities Mapping of Policies and Institutions, *FDI Qualities Policy Toolkit*, https://doi.org/10.1787/7ba74100-en.

StatLink https://stat.link/7itywf

Allegato 2.B. Efficacia normativa nel settore energetico africano

Il peggioramento della situazione finanziaria delle società di servizi energetici ha avuto un impatto negativo sull'efficacia della regolamentazione. (AfDB, 2021). A causa dei bilanci limitati, le agenzie pubbliche e le autorità di regolamentazione africane spesso lottano per superare i retaggi istituzionali che privilegiano la produzione di combustibili fossili e hanno difficoltà ad attuare normative tecnicamente complesse e proiettate sul lungo termine (Pueyo, 2018; RES4Africa, 2022; UNECA, 2016). Secondo gli investitori privati, in molti Paesi le autorità di regolamentazione del settore energetico non svolgono funzioni essenziali come la concessione di licenze, la determinazione dei prezzi all'ingrosso e la gestione della rete; gli investitori privati ritengono inoltre che i Paesi manchino di indipendenza, capacità e meccanismi di responsabilità come la risoluzione delle controversie (AfDB, 2021; RES4Africa/PwC Italy, 2021). Di conseguenza, gli investitori privati nelle energie rinnovabili considerano i rischi normativi più elevati rispetto agli investitori pubblici (RES4Africa/PwC Italy, 2021).

L'efficacia normativa, che si concretizza in piani energetici dettagliati e altre migliori pratiche, è un fattore determinante per attirare investimenti nei sistemi energetici africani (Falchetta et al., 2021). Una priorità immediata per tutti i regolatori energetici africani è la definizione di piani energetici nazionali dettagliati che fissino obiettivi specifici per lo sviluppo di fonti di energia rinnovabili e di nuove infrastrutture (come le interconnessioni di rete) e per il coordinamento dell'approvvigionamento energetico con i Paesi confinanti (IEA, 2022; RES4Africa, 2022; Capitoli 3 e 5). Le migliori pratiche fondamentali a livello di normativa e di servizi pubblici in grado di attirare gli investimenti includono la ristrutturazione delle tariffe, le aste inverse e gli accordi standardizzati per l'acquisto di energia, mentre i regolatori più avanzati possono esplorare i mercati e le tasse sul carbonio, seguendo l'esempio della Costa d'Avorio, del Senegal e del Sudafrica (IEA, 2022; OECD/ World Bank/UNEP, 2018; Capitolo 3). L'Agenzia marocchina per lo sviluppo sostenibile è un esempio promettente di un'agenzia che amministra le gare d'appalto e allo stesso tempo funge da centrale di distribuzione dell'energia e da centro di smistamento per le richieste e le domande degli investitori (IEA, 2022).

Ogni Paese ha specifiche problematiche energetiche e uno specifico livello di preparazione per la definizione di obiettivi, e i responsabili delle politiche devono tenerne conto (cfr. il Capitolo 3 e il Capitolo 5 sull'industria delle energie rinnovabili nell'Africa meridionale e orientale). Pueyo (2018) ha rilevato che nel Ghana un acquirente inaffidabile e la volatilità macroeconomica e normativa hanno inibito gli investimenti nelle energie rinnovabili; mentre in Kenya i principali ostacoli sono stati la domanda limitata, le reti incomplete, la governance dei servizi pubblici e i diritti fondiari. I Paesi produttori di combustibili fossili dovrebbero adoperarsi simultaneamente per la decarbonizzazione delle industrie estrattive e le strategie di uscita, sfruttando al contempo gli impegni dei produttori di energia tradizionale verso le energie rinnovabili e la riduzione delle emissioni di carbonio (OECD, 2022d). I responsabili delle politiche devono dare prova di flessibilità e stabilire le priorità in base ai problemi specifici del loro Paese e della loro regione, nonché riconoscere i diversi livelli di preparazione dei Paesi. I pochi Paesi africani che hanno già fissato obiettivi di energia rinnovabile e stabilito catene di valore locali iniziali (tra cui l'Egitto, il Kenya, il Marocco e il Sudafrica) possono ora concentrarsi su diverse riforme delle politiche rispetto ai Paesi in cui tali fondamenti devono ancora essere attuati (RES4Africa, 2022).

Allegato 2.C. Il sistema di pagamento e regolamento panafricano

La mancanza in Africa di un'infrastruttura di pagamento continentale integrata per le transazioni transfrontaliere comporta costi elevati. Solo il 20 % dei pagamenti transfrontalieri intra-africani viene liquidato all'interno del continente. Il resto passa attraverso banche estere, dove le valute africane vengono cambiate in dollari, sterline o euro prima di essere riconvertite in un'altra valuta africana. Se si considerano anche le spese di bonifico e le commissioni bancarie, i costi totali di questo processo in Africa ammontano a 5 miliardi di USD all'anno (PAPSS, 2022).

Il sistema di pagamento e regolamento panafricano (PAPSS) mira a semplificare i pagamenti transfrontalieri tra le 42 valute locali dell'Africa. Sviluppato congiuntamente dal Segretariato dell'AfCFTA e dalla Banca africana di importazione ed esportazione (Afreximbank), il PAPSS mira a semplificare e rendere sicuri i flussi di denaro tra i Paesi africani. La piattaforma PAPSS centralizza i controlli di convalida, riducendo la necessità di costosi intermediari esteri. Il sistema mira a completare le transazioni in meno di due minuti a fronte di una tariffa ridotta.

L'introduzione del PAPSS a livello continentale è in corso. Nel 2022 è stata completata la fase pilota nei sei Paesi che fanno parte della Zona monetaria dell'Africa occidentale: Gambia, Ghana, Guinea, Liberia, Nigeria e Sierra Leone. A giugno 2022 la rete PAPSS era composta da 8 banche centrali, 28 banche commerciali e sei fornitori di servizi di pagamento (Leadership, 2022).

Note

1. https://commission.europa.eu/strategy-and-policy/priorities-2019-2024/stronger-europe-world/global-gateway/eu-africa-global-gateway-investment-package_en.
2. Da questa media sono escluse le operazioni nel settore aeronautico sostenute dall'ECA, che rientrano in regole specifiche e rappresentano una media di 577 milioni di USD all'anno.
3. Algeria, Egitto, Ghana, Marocco, Nigeria, Senegal, Sudafrica, Sudan, Tunisia e Zimbabwe.
4. Secondo un'intervista con i rappresentanti dell'ACET.
5. Confermato in un'intervista con i rappresentanti dell'African Electronic Group.

Riferimenti bibliografici

AADFI (2017), *Report on the 7th Peer Review with the AADFI Prudential Standards, Guidelines and Rating System (PSGRS) in 2017*, Association of African Development Finance Institutions, Abuja, https://adfi-ci.org/wp-content/uploads/2022/05/aadfi_doc_en_20171114082330.pdf.

AAAM/Deloitte (2020), *Africa Automotive Forum, Summary Report*, African Association of Automotive Manufacturers/Deloitte, www2.deloitte.com/content/dam/Deloitte/za/Documents/za_AAAM-Africa-Automotive-Forum-2020-Summary.pdf.

AADN (n.d.), "About", Africa Automotive Data Network webpage, www.africaautomotivedatanetwork.co.za (consultato il 2 febbraio 2023).

AfDB (n.d.), "Country Portfolio Performance Review", African Development Bank webpage, www.afdb.org/en/documents/project-operations/country-portfolio-performance-review (consultato il 2 febbraio 2023).

AfDB (2023), "Sao Tome and Principe - Zuntamon Lusophone Compact Initiative - Phase I", African Development Bank, https://projectsportal.afdb.org/dataportal/VProject/show/P-ST-H00-003 (consultato il 2 febbraio 2023).

AfDB (2022a), "African Development Bank to launch public financial management academy to build capacity in African countries", African Development Bank article, 9 giugno, www.afdb.org/en/news-and-events/press-releases/african-development-bank-launch-public-financial-management-academy-build-capacity-african-countries-52335.

AfDB (2022b), "African Development Bank, African Securities Exchange Association launch AELP E-Platform linking seven African capital markets with $1.5 trillion market capitalization", African Development Bank article, 8 December, www.afdb.org/en/news-and-events/press-releases/african-development-bank-african-securities-exchange-association-launch-aelp-e-platform-linking-seven-african-capital-markets-15-trillion-market-capitalization-57245.

AfDB (2022c), "Mauritius: National bourse launches new automated trading platform", African Development Bank article, 20 May, www.afdb.org/en/news-and-events/press-releases/mauritius-national-bourse-launches-new-automated-trading-platform-51728.

AfDB (2022d), "President Macky Sall and African Development Bank Group head Dr Akinwumi Adesina call for substantial support for Africa's low-income countries", African Development Bank article, 17 settembre, www.afdb.org/fr/news-and-events/president-macky-sall-and-african-development-bank-group-head-dr-akinwumi-adesina-call-substantial-support-africas-low-income-countries-54845.

AfDB (2022e), "Africa Investment Forum: Harnessing guarantees and insurance to close the continental financing gap – The Africa Co-Guarantee Platform leads the way", African Development Bank article, 27 ottobre, www.afdb.org/en/news-and-events/africa-investment-forum-harnessing-guarantees-and-insurance-close-continental-financing-gap-africa-co-guarantee-platform-leads-way-55839.

AfDB (2021), *Electricity Regulatory Index for Africa* 2021, African Development Bank Group, Abidjan, https://africa-energy-portal.org/sites/default/files/2021-12/08122021%20ERI%20report%202021.pdf.

AfDB (2019), *The Lusophone Development Compact: Accelerating Sustainable, Inclusive and Private Sector Growth*, African Development Bank, www.afdb.org/sites/default/files/news_documents/lusophone_compact_brochure_en.pdf.

AfDB/IFC/MFW4A (2022), *Gauging Appetite of African Institutional Investors for New Asset Classes*, African Development Bank/International Finance Corporation/Making Finance Work for Africa, www.mfw4a.org/sites/default/files/resources/gauging_appetite_of_african_institutional_investors_for_new_asset_classes_-_published.pdf.

Alliance for Product Quality in Africa (2022), "Audrey: More jobs in chocolate production through certifications", www.allianceforproductquality.de/en/projekte/schokoladenproduktion-zertifizierungen/.

ALN (2021), "Impact of Rwanda's new investment facilitation and promotion law on doing business", Legal Alert, African Legal Network, www.rfl.rw/docs/LEGAL_ALERT_ALN.pdf.

Ameli, N. et al. (2021), "Higher cost of finance exacerbates a climate investment trap in developing economies", *Nature Communications*, Vol. 12, https://doi.org/10.1038/s41467-021-24305-3.

ASEAN (2012), "AFTA and National AFTA Units", webpage, Association of Southeast Asian Nations, https://asean.org/afta-and-national-afta-units/.

Atef, N. A. (2022), "Scaling up sustainable finance and investment in the Middle East and North Africa", in *Scaling Up Sustainable Finance and Investment in the Global South*, Centre for Economic Policy Research (CEPR) Press, London, https://cepr.org/system/files/publication-files/175477-scaling_up_sustainable_finance_and_investment_in_the_global_south.pdf.

Attridge, S., Y. Chen and B. Getzel (2022), "Weathering the storm: African public development banks' response to Covid-19 and their recovery role", *ODI Working Paper*, Overseas Development Institute, London, https://cdn.odi.org/media/documents/ODI_Working_paper_Weathering_the_storm_African_public_development_banks_response.pdf.

AU (2022a), "Ministers of Finance conclude discussions on access to finances; debt restructuring and Africa's credit rating", Press Release, African Union, https://au.int/en/pressreleases/20220726/ministers-finance-conclude-discussions-access-finances-debt-restructuring-and.

AU (2022b), "Africa speaks with unified voice as AU Executive Council adopts African Common Position on Energy Access and Just Energy Transition", Press Release, African Union, https://au.int/en/pressreleases/20220722/africa-speaks-unified-voice-au-executive-council-adopts-african-common.

AU (2021), "Ethiopian Airlines A-e Trade Group, sign MoU to establish East African smart logistics and fulfilment hub at ADD to support AfCFTA", Press Release, African Union, https://au.int/en/pressreleases/20210803/ethiopian-airlines-e-trade-group-sign-mou-establish-east-african-smart.

AU (2020), *The Integrated Corridor Approach - "A Holistic Infrastructure Planning Framework to establish PIDA-PAP 2"*, Strategic Note, African Union, https://pp2.au-pida.org/wp-content/uploads/2020/04/English-Strategic-Note_Integrated-Corridor-Approach-and-Selection-Criteria-AUC.pdf.

AU (2017), "Infrastructure corridors are key to Africa's intra-regional trade, job creation: Stakeholders agree at PIDA Session", Press Release, African Union, https://au.int/en/pressreleases/20171127/infrastructure-corridors-are-key-africa%E2%80%99s-intra-regional-trade-job-creation.

AUC (2019), *What Public Policies are Good for Productive Transformation in Africa?*, African Union Commission Department of Economic Affairs, Addis Ababa, https://au.int/sites/default/files/newsevents/workingdocuments/35970-wd-1.1._new_paper_stc_transformation_productive_eng.pdf.

AUC/AfDB/UNECA/ACBF (2017), *Strategy for the Harmonization of Statistics in Africa 2017-2026 (SHaSA 2)*, https://au.int/sites/default/files/documents/34580-doc-34577-doc-shasa_ii_strategy_eng_full_web.pdf.

AUC/OECD (2022), *Africa's Development Dynamics 2022: Regional Value Chains for a Sustainable Recovery*, OECD Publishing, Paris, https://doi.org/10.1787/2e3b97fd-en.

AUC/OECD (2021), *Africa's Development Dynamics 2021: Digital Transformation for Quality Jobs*, AUC, Addis Ababa/OECD Publishing, Paris, https://doi.org/10.1787/0a5c9314-en.

AUC/OECD (2019), *Africa's Development Dynamics 2019: Achieving Productive Transformation*, AUC, Addis Ababa/OECD Publishing, Paris, https://doi.org/10.1787/c1cd7de0-en.

BAFU (2022), "Bilateral climate agreements", webpage, Federal Office for the Environment (FOEN), www.bafu.admin.ch/bafu/en/home/themen/thema-klima/klimawandel-stoppen-und-folgen-meistern/klima--internationales/staatsvertraege-umsetzung-klimauebereinkommen-von-paris-artikel6.html (consultato il 2 febbraio 2022).

CAFI (2021), "Gabon: First in Africa to receive payments for preserved rainforests", Central African Forest Initiative, www.cafi.org/countries/gabon/gabon-first-africa-receive-payments-preserved-rainforests.

CCRED (n.d.), "African Market Observatory (AMO): What do we do", Centre for Competition, Regulation and Economic Development webpage, www.competition.org.za/africanmarketobservatory (consultato il 2 febbraio 2023).

Celani, A., L. Dressler and M. Wermelinger (2022), "Building an Investment Tax Incentives database: Methodology and initial findings for 36 developing countries", *OECD Working Papers on International Investment*, No. 2022/01, OECD Publishing, Paris, https://doi.org/10.1787/62e075a9-en.

CEPA (2015), *Mobilising Finance for Infrastructure: A study for the Department for International Development*, Cambridge Economic Policy Associates Ltd, https://assets.publishing.service.gov.uk/media/57a0897fe5274a31e00000e8/61319-DfID_1_Synthesis_Report_Final.pdf.

CEPR (2022), *The Case for More Special Drawing Rights: Rechanneling Is No Substitute for a New Allocation*, Center for Economic Policy and Research, https://cepr.net/report/the-case-for-more-special-drawing-rights/.

Cercle des Économistes (2022), *Relançons le Débat Économique 2022*, https://lecercledeseconomistes.fr/wp-content/uploads/2022/05/rlde_16_cercle_unionafricaine.pdf.

CREA (2022), "Briefing: 12.8 GW of Chinese overseas coal projects cancelled, but 19 GW could still go ahead", Centre for Research on Energy and Clean Air, https://energyandcleanair.org/wp/wp-content/uploads/2022/04/Final_Chinese-overseas-briefing_April2022.pdf.

Davis, R. M. et al. (2022), "Mobilising long-term finance in the Global South: Lessons from the 'South' and 'North'", in *Scaling Up Sustainable Finance and Investment in the Global South*, CEPR Press, London, https://cepr.org/system/files/publication-files/175477-scaling_up_sustainable_finance_and_investment_in_the_global_south.pdf.

Dembele, F., R. Schwarz and P. Horrocks (2021), *Scaling up Green, Social, Sustainability and Sustainability-linked Bond Issuances in Developing Countries*, OECD Publishing, Paris, https://www.oecd.org/dac/financing-sustainable-development/blended-finance-principles/documents/scaling-up-green-social-sustainability-sustainability-linked-bond-issuances-developing-countries.pdf.

D4D Hub (2023), "Rwanda and France sign new deal to improve digital public services and support innovations with high development potential", https://d4dhub.eu/fr/news/rwanda-and-france-sign-new-deal-to-improve-digital-public-services-and-support-innovations-with-high-development-potential.

EBF/BIAC/ICC (2019), *Joint Business Position on the Modernisation of the OECD Arrangement: Ensuring a Global Level Playing Field*, European Banking Federation/Business at OECD/International Chamber of Commerce, www.ebf.eu/wp-content/uploads/2019/11/Final-version-Joint-business-position-on-Future-of-OECD-Arrangement.pdf.

EC (2020), "EU foreign investment screening mechanism becomes fully operational", comunicato stampa, Commissione europea, https://ec.europa.eu/commission/presscorner/detail/en/ip_20_1867.

Echandi, R., M. Maliszewska and V. Steenbergen (2022), *Making the Most of the African Continental Free Trade Area: Leveraging Trade and Foreign Direct Investment to Boost Growth and Reduce Poverty*, International Bank for Reconstruction and Development/World Bank, Washington, DC, https://documents1.worldbank.org/curated/en/099305006222230294/pdf/P1722320bf22cd02c09f2b0b3b320afc4a7.pdf.

ECOWAS (2020), "ECOWAS launches 'Improved Business & Investment Climate in West Africa Project' website", Press Release, Economic Community of West African States, https://ecowas.int/ecowas-launches-improved-business-investment-climate-in-west-africa-project-website/.

EDTF (2022), "Building a better Ethiopia together", Ethiopian Diaspora Trust Fund, www.ethiopiatrustfund.org/ (consultato il 26 ottobre 2022).

Ekeruche, M. A. (2022), *Africa's Rising Debt and the Emergence of New Creditors: A Review of the Trends, Challenges and Prospects (2000 - 2021)*, African Debt Series, Vol. 2, https://library.fes.de/pdf-files/bueros/fes-ua/19365.pdf.

Elms, D. (2021), *Increasing Access and Interoperability of Cross-border E-payments in Asia*, Hinrich Foundation, https://static1.squarespace.com/static/5393d501e4b0643446abd228/t/606ea7b0363d76436e5ce51a/1617864635266/E-payments+in+Asia_Hinrich+Foundation.pdf.

Falchetta, G. et al. (2021), "The role of regulatory, market and governance risk for electricity access investment in sub-Saharan Africa", *Energy for Sustainable Development*, Vol. 62, https://doi.org/10.1016/j.esd.2021.04.002.

Fitch (2021), *The Revival of African National Development Banks*, Fitch Rating Special Report, www.fitchratings.com/research/banks/the-revival-of-african-national-development-banks-19-04-2021.

FSCA (2023), "Registered Credit Rating Agencies", webpage, Financial Sector Conduct Authority, www.fsca.co.za/Regulated%20Entities/Pages/Credit-Rating-Agencies.aspx (consultato il 2 febbraio 2023).

FSD Africa (2022), "Africa Private Equity and Debt Programme", webpage, https://fsdafrica.org/projects/africa-private-equity-and-debt-programme/.

GCA (2022), *State and Trends in Adaptation in Africa 2022*, Global Center on Adaptation, Rotterdam, Netherlands, https://gca.org/reports/sta22/.

GCF (n.d.), "Overview", Green Climate Fund webpage, www.greenclimate.fund/readiness (consultato il 2 febbraio 2023).

GIH (2019), *Leading Practices in Governmental Processes Facilitating Infrastructure Project Preparation*, Global Infrastructure Hub, https://cdn.gihub.org/umbraco/media/2344/gih_project-preparation_full-document_final_art_web.pdf.

Gratcheva, E. M. and F. E. Stewart (2020), *Leveraging Pension Fund Investment for Domestic Development: Namibia's Regulation 29 Approach*, World Bank Group, Washington, DC, http://documents.worldbank.org/curated/en/125241594367606090/Leveraging-Pension-Fund-Investment-for-Domestic-Development-Namibia-s-Regulation-29-Approach.

Griffith-Jones, S., S. Attridge and M. Gouett (2020), *Securing Climate Finance through National Development Banks*, Oversees Development Institute, https://cdn.odi.org/media/documents/200124_ndbs_web.pdf.

Halland, H. et al. (2021), "Mobilising institutional investor capital for climate-aligned development", *OECD Development Policy Papers*, No. 35, OECD Publishing, Paris, https://doi.org/10.1787/e72d7e89-en.

Horn, S., D. Milhalyi and P. Nickol (3 March 2022), "Systematic underreporting of public debt statistics: 50 years of evidence and recent progress", World Bank Blogs, https://blogs.worldbank.org/developmenttalk/systematic-underreporting-public-debt-statistics-50-years-evidence-and-recent.

I&P (n.d.), "Impact", Investisseurs & Partenaires webpage, www.ietp.com/fr/content/impact (consultato il 6 gennaio 2023).

ICA (2017), "Project Preparation Facilities Network (PPFN)", Infrastructure Consortium for Africa, www.icafrica.org/en/project-preparation/project-preparation-facilities-network-ppfn/ (consultato il 3 febbraio 2023).

IDA (2022), "IDA Country Performance Ratings (CPR)", International Development Association webpage, https://ida.worldbank.org/en/financing/resource-management/ida-country-performance-ratings (consultato il 2 febbraio 2023).

IEA (2022), *Africa Energy Outlook 2022*, International Energy Agency, www.iea.org/reports/africa-energy-outlook-2022.

IFC (2021), *How the COVID-19 Crisis is Impacting African Pension Fund Approaches to Portfolio Management*, International Finance Corporation, www.ifc.org/wps/wcm/connect/61e14b0d-b283-4f8f-8d17-4bce3f54d4a1/African+pension+funds_FINAL-10-9-20.pdf?MOD=AJPERES&CVID=nkeOGIJ.

IISD (26 December 2022), "AfCFTA Protocol on Investment was concluded", Investment Treaty News, www.iisd.org/itn/en/2022/12/26/afcfta-protocol-on-investment-was-concluded/.

IMF (n.d.), "Regional Technical Assistance Centers", International Monetary Fund webpage, www.imf.org/external/np/exr/key/rtacs.htm (consultato il 2 febbraio 2023).

IMF/OECD/UN/World Bank (2015), *Options for Low Income Countries' Effective and Efficient Use of Tax Incentives for Investment: A Report to the G-20 Development Working Group by the IMF, OECD, UN and World Bank*, International Monetary Fund, OECD, United Nations and the World Bank, www.oecd.org/tax/options-for-low-income-countries-effective-and-efficient-use-of-tax-incentives-for-investment.pdf.

InfraCredit (2023), Infrastructure finance website, https://infracredit.ng/ (consultato il 28 febbraio 2023).

Jenkins, B. et al. (2007), *Business Linkages: Lessons, Opportunities, and Challenges*, International Finance Corporation, International Business Leaders Forum and the Kennedy School of Government, Harvard, www.hks.harvard.edu/sites/default/files/centers/mrcbg/programs/cri/files/report_16_BUSINESS%2BLINKAGESFINAL.pdf.

Johnson, B. and R. A. Kotey (2018), "The influence of small and medium enterprises (SMEs) listing on the Ghana Alternative Market (GAX): Prevailing factors", *Academic Journal of Economic Studies*, Vol. 4/4, pp. 142-156, http://hdl.handle.net/10419/215860.

Juffe-Bignoli, D. et al. (2021), "Mitigating the impacts of development corridors on biodiversity: A global review", *Frontiers in Ecology and Evolution*, Vol. 9, https://doi.org/10.3389/fevo.2021.683949.

Kabukura, W. (2022), "As Africa's climate warms, rich countries pledge more funds", Public Broadcasting Service, 5 September, www.pbs.org/newshour/world/as-africas-climate-warms-rich-countries-pledge-more-funds.

Kubota, M. and A. Zeufack (2020), "Assessing the returns on investment in data openness and transparency", *World Bank Policy Research Working Paper*, No. 9139, World Bank, Washington, DC, http://hdl.handle.net/10986/33295.

Laurance, W. F. et al. (2015), "Estimating the environmental costs of Africa's massive 'development corridors'", *Current Biology*, Vol. 25/24, pp. 3202-3208, www.sciencedirect.com/science/article/pii/S0960982215013093?via%3Dihub.

Leadership (2022), "PAPSS goes live as FBN, Ghana Bank consummate 1st transaction", article, 6 October, https://leadership.ng/papss-goes-live-as-fbn-ghana-bank-consummate-1st-transaction/ (consultato il 26 ottobre 2022).

Lee, N., G. Forster and S. Paxton (2021), "MDBs could do more to build markets just by releasing more data", Center for Global Development blog post, 29 giugno, www.cgdev.org/blog/mdbs-could-do-more-build-markets-just-releasing-more-data.

Mullan, M. and N. Ranger (2022), "Climate-resilient finance and investment: Framing paper", *OECD Environment Working Papers*, No. 196, OECD Publishing, Paris, https://doi.org/10.1787/223ad3b9-en.

Mutize, M. (2022), "Moody's has bought a leading African rating agency: Why it's bad news", The Conversation, 13 February, https://theconversation.com/moodys-has-bought-a-leading-african-rating-agency-why-its-bad-news-176827.

Nassiry, D. et al. (2018), *Clean Energy Project Preparation Facilities: Mapping the Global Landscape*, Oversees Development Institute, https://cdn.odi.org/media/documents/12504.pdf.

Nugent P. and I. Soi (2020), "One-stop border posts in East Africa: State encounters of the fourth kind", *Journal of Eastern African Studies*, Vol. 14/3, pp. 433-454, www.tandfonline.com/doi/full/10.1080/17531055.2020.1768468.

OECD (2023), "OECD Debt Transparency Initiative", OECD webpage, www.oecd.org/finance/debt-transparency/ (consultato il 2 febbraio 2023).

OECD (2022a), *Global Outlook on Financing for Sustainable Development 2023: No Sustainability Without Equity*, OECD Publishing, Paris, https://doi.org/10.1787/fcbe6ce9-en.

OECD (2022b), *FDI Qualities Policy Toolkit*, OECD Publishing, Paris, https://doi.org/10.1787/7ba74100-en.

OECD (2022c), *FDI Qualities Guide for Development Co-operation: Strengthening the Role of Development Co-operation for Sustainable Investment*, OECD Development Policy Tools, OECD Publishing, Paris, https://doi.org/10.1787/7f251bac-en.

OECD (2022d), *Equitable Framework and Finance for Extractive-based Countries in Transition (EFFECT)*, OECD Development Policy Tools, OECD Publishing, Paris, https://doi.org/10.1787/7871c0ad-en.

OECD (2021a), *Together or Apart: Investment Promotion Agencies' Prioritisation and Monitoring and Evaluation for Sustainable Investment Promotion*, OECD Investment Insights, www.oecd.org/daf/inv/investment-policy/Investment-Insights-Investment-Promotion-Prioritisation-OECD.pdf.

OECD (2021b), *Responses to the Survey of Climate-related and Sustainability-related Policies and Practices*, OECD Working Party on Export Credits and Credit Guarantees, www.oecd.org/officialdocuments/publicdisplaydocumentpdf/?cote=TAD/ECG(2021)10&docLanguage=En.

OECD (2021c), "Enabling SME linkages with foreign firms in global value chains", in *Middle East and North Africa Investment Policy Perspectives*, OECD Publishing, Paris, https://doi.org/10.1787/824a45f1-en.

OECD (2020), *OECD Investment Policy Reviews: Egypt 2020*, OECD Investment Policy Reviews, OECD Publishing, Paris, https://doi.org/10.1787/9f9c589a-en.

OECD (2015), "The Policy Framework for Investment (PFI)", webpage, www.oecd.org/investment/pfi.htm (consultato l'1 febbraio 2022).

OECD et al. (2021), *Production Transformation Policy Review of Egypt: Embracing Change, Achieving Prosperity*, OECD Development Pathways, OECD Publishing, Paris, https://doi.org/10.1787/302fec4b-en.

OECD/ATAF/AUC (2022), *Revenue Statistics in Africa 2022*, OECD Publishing, Paris, https://doi.org/10.1787/ea66fbde-en-fr.

OECD/SADC (2017), *Role of Monitoring for Implementation: Advancing Investment Policy Reforms in the Southern African Development Community*, OECD, Paris/Southern African Development Community, Gaborone.

OECD/UNDP (2021), *OECD-UNDP Impact Standards for Financing Sustainable Development*, OECD Publishing, Paris, https://doi.org/10.1787/744f982e-en.

OECD/World Bank/UNEP (2018), *Financing Climate Futures: Rethinking Infrastructure*, OECD Publishing, Paris, https://doi.org/10.1787/9789264308114-en.

PAPSS (2022), "Connecting payments: Accelerating Africa's trade", Pan-African Payment and Settlement System presentation to the African Union Commission and the OECD, virtual event, Enhancing Cross-border Digital Payment Systems for Africa's Regional Trade and Integration, 28 June 2022.

PARIS21 (2023), *Statistical Capacity Monitor* (banca dati), Paris, https://statisticalcapacitymonitor.org/ (consultato il 28 febbraio 2023).

Pillay, S. and A. Sikochi (2022), "The credit rating agency market in Africa", *Harvard Business School Working Paper*, No. 22-074, www.hbs.edu/faculty/Pages/item.aspx?num=62480.

Pueyo, A. (2018), "What constrains renewable energy investment in Sub-Saharan Africa? A comparison of Kenya and Ghana", *World Development*, Vol. 109, pp. 85-100, https://doi.org/10.1016/j.worlddev.2018.04.008.

PwC (2021), *Africa Capital Markets Watch 2021*, PricewaterhouseCoopers, www.pwc.co.za/en/assets/pdf/africa-capital-markets-watch-2021.pdf.

PYXERA Global (2018), *Ghana Supply Chain Development Program – PYXERA*, https://vdocuments.mx/ghana-supply-chain-development-program-pyxera-supply-chain-development-program.html?page=1.

RES4Africa (2022), *Sustainable Electricity for a Prosperous* Africa, Renewable Energy Solutions for Africa, https://static1.squarespace.com/static/609a53264723031eccc12e99/t/628cea0bc18a56354ede110e/1653402171127/RES4Africa+5th+Flagship+Publication+2022+-+Sustainable+electricity+for+a+Prosperous+Africa_double+paged.pdf.

RES4Africa/PwC Italy (2021), *Investor Survey on Sub Saharan Africa*, RES4Africa and PricewaterhouseCoopers Italy, https://static1.squarespace.com/static/609a53264723031eccc12e99/t/6180ffb91e351d4c7fcdd981/1635844031170/Investor+survey+on+Sub+Saharan+Africa_RES4Africa+PwC+%281%29.pdf.

Rivetti, D. (2021), *Debt Transparency in Developing Economies*, World Bank, Washington, DC, http://documents.worldbank.org/curated/en/743881635526394087/Debt-Transparency-in-Developing-Economies.

Sabha, Y., Y. Liu and D. Willem (2020), *Investment Linkages and Incentives: Promoting Technology Transfer and Productivity Spillovers from Foreign Direct Investment (FDI)*, FCI in Focus, World Bank, Washington, DC, http://documents.worldbank.org/curated/en/354781589316916550/Investment-Linkages-and-Incentives-Promoting-Technology-Transfer-and-Productivity-Spillovers-from-Foreign-Direct-Investment-FDI.

Sasi, I. (20 April 2022), "AfCFTA operationalization: The USD 1 trillion investment framework", Fie-Consult article, https://fieconsult.com/afcfta-operationalization-the-usd-1-trillion-investment-framework/.

Soumaré, I. et al. (2021), "Capital market development in sub-Saharan Africa: Progress, challenges and innovations", *ODI Working Paper 2*, a joint FSD Africa–ODI research programme for financial sector development in Africa, Overseas Development Institute, London, https://cdn.odi.org/media/documents/ODI_Working_Paper_2_Capital_markets_development_in_SSA_FINAL_clean.pdf.

Taarifa News (2022), "KEPFIC to inject Kshs16B into infrastructure projects this year", https://taarifanews.co.ke/kepfic-to-inject-kshs16b-inti-infrastructure-projects-this-ye/.

Thorn, J. P. R. et al. (2022), "The African Development Corridors Database: A new tool to assess the impacts of infrastructure investments", *Scientific Data*, Vol. 9/679, https://doi.org/10.1038/s41597-022-01771-y.

Tralac (2021), *Protocol on Investment to the Agreement Establishing the African Continental Free Trade Area*, Trade Law Centre NPC, www.tralac.org/documents/resources/cfta/4613-protocol-on-investment-to-the-agreement-establishing-the-afcfta-zero-draft-november-2021/file.html.

UN (2022), *Financing for Sustainable Development Report 2022*, United Nations, New York, https://developmentfinance.un.org/fsdr2022.

UNCTAD (2021), *Handbook on Special Economic Zones in Africa: Towards Economic Diversification across the Continent*, United Nations Conference on Trade and Development, https://unctad.org/system/files/official-document/diaeia2021d3_en.pdf.

UNDP/AfCFTA Secretariat (2021), *Futures Report 2021*, United Nations Development Programme and the African Continental Free Trade Area Secretariat, www.undp.org/africa/publications/futures-report-2021.

UNECA (2022a), *Assessing the Effectiveness of National Development Banks in Africa*, United Nations Economic Commission for Africa, Addis Ababa, https://repository.uneca.org/bitstream/handle/10855/49159/b12021684.pdf?sequence=1&isAllowed=y.

UNECA (2022b), *The African Continental Free Trade Area and Demand for Transport Infrastructure and Services*, United Nations Economic Commission for Africa, Addis Ababa, https://hdl.handle.net/10855/47596.

UNECA (2020), "Tapping into the potential of African markets", in *Economic Report on Africa 2020: Innovative Finance for Private Sector Development in Africa*, United Nations Economic Commission for Africa, Addis Ababa, https://uneca.org/sites/default/files/chapterimages/CHAPTER%204 TAPPING%20INTO%20THE%20POTENTIAL%20OF%20AFRICAN%20MARKETS_ERA2020.pdf.

UNECA (2016), "The policy framework for greening industrialization in Africa", in *Economic Report on Africa 2016*, Economic Commission for Africa, Addis Ababa, www.uneca.org/sites/default/files/chapterimages/era2016_chap4_en-rev6may.pdf.

UNECA/AfDB/AU/UNDP (2022), *2020 Africa Sustainable Development Report*, African Union, United Nations Economic Commission for Africa, African Development Bank, and United Nations Development Programme, New York, www.afdb.org/en/documents/2020-africa-sustainable-development-report.

UNECA/AU/AfDB/UNCTAD (2019), *Assessing Regional Integration in Africa (ARIA IX): Next Steps for the African Continental Free Trade Area*, United Nations Economic Commission for Africa, African Union, African Development Bank and United Nations Conference on Trade and Development, Addis Ababa, https://archive.uneca.org/sites/default/files/PublicationFiles/aria9_report_en_4sept_fin.pdf.

UNEP (2016), "Is Africa's natural capital the gateway to finance its development?", United Nations Environment Programme article, 21 settembre, www.unep.org/news-and-stories/story/africas-natural-capital-gateway-finance-its-development.

Wambui, R. (2022), "Scaling up sustainable finance and investment in the Global South: A case study of sub-Saharan Africa", in *Scaling Up Sustainable Finance and Investment in the Global South*, CEPR Press, London, https://cepr.org/system/files/publication-files/175477-scaling_up_sustainable_finance_and_investment_in_the_global_south.pdf.

Were, A. (2022a), "How can Africa benefit from the private sector's growing interest in climate finance?", OECD Development Matters article, 17 marzo, https://oecd-development-matters.org/2022/03/17/how-can-africa-benefit-from-the-private-sectors-growing-interest-in-climate-finance/.

Were, A. (2022b), "The impacts of climate change continue to compromise the livelihoods of hundreds of millions of Africans", FSD Kenya Blog, 21 ottobre, www.fsdkenya.org/blogs-publications/blog/how-to-develop-a-green-project-pipeline-in-africa/.

Werners, S. and O. H. Okunola (2023), "COP27 in review: Climate talks delivered big gains for Africa, but also several challenges", The Conversation, 4 gennaio, https://theconversation.com/cop27-in-review-climate-talks-delivered-big-gains-for-africa-but-also-several-challenges-196582.

World Bank (2022a), "Why one African country opted for full disclosure on debt", World Bank Feature Story, 10 July, www.worldbank.org/en/news/feature/2022/07/10/why-one-african-country-opted-for-full-disclosure-on-debt.

World Bank (2022b), "Free trade deal boosts Africa's economic development", World Bank article, 30 June, www.worldbank.org/en/topic/trade/publication/free-trade-deal-boosts-africa-economic-development.

World Bank (2020), *Leveraging Pension Fund Investment for Domestic Development: Namibia's Regulation 29 Approach*, Finance, Competitiveness and Innovation Insight, World Bank, Washington, DC, https://openknowledge.worldbank.org/handle/10986/34332.

World Bank (2019), "Case study - Seychelles: Introducing the world's first sovereign blue bond", IBRD Financial Products webpage, World Bank Treasury, https://thedocs.worldbank.org/en/doc/242151559930961454-0340022019/original/CasestudyBlueBondSeychellesfinal6.7.2019.pdf.

World Bank/IMF (2017), *The Medium-Term Debt Management Strategy: An Assessment of Recent Capacity Building*, World Bank/International Monetary Fund, https://documents1.worldbank.org/curated/en/300771500775277965/pdf/Board-Paper-2017-MTDS-Assessment-of-Recent-Capacity-Building-Final-Clean-06272017.pdf.

Xu, J. et al. (2021), "What are public development banks and development financing institutions?—Qualification criteria, stylized facts and development trends", *China Economic Quarterly International*, Vol. 1/4, https://doi.org/10.1016/j.ceqi.2021.10.001.

Yu, S. et al. (2021), "The potential role of Article 6 compatible carbon markets in reaching net-zero", *IETA Working Paper*, University of Maryland and International Emissions Trading Association, www.ieta.org/resources/Resources/Net-Zero/Final_Net-zero_A6_working_paper.pdf.

Capitolo 3

Investire nelle energie rinnovabili per lo sviluppo sostenibile dell'Africa meridionale

Il presente capitolo esamina gli sviluppi degli investimenti sostenibili, prestando particolare attenzione al settore delle energie rinnovabili nell'Africa meridionale (Angola, Botswana, Eswatini, Lesotho, Malawi, Mozambico, Namibia, Sudafrica, Zambia e Zimbabwe). La prima sezione mostra come le molteplici crisi globali abbiano accentuato il fabbisogno di investimenti sostenibili e mette in evidenza il potenziale non sfruttato delle fonti di finanziamento della regione per stimolare la crescita sostenibile. La seconda sezione analizza come gli investimenti nel settore delle energie rinnovabili della regione possano generare vantaggi in termini di sviluppo sociale, economico e ambientale. Individua i principali vincoli che ostacolano gli investimenti necessari per raggiungere la sicurezza energetica e una transizione energetica equa. La terza sezione propone le priorità in materia di politiche allo scopo di agevolare gli investimenti nel settore delle energie rinnovabili nell'Africa meridionale.

IN SINTESI

La lentezza degli investimenti pubblici e privati ha contribuito a frenare la crescita del prodotto interno lordo (PIL) nell'Africa meridionale e le crisi globali hanno esacerbato il fabbisogno di investimenti della regione. Le fonti di finanziamento interne dell'Africa meridionale hanno un potenziale inutilizzato per agevolare gli investimenti sostenibili. Il mercato regionale dei fondi pensione è il più vasto del continente e le multinazionali sudafricane rappresentano il 75 % del fatturato e della capitalizzazione di mercato delle società quotate in borsa in Africa. Malgrado le risorse disponibili, gli investimenti non vengono attuati né alla scala necessaria né nei settori critici per lo sviluppo sostenibile.

L'energia è un caso emblematico. Gli investimenti nelle energie rinnovabili possono contribuire a migliorare la sicurezza energetica, a superare la povertà energetica e a generare vantaggi in termini di sviluppo sostenibile nell'Africa meridionale. Le energie rinnovabili possono ridurre significativamente le emissioni di anidride carbonica (CO_2) e generare ritorni sugli investimenti positivi sul piano sociale ed economico. Ad esempio, l'energia solare crea il doppio dei posti di lavoro nel settore della gestione e della manutenzione rispetto ai combustibili fossili. Malgrado i recenti shock globali, il settore delle energie rinnovabili si è sviluppato, ma la necessità di investimenti per raggiungere l'accesso universale all'energia pulita rimane forte. La transizione energetica del Sudafrica richiederà da sola circa 250 miliardi di USD nei prossimi tre decenni. Nel periodo 2016-20, il 79 % della popolazione dell'Africa meridionale nelle zone urbane aveva accesso all'elettricità, contro appena il 26 % nelle zone rurali. Per migliorare l'accesso all'energia a prezzi abbordabili e accelerare la transizione energetica equa della regione sarà necessario mobilitare finanziamenti pubblici e privati a favore dei progetti di energia rinnovabile.

Il presente capitolo individua tre priorità per i responsabili delle politiche dell'Africa meridionale per agevolare gli investimenti nelle energie rinnovabili: rafforzare la cooperazione regionale al fine di armonizzare i quadri normativi e incrementare gli investimenti nelle infrastrutture per le energie rinnovabili; ridurre il rischio degli investimenti del settore privato nei progetti di energia rinnovabile, anche attraverso partenariati pubblico-privato e finanziamenti allo sviluppo; adottare politiche e soluzioni finanziarie specifiche per aumentare l'accesso all'energia pulita nelle zone rurali.

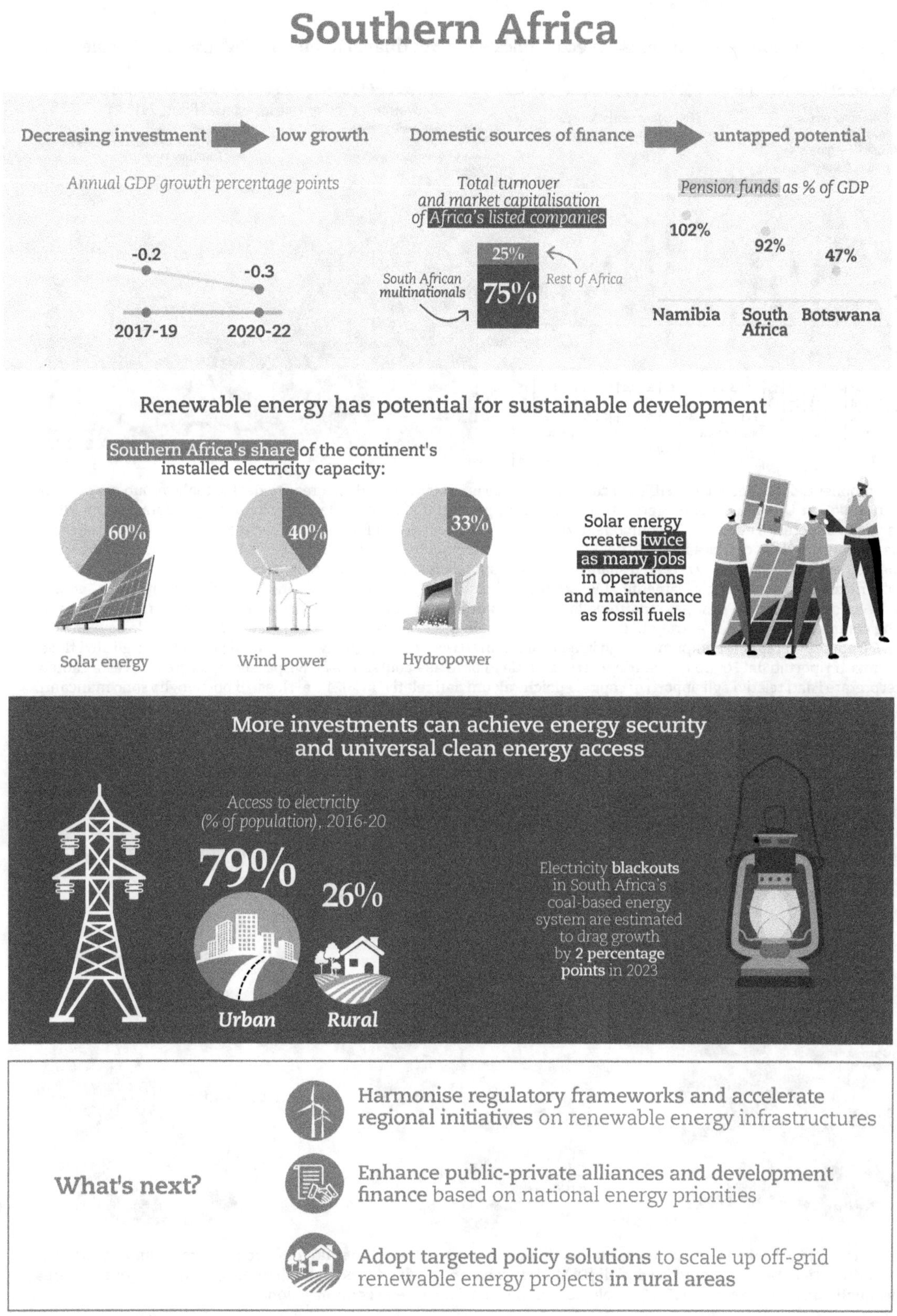
Southern Africa
Decreasing investment
low growth
Annual GDP growth percentage points
-0.2
-0.3
2017-19
2020-22
Domestic sources of finance
untapped potential
Total turnover and market capitalisation of Africa's listed companies
25%
Rest of Africa
South African multinationals
75%
Pension funds as % of GDP
102%
92%
47%
Namibia
South Africa
Botswana
Renewable energy has potential for sustainable development
Southern Africa's share of the continent's installed electricity capacity:
60%
40%
33%
Solar energy
Wind power
Hydropower
Solar energy creates twice as many jobs in operations and maintenance as fossil fuels
More investments can achieve energy security and universal clean energy access
Access to electricity (% of population), 2016-20
79%
26%
Urban
Rural
Electricity blackouts in South Africa's coal-based energy system are estimated to drag growth by 2 percentage points in 2023
What's next?
Harmonise regulatory frameworks and accelerate regional initiatives on renewable energy infrastructures
Enhance public-private alliances and development finance based on national energy priorities
Adopt targeted policy solutions to scale up off-grid renewable energy projects in rural areas

Profilo regionale dell'Africa meridionale

Figura 3.1. **Componenti della crescita economica e fonti di finanziamento nell'Africa meridionale**

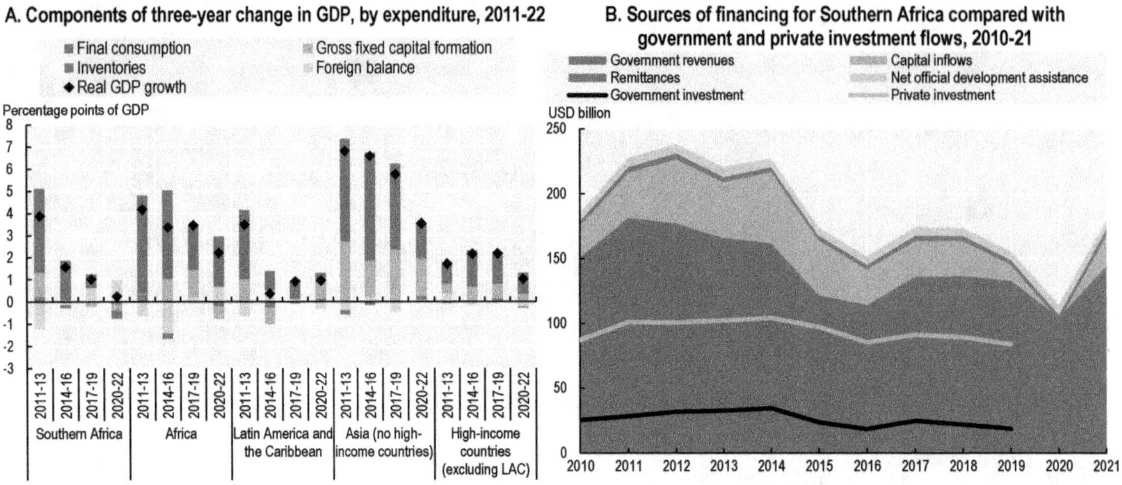

Nota: le componenti della crescita del PIL sono calcolate su base annua utilizzando la crescita del PIL reale annuo per stimare l'aumento in dollari USA reali. I dati aggregati sono calcolati prendendo la media dei dati nazionali ponderata per il PIL in dollari a parità di potere d'acquisto. Le componenti della crescita triennale del PIL sono state calcolate come la differenza tra la media geometrica della crescita annuale del PIL reale nel periodo considerato e la crescita del PIL reale quando ciascuna componente per i singoli anni è azzerata. Il saldo estero corrisponde alla differenza tra le importazioni e le esportazioni. Le importazioni contribuiscono negativamente al PIL. Per "Paesi ad alto reddito" si intendono i Paesi classificati come "ad alto reddito" secondo i gruppi di Paesi per reddito della Banca mondiale al di fuori dell'America latina e dei Caraibi. Le entrate pubbliche comprendono tutte le entrate fiscali e non fiscali dello Stato, al netto del servizio del debito e delle sovvenzioni ricevute. Gli apporti di capitale comprendono gli investimenti diretti esteri (IDE), gli investimenti di portafoglio e gli altri flussi di investimenti riportati dal Fondo monetario internazionale in base alla contabilità attivi/passivi. Occorre una certa cautela nell'interpretare i dati relativi agli apporti di capitale poiché alcuni dati relativi al 2021 e ai flussi di portafoglio sono mancanti.

Fonti: calcoli degli autori basati su IMF (2022a), *Prospettive economiche mondiali (banca dati)*, www.imf.org/en/Publications/WEO/weo-database/2022/October; OECD (2022a), *Comitato di aiuto allo sviluppo dell'OCSE* (banca dati), https://stats-1.oecd.org/Index.aspx?DataSetCode=TABLE2A; World Bank (2022a) (2022a), *World Development Indicators* (banca dati),https://data.worldbank.org/products/wdi; IMF (2022b), *Balance of Payments and International Investment Position Statistics (BOP/IIP)* (banca dati), https://data.imf.org/?sk=7A51304B-6426-40C0-83DD-CA473CA1FD52; IMF (2022c), *Investment and Capital Stock Dataset (ICSD)* (banca dati), https://data.imf.org/?sk=1CE8A55F-CFA7-4BC0-BCE2-256EE65AC0E4; e World Bank-KNOMAD (2022), *Remittances* (banca dati), www.knomad.org/data/remittances.

StatLink https://stat.link/0fkbli

Figura 3.2. **Flussi di investimenti diretti esteri greenfield nell'Africa meridionale, per attività, origine e destinazione, 2017-22**

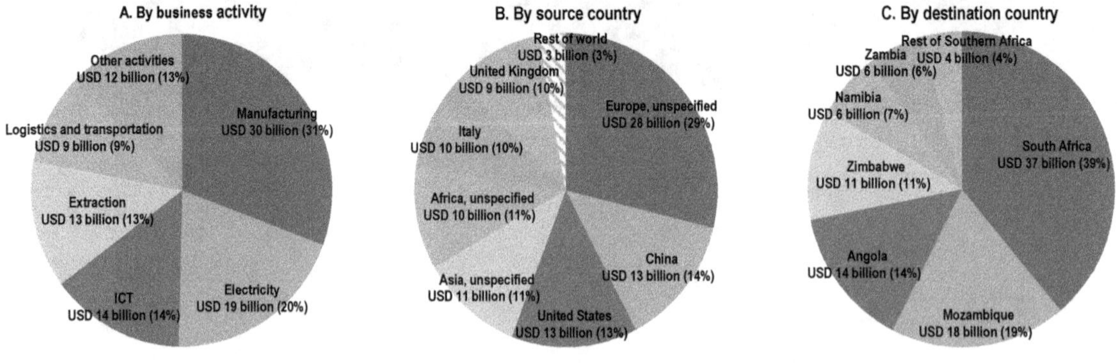

Nota: la banca dati *fDi Markets* è utilizzata solo a fini di analisi comparativa. Non si dovrebbero dedurre gli importi effettivi degli investimenti da tale fonte poiché i dati di *fDi Markets* si basano sugli annunci iniziali di progetti di investimento, una parte dei quali non si concretizza. TIC = Tecnologie dell'informazione e della comunicazione.

Fonte: calcoli degli autori basati su fDi Intelligence (2022), *fDi Markets* (banca dati), www.fdiintelligence.com/fdi-markets.

StatLink https://stat.link/029wqf

L'Africa meridionale deve mobilitare investimenti più numerosi e di migliore qualità per lo sviluppo sostenibile

Le attuali crisi globali stanno accentuando il fabbisogno di investimenti dell'Africa meridionale

Negli ultimi anni il calo degli investimenti ha contribuito a rallentare la crescita del PIL nell'Africa meridionale. La crescita media del PIL [1] nell'Africa meridionale nel periodo 2020-22 è stata la più bassa in Africa (0,3 %, rispetto al 2,3 % dell'Africa nel suo complesso). Trainata soprattutto dal Sudafrica, che ha rappresentato il 68 % del PIL della regione nel 2021, la crescita annuale del PIL regionale è rimasta stagnante, intorno all'1 %, nel periodo 2017-19 ed è crollata a -5,7 % nel 2020 durante la pandemia da COVID-19. Il calo degli investimenti ha ridotto la crescita annuale del PIL dell'Africa meridionale di 0,2 punti percentuali nel periodo 2017-19 e di 0,3 punti percentuali nel periodo 2020-22 (Figura 3.1, Pannello A). Durante la pandemia - tra il 2019 e il 2020 - la formazione lorda di capitale fisso nella regione è diminuita del 23 %, raggiungendo il livello più basso dal 2006, principalmente a causa dei minori investimenti in Sudafrica (64 %), Zambia (14 %) e Angola (13 %). La crescita del PIL reale prevista per l'Africa meridionale è dell'1,4 % per il 2023 e del 2,4 % per il 2024 (IMF, 2023a).

La pandemia da COVID-19 ha ulteriormente ridotto i flussi di investimento e aumentato il rischio del debito sovrano. Gli investimenti pubblici e privati erano già in calo prima della pandemia da COVID-19 (Figura 3.1, Pannello B). Nel 2020-21 il Sudafrica, primo beneficiario di investimenti diretti esteri (IDE) della regione (avendo ricevuto il 48 % degli IDE totali destinati alla regione nel 2015-19)[2], ha registrato ingenti deflussi di capitale. Con l'aumento dell'avversione al rischio a livello globale (cfr. il Capitolo 1), le vendite nette di obbligazioni sovrane denominate in valuta locale da parte di non residenti hanno provocato il calo dei flussi di investimenti di portafoglio; gli IDE sono diminuiti del 39 % nel 2020, prima di risalire a un livello record nel 2021, rispecchiando l'evoluzione della crescita interna (Goel e Miyajima, 2021; UNCTAD 2022a, 2021). Durante la pandemia la regione ha inoltre attirato maggiori flussi di aiuto pubblico allo sviluppo (APS) e di rimesse: nel 2020 l'APS è aumentato del 27 % su base annua, soprattutto grazie ai maggiori flussi verso il Malawi, il Mozambico e il Sudafrica, mentre l'aumento delle rimesse è andato soprattutto a beneficio dello Zimbabwe. Le entrate statali hanno registrato una ripresa nel 2021 raggiungendo una media del 25 % del PIL nel 2020-21, in linea con il periodo pre-pandemia. Tuttavia, l'aumento della spesa pubblica per far fronte agli effetti della pandemia ha contribuito a un rialzo di 13 punti percentuali del rapporto medio debito/PIL della regione tra il 2019 e il 2020. Secondo il Fondo monetario internazionale, a febbraio 2023 quattro degli otto Paesi africani in situazione di sovraindebitamento si trovavano nell'Africa meridionale (Malawi, Mozambico, Zambia e Zimbabwe) (IMF, 2023b).

Le ripercussioni dei conflitti internazionali aggravano la vulnerabilità di alcuni Paesi agli shock esterni. I conflitti internazionali hanno contribuito all'aumento dei prezzi globali dei prodotti alimentari e dell'energia, che a sua volta ha creato un clima di profonda incertezza economica in tutta la regione: le importazioni nette di alimenti e carburante rappresentano oltre il 5 % del PIL nel Botswana, nel Lesotho e nello Zimbabwe (IEA, 2022a), mentre il Malawi, il Mozambico, la Namibia e il Sudafrica importano oltre il 30 % del loro grano direttamente dalla Russia e dall'Ucraina (UNCTAD, 2022b). Anche in Angola, il primo esportatore di petrolio della regione, l'aumento delle entrate pubbliche dovuto all'innalzamento dei prezzi globali del petrolio è stato in parte neutralizzato dalla dipendenza del Paese dalle importazioni di petrolio raffinato e dagli alti costi delle sovvenzioni per il carburante (Kozul-Wright, 2023; Ver Angola, 2023).

Per migliorare la resilienza sono necessari investimenti nell'adattamento ai cambiamenti climatici e nella mitigazione dei loro effetti, nonché nell'accesso all'energia pulita. Il Malawi, il Mozambico e lo Zimbabwe figuravano nel 2019 tra i cinque Paesi al mondo più colpiti da eventi meteorologici estremi (Eckstein, Künzel e Schäfer, 2021). L'economia sudafricana basata sul carbone è il principale emettitore di CO_2 del continente: nel 2020 il Paese rappresentava il 4,8 % della popolazione africana, l'11 % del PIL africano e il 32,7 % delle emissioni continentali di CO_2 (IEA, 2022a). Secondo le stime, i costi economici associati alle frequenti interruzioni di corrente elettrica hanno ridotto il PIL del Sudafrica dell'1-1,3 % su base annua dal 2007 (Gbadamosi, 2023).

Le fonti di finanziamento estere e nazionali possono essere allocate meglio per sostenere lo sviluppo sostenibile

Il settore delle tecnologie dell'informazione e della comunicazione (TIC) del Sudafrica è molto attraente per gli investitori stranieri, ma sono necessari investimenti più produttivi in tutta la regione per promuovere una crescita sostenibile. Nel periodo 2017-22 l'Angola, il Mozambico e il Sudafrica hanno attirato oltre il 70 % della spesa in conto capitale relativa agli IDE *greenfield* della regione (Figura 3.2, Pannello C). Le TIC hanno beneficiato della quota maggiore di IDE nel Sudafrica, mentre nell'Angola e nel Mozambico la maggior parte dei flussi di IDE è stata destinata al settore manifatturiero, energetico ed estrattivo. In media, gli investimenti esteri nel settore manifatturiero hanno presentato il più forte potenziale di creazione di posti di lavoro nella regione, con più di due posti di lavoro creati per ogni milione di USD investiti (Figura 3.3). Tuttavia, questo rapporto è circa tre volte inferiore a quello dell'Africa orientale e due volte inferiore a quello dell'Africa settentrionale. Il settore automobilistico sudafricano presenta un elevato potenziale di creazione di posti di lavoro, grazie agli importanti collegamenti con i Paesi limitrofi (AUC/OECD, 2022, Capitolo 3). Gli investimenti in altri Paesi (come l'Angola, il Mozambico e lo Zimbabwe) sono destinati principalmente alla lavorazione del carbone, del petrolio e del gas e ai prodotti chimici, con la conseguenza di una minore creazione di posti di lavoro e una maggiore impronta ambientale (cfr. anche il Capitolo 1).

Figura 3.3. **Investimenti diretti esteri greenfield nell'Africa meridionale, spesa in conto capitale e creazione di posti di lavoro, per attività economica, 2017-21**

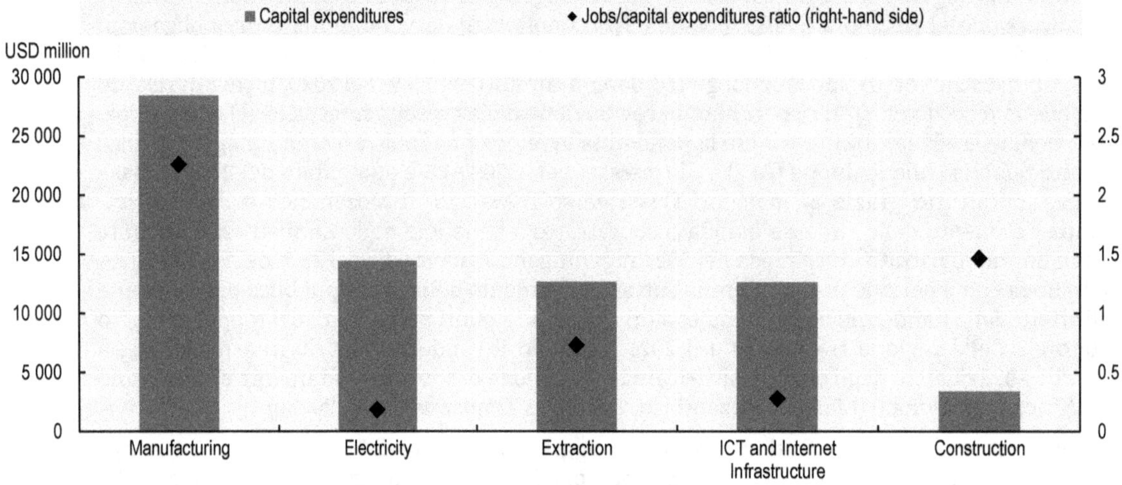

Nota: TIC = Tecnologie dell'informazione e della comunicazione. La figura mostra le prime cinque attività commerciali per spesa in conto capitale nel periodo 2017-21.

Fonte: calcoli degli autori basati su fDi Intelligence (2022), *fDi Markets* (banca dati), www.fdiintelligence.com/fdi-markets.

StatLink *https://stat.link/zneswf*

L'APS può contribuire alla sostenibilità sociale, ma la sua capacità di mobilitare finanziamenti privati nei Paesi più vulnerabili rimane limitata. Nel 2020, durante la pandemia da COVID-19, il 75 % dei flussi di APS verso la regione è stato destinato alle infrastrutture e ai servizi sociali (come la sanità e l'istruzione), e l'APS ha registrato un aumento del 58 % rispetto al 2019[3]. Tuttavia, tra il 2012 e il 2020 la maggior parte dei finanziamenti privati mobilitati attraverso l'APS è stata destinata alle infrastrutture e ai settori produttivi dell'Africa meridionale (Figura 3.4). Nel periodo 2018-20 il Mozambico è stato l'unico Paese meno sviluppato tra i primi 20 beneficiari di finanziamenti privati mobilitati; nel 2020 i maggiori volumi di finanziamenti privati del Paese mobilitati attraverso l'APS erano concentrati in pochi progetti di gas naturale liquefatto su larga scala (Bartz-Zuccala et al., 2022). Oggi, solo il 30 % circa dell'APS raggiunge i 20 Paesi con il più alto deficit di accesso all'elettricità; pertanto, per allineare l'APS all'azione per il clima sono necessari maggiori sforzi a favore di progetti di energia pulita nei Paesi a basso reddito (Moreira Da Silva, 2021; OECD, 2019).

Figura 3.4. **Finanziamenti privati mobilitati attraverso l'aiuto pubblico allo sviluppo nell'Africa meridionale, 2012-20, in milioni di USD**

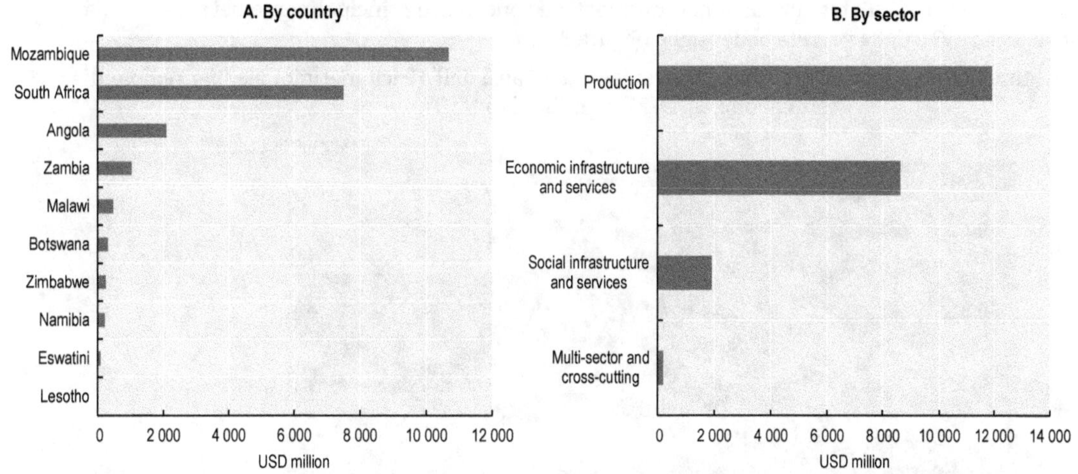

Fonte: calcoli degli autori basati su OECD (2022b), "Mobilisation", *OECD.Stat* (banca dati), https://stats.oecd.org/Index.aspx?DataSetCode=DV_DCD_MOBILISATION.

StatLink https://stat.link/oink6m

Gli investimenti a impatto sociale[4] si concentrano soprattutto nel Sudafrica, che si è dotato di politiche ambientali, sociali e di governance (ESG) molto efficaci. Secondo gli ultimi dati disponibili (GIIN, 2016), quasi tre quarti di tutto il capitale d'impatto investito nella regione sono stati erogati al Sudafrica (principalmente nei settori dell'energia e della finanza), per un importo di 29,1 miliardi di USD (di cui oltre 24,2 miliardi provenienti da istituzioni di finanziamento allo sviluppo). Si tratta di un importo di quasi 15 volte superiore a quello investito nello Zambia, secondo Paese della regione in termini di capitale d'impatto erogato. Negli ultimi dieci anni il Sudafrica ha attuato importanti politiche di sostegno per incoraggiare gli investitori istituzionali a integrare i fattori ESG nelle loro strategie di investimento (GIIN, 2020).

I grandi investitori istituzionali nazionali, come i fondi pensione, offrono un potenziale non sfruttato per gli investimenti a impatto sociale nella regione. Il mercato regionale dei fondi pensione è il più esteso del continente, con attivi totali nei piani di risparmio pensionistico che rappresentano il 102 % del PIL in Namibia (2020), il 92 % in Sudafrica (2018) e il 47 % in Botswana (2019)[5]. Tuttavia, le barriere normative e di mercato frenano gli investitori istituzionali, anche nei mercati più sviluppati. Secondo una recente indagine condotta su 139 fondi pensione in Sudafrica, che rappresentano il 74 % degli attivi gestiti nel Paese, la maggior parte dei fondi pensione individua nella mancanza di prodotti e di un piano per gli investimenti a impatto sociale il principale ostacolo a investire in attività verdi e incentrate sul clima, cui si aggiunge la difficoltà di monitorare e segnalare gli impatti degli investimenti (IFC, 2020a).

Gli investimenti intra-regionali sono limitati, ma le multinazionali sudafricane possono agevolare investimenti di scala

La maggior parte degli IDE nella regione proviene da Paesi ad alto reddito, mentre i flussi di IDE intra-regionali sono limitati. Nel periodo 2017-21 la maggior parte dei flussi di IDE *greenfield* in entrata nella regione proveniva da Paesi ad alto reddito ed era destinata principalmente al Sudafrica, all'Angola e al Mozambico (in quest'ordine). In linea con i dati relativi al continente, solo l'11 % della spesa in conto capitale per gli IDE *greenfield* nell'Africa meridionale proveniva da altri Paesi africani, di cui il 5 % da Paesi della regione[6].

I gruppi societari del Sudafrica attivi nei settori della finanza, delle TIC e della vendita al dettaglio hanno il potenziale per stimolare investimenti sostenibili su scala regionale e continentale. In termini di flussi di IDE *greenfield* in uscita, il Sudafrica è il più grande investitore africano sia nel continente (9 miliardi di USD e il 31 % degli IDE intra-africani nel 2017-21) sia al di fuori del continente (7 miliardi di USD e il 58 % degli IDE africani al di fuori del continente nello stesso periodo) grazie alle attività di internazionalizzazione dei suoi grandi gruppi societari. In molti casi, la spesa in conto capitale degli

IDE si espande in altri Paesi africani, principalmente nell'Africa meridionale e occidentale (Figura 3.5). Le imprese con sede in Sudafrica rappresentano il 75 % del fatturato e della capitalizzazione di mercato delle società quotate in borsa nel continente[7] e sono attive principalmente nei settori della finanza, delle TIC e della vendita al dettaglio (Figura 3.6).

Figura 3.5. **Investimenti diretti esteri greenfield provenienti dai Paesi dell'Africa meridionale, per regioni di destinazione, 2017-21, in milioni di USD**

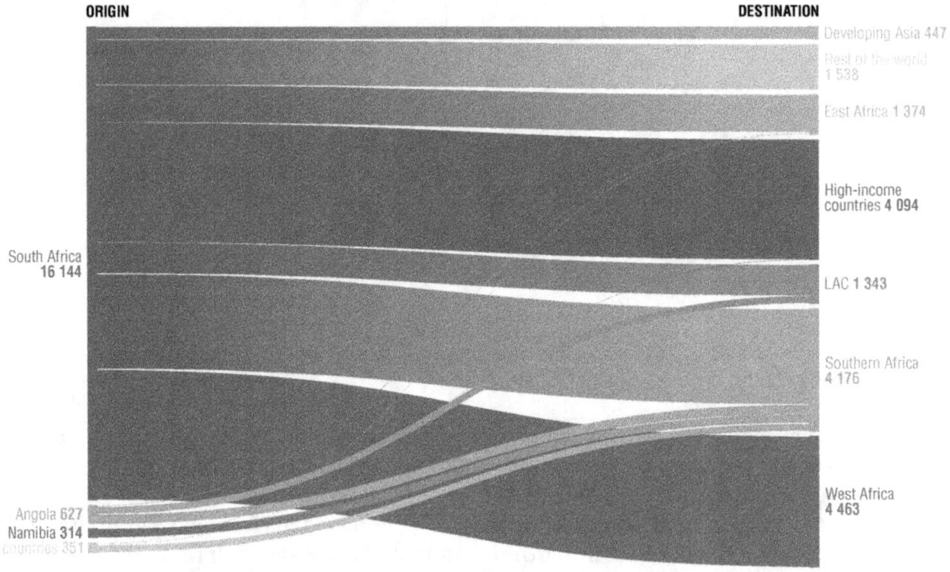

Nota: la categoria "Altri Paesi" comprende il Botswana (282 milioni di USD), lo Zimbabwe (66 milioni di USD) e lo Zambia (3,5 milioni di USD), mentre la categoria "Resto del mondo" comprende i Paesi dell'Africa centrale (94 milioni di USD), dell'Africa settentrionale (82 milioni di USD) e altre regioni non specificate nella figura (1 362 milioni di USD).

Fonte: calcoli degli autori basati su fDi Intelligence (2022), *fDiMarkets* (banca dati), www.fdiintelligence.com/fdi-markets.

StatLink https://stat.link/xo32zs

Figura 3.6. **Prime dieci società dell'Africa meridionale in termini di capitalizzazione di mercato**

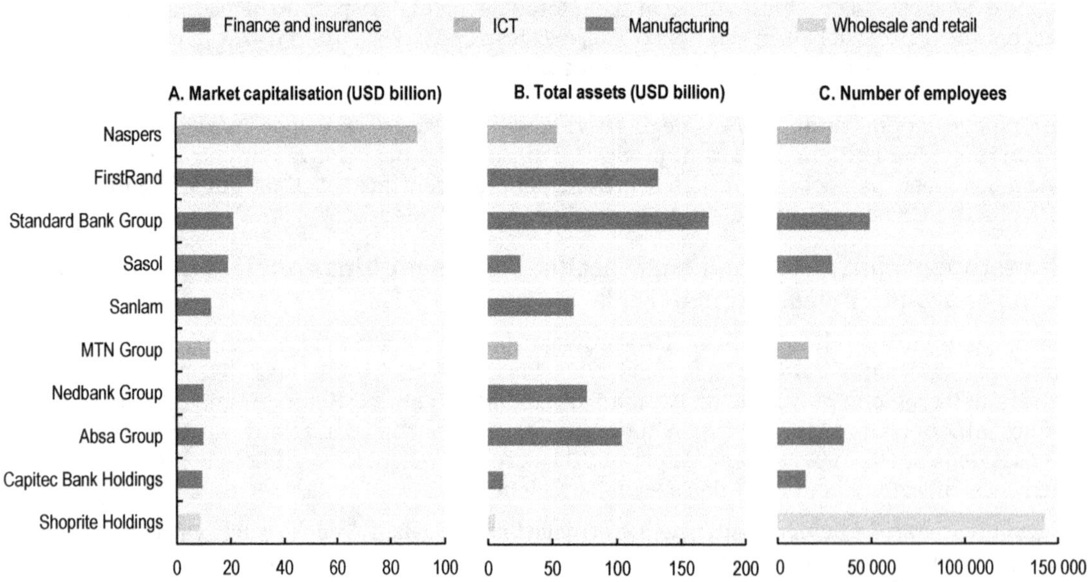

Nota: TIC = Tecnologie dell'informazione e della comunicazione. Le imprese elencate sono le dieci società private quotate in borsa e con sede nella regione che presentano la più alta capitalizzazione di mercato secondo la banca dati *Orbis*.

Fonte: calcoli degli autori basati sui dati di Bureau van Dijk (2022), *Orbis* (banca dati), www.bvdinfo.com/en-gb/our-products/data/international/orbis.

StatLink https://stat.link/s6jf3l

Gli investimenti nel potenziale di energia rinnovabile dell'Africa meridionale possono generare uno sviluppo inclusivo e sostenibile

Gli investimenti nelle energie rinnovabili possono generare vantaggi economici, sociali e ambientali in termini di sviluppo nell'Africa meridionale

Il mercato delle energie rinnovabili dell'Africa meridionale è in rapida espansione e presenta un elevato potenziale. L'Africa meridionale rappresenta il 60 % circa della capacità di energia solare installata in Africa, il 40 % dell'energia eolica installata nel continente e il 33 % della sua capacità di energia idroelettrica rinnovabile. Nel 2021 la capacità totale di energia elettrica rinnovabile installata nella regione ha raggiunto 21,4 gigawatt (GW), con un aumento del 37 % rispetto al 2017[8]. Il Sudafrica è alla guida della transizione energetica della regione con grandi investimenti nel solare, nell'eolico e nell'idrogeno verde, che contribuiranno a ridurre la forte dipendenza del Paese dal carbone. Il Mozambico e lo Zambia stanno potenziando la loro capacità idroelettrica. La Namibia sta investendo nell'industria solare, eolica e dell'idrogeno verde. Il Botswana e l'Angola stanno avviando la distribuzione di energia solare. L'Agenzia internazionale per le energie rinnovabili stima capacità tecniche installabili nell'ordine di 908 GW per il solare e 53 GW per l'eolico, ipotizzando un fattore di utilizzo del territorio dell'1 % (IRENA/AfDB, 2022).

Il settore delle energie rinnovabili può diventare un'importante fonte di creazione di posti di lavoro. Nel 2021 il settore delle energie rinnovabili nell'Africa meridionale rappresentava circa il 19 % del totale dei posti di lavoro nel settore delle energie rinnovabili in Africa[9]. Nel Sudafrica, le tecnologie delle energie rinnovabili offrono più posti di lavoro nelle gestione e nella manutenzione rispetto ai combustibili fossili (Figura 3.7). Grazie al programma di approvvigionamento presso i produttori indipendenti di energia rinnovabile, i posti di lavoro nel settore delle energie rinnovabili sono raddoppiati, passando da 31 207 nel periodo 2016-17 a 63 291 nel 2021. Tuttavia, il 75 % di questi posti di lavoro si trovava nel settore delle costruzioni, che di norma offre contratti a breve termine, mentre solo il 25 % riguardava posti di lavoro di maggiore durata nel campo della gestione e della manutenzione (IRENA/ILO, 2022; AUC/OECD, 2022). Grazie ai collegamenti con altri settori produttivi, gli investimenti nelle energie rinnovabili possono creare posti di lavoro in diversi settori industriali (come l'industria dell'acciaio, della fibra di vetro e delle apparecchiature elettriche) e servizi di supporto (legale, finanziario e progettazione ingegneristica). Secondo un recente studio, un apporto di 4 miliardi di USD nella produzione di energia rinnovabile in Sudafrica può creare più di 30 000 posti di lavoro entro il 2030 lungo tutta la catena di valore energetico (GreenCape, 2021).

Figura 3.7. **Posti di lavoro per gestione e manutenzione creati per gigawattora, per fonte energetica, in Sudafrica**

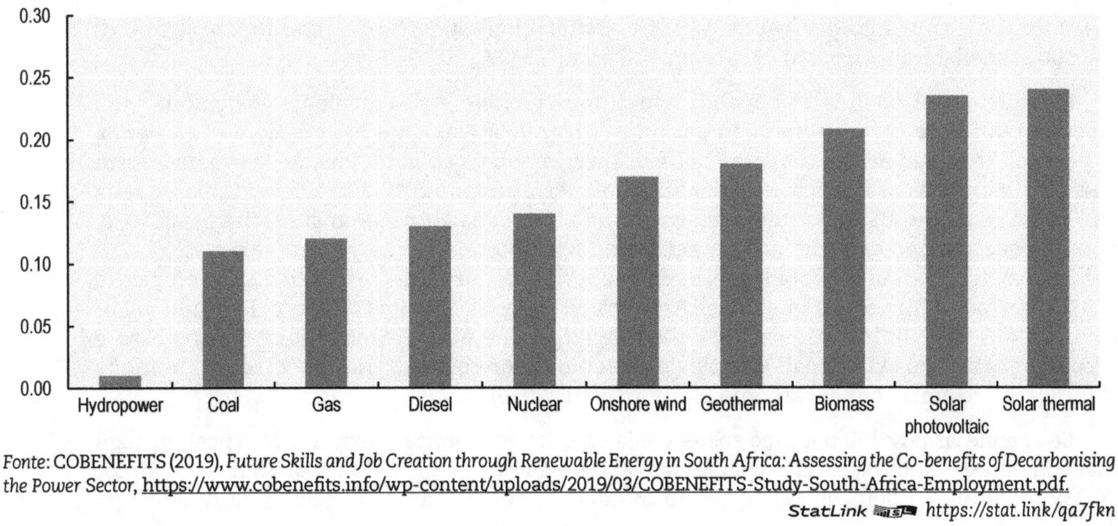

Fonte: COBENEFITS (2019), *Future Skills and Job Creation through Renewable Energy in South Africa: Assessing the Co-benefits of Decarbonising the Power Sector*, https://www.cobenefits.info/wp-content/uploads/2019/03/COBENEFITS-Study-South-Africa-Employment.pdf.

StatLink https://stat.link/qa7fkn

Il settore energetico dell'Africa meridionale è uno dei principali responsabili delle emissioni di carbonio a livello continentale. Le emissioni di gas serra pro capite nell'Africa meridionale (2,5 tonnellate di CO_2 equivalente pro capite) sono superiori a quelle dell'Africa nel suo complesso (0,9) e dell'America latina e dei Caraibi (2,1), ma inferiori a quelle dell'Asia in via di sviluppo (3,6) e dei Paesi ad alto reddito (9,2) (Figura 3.8). Rispetto alle altre regioni africane, l'Africa meridionale ha la quota maggiore di emissioni di CO_2 equivalente nel settore energetico (58,3 %) e in quello dell'elettricità e del riscaldamento (51,3 %). Anche altri settori che dipendono dall'energia - come i servizi commerciali e pubblici (49,0 %), l'industria manifatturiera e le costruzioni (37,9 %), l'agricoltura e la silvicoltura (37,8%) - contribuiscono in maniera rilevante alle emissioni a livello continentale[10].

Figura 3.8. **Emissioni di gas serra dell'Africa meridionale, tonnellate di CO_2 equivalente pro capite, 2020**

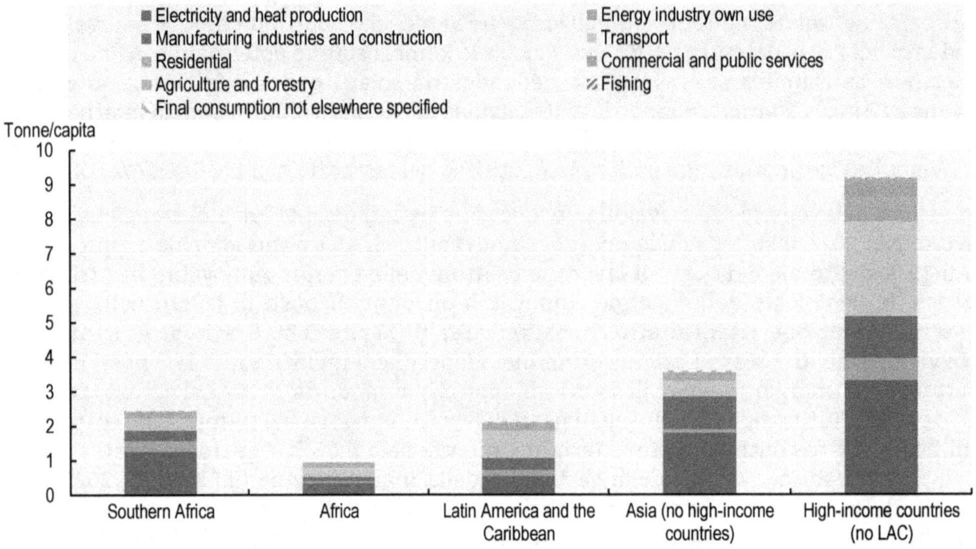

Nota: ALC = America latina e Caraibi.

Fonte: OECD (2022c), "GHG Emissions from fuel combustion (summary)", *IEA CO_2 Emissions from Fuel Combustion Statistics: Greenhouse Gas Emissions from Energy* (banca dati), https://doi.org/10.1787/445ec5dd-en.

StatLink *https://stat.link/1pcdkw*

L'uso di energia rinnovabile nella regione è associato a minori emissioni di CO_2. I ricercatori stimano che, in Sudafrica, un aumento dell'1 % del consumo di energia idroelettrica comporta una riduzione dello 0,52 % delle emissioni di CO_2 (Udeagha e Ngepah, 2021). Il parco eolico di Kangnas, nel Capo Settentrionale (Sudafrica), genera 513 gigawattora all'anno, sufficienti a soddisfare il consumo energetico di 155 000 abitazioni sudafricane, con un risparmio di 550 000 tonnellate di emissioni di carbonio all'anno (GWEC, 2022).

Lo sviluppo di energie rinnovabili non a combustione e di tecnologie sostenibili per i biocarburanti deve essere accelerato per ridurre significativamente le emissioni di carbonio, in particolare in Sudafrica. La quota media di energia non da combustione nella produzione di energia rinnovabile nell'Africa meridionale (21 %) per il periodo 2010-20 è seconda solo a quella dell'Africa orientale (35 %). Tuttavia, malgrado una tendenza all'aumento a partire dal 2010, la quota di energia non da combustione nella produzione totale di energia era pari a solo il 2 % nel 2020. Si tratta di una quota leggermente superiore a quella dell'Africa nel suo complesso (1,9 %), ma molto inferiore a quella dell'America latina e dei Caraibi (10 %) e dell'Asia in via di sviluppo (6,3 %)[11]. Gli investimenti nelle fonti energetiche non a combustione devono essere accompagnati dallo sviluppo di tecnologie sostenibili per i biocarburanti per ridurre in modo significativo le emissioni di carbonio (Stafford et al., 2019).

Le energie rinnovabili possono sostenere la crescita economica grazie a ritorni positivi sugli investimenti e alla capacità di resistere agli shock economici. Secondo Espoir, Sunge e Bannor (2023), un aumento dell'1 % del consumo di energia rinnovabile nella Comunità di sviluppo dell'Africa australe (SADC) ha un impatto maggiore (0,55 %) sulla crescita economica rispetto a un aumento dell'1 % del consumo di energia non rinnovabile (0,47 %). Secondo Wang et al. (2018), l'effetto delle energie rinnovabili sulla crescita economica è positivo nei Paesi con rischi complessivi minori e contesti economici più stabili. Un recente rapporto mostra che i rendimenti di portafoglio a lungo termine delle energie rinnovabili sono più elevati rispetto a quelli delle energie non rinnovabili nelle economie emergenti e in via di sviluppo, ma esistono forti differenze di rendimento rispetto alle economie avanzate (IEA/CCFI, 2021). Gli investimenti nelle energie rinnovabili hanno inoltre risentito molto meno degli shock economici dovuti al COVID-19. Ad esempio, la spesa totale relativa agli IDE *greenfield* in Sudafrica, pur essendo diminuita del 19 % tra il 2018-19 e il 2020-21, è aumentata del 72 % nel settore delle energie rinnovabili[12].

Sbloccare i finanziamenti pubblici e privati per le energie rinnovabili può migliorare la sicurezza energetica

Il Sudafrica è alla guida degli investimenti nelle energie rinnovabili nella regione, ma l'inefficienza del sistema energetico basato sul carbone continua a causare danni socio-economici alle fasce più vulnerabili. Tra il 2012 e il 2021 la quota di energia rinnovabile nella capacità elettrica totale dell'Africa meridionale è aumentata dal 14,7 % al 28,6 %, superando la media africana (23 %) (Figura 3.9). L'Africa meridionale è stata il principale destinatario degli investimenti in energie rinnovabili in Africa, avendo attirato oltre il 40 % (22,4 miliardi di USD) dei flussi totali nel decennio 2010-20. I progetti di energia solare hanno rappresentato il 60 % di detti investimenti (13,5 miliardi di USD), seguiti dall'energia eolica con il 35 % (7,8 miliardi di USD). Il Sudafrica, attraverso il suo programma di approvvigionamento presso i produttori indipendenti di energia rinnovabile, ha attirato l'85 % degli investimenti nelle energie rinnovabili della regione tra il 2010 e il 2020. Nel 2020, con 5,9 GW, il Paese rappresentava il 57 % della capacità di generazione solare installata in Africa (IRENA/AfDB, 2022). Ciononostante, il sistema energetico basato sul carbone, obsoleto e gestito in modo inadeguato, continua a generare prolungati blackout elettrici che, secondo le stime, ridurranno la crescita del Sudafrica di 2 punti percentuali nel 2023, con gravi conseguenze socio-economiche per le fasce più vulnerabili (Bhargav, Gumbi e Winning, 2023;De Jonghe, 2022).

Figura 3.9. **Capacità elettrica installata nell'Africa meridionale, per fonte energetica, 2000-21**

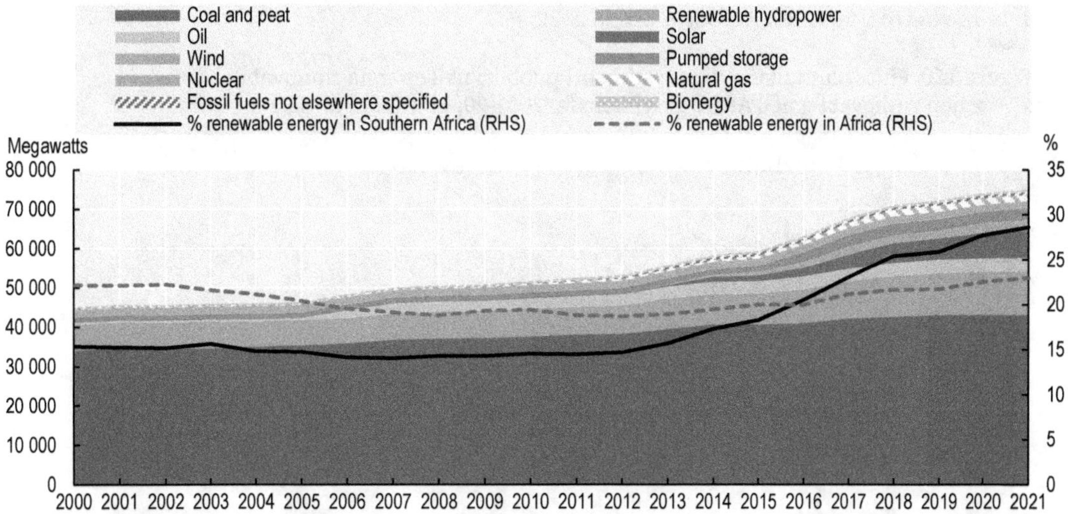

Nota: DX = lato destro.

Fonte: calcoli degli autori basati su IRENA (2022a), *IRENASTAT* (banca dati), https://pxweb.irena.org/pxweb/en/IRENASTAT/IRENASTAT__Power%20Capacity%20and%20Generation/RECAP_2022_cycle2.px/.

StatLink https://stat.link/loub3s

I fondi pubblici potrebbero essere allocati meglio per accelerare lo sviluppo dell'energia pulita nell'Africa meridionale. Nell'ultimo decennio le energie non rinnovabili hanno ricevuto più fondi pubblici rispetto a quelle rinnovabili, malgrado l'aumento degli investimenti nella produzione di energia solare. I flussi cumulativi di investimenti pubblici nella produzione totale di energia sono stati pari a 23,9 miliardi di USD, di cui il 44 % è stato destinato al settore petrolifero (in Angola) e solo il 28 % alle energie rinnovabili in tutta la regione (soprattutto all'energia idroelettrica e solare) (Figura 3.10). Se investisse nel suo alto potenziale di produzione di energia idroelettrica, solare ed eolica, l'Angola raggiungerebbe l'obiettivo del 60 % di elettrificazione entro il 2025 (Ayukegba, 2022). Sonangol - l'ex concessionario di carburante angolano - cerca di diversificare le proprie fonti energetiche nell'ambito della sua nuova strategia di transizione energetica, passando da una compagnia petrolifera e del gas a una compagnia energetica (ITA, 2022).

La diminuzione dei costi delle tecnologie per le energie rinnovabili rappresenta un'opportunità per ridurre la dipendenza della regione dall'energia idroelettrica e aumentare la resilienza agli shock esterni. La scarsa diversificazione degli investimenti pubblici nelle energie rinnovabili ha contribuito a restringere il mix di tecnologie energetiche nella regione (Figura 3.10). L'energia idroelettrica viene utilizzata in Africa da molti decenni grazie alla presenza di grandi fiumi; lo Zambesi, ad esempio, fornisce energia idroelettrica al Mozambico, al Sudafrica, allo Zambia e allo Zimbabwe. Nel 2021 l'energia idroelettrica rappresentava il 15 % della capacità elettrica totale dell'Africa meridionale e il 52 % della capacità elettrica rinnovabile. Nel Malawi, nel Mozambico e nello Zambia la quota dell'energia idroelettrica nella produzione di elettricità supera l'80 % (IRENA/AfDB, 2022). L'energia idroelettrica è sempre più vulnerabile agli shock climatici, il che richiede la realizzazione di analisi approfondite dei costi-benefici degli impianti nuovi ed esistenti (IEA, 2020). Allo stesso tempo, il calo dei costi di installazione di tecnologie energetiche alternative, come l'eolico e il fotovoltaico, può rappresentare un'opportunità per investire nella diversificazione dell'attuale mix di energie rinnovabili (Figura 3.11). Ad esempio, secondo l'Agenzia internazionale per l'energia, "con un'ulteriore diminuzione dei costi, l'Africa ha il potenziale per produrre 5 000 megatonnellate di idrogeno all'anno a meno di 2 USD al chilogrammo - equivalenti all'attuale offerta energetica globale" (IEA, 2022a). Il governo della Namibia ha lanciato di recente una nuova strategia volta a fornire fino a 12 tonnellate di idrogeno verde all'anno entro il 2050 e a rendere il Paese il primo fornitore di idrogeno verde del continente. L'iniziativa richiederà investimenti per 190 miliardi di USD e si prevede la creazione di 600 000 posti di lavoro entro il 2040 (Rust e Ossenbrink, 2022).

Figura 3.10. **Flussi cumulativi di investimenti pubblici nell'energia rinnovabile e non rinnovabile nell'Africa meridionale, 2001-20, in milioni di USD**

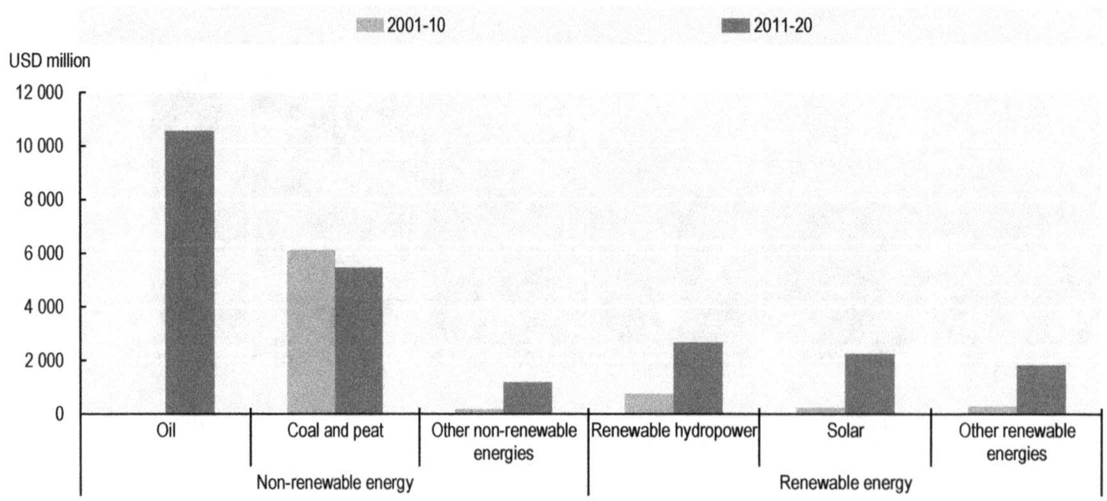

Fonte: calcoli degli autori basati su IRENA (2022a), *IRENASTAT* (banca dati), https://pxweb.irena.org/pxweb/en/IRENASTAT/IRENASTAT__Power%20Capacity%20and%20Generation/RECAP_2022_cycle2.px/.

StatLink https://stat.link/3b8ric

Figura 3.11. **Media mondiale ponderata dei costi totali delle capacità installate per fonte energetica, 2010-20**

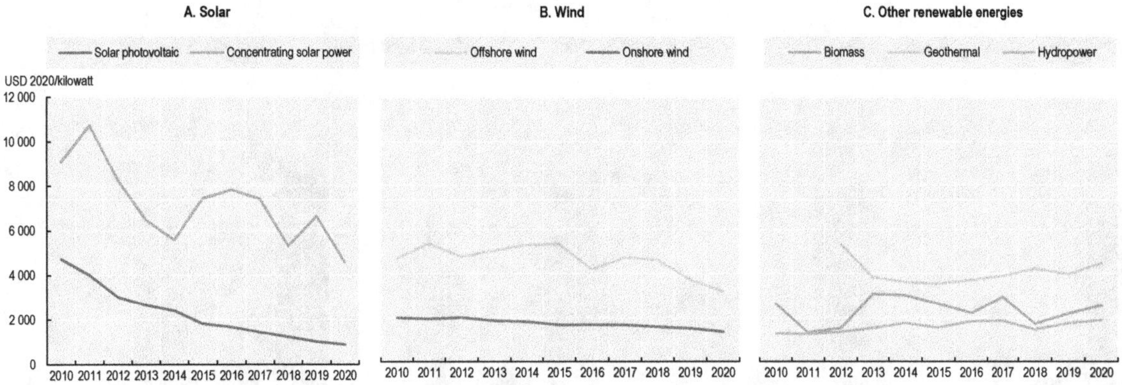

Fonte: IRENA (2021), *Renewable Power Generation Costs in 2020*, www.irena.org/-/media/Files/IRENA/Agency/Publication/2021/Jun/IRENA_Power_Generation_Costs_2020.pdf?rev=c9e8dfcd1b2048e2b4d30fef671a5b84.

StatLink *https://stat.link/kfc7jy*

L'entità dei rischi e l'inefficienza dei servizi pubblici scoraggiano gli investimenti privati in molti Paesi della regione. Gli investimenti pubblici attraverso le imprese statali svolgono un ruolo più importante negli investimenti del settore energetico in Africa rispetto ad altre regioni del mondo, poiché la maggior parte dei progetti non è in grado di attirare capitali privati a causa di rischi politici, giuridici ed economici (IEA, 2022a; IRENA/AfDB, 2022; cfr. anche i Capitoli 1 e 5). Le perdite operative stimate per tutte le imprese di servizi pubblici africane superano i 150 miliardi di USD nel 2020. Per attirare gli investimenti privati è necessario rafforzare la capacità delle autorità energetiche locali attraverso una migliore governance, regolamenti trasparenti e incentivi efficaci (IEA, 2022a).

La mancanza di strumenti del mercato dei capitali e la rigidità delle normative inibiscono gli investimenti dei grandi investitori istituzionali con sede nella regione. Una recente indagine mostra che gli investitori istituzionali con sede in Africa rappresentano il 3,6 % degli investitori istituzionali globali con investimenti diretti in progetti di energia rinnovabile, rispetto a quasi lo 0 % di quelli con investimenti indiretti in fondi di energia rinnovabile. Gli strumenti del mercato dei capitali necessari per gli investimenti indiretti di portafoglio (come i fondi per le energie rinnovabili o le obbligazioni verdi) sono meno disponibili nei mercati africani (IRENA, 2020). Inoltre, la rigidità dei quadri normativi è spesso indicata come il principale ostacolo agli investimenti nelle infrastrutture dei fondi pensione. Il Botswana, la Namibia e il Sudafrica sono i maggiori mercati africani di fondi pensione in percentuale del PIL (cfr. sopra e il Capitolo 1). Il sistema pensionistico del Sudafrica è più avanzato in termini di finanziamento delle infrastrutture, mentre il Botswana e la Namibia investono meno in infrastrutture, in parte a causa di normative più vincolanti (Sy, 2017).

L'aumento degli investimenti in soluzioni di energia rinnovabile fuori rete può contribuire a ridurre il divario rurale-urbano nell'accesso all'energia.

Le soluzioni di energia rinnovabile fuori rete possono aumentare l'accesso all'elettricità nelle zone rurali e creare opportunità per l'imprenditoria su piccola scala. In media, il 53 % della popolazione dell'Africa meridionale ha avuto accesso all'elettricità nel periodo 2016-20 rispetto al 41 % nel periodo 2001-05, ma persistono grandi differenze tra le zone urbane (79 %) e quelle rurali (26 %) (Figura 3.12). Ingenti investimenti in soluzioni di energia rinnovabile fuori rete su piccola scala e portatili possono contribuire ad aumentare l'accesso all'energia pulita nelle zone rurali, creando al contempo opportunità per piccoli investitori e imprenditori. Ad esempio, le soluzioni fuori rete possono consentire di abbandonare la legna e il carbone di legna per passare a fonti energetiche più pulite per cucinare (CCA, 2021), con grandi benefici in termini di riduzione dell'inquinamento atmosferico, diminuzione delle morti premature e opportunità per i piccoli imprenditori (Riquadro 3.1).

Figura 3.12. **Accesso all'elettricità nell'Africa meridionale, quota media della popolazione su cinque anni, per località**

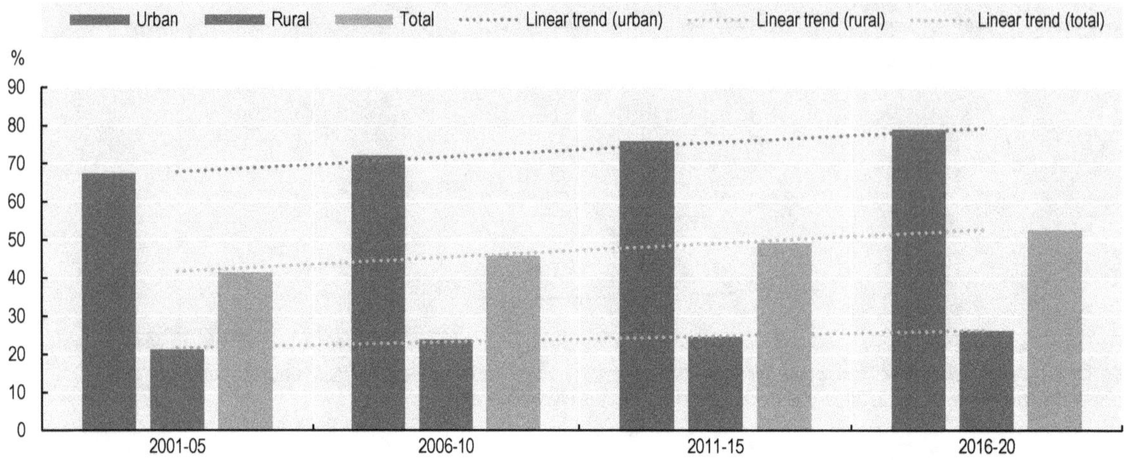

Fonte: elaborazione degli autori sulla base di World Bank (2022a), *World Development Indicators* (banca dati), https://data.worldbank.org/products/wdi.

StatLink *https://stat.link/62tusv*

Riquadro 3.1. **Accesso a sistemi di cottura pulita nell'Africa meridionale**

I sistemi di cottura pulita - l'uso di apparecchi di cottura moderni e di combustibili puliti per cucinare - sono una soluzione trasversale per promuovere diversi obiettivi di sostenibilità, come la salute e la protezione del clima, l'accesso all'energia a prezzi abbordabili e l'emancipazione delle donne (CCA, n.d.). Nei Paesi dell'Africa meridionale, escluso il Sudafrica, il costo stimato del benessere pro capite delle morti premature dovute all'inquinamento atmosferico interno nel 2019 era circa 2,5 volte superiore a quello del Sudafrica e 1,5 volte superiore alla media africana[13]. L'87 % della popolazione sudafricana aveva accesso a sistemi di cottura pulita nel 2020, rispetto a una media del 37 % negli altri Paesi dell'Africa meridionale e del 30 % dell'Africa nel suo complesso. Dal 2000 la quota è aumentata di 31 punti percentuali nel Sudafrica, rispetto a un aumento medio di soli 7 punti percentuali negli altri Paesi dell'Africa meridionale nello stesso periodo (Figura 3.13).

Riquadro 3.1. **Accesso a sistemi di cottura pulita nell'Africa meridionale (continua)**

Figura 3.13. **Percentuale di popolazione con accesso a sistemi di cottura pulita nell'Africa meridionale, 2000 e 2020**

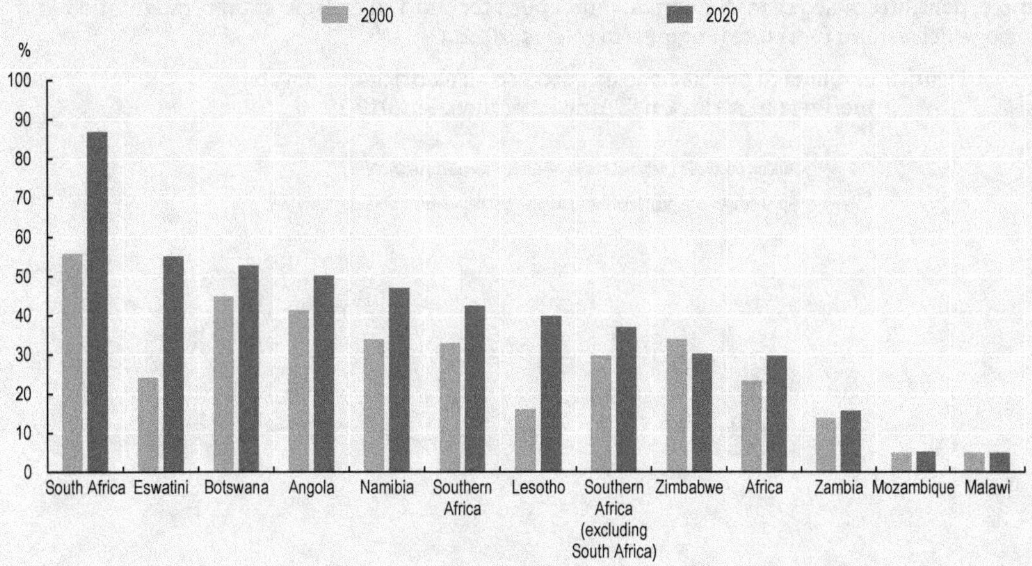

Nota: nel Malawi e nel Mozambico la quota comunicata è inferiore al 5 %.

Fonte: IEA (2021a), *World Energy Outlook 2021*, www.iea.org/reports/world-energy-outlook-2021 basato su OMS (2021), *Household Energy Database (banca dati)*, www.who.int/data/gho/data/themes/air-pollution/who-household-energy-db e IEA (2021b), *World Energy Balances 2021* (banca dati), www.iea.org/data-and-statistics/data-product/world-energy-balances.

StatLink *https://stat.link/bck2ra*

Investire in soluzioni di cottura pulita può contribuire alla sostenibilità sociale e ambientale, creando al contempo opportunità per i piccoli imprenditori. Il Mozambico e lo Zambia ne sono un esempio:

- **Mozambico.** Nel 2012 CleanStar Mozambico (CSM), una piccola-media impresa, ha progettato un fornello a etanolo conveniente per ridurre l'inquinamento atmosferico interno e la deforestazione dovuta all'uso di legna e di carbone per cucinare. Il progetto CSM prevede una catena di valore a partire da un programma di agricoltura contrattuale che genera reddito per i piccoli agricoltori che forniscono le materie prime all'impianto CSM. Vengono quindi prodotti e distribuiti combustibili e fornelli a etanolo. L'obiettivo di CSM di fornire 25 000 fornelli all'anno dovrebbe evitare la deforestazione di 14 000 ettari di foresta e far risparmiare 169 000 tonnellate di carbonio (CCA, 2022).
- **Zambia.** Nel 2019 Emerging Cooking Solutions Zambia, un'impresa sociale, ha ricevuto un finanziamento di un milione di EUR da Energy and Environment Partnership Africa per incrementare l'uso dei suoi fornelli a pagamento per la cottura pulita in Zambia. Ogni cucina consente di risparmiare 4 tonnellate di CO_2 e 50 euro all'anno, migliorando la salute della famiglia. Il progetto mira a sostituire il carbone di legna con pellet di biomassa prodotti in modo sostenibile per 20 000 famiglie e dovrebbe creare 100 posti di lavoro diretti (EEP Africa, 2021).

A causa dei minori investimenti nella capacità elettrica rinnovabile fuori rete, l'accesso all'elettricità fuori rete nell'Africa meridionale è progredito lentamente rispetto al resto dell'Africa (Figura 3.14). Nel periodo 2010-20 l'Africa meridionale ha attirato solo il 3 % (52 milioni di USD) degli investimenti totali nelle energie rinnovabili fuori rete in Africa. Mozambico e Zambia hanno ricevuto il 65 % di tutti gli impegni per la regione (IRENA/AfDB, 2022). In Sudafrica, i costi proibitivi dell'energia e dell'installazione e la mancanza di soluzioni contrattuali specifiche (ad esempio, contratti di acquisto di energia verde) per i fornitori di energia stanno rallentando la diffusione dei sistemi fuori rete (Engineering News, 2022).

Figura 3.14. **Quota di popolazione con accesso all'elettricità rinnovabile fuori rete in Africa e nell'Africa meridionale, 2010-19**

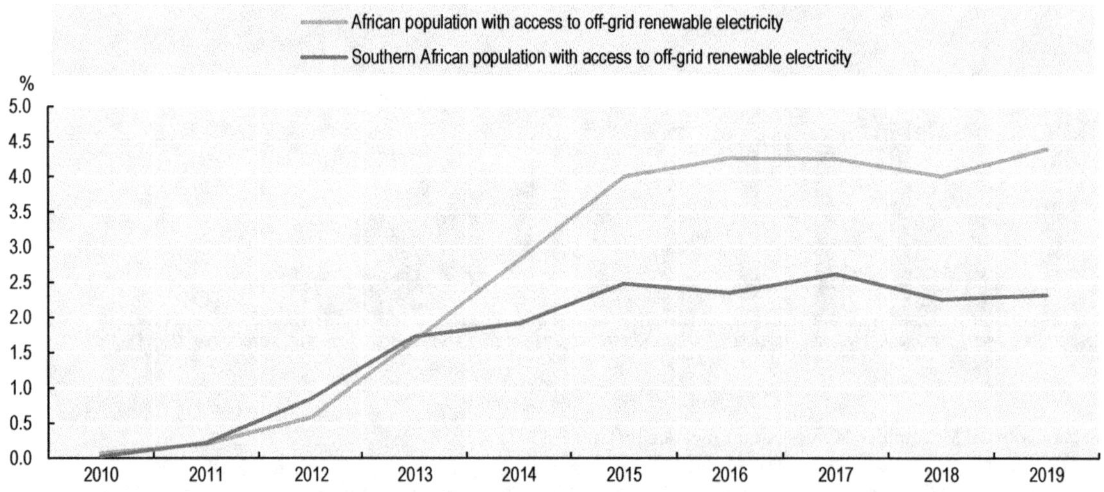

Nota: l'elettricità rinnovabile fuori rete include l'elettricità attraverso mini-reti, sistemi solari domestici, luci solari, energia idroelettrica e biogas (IRENA, 2022a).

Fonte: calcoli degli autori basati su IRENA (2022a), *IRENASTAT* (banca dati), https://pxweb.irena.org/pxweb/en/IRENASTAT/IRENASTAT__Power%20Capacity%20and%20Generation/RECAP_2022_cycle2.px/ e UN DESA (2022), "World Population Prospects: The 2022 Revision", *Nazioni Unite* (banca dati), https://population.un.org/dataportal/data/indicators/67/locations/903/start/2000/end/2030/table/pivotbylocation.

StatLink https://stat.link/71cxl6

Le politiche pubbliche possono agevolare gli investimenti nel settore delle energie rinnovabili nell'Africa meridionale

Per promuovere la sicurezza energetica e una transizione energetica equa nell'Africa meridionale sono necessarie politiche coordinate basate su contesti nazionali e locali. Come illustrato nelle sezioni precedenti, gli investimenti nelle energie rinnovabili hanno il potenziale per aumentare la sicurezza energetica e ridurre le emissioni di carbonio nell'Africa meridionale. Possono aumentare l'accesso all'energia pulita per le fasce più vulnerabili, generando così ritorni sociali ed economici. Tuttavia, ogni Paese della regione è unico in termini di accesso all'energia e di capacità produttiva (Figura 3.15). Sono necessarie diverse soluzioni strategiche per affrontare le sfide e cogliere le opportunità a livello nazionale. Tenendo conto di ciò, nella presente sezione vengono discusse tre aree prioritarie per i responsabili delle politiche allo scopo di agevolare gli investimenti nelle energie rinnovabili nella regione:

- **Rafforzare la cooperazione regionale al fine di armonizzare i quadri normativi e incrementare gli investimenti nelle infrastrutture per le energie rinnovabili.** Una più stretta collaborazione tra tutti i Paesi dell'Africa meridionale è fondamentale per definire obiettivi realistici di transizione energetica, valutare le esigenze di investimento, armonizzare le procedure normative e garantire un'efficace attuazione e sorveglianza delle politiche. Le iniziative regionali per le infrastrutture transfrontaliere possono accelerare la diffusione delle energie rinnovabili.

- **Ridurre il rischio degli investimenti del settore privato in progetti di energia rinnovabile, anche attraverso partenariati pubblico-privato e finanziamenti allo sviluppo.** Ad esempio, i Paesi dotati di una grande capacità di produzione di combustibili fossili e quadri normativi più avanzati (ad esempio Angola e Sudafrica) possono sfruttare al meglio i partenariati pubblico-privato per accelerare la transizione verso la produzione di energia pulita. Attraverso le istituzioni di finanziamento allo sviluppo, la cooperazione internazionale può svolgere un ruolo importante nella mobilitazione di capitali privati nei Paesi più vulnerabili con un significativo potenziale di energia rinnovabile, un basso accesso all'elettricità e una minore capacità normativa (ad esempio Malawi, Mozambico, Zambia e Zimbabwe).
- **Dedicare politiche specifiche e soluzioni di finanziamento per aumentare l'accesso all'energia pulita nelle aree rurali.** Meno del 15 % della popolazione rurale ha accesso all'elettricità in Angola, Malawi, Mozambico e Zambia (World Bank, 2022a). Politiche e strumenti di finanziamento dedicati possono contribuire alla diffusione di soluzioni di energia rinnovabile fuori rete (ad esempio mini-reti o sistemi autonomi) e accelerare l'accesso all'energia pulita, creando al contempo opportunità per i piccoli imprenditori delle zone rurali.

Figura 3.15. **Capacità elettrica installata e accesso all'elettricità nei Paesi dell'Africa meridionale, 2020-21**

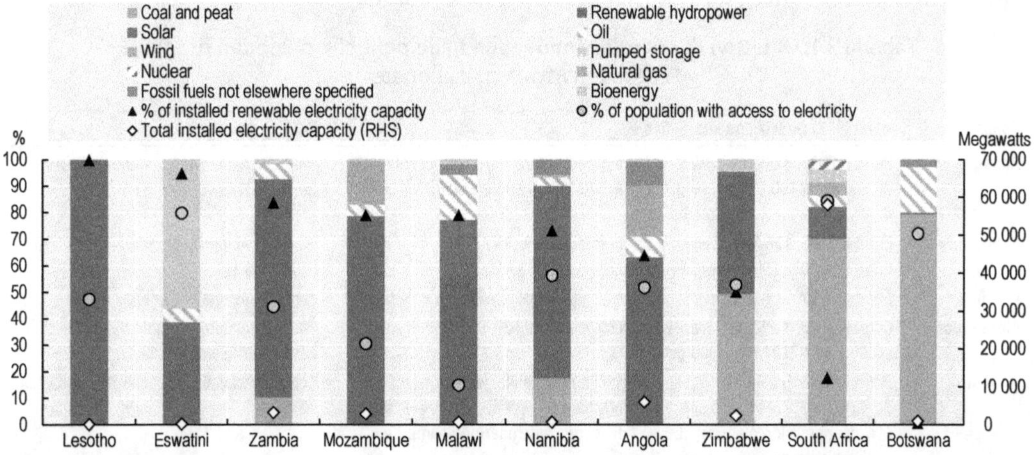

Nota: DX = lato destro. I dati sulla capacità elettrica installata si riferiscono al 2021, mentre quelli sull'accesso all'elettricità al 2020.

Fonte: calcoli degli autori basati su IRENA (2022a), *IRENASTAT* (banca dati), https://pxweb.irena.org/pxweb/en/IRENASTAT/IRENASTAT__Power%20Capacity%20and%20Generation/RECAP_2022_cycle2.px/ e World Bank (2022a), *World Development Indicators* (banca dati), https://data.worldbank.org/products/wdi.

StatLink https://stat.link/ojbxf7

Rafforzare la cooperazione regionale per armonizzare i quadri normativi e incrementare gli investimenti nelle infrastrutture per le energie rinnovabili

L'armonizzazione dei quadri normativi e l'attuazione di piani d'azione a livello regionale possono contribuire a ridurre gli ostacoli agli investimenti, come l'elevato costo del capitale, nei vari Paesi. Come si è visto nel Capitolo 1, il costo medio ponderato del capitale per i progetti energetici può essere fino a sette volte superiore in Africa rispetto all'Europa e all'America del Nord (IEA, 2022a). Quasi tutte le politiche sulle energie rinnovabili dei Paesi dell'Africa meridionale (Tabella 3.1) evidenziano l'elevato costo iniziale del capitale come il principale ostacolo agli investimenti nelle energie rinnovabili. Altri ostacoli fondamentali sono l'inadeguatezza del quadro normativo in materia di appalti per le energie rinnovabili, le limitate possibilità di finanziamento e la mancanza di personale qualificato per la progettazione, l'installazione e la manutenzione dei sistemi di energia rinnovabile. Esiste quindi un ampio margine di manovra per il coordinamento regionale su tali aspetti. La strategia e il piano d'azione 2016-2030 per le energie rinnovabili e l'efficienza energetica (REEESAP) sono stati adottati nel luglio 2017 nell'Eswatini dai ministri della SADC responsabili dell'energia. Il piano fornisce un quadro di riferimento per gli Stati membri della SADC al fine di sviluppare le proprie strategie e i propri piani d'azione per le energie rinnovabili e l'efficienza energetica, attraverso linee guida strategiche comuni su quadri normativi e istituzionali, meccanismi di finanziamento e sviluppo delle capacità. Il Centro per le energie rinnovabili e l'efficienza energetica della SADC è stato costituito nell'ambito dell'attuazione del REEESAP per orientare lo sviluppo e l'attuazione di un programma regionale olistico per le energie rinnovabili e l'efficienza energetica (SACREEE, 2019). Garantire un'attuazione coordinata ed efficace del REEESAP a livello nazionale sarà fondamentale per migliorare il panorama degli investimenti nelle energie rinnovabili in tutta la regione.

La maggior parte dei Paesi dell'Africa meridionale ha fissato obiettivi in materia di energie rinnovabili nell'ambito delle proprie politiche nazionali. La maggior parte dei Paesi dell'Africa meridionale ha incluso obiettivi in materia di energie rinnovabili nelle proprie politiche nazionali, ma i calendari di attuazione e le caratteristiche variano (Tabella 3.1). I16 Paesi della SADC hanno tutti presentato contributi nazionali determinati (NDC) nel contesto dell'Accordo di Parigi. Dei 16 NDC, tutti, tranne quello del Botswana, includono obiettivi di energia rinnovabile, ma solo 11 sono quantificabili. Gli obiettivi quantificabili degli NDC aggregati a livello della SADC in materia di energia rinnovabile ammontano a 29,6 GW di capacità installata di energia rinnovabile entro il 2030 (Muñoz Cabré et al., 2020).

Tabella 3.1. **Obiettivi di energia rinnovabile nelle politiche nazionali di taluni Paesi dell'Africa meridionale**

Paese	Obiettivi di transizione energetica	Politica nazionale
Angola	Entro il 2025: 5 000 megawatt (MW) di grandi centrali idroelettrica, 500 MW di biomassa, 100 MW di energia solare, 100 MW di energia eolica e 100 MW di piccole centrali idroelettriche.	Strategia per le energie rinnovabili in Angola 2014
Botswana	Entro il 2025: 100 MW di energia solare fotovoltaica (PV). Entro il 2030: 25 % di energia rinnovabile.	Piani di sviluppo nazionale 2007 e 2016 (PSN 10 e 11)
Eswatini	Entro il 2030: 50 % di penetrazione delle energie rinnovabili nel mix elettrico.	Piano regolatore dell'energia 2034
Mozambico	Entro il 2043: 4 900 ca. MW di energia idroelettrica, 530-980 MW di energia solare e 150-270 MW di energia eolica.	Piano regolatore integrato delle infrastrutture energetiche 2018
Namibia	Entro il 2030: Dal 49 % al 70 % di elettricità rinnovabile. Nello scenario del 70 %: 530 MW di energia solare fotovoltaica, 349 MW di energia eolica, 347 MW di energia idroelettrica, 150 MW di energia solare termodinamica e 40 MW di biomassa.	Politica nazionale sulle energie rinnovabili 2016
Sudafrica	Entro il 2030: 39,7 % della capacità di generazione rinnovabile, 17 742 MW di energia eolica, 8 288 MW di energia solare fotovoltaica, 4 600 MW di energia idroelettrica e 600 MW di energia solare termodinamica.	Piano integrato delle risorse per l'energia elettrica 2019
Zambia	Entro il 2030: 2 015 MW di energia rinnovabile connessa alla rete e 1 886 gigawattora di energia rinnovabile fuori rete fornita da mini-reti fotovoltaiche e sistemi solari domestici.	Strategia e piano d'azione per le energie rinnovabili 2022
Zimbabwe	Entro il 2030: 26,5 % di elettricità rinnovabile, 1 575 MW di energia solare fotovoltaica, 275 MW di bioenergia, 150 MW di piccola energia idroelettrica, 100 MW di energia eolica, 250 000 scalda-acqua solari, 8 000 biodigestori domestici e 288 biodigestori istituzionali.	Politica nazionale sulle energie rinnovabili 2019

Fonte: elaborazione degli autori basata su Muñoz Cabré et al. (2020), *Expanding Renewable Energy for Access and Development: The Role of Development Finance Institutions in Southern Africa*, e su ricerche documentali.

I responsabili delle politiche possono intensificare la cooperazione a livello regionale per accelerare la transizione verso le energie rinnovabili. Il Piano 2017 del Pool energetico dell'Africa meridionale include uno scenario "ad alto contenuto di energie rinnovabili" con il 53 % di rinnovabili nel mix energetico entro il 2040, che è stato definito come un obiettivo strategico conseguibile di alto livello per i Paesi della SADC (Muñoz Cabré et al., 2020). In questo scenario, la regione della SADC avrebbe bisogno di un investimento annuale stimato di 2,4 miliardi di USD per aggiungere 2,8 GW all'anno fino al 2040. I Paesi dell'Africa meridionale possono pianificare azioni coordinate, come il Corridoio per l'energia pulita in Africa (Riquadro 3.2), al fine di attirare meglio gli investimenti nei pool energetici regionali a energia pulita.

Riquadro 3.2. **Il Corridoio per l'energia pulita in Africa**

Il Corridoio per l'energia pulita in Africa (ACEC) è un'iniziativa regionale che mira ad accelerare lo sviluppo delle energie rinnovabili e gli scambi transfrontalieri di energia rinnovabile all'interno del Pool energetico dell'Africa orientale e del Pool energetico dell'Africa meridionale. L'iniziativa è stata introdotta nel 2014 da 19 Paesi africani dell'Africa orientale e meridionale e da allora ha coinvolto più di 30 governi, organizzazioni regionali, partner di sviluppo e istituzioni finanziarie. Sulla scia dei successi ottenuti nell'Africa orientale e nell'Africa meridionale, nel 2016 è stato avviato il Corridoio per l'energia pulita dell'Africa occidentale.

L'ACEC si articola su cinque pilastri principali:

i. zonizzazione e valutazione delle risorse per identificare i siti idonei per la generazione di energia rinnovabile in aree con un alto potenziale di risorse e percorsi di trasmissione adatti
ii. pianificazione nazionale e regionale per considerare l'insieme delle opzioni di energia rinnovabile economicamente vantaggiose
iii. creazione di quadri favorevoli agli investimenti per aprire mercati e ridurre i costi di finanziamento
iv. sviluppo delle capacità per pianificare, gestire, mantenere e governare le reti e i mercati dell'energia elettrica con quote più elevate di produzione di elettricità da fonti rinnovabili
v. informazione e sensibilizzazione del pubblico su come il Corridoio possa fornire energia sicura, sostenibile e a prezzi abbordabili.

Creando un mercato regionale dell'elettricità più ampio, l'ACEC potrebbe attirare fino a 25 miliardi di USD di investimenti all'anno nella generazione e 15 miliardi di USD nell'infrastruttura di rete entro il 2030. La piena operatività dell'iniziativa potrebbe soddisfare il 40-50 % del fabbisogno energetico dell'Africa orientale e meridionale entro il 2030, aumentando la fornitura di elettricità di 2,5 volte e riducendo il livello annuale di emissioni di CO_2 di 310 megatonnellate.

Fonti: AU/IRENA (n.d.), "Africa Clean Energy Corridor / West Africa Clean Energy Corridor", *documento di lavoro*, https://au.int/sites/default/files/newsevents/workingdocuments/33313-wd-africa_clean_energy_corridor_west_africa_clean_energy_corridor_e.pdf e UNEP (2020), "Clean Energy Corridors in Africa", https://climateinitiativesplatform.org/index.php/Clean_Energy_Corridors_in_Africa.

I partenariati pubblico-privato e i finanziamenti allo sviluppo possono contribuire a ridurre il rischio degli investimenti nelle energie rinnovabili

I partenariati pubblico-privato possono contribuire a mobilitare le risorse necessarie per i progetti di energia rinnovabile. L'ammontare dei fondi necessari per la decarbonizzazione del settore energetico va oltre la capacità finanziaria dei governi della regione. Ad esempio, la transizione energetica del Sudafrica richiederà circa 250 miliardi di USD nei prossimi tre decenni (Reuters, 2022). Ciò si traduce in 8,3 miliardi di USD all'anno, che il governo sudafricano non può reperire da solo. I partenariati pubblico-privato possono consentire ai governi di accedere ai finanziamenti, alla tecnologia e alle competenze del settore privato, che possono favorire una migliore ripartizione del rischio tra enti pubblici e privati (World Bank, 2022b). Le joint venture tra imprese pubbliche di proprietà dello Stato e operatori privati stanno emergendo come soluzioni efficaci per finanziare progetti di energia rinnovabile in tutta la regione. Nel novembre 2022, durante la COP27, SkyPower Global e il governo dello Zimbabwe hanno firmato un accordo per un progetto fotovoltaico da 500 megawatt del valore di 400 milioni di USD. Il progetto dovrebbe generare un apporto di 1,5 miliardi di USD al PIL dello Zimbabwe nonché 14 000 posti di lavoro (Khaleej Times, 2022).

I Paesi possono utilizzare diversi strumenti strategici per promuovere gli investimenti privati nelle energie rinnovabili. Nella Tabella 3.2 sono riportati esempi dall'Africa meridionale.

Tabella 3.2. **Esempi di strumenti strategici per promuovere gli investimenti privati nelle energie rinnovabili nei Paesi dell'Africa meridionale**

Strumento strategico	Breve descrizione	Esempio
Tariffe di riacquisto per le energie rinnovabili (REFiT)	Contratti a lungo termine con i produttori di energia rinnovabile, basati di norma sul costo di generazione della tecnologia di energia rinnovabile (Couture et al., 2010)	In Namibia, nel settembre 2015 è stato annunciato un programma provvisorio di tariffe di riacquisto volto ad aumentare gli investimenti nelle fonti non idroelettriche. Sono stati selezionati 14 progetti da 5 MW che hanno raggiunto la fase operativa entro 12-24 mesi (IRENA/AfDB, 2022).
Gare d'appalto pubbliche	Un contratto di acquisto di energia elettrica stipulato dal governo con l'aggiudicatario di una gara d'appalto per l'installazione di una certa capacità di energia elettrica da fonti rinnovabili. La selezione finale avviene a seguito della valutazione di tutte le offerte sulla base del prezzo e di altri criteri (IRENA, 2013).	Istituito nel 2010, il programma di approvvigionamento presso i produttori indipendenti di energia rinnovabile del Sudafrica è una procedura di gara competitiva e basata sul mercato intesa ad accelerare gli investimenti del settore privato nella produzione di energia rinnovabile. Nel 2021 il programma ha consentito di firmare accordi con 93 produttori indipendenti di energia per 7,308 GW di capacità totale (TaiyangNews, 2021).
Misurazione netta	Meccanismo di fatturazione che accredita ai proprietari di impianti solari l'elettricità che essi immettono nella rete (SEIA, n.d.)	La normativa dello Zimbabwe del 2022 sulla misurazione netta consente a famiglie e imprese di reimmettere nella rete fino a 5 MW della propria elettricità in eccesso (RenewAfrica.Biz, 2022).
Incentivi agli investimenti	Incentivi fiscali, finanziari e di altro tipo per promuovere gli investimenti del settore privato nelle energie rinnovabili	Nel 2022 l'Angola ha introdotto incentivi fiscali per le imprese impegnate nella produzione e vendita di energia rinnovabile. Gli incentivi comprendono una riduzione del 35 % dell'imposta sul reddito per le società e una riduzione del 60 % dell'imposta sul reddito da investimenti (PLMJ, 2022).

Fonte: elaborazione degli autori basata su ricerche documentali.

I programmi di approvvigionamento presso produttori indipendenti di energia elettrica[14] (IPP) possono promuovere gli investimenti nelle energie rinnovabili, ma richiedono quadri normativi efficaci. Gli IPP stanno diventando la soluzione più rapida in Africa per mobilitare gli investimenti privati nelle energie rinnovabili. Tuttavia, questi programmi di approvvigionamento richiedono quadri normativi e istituzionali consolidati e rimangono concentrati in pochi Paesi. Il programma di approvvigionamento presso i produttori indipendenti di energia rinnovabile del Sudafrica è la principale strategia di promozione degli investimenti nelle energie rinnovabili nell'Africa meridionale, in grado di attirare nella regione l'80 % degli investimenti totali negli IPP nel 2020 (IRENA/AfDB, 2022).

Il passaggio dalla tariffa di riacquisto per le energie rinnovabili (REFiT) alle aste può ridurre il rischio legato agli investimenti nelle energie rinnovabili per i governi, ma in alcuni casi il ricorso a entrambe le soluzioni può essere più vantaggioso. Molti Paesi stanno passando dall'uso delle REFiT alle aste. Le REFiT comportano un rischio maggiore per i governi e potrebbero non riflettere un reale prezzo di mercato. Le aste sono adatte a progetti consolidati, ma trasferiscono la maggior parte del rischio agli investitori (IRENA, 2018). Il Sudafrica ha spostato l'attenzione dalle REFiT alle aste riscuotendo grande successo (Eberhard e Kåberger, 2016). Tuttavia, la maggior parte dei suoi omologhi nella regione non dispone dello stesso ambiente finanziario, giuridico e normativo né dei vantaggi derivanti dalle dimensioni del Paese che consentirebbero loro di ottenere risultati simili. Pertanto, la maggior parte dei Paesi dell'Africa meridionale trarrebbe beneficio dalle REFiT come complemento alle aste piuttosto che come loro sostituto.

La misurazione netta può rispondere alla domanda di progetti di energia rinnovabile su piccola scala, ma richiede una chiara regolamentazione a livello locale. L'aumento della popolazione e la crescente quota di piccole e medie imprese nell'Africa meridionale hanno ampliato la domanda di progetti di energia rinnovabile decentralizzati su piccola scala. La misurazione netta - che consente ai proprietari di sistemi di energia rinnovabile di ricevere un credito per l'energia che immettono nella rete (SEIA, n.d.) - non solo può stimolare gli investimenti nelle energie rinnovabili, ma può anche incoraggiare l'efficienza energetica. La Namibia e il Sudafrica sono stati i primi Paesi dell'Africa meridionale a utilizzare la misurazione netta come politica per le energie rinnovabili (IFC, 2020b). La ricerca dimostra che sono necessarie normative nazionali chiare per prevenire i problemi legati alla gestione delle soluzioni di misurazione netta a livello locale (Roux e Shanker, 2018).

Le istituzioni di finanziamento allo sviluppo possono contribuire a ridurre il rischio degli investimenti nelle energie rinnovabili. La pandemia da COVID-19 ha aggravato la situazione debitoria dei Paesi dell'Africa meridionale, aumentando il rischio finanziario degli investimenti nelle energie rinnovabili. Le istituzioni di finanziamento allo sviluppo possono mettersi alla guida della mobilitazione degli operatori del settore privato e degli investitori istituzionali al fine di investire nelle energie rinnovabili. Per affrontare i rischi di credito e valutari, tra i tanti altri, le istituzioni di finanziamento allo sviluppo possono offrire strumenti finanziari quali garanzie per progetti di energia rinnovabile, co-investimenti, cofinanziamenti e debiti subordinati (Masamba et al., 2022; OECD, 2021b). Inoltre, le istituzioni di finanziamento allo sviluppo possono fornire supporto tecnico e contribuire al rafforzamento di capacità per favorire lo sviluppo di progetti finanziabili meno rischiosi. Ad esempio, il programma Scaling Solar del Gruppo Banca mondiale, attuato nello Zambia nel periodo 2015-16, ha offerto un modello di appalto per il solare fotovoltaico standardizzato e replicabile, con prodotti importanti per la mitigazione del rischio, che ha permesso l'applicazione di tariffe basse e una rapida attuazione del progetto (IRENA/AfDB, 2022).

La collaborazione tra investitori istituzionali e fornitori di finanziamenti allo sviluppo a livello locale può contribuire a mobilitare capitali per gli investimenti nelle energie rinnovabili. Il successo della mobilitazione di capitali privati verso investimenti sostenibili - anche da parte di investitori istituzionali - deriva principalmente da iniziative di collaborazione a livello locale, spesso sotto forma di fondi di investimento strategici e banche verdi (Halland et al., 2021). Ne è un esempio il Meccanismo per il finanziamento climatico (Climate Finance Facility - CFF) della Banca di sviluppo dell'Africa meridionale (Development Bank of Southern Africa - DBSA), introdotto nel 2019 come strumento di prestito specializzato per incrementare gli investimenti privati in progetti infrastrutturali legati al clima (tra cui energia elettrica fuori rete, mini-reti e sistemi solari urbani decentralizzati, efficienza energetica e idrica) nell'Eswatini, nel Lesotho, nella Namibia e nel Sudafrica. È il primo esempio di banca verde applicata a un mercato emergente. Il progetto ha raccolto 110 milioni di USD iniziali attraverso il DBSA e il Fondo verde per il clima delle Nazioni Unite. Nel corso dei suoi 20 anni di vita, il CFF dovrebbe generare una riduzione di circa 30 milioni di tonnellate di CO_2 equivalente, salvare circa 23 000 posti di lavoro grazie all'installazione di sistemi idrici efficienti e raggiungere più di 400 000 beneficiari indiretti (Convergence, 2019).

Politiche dedicate e soluzioni di finanziamento possono aumentare l'accesso all'energia pulita nelle aree rurali

La diffusione delle soluzioni di energia rinnovabile fuori rete e di mini-rete richiede politiche e normative specifiche. I principali aspetti normativi da affrontare per le soluzioni di energia rinnovabile fuori rete includono i requisiti in materia di licenze e permessi (comprese le norme di qualità), i quadri di riferimento per la definizione delle tariffe e le implicazioni dell'arrivo della rete principale (IRENA, 2016). Un numero crescente di Paesi africani ha introdotto politiche dedicate alle mini-reti (UNIDO, 2020). Le iniziative strategiche specifiche sono state meno diffuse nell'Africa meridionale (IRENA/AfDB, 2022), tranne alcune eccezioni promettenti, come in Mozambico (Riquadro 3.3), che potrebbero essere adattate ad altri Paesi della regione.

Riquadro 3.3. **Iniziative strategiche per lo sviluppo di progetti di energia rinnovabile fuori rete in Mozambico**

Nel 2021 solo il 40 % della popolazione del Mozambico aveva accesso all'elettricità, il 36 % del quale proveniente dalla rete e il 4 % da progetti fuori rete (AfDB, 2021). L'obiettivo del governo è il 100 % di accesso entro il 2030, con il 68 % della popolazione collegata alla rete nazionale e il 32 % a soluzioni di accesso all'energia fuori rete (Zitamar, 2022).

Nel settembre 2021 il governo del Mozambico ha approvato una nuova politica che regolamenta la fornitura di energia attraverso soluzioni fuori rete. La politica offre un regime migliorato per attirare investimenti privati in sistemi solari domestici e altre

Riquadro 3.3. **Iniziative strategiche per lo sviluppo di progetti di energia rinnovabile fuori rete in Mozambico (continua)**

soluzioni energetiche autonome nelle zone rurali. Oltre a promuovere l'interesse del settore privato, la politica mira a mobilitare diversi programmi esistenti per fornire incentivi ai partner internazionali (Laakso e Petric, 2022). Seguono due esempi di programmi di questo tipo:

- Istituito nel 2019, BRILHO è un programma da 35,5 milioni di USD volto ad agevolare l'accesso all'energia attraverso sistemi domestici solari, mini-reti verdi e soluzioni di cottura migliorate, a beneficio di 1,9 milioni di mozambicani e 17 000 piccole imprese entro il 2024. Nel primo trimestre del 2022 il programma BRILHO ha collegato più di 80 000 abitazioni a sistemi ad energia solare in Mozambico (Zitamar, 2022).
- Il Fondo Beyond the Grid for Africa (BGFA) è un'iniziativa internazionale multi-donatori tesa a incentivare i fornitori di servizi energetici a sviluppare imprese innovative e sostenibili e ad accelerare l'accesso a un'energia pulita e a prezzi abbordabili nelle zone periurbane e rurali. Il BGFA è stato introdotto nel 2021 e, con il suo secondo ciclo di finanziamenti, offrirà un totale di 6,7 milioni di EUR di finanziamenti basati sui risultati a fornitori privati di energia fuori rete (Beyond the Grid, 2021).

Fonte: elaborazione degli autori.

Le politiche di sostegno possono aiutare a incrementare l'uso del biogas sostenibile ed economicamente accessibile nelle zone rurali. La produzione di biogas si basa sui rifiuti agricoli, come i residui delle foreste e delle colture, e sul letame animale proveniente dalle zone rurali. È uno dei mezzi per ridurre il consumo di combustibili fossili e contribuire alla transizione verso la neutralità energetica del sistema (IEA, 2022c). Alla fine del 2019, 410 000 africani utilizzavano il biogas per cucinare in casa. Nell'ultimo decennio il tasso di crescita annuale della produzione di biogas è diminuito costantemente fino a diventare negativo nel 2019. Questo calo è stato attribuito alla mancanza di manutenzione, alla carenza di materie prime o al costo iniziale dell'installazione di un biodigestore (IRENA/AfDB, 2022). La comunicazione e la promozione dell'uso del biogas attraverso digestori a basso costo, l'attuazione di politiche e quadri istituzionali adeguati e l'offerta di soluzioni di finanziamento possono facilitare la diffusione delle tecnologie del biogas e contribuire ad aumentare la sicurezza energetica nell'Africa meridionale (Kaifa e Parawira, 2019).

Politiche flessibili in materia di energie rinnovabili possono essere utili per gli obiettivi di energia pulita e sviluppo rurale. La limitazione al ricorso di incentivi indifferenti alla dimensione spaziale, l'introduzione di un quadro strategico flessibile e la presa in considerazione delle caratteristiche e delle esigenze specifiche delle comunità rurali sono valutazioni strategiche fondamentali per promuovere l'accesso all'energia pulita e lo sviluppo economico nelle zone rurali (OECD, 2012). Ad esempio, spesso i conflitti per l'uso del territorio possono rallentare l'adozione delle energie rinnovabili nelle zone rurali (Groenendaal, 2018). L'agrovoltaico - l'uso simultaneo di terreni per la produzione di energia solare fotovoltaica e per l'agricoltura (Dinesh e Pearce, 2016) - può fornire soluzioni innovative per risolvere questi conflitti e contribuire agli obiettivi in materia di energia pulita e di sicurezza alimentare. Dal 2014 l'impianto SUNfarming Food and Energy (F&E) in Sudafrica conduce una ricerca scientifica su piante ed erbe alimentari che crescono sotto i moduli solari. Oggi, le strutture dell'impianto sono utilizzate anche per sviluppare programmi di formazione congiunta e certificata per gli studenti locali e per produrre cibo sano (verdure, frutta, erbe medicinali) per le comunità a basso reddito della zona, generando al contempo energia solare a zero emissioni (Matich, 2022).

È assolutamente necessario sviluppare la capacità degli investitori locali e degli intermediari finanziari di impegnarsi in progetti di energia rinnovabile fuori rete, di cui c'è grande bisogno. Nel periodo 2007-19 gli investimenti dei Paesi sviluppati hanno rappresentato l'85 % degli impegni per le energie rinnovabili fuori rete nella maggior parte dei Paesi africani (IRENA/

CPI, 2020). Introdotto nel giugno 2019, il programma di crescita e di investimento nelle energie rinnovabili dell'Africa meridionale (Southern African Renewable Energy Investment and Growth Programme) sta attuando un approccio prototipale per consentire alle piccole e medie imprese delle zone rurali che sfruttano l'energia solare di accedere ai finanziamenti climatici, in particolare a quelli in valuta locale: il programma sta ora sostenendo quattro istituzioni finanziarie locali partecipanti in Tanzania e tre in Zambia per distribuire finanziamenti climatici alle piccole e medie imprese verdi (REEEP, n.d.).

Le comunità energetiche trarrebbero beneficio da politiche di rafforzamento della titolarità locale dei progetti energetici. Le comunità energetiche sono innovazioni di base che diffondono la produzione locale e l'uso di energia rinnovabile a livello di comunità (Hargreaves et al., 2013). Uno studio sulle comunità energetiche condotto in 46 Paesi africani mostra che, nel complesso, queste comunità sono prive di capacità sufficienti per l'attuazione e la gestione dei propri progetti energetici. Attualmente, la titolarità dei progetti energetici comunitari costituisce un problema, in quanto la maggior parte dei progetti è di proprietà del governo o di partenariati con gruppi elitari. Sono necessarie politiche di integrazione volte alla creazione di piattaforme di impegno partecipativo delle parti interessate in grado di coinvolgere i cittadini nella pianificazione, realizzazione e gestione delle comunità energetiche (Ambole et al., 2021).

Note

1. Si tratta della media geometrica dei tassi di crescita del 2020, 2021 e 2022, o della variazione annualizzata tra il 2019 e il 2022.
2. Calcoli degli autori basati su UNCTADstats (2022).
3. Calcoli degli autori basati su OECD (2022b).
4. Gli investimenti a impatto sociale sono "investimenti effettuati con l'intenzione di generare un impatto sociale e ambientale positivo e misurabile e un ritorno finanziario" (GIIN, 2023).
5. Calcoli degli autori basati su OECD (2021a).
6. Calcoli degli autori basati su fDi Intelligence (2022).
7. Calcoli degli autori basati su Bureau van Dijk (2022). Per informazioni metodologiche cfr. l'Allegato 1.B del Capitolo 1.
8. Calcoli degli autori basati su IRENA (2022a).
9. Calcoli degli autori basati su IRENA (2022b).
10. Calcoli degli autori basati su OECD (2022c).
11. Calcoli degli autori basati su IEA (2022b). Le fonti energetiche non da combustione includono le fonti energetiche segnalate come rinnovabili all'interno della banca dati dell'*Agenzia internazionale per l'energia*, ma escludono le fonti energetiche basate sulla combustione di combustibili, come i biocarburanti e i rifiuti urbani. I dati riportati per l'Africa meridionale non includono il Lesotho e il Malawi.
12. Calcoli degli autori basati su fDi Intelligence (2022).
13. Calcolo degli autori basato su Roy (di prossima pubblicazione).
14. "Un produttore indipendente di energia è un'entità, diversa da un'impresa elettrica pubblica, che possiede e o gestisce impianti per generare energia elettrica da vendere a un'impresa elettrica, a un acquirente del governo centrale e a utenti finali" (SAIPPA, n.d.).

Riferimenti bibliografici

AfDB (2021), *Country Priority Plan and Diagnostic of the Electricity Sector – Mozambique*, African Development Bank Group, www.afdb.org/sites/default/files/2021/11/22/mozambique.pdf.

Ambole, A. et al. (2021), "A review of energy communities in sub-Saharan Africa as a transition pathway to energy democracy", *Sustainability*, Vol. 13/4, https://doi.org/10.3390/su13042128.

AU/IRENA (n.d.), "Africa Clean Energy Corridor / West Africa Clean Energy Corridor", *Working Document*, https://au.int/sites/default/files/newsevents/workingdocuments/33313-wd-africa clean energy corridor west africa clean energy corridor e.pdf (consultato il 13 febbraio 2023).

AUC/OECD (2022), *Africa's Development Dynamics 2022: Regional Value Chains for a Sustainable Recovery*, AUC, Addis Ababa/OECD Publishing, Paris, https://doi.org/10.1787/2e3b97fd-en.

Ayukegba, V. (14 April 2022), "Angola targets 60% electrification by 2025 driven by renewables", Energy Capital & Power, https://energycapitalpower.com/angola-targets-60-electrification-by-2025-driven-by-renewables/.

Bartz-Zuccala, W. et al. (2022), *Scaling Up Blended Finance in Developing Countries*, OECD, Paris, www.oecd.org/dac/scaling_up_blended_finance_in_developing_countries.pdf.

Beyond the Grid (8 July 2021), "Strong private sector interest in the calls in Mozambique and Uganda", article, https://beyondthegrid.africa/news/strong-private-sector-interest-in-the-calls-in-mozambique-and-uganda/.

Bhargav, A., K. Gumbi and A. Winning (26 gennaio 2023), "South Africa trims rate hikes as power cuts slash growth prospects", *Reuters* article, www.reuters.com/world/africa/south-africas-central-bank-raises-main-lending-rate-725-percent-2023-01-26/.

Bureau van Dijk (2022), *Orbis* (banca dati), www.bvdinfo.com/en-gb/our-products/data/international/orbis (consultato nell'ottobre 2022).

CCA (n.d.), "The Value of Clean Cooking", Clean Cooking Alliance webpage, https://cleancooking.org/the-value-of-clean-cooking/ (consultato il 13 febbraio 2023).

CCA (2022), "CleanStar Mozambique", Clean Cooking Alliance Sector Directory webpage, https://cleancooking.org/sector-directory/cleanstar-mozambique/ (consultato il 28 novembre 2022).

CCA (8 January 2021), "Leveraging off-grid solar infrastructure for modern cooking", Clean Cooking Alliance, https://cleancooking.org/news/01-08-2021-leveraging-off-grid-solar-infrastructure-for-modern-cooking/.

COBENEFITS (2019), *Future Skills and Job Creation through Renewable Energy in South Africa: Assessing the Co-benefits of Decarbonising the Power Sector*, Figure 2, p. 12, www.cobenefits.info/wp-content/uploads/2019/03/COBENEFITS-Study-South-Africa-Employment.pdf.

Convergence (2019), *Case Study: Climate Finance Facility*, Green Bank Network, https://greenbanknetwork.org/wp-content/uploads/2019/07/Convergence_Climate_Finance_Facility_Case_Study_2019.pdf.

Couture, T. D. et al. (2010), *A Policymaker's Guide to Feed-in Tariff Policy Design*, NREL, www.nrel.gov/docs/fy10osti/44849.pdf.

De Jonghe, O. (7 settembre 2022), "The state of renewable energy in South Africa", The Borgen Project blog, https://borgenproject.org/renewable-energy-in-south-africa/.

Dinesh, H. and J. Pearce (2016), "The potential of agrivoltaic systems", *Renewable and Sustainable Energy Reviews*, Vol. 54, pp. 299-308, https://hal.science/hal-02113575/file/The_potential_of_agrivoltaic_systems.pdf.

Eberhard, A. and T. Kåberger (2016), "Renewable energy auctions in South Africa outshine feed-in tariffs", *Energy Science & Engineering*, Vol. 4, https://doi.org/10.1002/ese3.118.

Eckstein, D., V. Künzel and L. Schäfer (2021), *Global Climate Risk Index 2021*, Germanwatch, www.germanwatch.org/sites/default/files/Global%20Climate%20Risk%20Index%202021_2.pdf.

EEP Africa (2021), *Tier 4 Clean-Cooking with Paygo*, Energy and Environment Partnership Trust Fund, https://eepafrica.org/wp-content/uploads/2022/02/2021_EEP_ResultsBrochure_FINAL.pdf.

Engineering News (8 June 2022), "Is going off grid SA's biggest energy myth?", Media Statement, www.engineeringnews.co.za/article/is-going-off-grid-sas-biggest-energy-myth-2022-06-08.

Espoir, D. K., R. Sunge and F. Bannor (2023), "Renewable and non-renewable electricity consumption, economic growth and climate change: Evidence from a panel of selected African countries", *Energy Nexus*, Vol. 9, https://doi.org/10.1016/j.nexus.2022.100165

fDi Intelligence (2022), *fDi Markets* (banca dati), www.fdiintelligence.com/fdi-markets (consultato nell'agosto 2022).

Gbadamosi, N. (25 January 2023), "How South Africa's energy crisis became an economic crisis", *Foreign Policy*, https://foreignpolicy.com/2023/01/25/south-africa-energy-crisis-corruption-anc/.

GIIN (2023), Impact Investing website, https://thegiin.org/impact-investing/ (consultato il 24 febbraio 2023).

GIIN (2020), *Annual Impact Investor Survey*, Global Impact Investing Network, https://thegiin.org/assets/GIIN%20Annual%20Impact%20Investor%20Survey%202020.pdf.

GIIN (2016), *The Landscape for Impact Investing in Southern Africa*, Global Impact Investing Network, https://thegiin.org/assets/documents/pub/Southern%20Africa/GIIN_SouthernAfrica.pdf.

Goel, R. and K. Miyajima (2021), "Analyzing capital flow drivers using the 'at-risk' framework: South Africa's case", *IMF Working Paper*, No. 2021/253, www.imf.org/en/Publications/WP/Issues/2021/10/22/Analyzing-Capital-Flow-Drivers-Using-the-At-Risk-Framework-South-Africas-Case-497224.

GreenCape (2021), *The South African Renewable Energy Master Plan: Emerging Actions Discussion Document*, https://green-cape.co.za/assets/SAREM-Emerging-Actions-Discussion-Doc_20211103_ntt-1.pdf.

Groenendaal, B. (2018), "S.Africa: Land expropriation effects on renewable energy investment", ESI Africa, www.esi-africa.com/top-stories/s-africa-land-expropriation-effects-on-renewable-energy-investment/.

GWEC (2022), *Capturing Green Recovery Opportunities from Wind Power in Developing Economies*, Global Wind Energy Council, https://gwec.net/wp-content/uploads/2022/02/REPORT_Capturing-Green-Recovery-Opportunities-from-Wind-Power-in-Developing-Economies.pdf.

Halland, H. et al. (2021), "Mobilising institutional investor capital for climate-aligned development", *OECD Development Policy Papers*, No. 35, OECD Publishing, Paris, https://doi.org/10.1787/e72d7e89-en.

Hargreaves, T. et al. (2013), "Grassroots innovations in community energy: The role of intermediaries in niche development", *Global Environmental Change*, Vol. 23/5, www.sciencedirect.com/science/article/pii/S0959378013000381.

IEA (2022a), *Africa Energy Outlook 2022*, International Energy Agency, Paris, www.iea.org/reports/africa-energy-outlook-2022.

IEA (2022b), "Renewables Information", *International Energy Agency* (banca dati), www.iea.org/data-and-statistics/data-product/renewables-information (consultato nell'ottobre 2022).

IEA (2022c), "The role of biogas and biomethane in pathway to net zero", *IEA Position Paper*, International Energy Agency, Paris, www.ieabioenergy.com/wp-content/uploads/2022/12/2022_12_12-IEA_Bioenergy_position-paper_Final2.pdf.

IEA (2021a), *World Energy Outlook – 2021*, International Energy Agency, Paris, www.iea.org/reports/world-energy-outlook-2021.

IEA (2021b), "World Energy Balances 2021", *International Energy Agency* (banca dati), www.iea.org/data-and-statistics/data-product/world-energy-balances.

IEA (2020), *Climate Impacts on African Hydropower*, International Energy Agency, Paris, www.iea.org/reports/climate-impacts-on-african-hydropower.

IEA/CCFI (2021), *Clean Energy Investing: Global Comparison of Investment Returns*, International Energy Agency/Centre for Climate Finance & Investment, https://iea.blob.core.windows.net/assets/ef1d6b50-66a6-478c-990e-ee227e2dd89b/Clean_Energy_Investing_-_Global_Comparison_of_Investment_Returns.pdf.

IFC (2020a), *Sustainable Finance Practices in South African Retirement Funds: Opportunities to Unlock Investment in Green and Climate Finance and Support a Resilient Economy*, International Finance Corporation, Washington, DC, www.ifc.org/wps/wcm/connect/93d586c6-fe64-439e-907a-d067e640e8ec/South+AfricaRetirementFunds-SustainableFinance040221.pdf?MOD=AJPERES&CVID=nu3gl6v.

IFC (2020b), *Regulatory and Tariff Review for Distributed Generation in the Commercial and Industrial Sectors in Southern Africa*, International Finance Corporation, Washington, DC, www.ifc.org/wps/wcm/connect/090c58a2-2b98-482e-8c6d-b5931ed793e2/202006-Regulatory-Tariff-Review-Southern-Africa.pdf?MOD=AJPERES&CVID=nbDqlVa.

IMF (2023a), *World Economic Outlook Database*, April 2023 Edition, International Monetary Fund, www.imf.org/en/Publications/WEO/weo-database/2023/April (consultato nell'aprile 2023).

IMF (2023b), "List of LIC DSAs for PRGT-eligible countries", International Monetary Fund, www.imf.org/external/pubs/ft/dsa/dsalist.pdf.

IMF (2022a), *World Economic Outlook Database*, October 2022 Edition, International Monetary Fund, www.imf.org/en/Publications/WEO/weo-database/2022/October (consultato nell'ottobre 2022).

IMF (2022b), *Balance of Payments and International Investment Position Statistics (BOP/IIP)* (banca dati), International Monetary Fund, https://data.imf.org/?sk=7A51304B-6426-40C0-83DD-CA473CA1FD52 (consultato il 22 novembre 2022).

IMF (2022c), *Investment and Capital Stock Dataset (ICSD) (banca dati)*, https://data.imf.org/?sk=1CE8A55F-CFA7-4BC0-BCE2-256EE65AC0E4 (consultato nell'ottobre 2022).

IRENA (2022a), "Installed renewable electricity capacity (MW) by region/country/area, technology and year", *IRENASTAT* (banca dati), https://pxweb.irena.org/pxweb/en/IRENASTAT/IRENASTAT__Power%20Capacity%20and%20Generation/RECAP_2022_cycle2.px/ (consultato nell'ottobre 2022).

IRENA (2022b), "Renewable Energy Employment by Country", *Statistics Data* (banca dati), www.irena.org/Data/View-data-by-topic/Benefits/Renewable-Energy-Employment-by-Country (consultato nel febbraio 2023).

IRENA (2021), *Renewable Power Generation Costs in 2020*, International Renewable Energy Agency, Abu Dhabi, www.irena.org/-/media/Files/IRENA/Agency/Publication/2021/Jun/IRENA_Power_Generation_Costs_2020.pdf?rev=c9e8dfcd1b2048e2b4d30fef671a5b84

IRENA (2020), *Mobilising Institutional Capital for Renewable Energy*, International Renewable Energy Agency, Abu Dhabi, www.irena.org/-/media/Files/IRENA/Agency/Publication/2020/Nov/IRENA_Mobilising_Institutional_Capital_2020.pdf.

IRENA (2018), *Renewable Energy Auctions: Cases from Sub-Saharan Africa*, International Renewable Energy Agency, Abu Dhabi, www.irena.org/-/media/Files/IRENA/Agency/Publication/2018/Apr/IRENA_Auctions_Sub-Saharan_Africa_2018.pdf.

IRENA (2016), *Policies and Regulations for Private Sector Renewable Energy Mini-grids*, International Renewable Energy Agency, Abu Dhabi, www.irena.org/-/media/Files/IRENA/Agency/Publication/2016/IRENA_Policies_Regulations_minigrids_2016.pdf?rev=1fbca1c70aad4b31b49cc7cd96f06e92.

IRENA (2013), *Renewable Energy Auctions in Developing Countries*, https://ppp.worldbank.org/public-private-partnership/library/renewable-energy-auctions-developing-countries-irena-2013.

IRENA/AfDB (2022), *Renewable Energy Market Analysis: Africa and Its Regions*, International Renewable Energy Agency and African Development Bank, Abu Dhabi and Abidjan, www.irena.org/-/media/Files/IRENA/Agency/Publication/2022/Jan/IRENA_Market_Africa_2022.pdf?rev=bb73e285a0974bc996a1f942635ca556.

IRENA/CPI (2020), *Global Landscape of Renewable Energy Finance 2020*, International Renewable Energy Agency, Abu Dhabi, www.irena.org/-/media/Files/IRENA/Agency/Publication/2020/Nov/IRENA_CPI_Global_finance_2020.pdf?rev=7b096feb04e7473abdd0f2425ee71036.

IRENA/ILO (2022), *Renewable Energy and Jobs: Annual Review 2022*, International Renewable Energy Agency/International Labour Organization, Abu Dhabi/Geneva, www.irena.org/publications/2022/Sep/Renewable-Energy-and-Jobs-Annual-Review-2022.

ITA (2022), "Angola Energy Transition", webpage, International Trade Administration, www.trade.gov/market-intelligence/angola-energy-transition (consultato il 13 febbraio 2023).

Kaifa, J. and W. Parawira (2019), "A study of the current state of biogas production in Zimbabwe: Lessons for Southern Africa", *Advances in Biotechnology & Microbiology*, Vol. 13/3, Juniper Publishers, Irvine, https://juniperpublishers.com/aibm/pdf/AIBM.MS.ID.555865.pdf.

Khaleej Times (17 novembre 2022), "SkyPower inks solar climate deal with Zimbabwe", article, www.khaleejtimes.com/business/skypower-inks-solar-climate-deal-with-zimbabwe.

Kozul-Wright, A. (19 febbraio 2023), "Year of war in Ukraine left developing nations picking up pieces", *Al Jazeera* article, www.aljazeera.com/economy/2023/2/19/a-year-of-war-in-ukraine-has-left-developing-countries-picking-up-pieces.

Laakso, M. and S. Petric (23 maggio 2022), "An increased role for private sector: Mozambique's new regulatory policy in the off-grid energy sector", Brookings, www.brookings.edu/blog/africa-in-focus/2022/05/23/an-increased-role-for-private-sector-mozambiques-new-regulatory-policy-in-the-off-grid-energy-sector/.

Masamba, M. et al. (2022), *Renewable Energy Transitions in a Period of Debt Distress in Southern Africa: The Role of Development Finance Institutions*, SADC Development Finance Resource Centre, www.bu.edu/gdp/files/2022/06/GDP_SADC_Report_2022_EN_FIN.pdf.

Matich, B. (6 agosto 2022), "The long read: Farming the southern sun", PV Magazine, www.pv-magazine-india.com/2022/08/06/the-long-read-farming-the-southern-sun/.

Moreira da Silva, J. (3 novembre 2021), "Leapfrogging to green: The world's energy transition depends on support to developing countries", The Forum Network, www.oecd-forum.org/posts/leapfrogging-to-green-the-world-s-energy-transition-depends-on-support-to-developing-countries.

Muñoz Cabré M. et al. (2020), *Expanding Renewable Energy for Access and Development: The Role of Development Finance Institutions in Southern Africa*", Global Development Policy Center, Boston University, Boston, www.bu.edu/gdp/files/2020/11/GDP_SADC_Report_EN_Nov_16.pdf.

OECD (2022a), "Aid (ODA) disbursements to countries and regions", *OECD.Stat* (banca dati), https://stats-1.oecd.org/Index.aspx?DataSetCode=TABLE2A (consultato nell'ottobre 2022).

OECD (2022b), "Mobilisation", *OECD.Stat* (dataset), https://stats.oecd.org/Index.aspx?DataSetCode=DV_DCD_MOBILISATION (consultato nel dicembre 2022).

OECD (2022c), "GHG Emissions from fuel combustion (summary)", *IEA CO2 Emissions from Fuel Combustion Statistics: Greenhouse Gas Emissions from Energy* (banca dati), https://doi.org/10.1787/445ec5dd-en (consultato il 3 settembre 2022).

OECD (2021a), *OECD Global Pension Statistics* (banca dati), https://doi.org/10.1787/pension-data-en (consultato nell'ottobre 2022).

OECD (2021b), "De-risking institutional investment in green infrastructure: 2021 progress update", *OECD Environment Policy Papers*, No. 28, OECD Publishing, Paris, https://doi.org/10.1787/357c027e-en.

OECD (2019), *Aligning Development Co-operation and Climate Action: The Only Way Forward*, The Development Dimension, OECD Publishing, Paris, https://doi.org/10.1787/5099ad91-en.

OECD (2012), *Linking Renewable Energy to Rural Development*, OECD Green Growth Studies, OECD Publishing, Paris, https://doi.org/10.1787/9789264180444-en.

PLMJ (2022), "Angola: Tax Benefits Code", News, www.plmj.com/xms/files/03_Novidades_legislativas/2022/04_abril/N_Colab_RVA-PLMJ_Tax_Benefits_Code.pdf.

REEEP (n.d.), "Southern African Renewable Energy Investment and Growth Programme (SOARING)", Renewable Energy and Energy Efficiency Partnership webpage, www.reeep.org/southern-african-renewable-energy-investment-and-growth-programme-soaring.

RenewAfrica.Biz (31 marzo 2022), "Zimbabwe: Up to 5MW can now be fed to the grid through net metering", article, https://renewafrica.biz/regional-news/southern-africa/zimbabwe-up-to-5mw-can-now-be-fed-to-the-grid-through-net-metering/.

Reuters (26 May 2022), "S.Africa needs $250 bln over three decades for clean energy transition – report", article, www.reuters.com/business/sustainable-business/safrica-needs-250-bln-over-three-decades-clean-energy-transition-report-2022-05-26/.

Roux, A. and A. Shanker (2018), *Net Metering and PV Self-consumption in Emerging Countries*, International Energy Agency, https://iea-pvps.org/wp-content/uploads/2020/01/T9_NetMeteringAndPVDevelopmentInEmergingCountries_EN_Report.pdf.

Roy, R. (forthcoming), "Africa's developmental path as a solution to the problem of air pollution in Africa", background paper for *Africa's Development Dynamics 2023*.

Rust, J. and L. Ossenbrink (12 febbraio 2022), "Germany eyes Namibia's green hydrogen", *Deutsche Welle article*, https://p.dw.com/p/4KPay.

SACREEE (2019), "REEESAP – Southern Africa Renewable Energy and Energy Efficiency Strategy and Action Plan", SADC Centre for Renewable Energy and Energy Efficiency Publication, www.sacreee.org/document/reeesap-southern-africa-renewable-energy-and-energy-efficiency-strategy-and-action-plan.

SAIPPA (n.d.), "What does SAIPPA do?", South African Independent Power Producers Association webpage, www.saippa.org.za/ (consultato il 13 febbraio 2023).

SEIA (n.d.), "Net Metering", Solar Energy Industries Association webpage, www.seia.org/initiatives/net-metering (consultato il 13 febbraio 2023).

Stafford, W. H. L. et al. (2019), "Biofuels technology development in Southern Africa", *Development Southern Africa*, Vol. 36/2, Taylor & Francis Group, London, https://doi.org/10.1080/0376835X.2018.1481732.

Sy, A. N. R. (2017), *Leveraging African Pension Finds for Financing Infrastructure Development*, The Brookings Institute, www.brookings.edu/wp-content/uploads/2017/03/global_20170314_african-pension-funds.pdf.

TaiyangNews (29 ottobre 2021), "2.6 GW renewable energy capacity for South African auction", article, https://taiyangnews.info/markets/south-africa-concludes-reipppp-round-5/.

Udeagha, M. and N. Ngepah (2021), "Disaggregating the environmental effects of renewable and non-renewable energy consumption in South Africa: Fresh evidence from the novel dynamic ARDL simulations approach", *Economic Change and Restructuring*, Vol. 55, https://doi.org/10.1007/s10644-021-09368-y.

UN DESA (2022), "World Population Prospects: The 2022 Revision", *United Nations* (banca dati), United Nations Department of Economic and Social Affairs, New York, https://population.un.org/dataportal/data/indicators/67/locations/903/start/2000/end/2030/table/pivotbylocation (consultato nell'ottobre 2022).

UNCTAD (2022a), *World Investment Report 2022*, United Nations Publishing, New York, https://unctad.org/webflyer/world-investment-report-2022.

UNCTAD (2022b), *The Impact on Trade and Development of the War in Ukraine*, https://unctad.org/system/files/official-document/osginf2022d1_en.pdf.

UNCTAD (2021), *World Investment Report 2021*, United Nations Publishing, New York, https://unctad.org/webflyer/world-investment-report-2021.

UNCTADstats (2022), *Handbook of Statistics* (banca dati), https://unctadstat.unctad.org/EN/ (consultato nell'ottobre 2023).

UNEP (2020), "Clean Energy Corridors in Africa", Climate Initiatives Platform webpage, United Nations Environment Programme, https://climateinitiativesplatform.org/index.php/Clean_Energy_Corridors_in_Africa.

UNIDO (2020), *Clean Energy Mini-Grid Policy: Development Guide*, United Nations Industrial Development Organisation, www.unido.org/sites/default/files/files/2021-03/CEMG_Development_Guide_EN.pdf.

Ver Angola (30 January 2023), "Fitch Solutions: withdrawal of fuel subsidies in Angola is the biggest risk to stability", article, www.verangola.net/va/en/012023/Energy/34233/Fitch-Solutions-withdrawal-of-fuel-subsidies-in-Angola-is-the-biggest-risk-to-stability.htm.

Wang, Q. et al. (2018), "Renewable energy and economic growth: New insight from country risks", *Energy*, Vol. 238, www.sciencedirect.com/science/article/pii/S0360544221022660.

WHO (2021), "Household Energy Database", *World Health Organisation* (banca dati), www.who.int/data/gho/data/themes/air-pollution/who-household-energy-db.

World Bank (2022a), *World Development Indicators* (banca dati), https://data.worldbank.org/products/wdi (consultato il 12 aprile 2022).

World Bank (2022b), "Public-Private Partnerships – Overview", webpage, www.worldbank.org/en/topic/publicprivatepartnerships/overview (consultato il 13 febbraio 2023).

World Bank-KNOMAD (2022), *Remittances* (banca dati), The Global Knowledge Partnership on Migration and Development (KNOMAD), World Bank, www.knomad.org/data/remittances (consultato il 19 dicembre 2022).

Zitamar (22 dicembre 2022), "Mozambique looks to off-grid systems to provide energy for all", article, https://zitamar.com/mozambique-looks-to-off-grid-systems-to-provide-energy-for-all/#:~:text=In%20the%20first%20quarter%20of,energy%20to%20meet%20household%20needs.

Capitolo 4

Investire negli ecosistemi naturali per lo sviluppo sostenibile dell'Africa centrale

Il presente capitolo si interessa alla mobilitazione di investimenti sostenibili nei nove Paesi dell'Africa centrale [Burundi, Camerun, Repubblica centrafricana (RCA), Ciad, Repubblica del Congo (Congo), Repubblica democratica del Congo (RDC), Guinea equatoriale, Gabon e São Tomé e Príncipe]. Analizza i flussi finanziari ricevuti dalla regione, in particolare la loro allocazione ad attività sostenibili in grado di promuovere l'integrazione regionale. Propone poi uno studio di caso sulla potenziale monetizzazione degli ecosistemi naturali per attirare investimenti e contribuire alla trasformazione della produzione nella regione. Realizza un'analisi preliminare degli ecosistemi naturali e dei meccanismi di monetizzazione esistenti, prima di esaminare le principali sfide che ne frenano lo sviluppo. Propone infine politiche pubbliche in grado di aumentare quantitativamente e qualitativamente la monetizzazione degli ecosistemi naturali nell'Africa centrale.

IN SINTESI

L'elevato potenziale degli ecosistemi naturali dell'Africa centrale dovrebbe consentire di incrementare gli investimenti sostenibili nelle economie locali. La monetizzazione dei servizi ecosistemici che esse forniscono - come il sequestro di carbonio da parte delle foreste, stimato in oltre 344 mila miliardi di USD - potrebbe essere utilizzata come leva per maggiori finanziamenti a favore dello sviluppo sostenibile.

Malgrado questo potenziale, i Paesi dell'Africa centrale stentano a trarre valore dal loro capitale naturale. Nel periodo 2019-20 hanno ricevuto 1,5 miliardi di USD, pari ad appena il 5,3 % dei finanziamenti per il clima destinati al continente e allo 0,2 % dei finanziamenti globali per il clima. I vincoli tecnici a livello locale e la debolezza dei quadri istituzionali e di governance sono alcuni dei fattori che ostacolano la capacità dei governi locali di creare meccanismi efficaci per la monetizzazione degli ecosistemi naturali.

Gli attori nazionali, regionali e internazionali dovrebbero prendere in considerazione tre azioni prioritarie per aumentare la monetizzazione degli ecosistemi naturali: 1) migliorare la contabilità del capitale naturale nell'Africa centrale per informare meglio gli investitori e le parti interessate; 2) creare quadri istituzionali adatti alla monetizzazione degli ecosistemi; e 3) promuovere meccanismi di finanziamento innovativi in consultazione con gli attori comunitari, politici e finanziari.

Central Africa

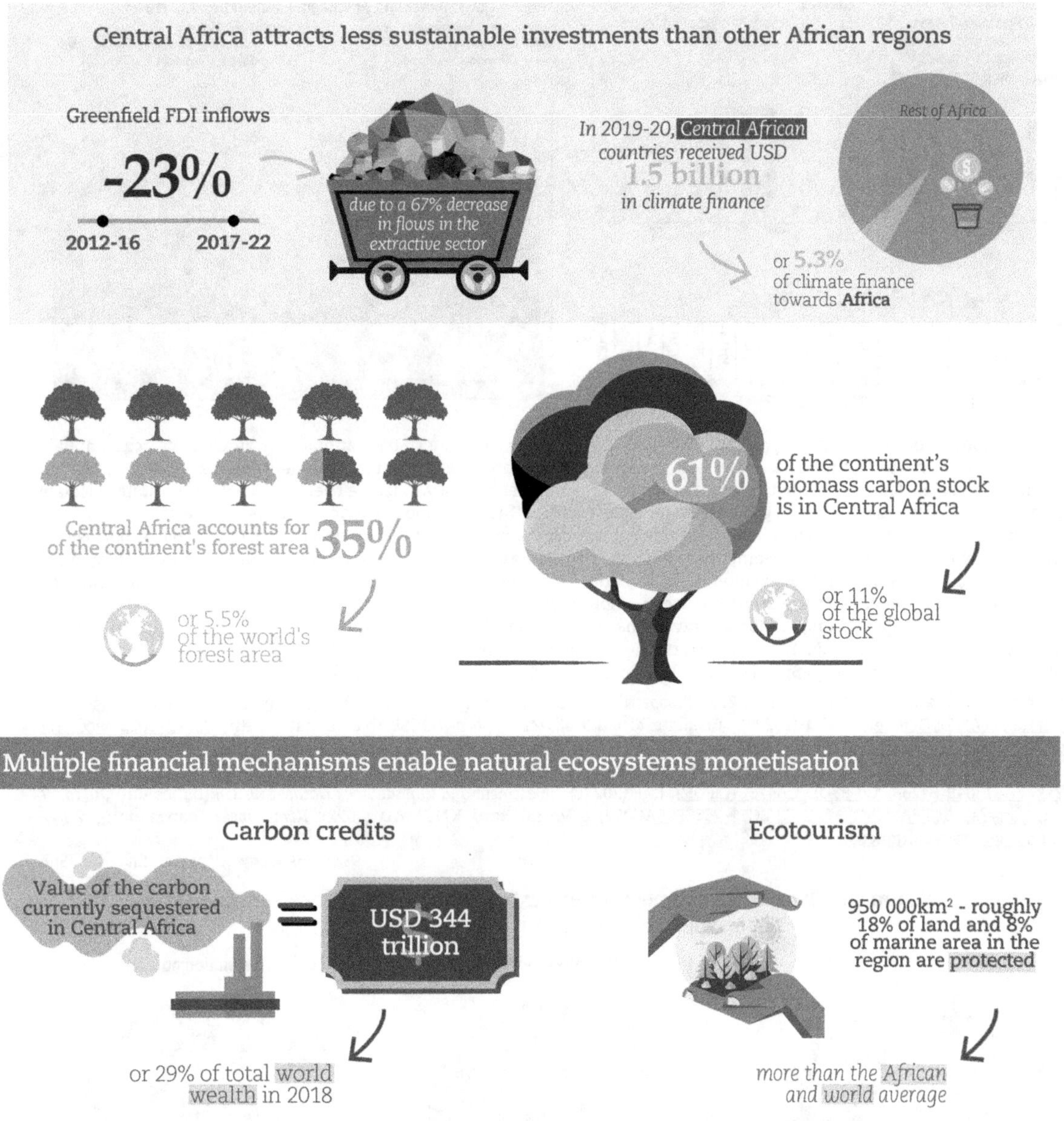

What's next?

- **Improve natural capital accounting** to better inform investors and stakeholders
- **Establish institutional frameworks** for the monetisation of natural ecosystems
- **Ensure local ownership** when developing innovative financing mechanisms

Profilo regionale dell'Africa centrale

Figura 4.1. **Componenti della crescita economica e fonti di finanziamento nell'Africa centrale**

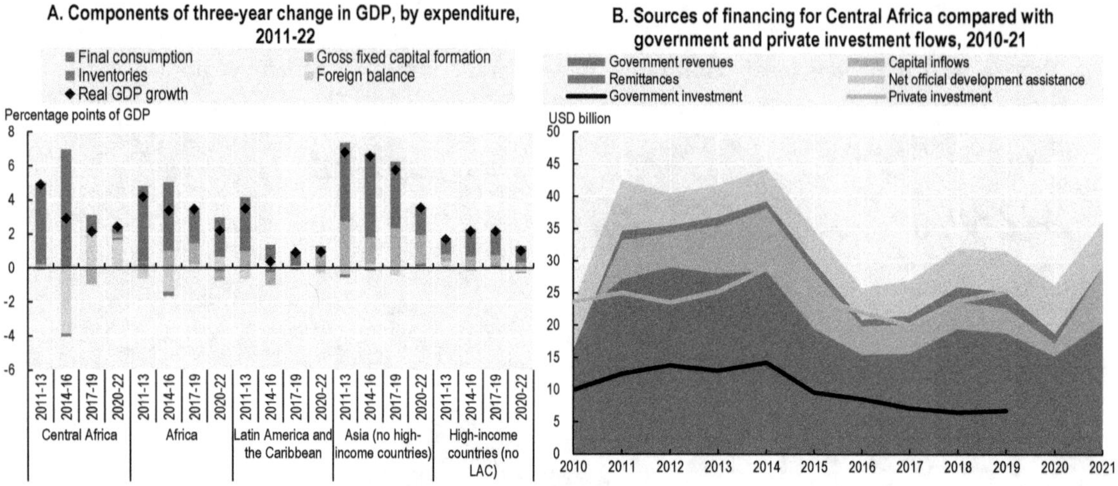

Nota: le componenti della crescita del prodotto interno lordo (PIL) sono calcolate su base annua utilizzando la crescita annuale del PIL reale per stimare l'aumento in USD reali. I dati aggregati sono calcolati sulla base della media dei dati nazionali ponderata per il PIL in dollari a parità di potere d'acquisto. Le componenti della variazione triennale del PIL sono state calcolate considerando la differenza tra la media geometrica della crescita del PIL reale annuo nel periodo e la crescita del PIL reale quando ogni componente è azzerata per i singoli anni. Il saldo estero corrisponde alla differenza tra le importazioni e le esportazioni. Le importazioni contribuiscono negativamente al PIL. Per "Paesi ad alto reddito" si intendono i Paesi al di fuori dell'America latina e dei Caraibi che sono classificati come "ad alto reddito" secondo i gruppi di Paesi per reddito della Banca mondiale. Le entrate pubbliche comprendono tutte le entrate fiscali e non fiscali dello Stato, al netto del servizio del debito e dei contributi ricevuti. Gli apporti di capitale comprendono gli investimenti diretti esteri (IDE), gli investimenti di portafoglio e gli altri flussi di investimenti in entrata riportati dal Fondo monetario internazionale (FMI) in base alla contabilità attivi/passivi. Occorre cautela nell'interpretare i dati relativi agli apporti di capitale poiché alcuni dati relativi al 2021 e ai flussi di portafoglio sono mancanti.

Fonte: calcoli degli autori basati su IMF (2022a), *Prospettive economiche mondiali (banca dati)*, www.imf.org/en/Publications/WEO/weo-database/2022/October; OECD (2022a),, *Comitato di aiuto allo sviluppo dell'OCSE* (banca dati), https://stats-2022.oecd.org/Index.aspx?DataSetCode=TABLE2A; World Bank (2022a), *World Development Indicators* (banca dati),https://data.worldbank.org/products/wdi; IMF (2022b), *Balance of Payments and International Investment Position Statistics (BOP/IIP)* (banca dati), https://data.imf.org/?sk=7A51304B-6426-40C0-83DD-CA473CA1FD52; IMF (2022c), *Investment and Capital Stock Dataset (ICSD)* (banca dati), https://data.imf.org/?sk=1CE8A55F-CFA7-4BC0-BCE2-256EE65AC0E4; e World Bank-KNOMAD (2022), *Remittances* (banca dati), www.knomad.org/data/remittances.

StatLink https://stat.link/dm75np

Figura 4.2. **Flussi di investimenti diretti esteri *greenfield* nell'Africa centrale per attività, origine e destinazione, 2017-22**

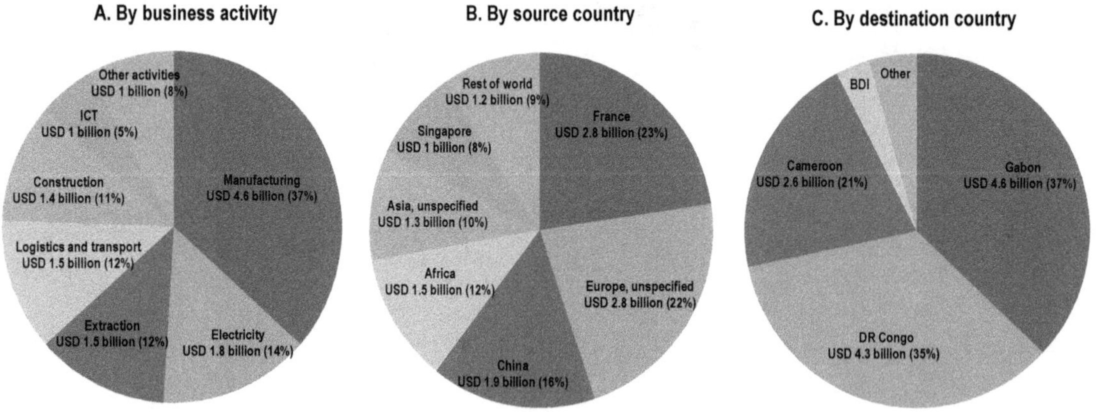

Nota: la banca dati fDi Markets è utilizzata solo a fini di analisi comparativa. Non si dovrebbero dedurre gli importi effettivi degli investimenti da tale fonte poiché i dati di fDi Markets si basano sugli annunci iniziali di progetti di investimento, una parte dei quali non si concretizza. TIC = Tecnologie dell'informazione e della comunicazione. BDI = Burundi.

Fonte: calcoli degli autori basati su fDi Intelligence (2022), *fDi Markets* (banca dati), www.fdiintelligence.com/fdi-markets.

StatLink https://stat.link/6k4eua

Malgrado il suo formidabile potenziale, l'Africa centrale riceve meno investimenti sostenibili rispetto ad altre regioni africane

I flussi finanziari devono essere potenziati per garantire uno sviluppo sostenibile dell'Africa centrale

Dagli anni dieci del secolo attuale gli investimenti hanno contribuito poco alla crescita dell'Africa centrale. La forte crescita demografica della regione può spiegare in parte la notevole crescita dei consumi nei periodi 2011-13 e 2014-16 (Figura 4.1). Tuttavia, tra il 2015 e il 2016 il calo dei prezzi del petrolio ha alterato l'equilibrio tra queste diverse componenti della crescita. La bilancia commerciale ha avuto un effetto negativo sulla crescita nel 2015, quando il valore delle esportazioni di petrolio dell'Africa centrale è sceso improvvisamente, per poi contribuire positivamente quando le esportazioni si sono lentamente riprese. Allo shock dei prezzi del 2015 è seguito anche un calo del 32 % degli investimenti pubblici e del 14 % di quelli privati (il maggiore del continente). Gli investimenti non sono tornati ai livelli precedenti fino al 2019 e, di conseguenza, la formazione lorda di capitale fisso ha avuto un effetto negativo sulla crescita del PIL nel periodo 2017-19.

Il declino del settore estrattivo (dovuto al calo dei prezzi del petrolio) è stato uno dei principali fattori di riduzione degli investimenti nella regione. I flussi totali di capitale in entrata (flussi di IDE, investimenti di portafoglio e altri tipi di investimento, Figura 4.1) sono stati in media pari a 7,5 miliardi di USD tra il 2011 e il 2015, ma a soli 3,8 miliardi di USD in media tra il 2016 e il 2020. Ciononostante, le economie centrafricane rimangono fortemente dipendenti dalle industrie estrattive, in particolare dalla produzione di petrolio, il cui calo di prezzo del 2015 è stato seguito non solo da una diminuzione della crescita del PIL, ma anche da un calo del 59 % dei nuovi progetti di investimento tra il 2011-15 e il 2016-21.

La pandemia da COVID-19 ha indebolito le finanze pubbliche nella maggior parte dei Paesi dell'Africa centrale. Prima della pandemia la mobilitazione delle entrate pubbliche era rimasta relativamente bassa dopo lo shock del 2015 (e il conseguente calo del 30 %). Secondo un'analisi della sostenibilità del debito condotta dall'FMI e dalla Banca mondiale nel febbraio 2023, la maggior parte dei Paesi dell'Africa centrale si trovava in una situazione di sovraindebitamento (Congo e São Tomé e Príncipe) o ad alto rischio di sovraindebitamento (Burundi, Camerun, Repubblica centrafricana e Ciad) (IMF/World Bank, 2023). Nel 2020 i Paesi della regione hanno dovuto far fronte a un aumento medio del debito lordo delle amministrazioni pubbliche di 5,5 punti percentuali del PIL (passato dal 39,9 % al 45,3 %) come conseguenza della pandemia da COVID-19. Nel 2022 la maggior parte dei Paesi dell'Africa centrale continuava a essere classificata come "fragile", ad eccezione del Gabon e di São Tomé e Príncipe (OECD, 2022b). Secondo l'FMI, tuttavia, nel 2023 le entrate totali dei Paesi dell'Africa centrale dovrebbero aumentare del 41 % rispetto al livello del 2019, il che potrebbe contribuire a migliorare la situazione.

L'aumento del prezzo del petrolio sta avendo un impatto misto sulle economie della regione. Il prezzo del petrolio ha raggiunto il livello più alto dei dieci anni precedenti nel luglio 2022, incrementando il valore delle esportazioni di petrolio di 6 punti percentuali all'interno del PIL dell'Africa centrale. Si prevede che i prezzi del petrolio rimarranno elevati nei prossimi anni, con una potenziale ripresa degli investimenti in Africa nel breve e medio termine (World Bank, 2022b). Il reinvestimento nei combustibili fossili, tuttavia, avrebbe conseguenze ambientali negative e ostacolerebbe lo sviluppo sostenibile della regione. Inoltre, gli effetti dell'aumento dei prezzi sono stati contrastanti. Si sono registrati effetti positivi per la maggior parte dei Paesi esportatori netti di petrolio dell'Africa centrale (Camerun, Ciad, Congo, Guinea Equatoriale e Gabon), ma effetti negativi sulle economie degli altri quattro Paesi.

L'Africa centrale rimane vulnerabile a una serie di altri rischi che vanno al di là del prezzo del petrolio. I recenti conflitti internazionali stanno interrompendo le catene di approvvigionamento alimentare nella regione. Il Burundi, il Congo e la Repubblica democratica del Congo, ad esempio, ricevono la maggior parte delle loro importazioni di grano dalla Russia e dall'Ucraina (UNCTAD, 2022). I cambiamenti climatici stanno inoltre accentuando l'instabilità e aggravando i conflitti in una regione il cui sviluppo è già ostacolato dalla sua fragilità (National Intelligence Council, 2021).

Gli investimenti non sono sufficientemente allocati alle attività sostenibili

I nuovi progetti di investimento si sono spostati dall'industria estrattiva verso l'industria manifatturiera, l'energia e la logistica, ma gli importi complessivi sono diminuiti drasticamente. Il valore totale dei nuovi progetti di investimento nell'Africa centrale è diminuito del 23 % tra il 2012-16 e il 2017-22, principalmente a causa di un calo del 67 % dei flussi nel settore estrattivo (Figura 4.3). Gran parte di questo calo era anteriore alla crisi del COVID-19: i flussi totali di nuovi progetti di investimento verso l'Africa centrale sono stati del 40 % più elevati nel 2020 e nel 2021 rispetto al 2017-18. Anche la creazione di posti di lavoro legati agli investimenti è diminuita, passando da 2,6 a 2,3 posti di lavoro per milione di USD investiti. Persino nell'industria manifatturiera il rapporto tra posti di lavoro è sceso da 4,2 a 3,8 per milione di USD investiti.

Figura 4.3. **Intensità di manodopera dei flussi di investimento in nuovi progetti nell'Africa centrale, per attività**

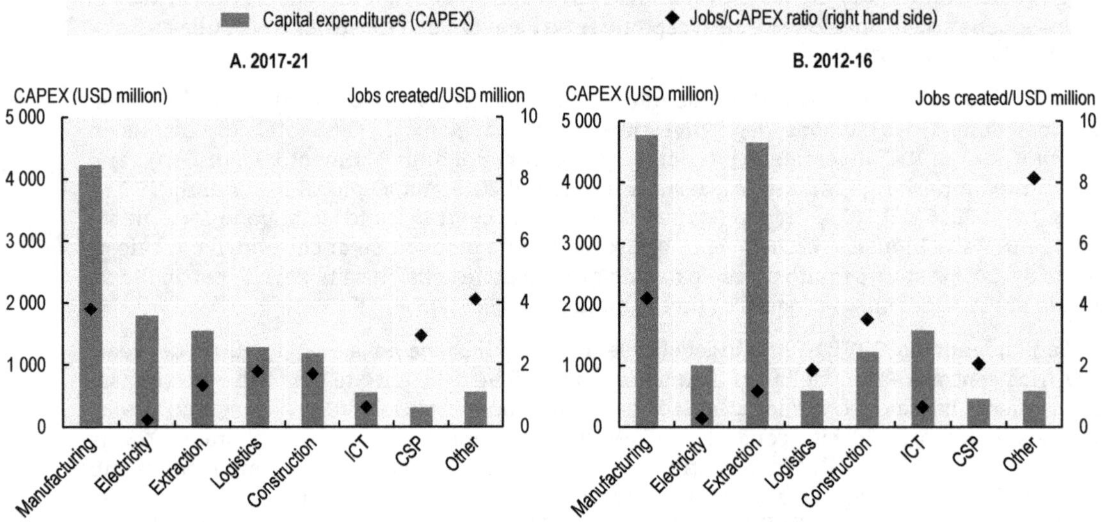

Nota: CAPEX = spesa in conto capitale, TIC = tecnologie dell'informazione e della comunicazione, CSP = fornitore di servizi aziendali.

Fonte: calcoli degli autori basati su fDi Intelligence (2022), *fDi Markets* (banca dati), www.fdiintelligence.com/fdi-markets.

StatLink *https://stat.link/cxme8f*

L'Africa centrale comprende le economie a minore intensità di carbonio di tutta l'Africa. Nel 2020 i Paesi dell'Africa centrale hanno prodotto 31 megatonnellate di emissioni di biossido di carbonio equivalente ($MtCO_2e$), pari ad appena il 2,5 % delle emissioni africane e allo 0,1 % delle emissioni globali. Secondo l'Agenzia Internazionale per l'energia (AIE), la quota di emissioni di gas a effetto serra (GES) dell'Africa centrale da fonti residenziali supera la quota di produzione di energia elettrica, cosa che non accade in altre regioni dell'Africa o del mondo. Dal 2000, tuttavia, le emissioni di gas a effetto serra derivanti dalla produzione di energia elettrica sono aumentate, malgrado una diminuzione delle emissioni totali della regione dal 2014 (Figura 4.4).

Figura 4.4. **Emissioni di gas a effetto serra nell'Africa centrale, per settore**

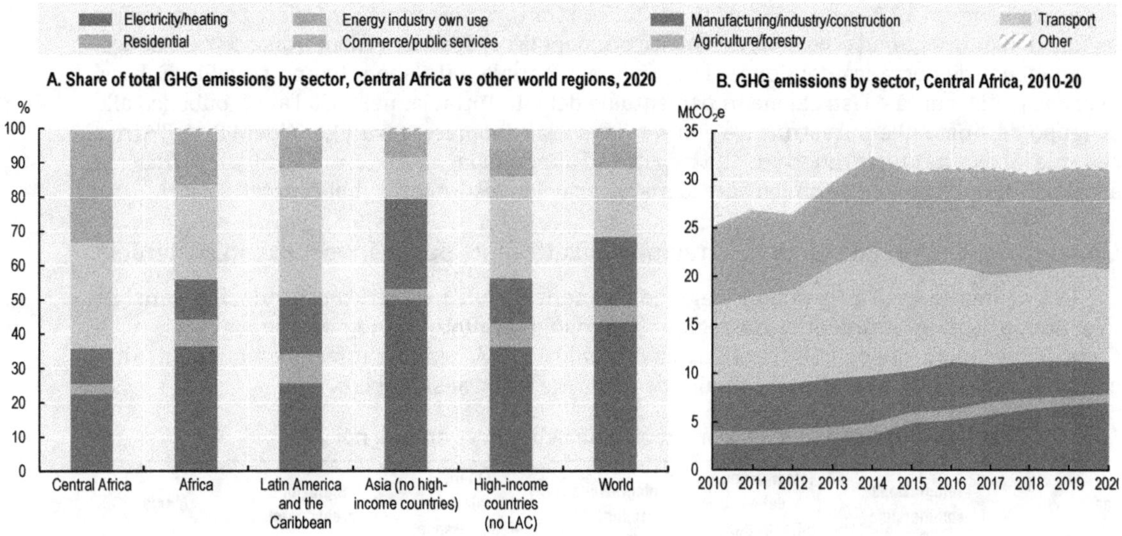

Fonte: IEA (2021), *GHG Emissions from Fuel Combustion (sintesi)* (banca dati), http://dotstat.oecd.org/Index.aspx?DataSetCode =GHG#.

StatLink https://stat.link/eskf70

L'Africa centrale dipende meno dai combustibili fossili per la produzione di elettricità rispetto ad altre regioni africane. Circa il 78 % della produzione di elettricità proviene dall'energia idroelettrica, mentre il resto deriva dai combustibili fossili. Tuttavia, l'Africa centrale produce solo il 3 % dell'elettricità del continente, e nel 202 ha lasciato il 72 % della popolazione (118 milioni di persone) senza accesso all'elettricità. Inoltre, l'elettricità rinnovabile soddisfa solo una piccola parte del fabbisogno energetico della regione (riscaldamento, cucina, trasporti) (Figura 4.5).

Figura 4.5. **Produzione di elettricità e calore non da combustione nell'Africa centrale e nel mondo, 2020**

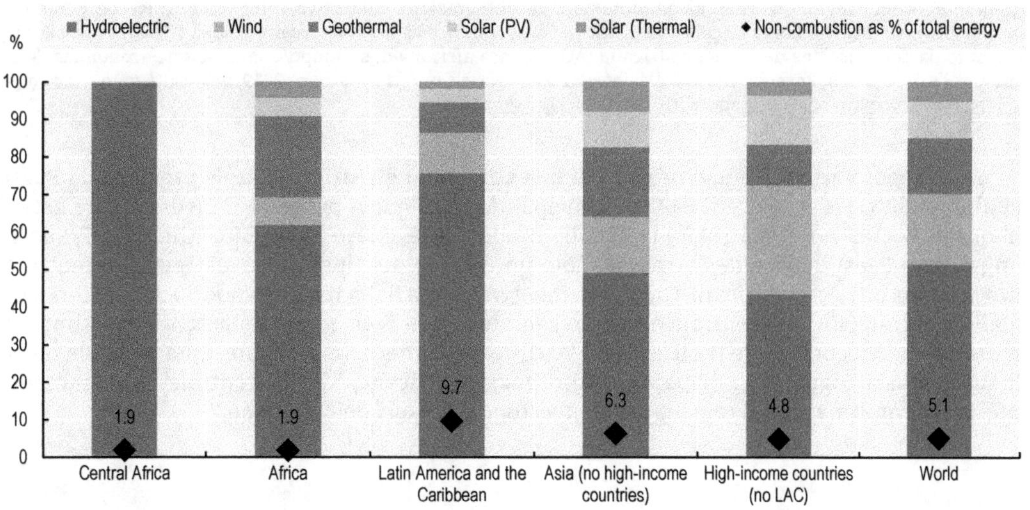

Nota: le fonti energetiche senza combustione comprendono le fonti dichiarate rinnovabili dall'AIE, ma escludono le fonti energetiche basate sulla combustione di combustibili, come i biocarburanti e i rifiuti. L'AIE non considera l'energia nucleare un'energia rinnovabile.

Fonte: IEA (2021), *GHG Emissions from Fuel Combustion (sintesi)* (banca dati), http://dotstat.oecd.org/Index.aspx?DataSetCode=GHG#.

StatLink https://stat.link/cuais8

Anche gli investimenti in infrastrutture e servizi sociali rimangono limitati nell'Africa centrale. La spesa pubblica e privata per la sanità e l'istruzione nell'Africa centrale è stata pari, rispettivamente, al 3,7 % e al 2,3 % del PIL nel 2019. Si tratta di percentuali inferiori a quelle di altre regioni del continente, ad eccezione dell'Africa occidentale. I Paesi ricchi di petrolio, come il Congo, la Repubblica democratica del Congo, la Guinea equatoriale e il Gabon, hanno i livelli più bassi di spesa per la sanità e l'istruzione in percentuale del PIL. Tuttavia, nel 2020 l'aiuto pubblico allo sviluppo destinato alle infrastrutture e ai servizi sociali rappresentava l'1,6 % del PIL dell'Africa centrale, una percentuale molto più alta rispetto ad altre regioni africane, ma ancora insufficiente a soddisfare le esigenze e a compensare la mancanza di investimenti pubblici in tali settori.

L'integrazione regionale renderà la regione più attraente per gli investimenti sostenibili

Dal momento che l'integrazione regionale rimane debole nell'Africa centrale, il potenziale di sviluppo degli investimenti intra-regionali ne risulta limitato. L'integrazione regionale nella Comunità economica degli Stati dell'Africa centrale (CEEAC) rimane inferiore a quella di altre comunità economiche regionali, con alcune disparità tra i Paesi (Tabella 4.1).

Tabella 4.1. **Indici di integrazione regionale nell'Africa centrale nel 2019**

Paese	Integrazione commerciale	Integrazione delle infrastrutture	Integrazione produttiva	Libera circolazione delle persone	Integrazione macroeconomica	Media
Burundi	0,12	0,25	0,08	0,06	0,49	0,20
Camerun	0,38	0,79	0,87	0,16	0,81	0,60
Repubblica del Congo	0,90	0,43	0,43	0,54	0,77	0,61
Gabon	0,50	0,83	0,39	0,54	0,79	0,61
Guinea equatoriale	0,37	0,37	0,32	0,38	0,80	0,44
Repubblica centrafricana	0,31	0,15	0,17	0,63	0,75	0,40
RD Congo	0,08	0,11	0,27	0,47	0,60	0,30
São Tomé e Príncipe	0,31	0,15	0,17	0,63	0,75	0,40
Ciad	0,41	0,18	0,54	0,78	0,00	0,38
CEEAC	**0,37**	**0,36**	**0,36**	**0,51**	**0,61**	**0,44**

Nota: l'Indice di integrazione regionale dell'Africa (ARII) mostra in che misura i Paesi africani stiano rispettando gli impegni assunti con le iniziative di integrazione panafricana, come l'Agenda 2063 o il Trattato di Abuja. L'ARII affronta le cinque dimensioni dell'integrazione regionale: integrazione commerciale, integrazione produttiva, integrazione macroeconomica, integrazione delle infrastrutture e libera circolazione delle persone. L'indice va da 0 (valore minimo) a 1 (valore massimo).
Fonte: adattamento da Commissione dell'Unione africana (AUC)/Banca africana di sviluppo/Commissione economica delle Nazioni Unite per l'Africa (2019), *Rapporto sull'indice di integrazione regionale in Africa, edizione 2019*, www.integrate-africa.org/fileadmin/uploads/afdb/Documents/ARII-Report2019-FIN-R40-11jun20.pdf.

La maggior parte dei nuovi progetti di investimento nell'Africa centrale proviene da Paesi ad alto reddito. Tra il 2017 e il 2021 le principali fonti di nuovi progetti di investimento esteri (in ordine decrescente) sono state la Repubblica popolare cinese (di seguito "Cina"), la Francia, Singapore, i Paesi Bassi e la Germania. Solo un decimo dei flussi di investimenti in entrata proveniva da altri Paesi africani. Gli investimenti in uscita dalla regione sono 50 volte inferiori a quelli in entrata. L'Africa centrale ha rappresentato lo 0,06 % dei nuovi progetti di investimento in uscita verso il continente tra il 2017 e il 2021, con il Camerun che rappresenta più della metà di questi flussi (Figura 4.6). Rispetto ad altre regioni africane, l'Africa centrale ha un numero inferiore di multinazionali regionali che investono nei Paesi della regione.

Figura 4.6. **Investimenti diretti esteri *greenfield* provenienti dai Paesi dell'Africa centrale, per regioni di destinazione, 2017-21, in milioni di USD**

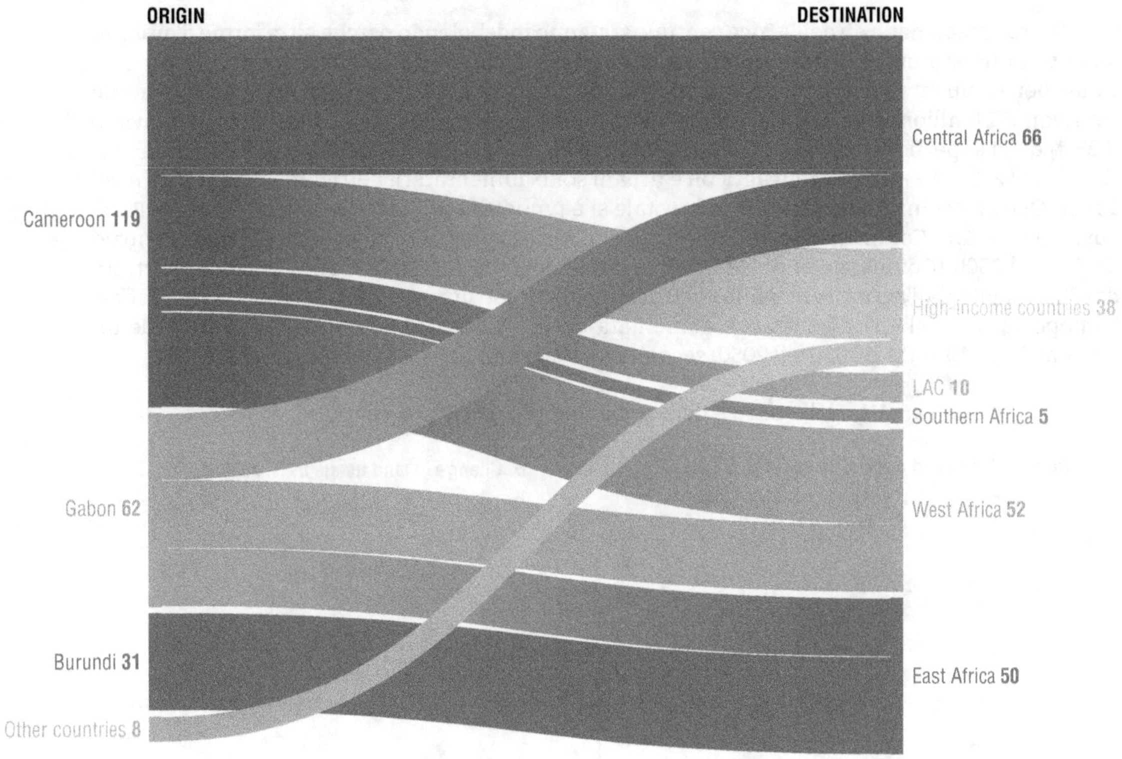

Nota: la categoria "Altri Paesi" comprende la Repubblica del Congo (7 milioni di USD) e la Guinea equatoriale (un milione di USD). Per "Paesi ad alto reddito" si intendono i Paesi classificati come "ad alto reddito" nella classificazione della Banca mondiale dei Paesi per gruppi di reddito, esclusa l'America latina e i Caraibi (ALC).

Fonte: calcoli degli autori basati su fDi Intelligence (2022), *fDi Markets* (banca dati), www.fdiintelligence.com/fdi-markets.

StatLink *https://stat.link/5nari8*

La monetizzazione degli ecosistemi naturali attirerà più investimenti sostenibili nell'Africa centrale

Per mobilitare i finanziamenti, i responsabili delle politiche devono comprendere il potenziale economico degli ecosistemi naturali. Ciò è particolarmente vero nell'Africa centrale, dove si trova uno dei più grandi ecosistemi intatti del mondo, che ha un valore immenso sia per la biosfera che per l'economia globale. Tuttavia, malgrado questi ecosistemi richiedano importanti investimenti, gli investimenti sostenibili nell'Africa centrale rimangono inferiori rispetto al resto del continente. La monetizzazione degli ecosistemi consentirebbe quindi di ottenere i finanziamenti necessari per la loro protezione, garantendo al contempo lo sviluppo economico dei Paesi della regione, in particolare facilitando la trasformazione produttiva, la digitalizzazione o la partecipazione alle catene di valore globali.

La valorizzazione degli ecosistemi naturali nell'Africa centrale subisce la concorrenza di attività più lucrative e distruttive per l'ambiente

La monetizzazione degli ecosistemi naturali nell'Africa centrale consente di aumentare il loro contributo allo sviluppo economico sostenibile. L'attribuzione di valori monetari alla natura e all'ambiente [talvolta definita "monétarisation" nella letteratura francese: cfr., ad esempio, Bouscasse et al. (2011)] può giustificare la loro protezione e consentire la mobilitazione di risorse supplementari. Se gli ecosistemi centrafricani non producono rendimenti finanziari per gli investitori, questi ultimi saranno tentati di rivolgersi ad attività che generano rendimenti più elevati, come l'agricoltura o l'edilizia residenziale. Malgrado alle foreste tropicali e ai fiumi dell'Africa centrale sia riconosciuto un valore ecologico ed economico di importanza globale, essi stentano ad attirare investimenti significativi e la deforestazione non mostra segni di rallentamento.

Gli ecosistemi naturali dell'Africa centrale si stanno indebolendo perché altre forme di utilizzo della terra hanno un valore commerciale più elevato. Secondo l'Organizzazione delle Nazioni Unite per l'alimentazione e l'agricoltura (FAO, 2021a), nel 2020 le foreste dell'Africa centrale coprivano 221 milioni di ettari (ha), ovvero il 41 % della superficie della regione, e rappresentavano il 35 % della superficie forestale africana (Figura 4.7). Tuttavia, questa cifra è diminuita del 9 % rispetto al 2000, mentre i terreni agricoli e urbani sono aumentati rispettivamente del 10 % e del 131 %. Questo declino della superficie forestale si è prodotto malgrado le aree protette dei Paesi appartenenti alla Commissione per le foreste dell'Africa centrale[1] siano raddoppiate dall'inizio degli anni 2000 (Doumenge et al., 2021). Il tasso di degrado forestale è aumentato soprattutto dal 2017, spinto dall'agricoltura, dalla costruzione di infrastrutture e dalla crescita demografica. La popolazione dell'Africa centrale è aumentata dell'87 % tra il 2000 e il 2020 e si prevede un aumento del 119 % tra il 2020 e il 2050, secondo le proiezioni delle Nazioni Unite (2022a).

Figura 4.7. **Uso della terra e delle acque interne nell'Africa centrale**

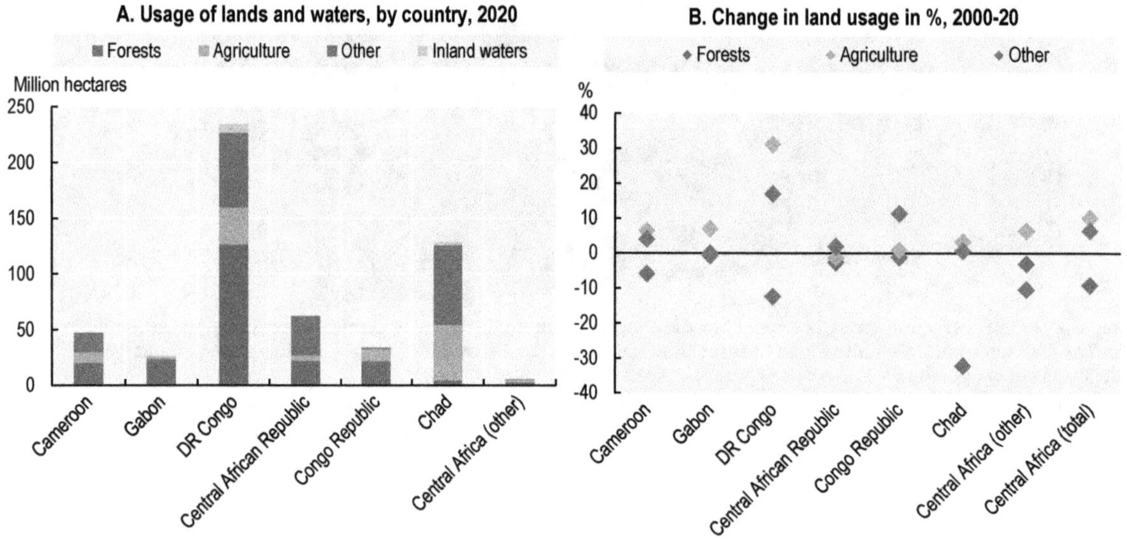

Fonte: FAO (2021a), *Food and agriculture data* (FAOSTat) (banca dati), www.fao.org/faostat/en/#home.

StatLink *https://stat.link/tn95ir*

L'Africa centrale dispone di importanti risorse con cui monetizzare i suoi ecosistemi naturali

Più che in qualsiasi altra regione dell'Africa o del mondo, le foreste rappresentano una quota significativa della ricchezza dell'Africa centrale. Secondo una stima della Banca mondiale (2021) in merito al valore totale del capitale umano, fisico e naturale nelle economie mondiali:

- Nel 2018 il capitale immagazzinato negli ecosistemi dell'Africa centrale era pari a 394 miliardi di USD, ovvero al 26,6 % del PIL della regione. Questa cifra supera i 383 miliardi di USD di valore regionale attribuiti a pesca, agricoltura, combustibili fossili e minerali messi insieme.

- Le foreste, le aree protette e i servizi ecosistemici dell'Africa centrale rappresentano il 19 % della ricchezza totale della regione, rispetto al 6 % dell'Africa nel suo complesso e a circa l'1 % di altre regioni del mondo (Figura 4.8).
- Il 58 % della ricchezza attribuita agli ecosistemi dell'Africa centrale nel 2018 proveniva dalla futura produzione di legname, il 27 % dai servizi ecosistemici (attività ricreative, caccia e pesca, prodotti forestali non legnosi, protezione dei bacini idrografici - cfr. il Riquadro 4.1) e il 15 % da risorse naturali protette.

Tuttavia, tali stime non includono il valore del sequestro di carbonio negli ecosistemi dell'Africa centrale e dipendono anche da fattori socio-economici: redditi più alti e popolazioni più numerose in prossimità delle foreste aumentano il valore dei servizi ecosistemici.

Figura 4.8. **Distribuzione del capitale naturale in percentuale della ricchezza nazionale (esclusi gli attivi esterni), 2018**

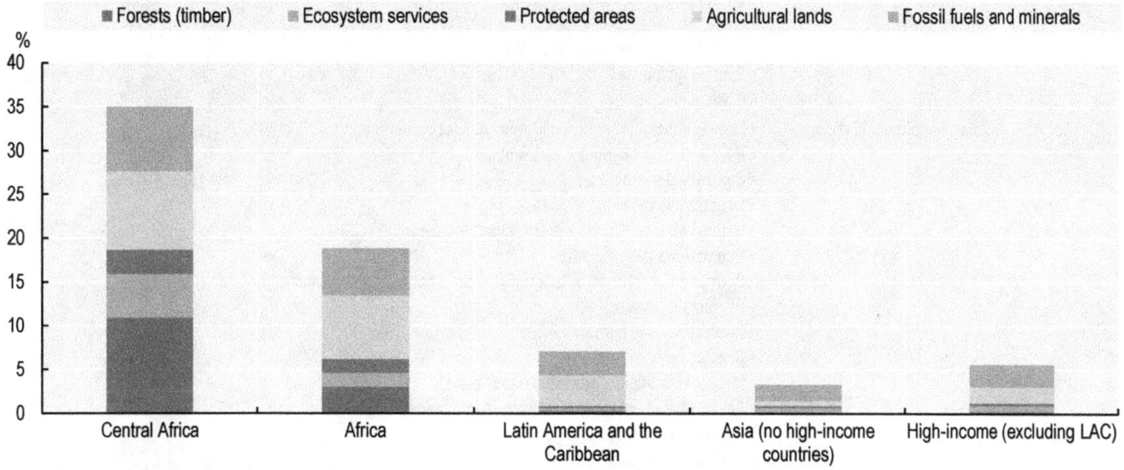

Nota: il calcolo esclude i Paesi per i quali non è disponibile una contabilità completa della ricchezza nazionale. Si tratta di 11 Paesi africani dell'Africa centrale, tra cui la Guinea equatoriale. "Alto reddito (esclusi ALC)" si riferisce ai Paesi al di fuori dell'America latina e dei Caraibi (ALC) classificati dalla Banca mondiale come ad alto reddito per il 2022 in base al reddito nazionale lordo.

Fonte: World Bank (2021), *The Changing Wealth of Nations 2021: Managing Assets for the Future*, http://hdl.handle.net/10986/36400.

StatLink https://stat.link/01cyfx

Le foreste dell'Africa centrale sono particolarmente preziose come serbatoi di carbonio. Sebbene l'Africa centrale rappresenti solo il 35 % della superficie forestale africana, essa contiene il 62 % dello stock di carbonio da biomassa del continente, ovvero l'11 % dello stock globale (Figura 4.9). Queste cifre non tengono conto del potenziale di stoccaggio del carbonio nello strato coltivabile del suolo delle foreste, che aumenterebbe le riserve di carbonio nelle foreste dell'Africa occidentale e centrale di circa il 41 % (FAO, 2021b). Le torbiere del bacino centrale del Congo rappresentano altre 30 gigatonnellate di stock di carbonio (Brown, 2017).

Riquadro 4.1. Servizi ecosistemici: concetto e metodo di valutazione economica

I servizi ecosistemici si riferiscono ai benefici tratti dagli ecosistemi naturali. Questi includono benefici tangibili, come il miglioramento della qualità dell'aria e dell'acqua, e benefici intangibili, come il valore estetico che può ispirare l'arte. La Classificazione internazionale comune dei servizi ecosistemici elenca tre categorie principali di servizi ecosistemici (Tabella 4.2).

Tabella 4.2. **Servizi ecosistemici elencati nella Classificazione internazionale comune dei servizi ecosistemici (CICES)**

Categoria di servizio ecosistemico	Beni e servizi ecosistemici
Servizi di approvvigionamento	• Cibo • Acqua dolce • Carburante • Fibra • Prodotti biochimici e farmaceutici • Risorse genetiche • Risorse ornamentali
Servizi di regolazione e manutenzione	• Mantenimento della composizione gassosa dell'atmosfera • Regolazione del clima locale e globale • Controllo dell'erosione • Regolazione del flusso d'acqua • Depurazione dell'acqua e decomposizione dei rifiuti • Regolazione delle malattie • Controllo dei parassiti e delle malattie delle colture e del bestiame • Piante impollinatrici • Protezione dalle tempeste • Riciclaggio di nutrienti • Mantenimento della produzione primaria • Produzione di ossigeno attraverso la fotosintesi
Servizi culturali	• Esperienze spirituali e religiose • Istruzione e cultura • Valore estetico • Attività ricreative • Turismo

Fonte: elaborazione degli autori basata su Dasgupta (2021), *The Economics of Biodiversity: The Dasgupta Review*, https://assets.publishing.service.gov.uk/government/uploads/system/uploads/attachment_data/file/ 962785/ The_Economics_of_Biodiversity_The_Dasgupta_Review_Full_Report.pdf.

La valutazione economica dei servizi ecosistemici consente di quantificarne il valore in unità monetarie. Ad esempio, è possibile valutare il contributo economico degli ecosistemi in base ai costi di costruzione di infrastrutture sostitutive in seguito alla perdita di un ecosistema. Tuttavia, questo approccio è solo uno dei tanti metodi di valutazione esistenti (United Nations, 2005). Secondo Dasgupta (2021), sempre più Paesi stanno incorporando le stime del capitale naturale e dei servizi ecosistemici nelle loro valutazioni economiche. Tali valutazioni possono aiutare a stabilire sistemi di "pagamenti per i servizi ecosistemici" basati sulla remunerazione in cambio della conservazione dell'ambiente.

Figura 4.9. **I due più grandi serbatoi di carbonio al mondo, nell'Africa centrale e nella foresta pluviale amazzonica, sono in declino.**

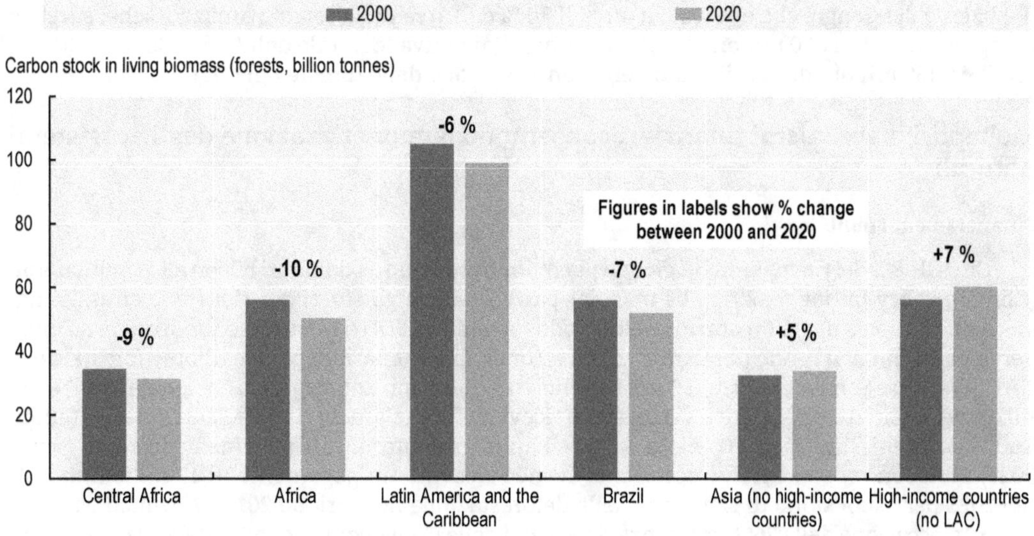

Nota: "Alto reddito (esclusi ALC)" si riferisce ai Paesi al di fuori dell'America latina e dei Caraibi classificati dalla Banca mondiale come ad alto reddito per il 2022 in base al reddito nazionale lordo.

Fonte: FAO (2021a), *Food and agriculture data* (FAOSTat) (banca dati), www.fao.org/faostat/en/#home.

StatLink https://stat.link/kmx9u1

Le **foreste dell'Africa centrale non degradate hanno mantenuto una forte capacità di stoccaggio del carbonio** (Hubau et al., 2020). Al contrario, la capacità di assorbimento del carbonio delle foreste amazzoniche non degradate è diminuita a partire dagli anni '90 a causa dell'aumento della mortalità degli alberi, ritenuta una conseguenza dei cambiamenti climatici (Brienen et al., 2015).

Il valore del carbonio attualmente sequestrato nell'Africa centrale è stimato in oltre 344 mila miliardi di USD. Tuttavia, i metodi utilizzati per calcolare questo valore variano radicalmente a seconda dello scenario climatico considerato.

- Il costo sociale del carbonio (in altre parole il costo previsto per la società a causa del rilascio di ulteriore anidride carbonica nell'atmosfera) potrebbe raggiungere i 307 USD per tonnellata di anidride carbonica (tCO_2) (Kikstra et al., 2021). Il rilascio nell'atmosfera dei 31,3 miliardi di tonnellate di carbonio sequestrati nelle foreste dell'Africa centrale creerebbe danni globali equivalenti a 35,2 mila miliardi di USD[2].
- Supponendo che il danno economico causato dal carbonio rilasciato persista, il costo sociale del carbonio supererebbe i 3 000 USD per tonnellata, ovvero 344 mila miliardi di USD per il carbonio sequestrato nell'Africa centrale.

Benché i costi teorici dell'inquinamento da carbonio siano estremamente elevati, i prezzi del carbonio determinati dal mercato variano e possono essere molto più bassi. La Banca mondiale (2022c) identifica 67 prezzi del carbonio in tutto il mondo, con un prezzo medio di 30 USD per tonnellata di CO_2 equivalente (tCO_2e), ma che varia da 0,08 USD per tCO_2 a 137 USD per tCO_2e. Il Gabon prevede di vendere 90 milioni di tonnellate di crediti di carbonio, con prezzi che vanno da 25 a 35 USD per tonnellata di CO_2 sequestrata (Njoroge, 2022). A questo prezzo, si stima che lo stock forestale totale dell'Africa centrale abbia un valore compreso tra i 2,8 mila e i 4 mila miliardi di USD, mentre la riduzione netta annuale dello stock forestale centrafricano ha un valore compreso tra 17 e 24 miliardi di USD all'anno.

Come contropartita del valore monetario associato agli ecosistemi dell'Africa centrale come pozzi di carbonio, la conservazione della loro biodiversità è una preoccupazione globale. Il Fondo mondiale per la natura (WWF) stima che la mancata prevenzione della distruzione della biodiversità costerà 479 miliardi di USD all'anno a livello globale, ovvero 10 mila miliardi di USD entro il 2050 (Roxburgh et al., 2020). Nel frattempo, la conservazione della foresta amazzonica costa da 1,7 a 2,8 miliardi di USD all'anno. Sulla base di questi tassi, il costo della conservazione del bacino del Congo, che equivale a circa il 30 % dell'area delle foreste amazzoniche, sarebbe compreso tra 500 e 800 milioni di USD all'anno. L'Iniziativa forestale dell'Africa Centrale (CAFI) stima in 150 milioni di USD il costo della conservazione delle foreste del Gabon.

Molteplici meccanismi finanziari consentono la monetizzazione degli ecosistemi naturali

Finanziamento pubblico

Circa il 68 % dei finanziamenti globali per il clima proviene da donatori bilaterali e multilaterali (Climate Policy Initiative, 2022). La maggior parte finanzia gli sforzi per ridurre le emissioni di gas a effetto serra da deforestazione e degrado forestale (REDD+) attraverso fondi come il Fondo verde per il clima, il Fondo per l'Amazzonia, il Fondo di partenariato per il carbonio forestale e la CAFI (Watson e Schalatek, 2020). I Paesi beneficiari sviluppano una strategia nazionale REDD+ con iniziative misurate, segnalate e verificate, e ricevono finanziamenti in base ai risultati ottenuti. Tuttavia, pochissimi progetti pilota REDD+ hanno ricevuto questi pagamenti (Forests News, 2020). Il Gabon rappresenta un'eccezione, avendo ricevuto un pagamento di 17 milioni di USD nel 2021 per i suoi sforzi di riduzione della deforestazione nel periodo 2016-17 (United Nations, 2021). In occasione della 26ª Conferenza delle Parti della Convenzione quadro delle Nazioni Unite sui cambiamenti climatici (COP 26), è stato promesso un finanziamento collettivo di almeno 1,5 miliardi di USD per il periodo 2021-25 per sostenere gli sforzi di protezione e mantenimento delle foreste e delle torbiere del bacino del Congo.

I governi dell'Africa centrale stanno iniziando a destinare una parte delle entrate generate da attività dannose per l'ambiente al finanziamento sostenibile. In Gabon, ad esempio, i proventi petroliferi riassegnati rappresentano il 10 % dei finanziamenti ricevuti dal Fondo gabonese per gli investimenti strategici (FGIS), che gestisce circa 2 miliardi di USD di attività e mira a raggiungere la decarbonizzazione a zero emissioni nette entro il 2050 (Riquadro 4.2). Nella Guinea equatoriale, inoltre, il governo destina lo 0,5 % dei proventi petroliferi al Fondo per le generazioni future (Yonga, 2014). Anche Paesi come il Camerun, il Ciad e la Guinea equatoriale hanno introdotto tasse ambientali per raccogliere ulteriori entrate e scoraggiare i comportamenti inquinanti. Tuttavia, le entrate mobilitate erano inferiori allo 0,5 % del loro PIL nel 2020 (OECD/ATA/AUC, 2022).

Riquadro 4.2. **Le foreste del Gabon nel Fondo gabonese per gli investimenti strategici (FGIS)**

Fondato nel 2019, il FGIS ha uno scopo ecologico ed economico. Opera in tre settori strategici: finanziamento delle infrastrutture, sostegno alle piccole e medie imprese e sostegno ai settori sociali. Il suo approccio si basa su tre principi fondamentali: impatto sostenibile, innovazione e riduzione del rischio per le parti interessate. Il FGIS è il primo fondo sovrano africano ad aderire alla Net Zero Asset Owner Alliance indetta dalle Nazioni Unite. Ha inoltre aderito alla One Planet Sovereign Wealth Fund Coalition, all'International Forum of Sovereign Wealth Funds e all'Africa Sovereign Investors Forum. Con i suoi impegni ecologici e la gestione di un patrimonio di oltre 2 miliardi di USD, il FGIS si propone di azzerare le emissioni di gas a effetto serra del suo portafoglio entro il 2050, di fissare obiettivi intermedi ogni cinque anni e di presentare relazioni annuali.

Le foreste del Gabon non solo svolgono un ruolo centrale negli obiettivi ecologici del Paese, ma sono anche una fonte di finanziamento sostenibile. Le foreste coprono più dell'88 % del territorio gabonese, rappresentando la più grande superficie forestale dell'Africa centrale. Malgrado il declino generale della superficie forestale nella regione, il Gabon è l'unico Paese dell'Africa centrale a dimostrare che le sue foreste assorbono

Riquadro 4.2. **Foreste del Gabon nel Fondo gabonese per gli investimenti strategici (FGIS) (continua)**

più carbonio di quanto ne emettano. Le foreste del Gabon sono quindi un pozzo netto di carbonio, che assorbe più di 100 milioni di tCO_2 all'anno secondo il livello di emissioni forestali di riferimento comunicato alla Convenzione quadro delle Nazioni Unite sui cambiamenti climatici (Eba'a Atyi et al., 2022). Data questa importanza ecologica, il primo dei tre obiettivi strategici del "Plan Vert" (Piano verde) del Gabon è quello di gestire in modo sostenibile la foresta gabonese e di fare del Paese il leader mondiale nel settore del legname tropicale certificato. Il secondo obiettivo strategico consiste nel creare valore dal potenziale agricolo del Gabon e garantire la sicurezza alimentare, mentre il terzo è di promuovere lo sfruttamento e lo sviluppo sostenibile delle risorse ittiche.

Obbligazioni verdi

I progetti di sviluppo iniziano a includere meccanismi di finanziamento innovativi, come le obbligazioni verdi. Il mercato delle obbligazioni verdi in Africa rimane limitato (Tabella 4.3), ma sta attirando l'attenzione dei responsabili delle politiche dell'Africa centrale. Tra il 2014 e il 2022 sono state emesse 25 obbligazioni verdi in 9 Paesi africani, che hanno raccolto 4,5 miliardi di USD, pari allo 0,2 % del mercato globale (Climate Bonds Initiative, 2022). Il Gabon prevede di emettere un'obbligazione verde sovrana attraverso il fondo FGIS (per un valore compreso tra 100 e 200 milioni di USD) al fine di finanziare la costruzione di impianti idroelettrici (Afrimag, 2022). A livello regionale, anche la Commissione di vigilanza dei mercati finanziari dell'Africa centrale (COSUMAF) ha dichiarato di voler introdurre nei prossimi anni obbligazioni verdi, sociali e sostenibili nella borsa valori dell'Africa centrale. Questi strumenti possono essere utilizzati in modo più efficace facendo tesoro delle esperienze di altri Paesi che hanno emesso obbligazioni verdi, come il Marocco o l'Egitto in Africa (Capitolo 6), e la Colombia o l'Uruguay nell'America latina (OECD et al., 2022).

Tabella 4.3. **Totale cumulativo delle obbligazioni verdi per regione, in ordine di valore decrescente, 2014-22**

Regione	Mercati delle obbligazioni verdi	Numero di emittenti	Numero di transazioni	Valore (in miliardi di USD)
Africa	**9**	**23**	**25**	**4,5**
America del Nord	2	872	5 629	382,2
America latina	14	107	195	32,8
Asia-Pacifico	23	1 224	1 827	458,6
Europa	33	1 151	2 434	867,4
Totale	79	3 377	10 110	1 745,5

Fonte: Climate Bonds Initiative (2022), *Climate Bonds Interactive Data Platform* (banca dati), www.climatebonds.net/market/data/.

Crediti di carbonio

La vasta superficie forestale dell'Africa centrale consente alla regione di monetizzare i servizi ecosistemici di assorbimento del carbonio attraverso l'attuazione dei crediti di carbonio. Nel bacino del Congo, si stima che i servizi di rimozione del carbonio dalle foreste valgano l'equivalente di 55 miliardi di USD all'anno, ovvero il 36 % del PIL dei sei Paesi che ospitano la foresta (Camerun, Repubblica centrafricana, Congo, Repubblica democratica del Congo, Guinea equatoriale e Gabon) (CGDEV, 2022). Nella Repubblica democratica del Congo, ad esempio, il progetto agroforestale Ibi Batéké di assorbimento del carbonio premia la silvicoltura sostenibile con una remunerazione di 184 000 USD legata all'assorbimento del carbonio, che viene versata alle cooperative agroforestali locali (Eba'a Atyi, 2022). Il Gabon spera inoltre di mobilitare 2 miliardi di USD attraverso la vendita di crediti di carbonio. Il Paese prevede di destinare il 25 % di questi fondi alla gestione delle foreste e ai comuni rurali, il 25 % al fondo FGIS, il 25 %

al servizio del debito nazionale e il 25 % al bilancio nazionale per l'istruzione, la sanità e la resilienza climatica (Ngounou, 2022).

Gestione sostenibile delle risorse nei settori agricolo, silvicolo e minerario

La gestione sostenibile delle risorse naturali può promuovere l'integrazione della catena di valore preservando gli ecosistemi. Nel periodo 2015-20 i settori agricoli (agricoltura, silvicoltura e pesca) hanno contribuito in media al PIL della regione per il 17 %, a fronte del 31 % del settore estrattivo. L'adozione di pratiche agricole rigenerative aumenterebbe le rese di almeno il 13 %, riducendo al contempo l'erosione del suolo del 30 % e aumentando il carbonio nel suolo del 20 % (Africa Regenerative Agriculture Study Group, 2021). Ciò permetterebbe di sequestrare l'equivalente di 4,4 $GtCO_2$ all'anno, oltre ad altri 106 $MtCO_2e$ grazie al ripristino dei terreni degradati dalla silvicoltura. Inoltre, la crescente domanda di metalli rari rappresenta un'opportunità per alcuni Paesi della regione, ma è necessario attuare norme di protezione sociale e ambientale (AUC/OECD, 2022).

Ecoturismo

L'ecoturismo può sostenere le comunità locali e contribuire a diversificare le attività economiche. In Congo, ad esempio, i proventi dell'ecoturismo nel Parco nazionale di Odzala-Kokoua contribuiscono all'economia locale attraverso stipendi, fornitura di servizi e progetti comunitari, tra cui la diversificazione dell'agricoltura, l'allevamento del bestiame, lo sviluppo delle infrastrutture e la fornitura di materiale medico ai centri sanitari (Doumenge et al., 2021).

Le aree protette della regione sono state ampliate, ma rimangono sottoposte a pressione. Il Piano strategico per la biodiversità 2011-2020 e gli Obiettivi di Aichi per la biodiversità (CBD, 2010) miravano a proteggere almeno il 17 % della superficie terrestre mondiale e il 10 % della superficie marina e costiera entro il 2020 attraverso sistemi di aree protette riconosciute a livello internazionale. Attualmente ci sono 206 aree protette in Africa centrale, che occupano più di 950 000 km², ovvero circa il 18 % della terraferma della regione e l'8 % della sua area marina - superando la media africana e mondiale, che si attesta a circa il 14 % (Figura 4.10). Malgrado tali sforzi, il 55 % delle aree protette della regione rimane minacciato dai permessi per l'estrazione di petrolio, gas e lo sfruttamento di miniere (Doumenge et al., 2021).

Figura 4.10. **Aree protette nell'Africa centrale (percentuale della superficie nazionale), per Paese**

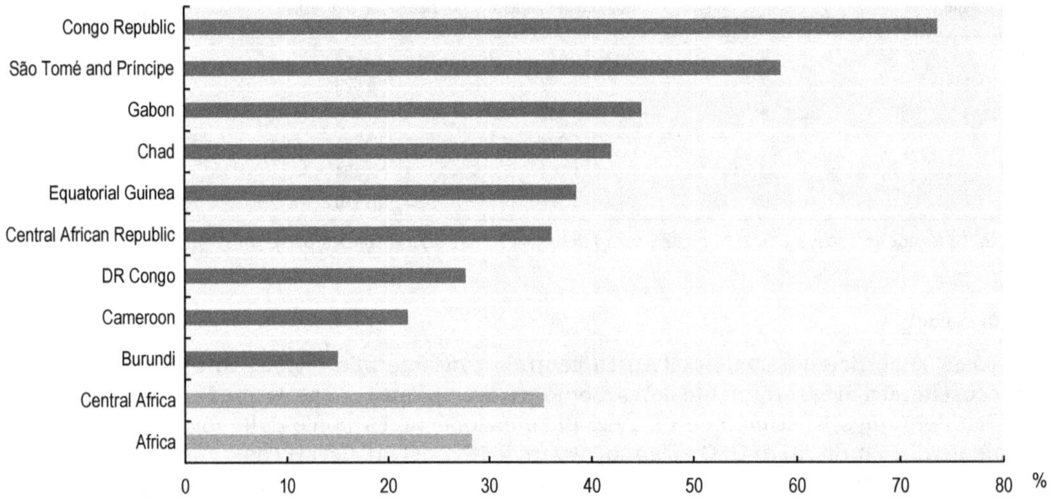

Nota: aree protette nazionali e internazionali riconosciute dal World Database on Protected Areas.

Fonte: UNEP-WCMC/IUCN (2023), *World Database on Protected Areas* (banca dati), https://doi.org/10.34892/6fwd-af11.

StatLink https://stat.link/8d6est

Gli ostacoli alla monetizzazione degli ecosistemi naturali

I Paesi dell'Africa centrale ricevono solo una piccola parte dei finanziamenti globali per il clima. Nel periodo 2019-20 hanno ricevuto 1,5 miliardi di USD, pari ad appena il 5,3 % dei finanziamenti per il clima destinati al continente e allo 0,2 % dei finanziamenti globali per il clima. La Repubblica democratica del Congo e il Camerun sono stati i principali beneficiari (Figura 4.11). São Tomé e Príncipe ha ricevuto un finanziamento pari al 10 % del suo PIL nel periodo in questione, che ammontava a soli 48 milioni di USD, ovvero circa il 3 % dei finanziamenti ricevuti dalla regione. A differenza di altre regioni, più della metà dei finanziamenti (54 %) è stata destinata a progetti di adattamento ai cambiamenti climatici, principalmente nei settori dell'agricoltura, della silvicoltura, della pesca e dell'uso del suolo (CPI, 2022).

Figura 4.11. **Finanziamenti legati al clima ricevuti dall'Africa centrale, media 2019-20**

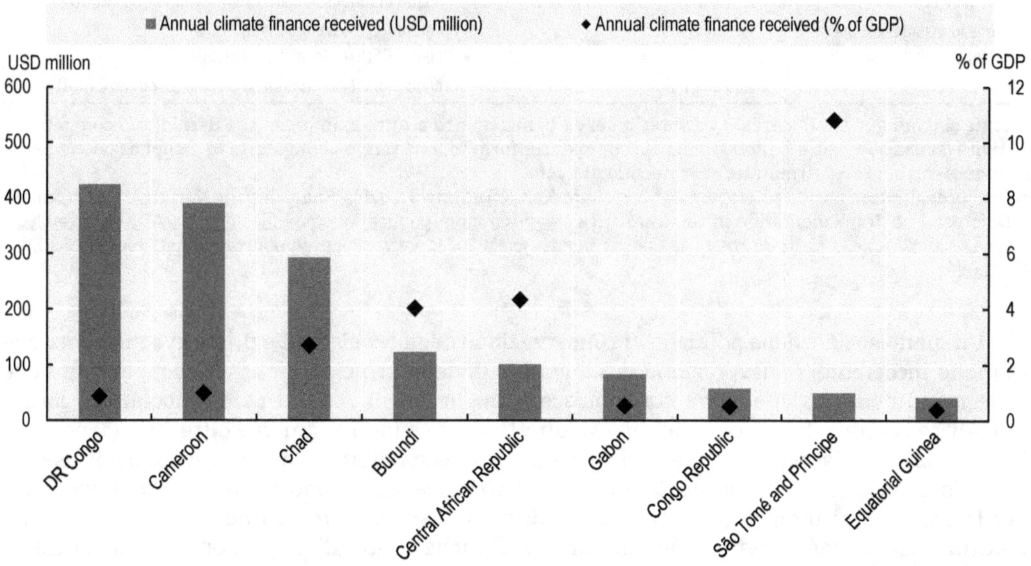

Fonte: Climate Policy Initiative (2022), *Landscape of Climate Finance in Africa*, www.climatepolicyinitiative.org/wp-content/uploads/2022/09/Landscape-of-Climate-Finance-in-Africa.pdf.

StatLink https://stat.link/wu3qrs

I rischi legati alla corruzione sono uno dei principali ostacoli alla monetizzazione degli ecosistemi naturali e agli investimenti climatici nell'Africa centrale. Una valutazione delle iniziative e dei meccanismi di monetizzazione degli ecosistemi mette in luce i problemi di governance della regione. Ad esempio, una valutazione dell'attuazione dell'iniziativa REDD+ in Camerun rivela la mancanza di un meccanismo di revisione indipendente per prevenire la falsificazione dei dati che alimentano le valutazioni di impatto ambientale e sociale richieste per la convalida dei progetti REDD+ (TI, 2016). Nella Repubblica democratica del Congo, l'audit nazionale delle concessioni di sfruttamento forestale industriale da parte dell'Ispettorato generale delle finanze ha rivelato che sono state assegnate almeno 18 concessioni illecite (Ligodi, 2022). A livello regionale, la CAFI ha evidenziato le buone pratiche del fondo in materia di trasparenza e anticorruzione, ma l'attuazione è stata difficile a causa dei molteplici attori coinvolti nella governance del fondo (TI, 2020).

I vincoli tecnici locali e il gran numero di norme di certificazione del carbonio forestale complicano l'attuazione di un mercato volontario del carbonio. La capacità di attuazione della certificazione del carbonio rimane bassa nella regione, il che influisce sulla credibilità di iniziative come REDD+, in particolare in termini di calcolo degli scenari di riferimento su cui si basano i pagamenti per i risultati (Brimont, 2016). Nella Repubblica democratica del Congo, ad esempio, il progetto agroforestale Ntsio, che copre 5 500 ettari e 260 aziende agroforestali, non ha potuto beneficiare della certificazione del carbonio a causa dei vincoli tecnici che i produttori locali devono affrontare nella gestione delle transazioni del carbonio (Eba'a Atyi, 2022). Le diverse norme di certificazione utilizzano metodi differenti per misurare i risultati e valutare i prezzi del carbonio (Angelsen et al., 2019). Ad esempio, i progetti di mitigazione certificati dal Verified Carbon Standard raggiungono un prezzo medio quattro volte superiore a quello del Gold Standard (Tabella 4.4).

Tabella 4.4. **Norme e certificazioni per il carbonio sequestrato utilizzate nel progetto REDD+ a titolo di compensazione**

Norma	Quota del mercato volontario del carbonio	Prezzo per tCO_2e in USD	Esempi di progetti REDD+ nell'Africa centrale
Verified Carbon Standard	81 %	4,8	- Progetto REDD+ Pikounda Nord (Congo) - Progetto REDD+ Mai N'dombe (RDC)
Gold Standard	19 %	12.2	- Progetto di rimboschimento EcoMakala Virunga REDD+ (RDC)
Norme in materia di clima, comunità e biodiversità	meno dell'1 %	5,4	- Progetto REDD+ Jadora-Isangi (RDC) - Progetto REDD+ Mai N'dombe (RDC)
Plan Vivo	meno dell'1 %	7	- Progetto forestale trinazionale Sangha (Camerun e RCA)

Nota: in generale si distingue tra il mercato volontario del carbonio, aperto a tutte le imprese che desiderano compensare le proprie attività (senza obbligo), e il mercato del carbonio di conformità, che rende obbligatoria la compensazione per le imprese più inquinanti dei Paesi firmatari del Protocollo di Kyoto.
Fonte: elaborazione degli autori basata su Tsayem Demaze, Sufo-Kankeu e Sonwa (2020), "Analysing the Narrative and Promises of 'Avoided Deforestation' Implementation in Central Africa", www.cifor.org/publications/pdf files/articles/ASufoKankeu2001.pdf; e Eba'a Atyi et al. (2022), *Les forêts du bassin du Congo : état des forêts 2021*, www.cifor.org/publications/pdf files/Books/Etat-des-forets-2021.pdf.

L'impatto sociale delle politiche di conservazione degli ecosistemi è preso in considerazione in modo incoerente. La lavorazione boschiva è una delle principali fonti di occupazione nelle zone rurali della regione, dove contribuisce a migliorare il reddito delle popolazioni locali. Nell'Africa centrale, la silvicoltura impiega direttamente e indirettamente oltre 200 000 persone (ATIBT, 2020). In Gabon, il settore forestale è il principale datore di lavoro privato del Paese e il secondo dopo il governo. Inoltre, le foreste dell'Africa centrale sono culturalmente importanti per le popolazioni indigene, che talvolta utilizzano le specie forestali nei rituali tradizionali. L'istituzione di aree protette può limitare le pratiche culturali delle popolazioni indigene, danneggiando i cacciatori-raccoglitori e le popolazioni transumanti e nomadi. Si dovrebbe ricorrere all'arbitrato per indennizzare le popolazioni locali che devono rinunciare ad alcuni dei loro diritti di uso del suolo per proteggere i servizi ambientali (Lescuyer et al., 2008).

Lo sviluppo di attività sostenibili, come l'ecoturismo o l'agricoltura rigenerativa, è limitato dall'insicurezza e dalla mancanza di infrastrutture. Il numero di visitatori delle riserve protette della regione rimane basso a causa delle infrastrutture carenti e della mancanza di competenze nel settore turistico. Inoltre, problemi in materia di sicurezza hanno avuto gravi ripercussioni sulle visite turistiche al Parco nazionale di Waza in Camerun e al Parco nazionale di Virunga nella Repubblica democratica del Congo (Doumenge et al., 2021).

L'attuazione di pratiche agricole rigenerative richiede il sostegno dei governi, delle imprese agroalimentari o delle organizzazioni non governative (ONG) per la formazione dei produttori locali. Il Gruppo Nestlé si è impegnato a investire 1,2 milioni di USD in cinque anni per promuovere l'agricoltura rigenerativa lungo tutta la sua filiera, fornendo assistenza tecnica, sostegno agli investimenti e premi per i prodotti dell'agricoltura rigenerativa. In Ciad, Moët Hennessy Louis Vuitton (comunemente noto come LVMH) ha collaborato con la Circular Bioeconomy Alliance (CBA) per avviare un progetto agroforestale rigenerativo insieme a 500 produttori di cotone locali (CBA, 2022).

I governi dell'Africa centrale hanno a disposizione diverse leve strategiche per conciliare la monetizzazione e la conservazione degli ecosistemi naturali

Migliorare la valutazione dei valori del capitale naturale per informare gli investitori e le parti interessate

Migliorare la valutazione del capitale naturale

Le politiche nazionali per mobilitare gli investimenti sostenibili saranno più efficaci se basate su stime attendibili del capitale naturale. Esistono già molti dati sugli ecosistemi globali, ma i responsabili delle politiche devono comprendere meglio il loro valore economico per gli investitori, sia per la propria pianificazione sia per promuovere queste risorse presso i partner. Lo sviluppo e la comunicazione di stime attendibili della ricchezza in risorse rinnovabili aiuterà i decisori a mostrare maggiore trasparenza e credibilità, identificando al contempo le lacune nei dati per loro più pertinenti.

I governi dell'Africa centrale possono basarsi sugli sforzi internazionali esistenti per sviluppare conti del capitale naturale. La Banca mondiale include stime del capitale naturale rinnovabile e non rinnovabile nella sua contabilità pubblicata in *The Changing Wealth of Nations 2021* (World Bank, 2021). Tuttavia, la contabilizzazione sistematica delle risorse naturali a livello nazionale è meno comune. I conti del capitale naturale negli Stati Uniti risalgono solo al 2016, mentre i Paesi europei si sono concentrati sui conti degli ecosistemi solo nell'ultimo decennio (Bagstad et al., 2021). Il Gabon è uno dei dieci Paesi che hanno aderito alla Dichiarazione di Gaborone per la sostenibilità in Africa, uno dei cui impegni principali è quello di integrare il valore della natura nella contabilità nazionale e nello sviluppo (Dichiarazione di Gaborone per la sostenibilità in Africa, 2012). Il concetto e la metodologia del Sistema di contabilità economica ambientale si basano sul Sistema dei conti nazionali. Ad oggi, solo due Paesi dell'Africa centrale (Burundi e Camerun) figurano tra i 92 Paesi di tutto il mondo che hanno attuato il Sistema di contabilità economica ambientale (UN, 2022b).

Una migliore contabilizzazione del capitale naturale rinnovabile favorisce una migliore valutazione del valore dei servizi ecosistemici e migliori arbitrati sull'impatto di alcune attività economiche. La contabilità delle risorse naturali richiama inoltre l'attenzione sulle questioni ambientali e può migliorare gli sforzi volti a individuare opportunità di investimento più ecologiche, oltre ad aiutare gli investitori a stimare e promuovere la natura sostenibile dei loro investimenti. Può anche migliorare la valutazione delle perdite causate dallo sfruttamento illegale delle risorse naturali (estrazione mineraria illegale, bracconaggio, pesca non regolamentata e degrado ambientale). Nella Repubblica centrafricana, ad esempio, un'indagine sul campo ha rivelato che oltre il 95 % della produzione di oro non è ufficialmente documentata (USAID, 2019).

Tenere conto delle attuali conoscenze climatiche e biologiche

La valutazione del valore del capitale naturale dipende in larga misura dalle conoscenze scientifiche, che vanno tenute aggiornate. I climatologi raccolgono costantemente nuove letture della temperatura e dell'atmosfera che alimentano i modelli climatici, affinando al contempo la comprensione dei meccanismi alla base del riscaldamento globale. Inoltre, ogni anno vengono scoperte circa 18 000 specie, la maggior parte delle quali rimane sconosciuta alla scienza. Il valore di un ecosistema dipende quindi anche dalla tempistica della valutazione.

Le nuove scoperte in campo biologico continuano ad avere importanti implicazioni per le stime del valore del capitale naturale. Le torbiere del bacino del Congo e il loro potenziale di sequestro del carbonio sono stati riconosciuti a livello internazionale solo dal 2017 (Brown, 2017). Allo stesso modo, i servizi di sequestro del carbonio che gli elefanti forniscono nelle foreste pluviali africane sono venuti alla luce solo di recente: promuovendo la crescita di alberi più grandi, contribuiscono ad aumentare la biomassa della foresta. Nel 2020 l'FMI (Chami et al., 2020) ha stimato il valore totale dei servizi di sequestro del carbonio forniti dagli elefanti delle foreste africane in oltre 150 miliardi di USD (sulla base di 25 USD per tonnellata metrica di carbonio). In altre parole, i servizi di un singolo elefante della foresta varrebbero 1,75 milioni di USD.

Sfruttare le nuove tecnologie e le infrastrutture informatiche per accedere ai dati e condividerli

Per soddisfare la crescente domanda di dati ambientali, sono necessarie nuove tecnologie in grado di aumentare la generazione e l'analisi dei dati. La Conferenza delle Nazioni Unite sul commercio e lo sviluppo richiede una "rivoluzione dei dati" per migliorare la mobilitazione e l'accreditamento delle fonti non ufficiali che possono integrare le fonti di dati tradizionali (Africanews, 2022; IHSN, 2003). Un recente sondaggio tra gli utenti delle tecnologie di conservazione ha evidenziato i tre nuovi strumenti più importanti per la conservazione: l'intelligenza artificiale, il DNA ambientale e i sensori in rete (Speaker, 2021). Al di fuori dell'Africa, l'Uruguay fornisce un esempio di utilizzo delle nuove tecnologie nel contesto delle obbligazioni sovrane legate alla sostenibilità (SSLB) per valutare meglio il capitale naturale, tracciare gli sforzi di sostenibilità e mobilitare finanziamenti sostenibili, utilizzando immagini satellitari e strumenti di mappatura a distanza (Ministry of Economy and Finance of Uruguay, 2022).

Integrare il valore degli ecosistemi naturali nelle istituzioni locali, nazionali e regionali

Sviluppare un sistema di cogestione degli ecosistemi naturali, assegnando ruoli appropriati agli attori locali, nazionali e internazionali

Le comunità isolate possono partecipare alla gestione degli ecosistemi naturali locali e trarne benefici economici. Ciò potrebbe far loro ottenere una quota di crediti di carbonio o di diritti esclusivi su determinati prodotti forestali. Ad esempio, un'iniziativa REDD+ nella provincia di Mai N'dombe, nella Repubblica democratica del Congo, si affida agli agricoltori locali per piantare alberi e mettere a disposizione terreni per invertire il degrado forestale locale. Oltre 15 000 abitanti del luogo sono stati coinvolti nelle consultazioni iniziali per il progetto. Circa 3 772 agricoltori locali hanno ricevuto pagamenti da donatori internazionali attraverso il Fondo di partenariato per il carbonio forestale in cambio dei loro servizi per preservare gli ecosistemi, tra cui la piantumazione di 1,3 milioni di alberi di acacia e il ripristino di oltre 4 000 ettari di foresta (World Bank, 2018). Nel 2018 il progetto di costruzione della centrale idroelettrica di Nachtigal in Camerun ha introdotto indennità per le popolazioni che hanno perso l'accesso ai terreni forestali a causa delle inondazioni della diga.

Si potrebbe prestare particolare attenzione all'integrazione degli interessi indigeni nella proprietà della terra. I diritti fondiari delle popolazioni locali rimangono una questione delicata quando si tratta di preservare la sostenibilità ecologica della superficie forestale. Ad esempio, gli agricoltori locali hanno riferito di aver perso l'accesso ai loro campi quando Total ha realizzato una piantagione di acacia di 40 000 ettari sull'altopiano di Batéké, in Congo (Quashie-Idun e Howard, 2022). La realizzazione di manuali procedurali - tra cui, ad esempio, la mappatura partecipativa - può aiutare a identificare le terre delle popolazioni indigene. Inoltre, nella regione dovrebbero essere rafforzati il riconoscimento legale dei casi di lavoro forzato e di esproprio delle terre e l'imposizione di sanzioni dissuasive.

I governi dell'Africa centrale stanno integrando gli interessi locali e indigeni nelle leggi sulla gestione degli ecosistemi naturali. La legge n. 2021/014 del 9 luglio 2021 che regola l'accesso alle risorse genetiche in Camerun garantisce "il coinvolgimento delle popolazioni indigene e delle comunità locali nella condivisione dei benefici derivanti dall'uso delle risorse genetiche o delle conoscenze tradizionali associate". La Repubblica centrafricana è stata il primo Paese africano a ratificare la Convenzione n. 169 dell'Organizzazione internazionale del lavoro (OIL) nel 2010 (ILO, 2023). La Convenzione dà alle comunità indigene il diritto di essere consultate prima di qualsiasi esplorazione o sfruttamento delle risorse naturali nelle loro terre. Nel 2010 questo stesso Paese è stato anche uno dei primi ad approvare una legge che protegge i diritti dei popoli indigeni (IWGIA, 2011). La pubblicazione di rapporti periodici da parte delle istituzioni locali e delle ONG potrebbe migliorare il monitoraggio dell'attuazione dei regolamenti e l'imposizione di sanzioni, se necessario.

Unirsi agli sforzi internazionali per creare certificazioni per gli investimenti sostenibili, individuando al contempo i casi di greenwashing

Le istituzioni internazionali stanno adottando misure per rimediare alle asserzioni ambientali fraudolente che possono diluire la domanda o erodere il sostegno agli investimenti sostenibili. Il Segretario generale delle Nazioni Unite ha chiesto "tolleranza zero" per il greenwashing (UN, 2022). Nel 2021 la Commissione europea ha esaminato le asserzioni ambientali di una selezione di siti web e ha concluso che la metà di essi conteneva affermazioni prive di fondamento (European Commission, 2021a). L'OCSE consiglia alle imprese di evitare il greenwashing, sottolineando l'importanza di produrre piani di transizione aziendali credibili (OECD, 2022c).

Con l'aumento delle certificazioni, le norme si evolveranno. Nel 2022 l'Europa ha raggiunto un accordo su un progetto di regolamento che vieta alle imprese dell'Unione europea (UE) di partecipare a catene di valore che possono contribuire alla deforestazione (Oeschger, 2022; European Commission, 2021b). Di conseguenza, le industrie forestali dell'Africa centrale dovranno ottenere un maggior numero di certificazioni di sostenibilità per partecipare alle catene di valore globali (AUC/OECD, 2022, Capitolo 4). Il piano d'azione dell'Unione europea per l'applicazione delle normative, la governance e il commercio nel settore forestale prevede un meccanismo di certificazione più rigoroso per scoraggiare il disboscamento illegale (Eba'a Atyi et al., 2022). Il programma promuove il commercio legale di legname proponendo ai Paesi produttori di legname al di fuori dell'UE di firmare accordi volontari di partenariato, che consentono loro un accesso privilegiato ai mercati dell'UE. Inoltre, vieta agli operatori europei di immettere sul mercato dell'UE legname raccolto illegalmente. Cinque dei dieci Paesi che hanno firmato accordi con l'UE si trovano nell'Africa centrale: Camerun, Repubblica centrafricana, Congo, Repubblica democratica del Congo e Gabon (VPA Africa – Latin America Facility, 2023).

Promuovere nuovi meccanismi di finanziamento per monetizzare gli ecosistemi naturali

I governi dell'Africa centrale possono cercare nuove opportunità negli strumenti finanziari. Ad esempio, la Banca dei regolamenti internazionali ha proposto di aggiungere alle obbligazioni verdi degli interessi sui risultati della mitigazione (BIS Innovation Hub, 2022). Questo meccanismo monitora e finanzia gli impegni ambientali legati alle obbligazioni verdi. Quando vengono acquistate obbligazioni verdi, gli interessi sui risultati della mitigazione devono essere rimborsati in unità di risultati della mitigazione o in crediti di carbonio. Sarà necessario sviluppare protocolli d'intesa riconosciuti a livello internazionale, basati su attivi reali. La diffusione del commercio di questi strumenti potrebbe aumentare la domanda di conservazione delle foreste dell'Africa centrale.

I programmi di sostegno relativi alla diaspora possono aumentare i flussi e ampliare la base di finanziamento degli ecosistemi naturali. Le rimesse dei migranti rappresentano una fonte di finanziamento limitata, pari a circa l'1 % del PIL dell'Africa centrale nel periodo 2015-20. Tuttavia, potrebbero essere ulteriormente mobilitati verso investimenti produttivi e sostenibili, in particolare tramite programmi di informazione, cofinanziamento e assistenza tecnica istituiti dai partner internazionali e dai Paesi ospitanti. Ad esempio, la Francia ha creato la piattaforma MEET Africa, che fornisce assistenza tecnica per la creazione di imprese della diaspora, cofinanziata dall'UE e dall'Agenzia francese per lo sviluppo (Meet Africa, 2022). Nel 2022 il governo del Camerun ha annunciato di aver istituito un fondo per sostenere l'imprenditorialità dei giovani della diaspora (Investir au Cameroun, 2022).

I governi possono incoraggiare l'innovazione finanziaria creando un ambiente favorevole, fornendo finanziamenti di avviamento e incorporando queste innovazioni nei loro programmi e investimenti. Considerazioni sull'impronta di carbonio e sull'impatto sulla biodiversità possono essere integrate nella pianificazione nazionale, perseguendo sinergie con gli attori privati. I governi possono mobilitare finanziamenti catalitici per creare la domanda utilizzando i finanziamenti verdi per i propri bilanci e abbandonando gli investimenti in attività dannose per l'ambiente. Il collegamento dei crediti di carbonio a grandi progetti infrastrutturali può aggiungere una componente ecologica a investimenti consistenti o a progetti intra-regionali, che possono essere certificati attraverso meccanismi africani come il marchio di qualità del Programma per lo sviluppo infrastrutturale in Africa.

La cooperazione internazionale può aiutare le istituzioni locali a beneficiare dei crediti di carbonio. Ad esempio, l'Iniziativa per mercato del carbonio in Africa (ACMI), lanciata alla COP 27, mira a sostenere la crescita dei mercati volontari del carbonio, a mobilitare 6 miliardi di USD e a creare 30 milioni di posti di lavoro entro il 2030. Il Gabon e il Burundi sono firmatari (ACMI, 2022). A livello regionale, nel 2022 il COSUMAF ha aderito alla Rete bancaria e finanziaria sostenibile della Banca mondiale, che propone meccanismi di finanza sostenibile innovativi e stabili, come l'emissione di obbligazioni verdi e blu (COSUMAF, 2022).

Quando la rinegoziazione del debito si rende necessaria, si dovrebbero incoraggiare investimenti futuri sostenibili. A livello globale, il valore nominale totale del debito alleggerito attraverso scambi debito-natura è di circa 3,7 miliardi di USD, di cui solo 318 milioni di USD in Africa. Nell'Africa centrale, solo il Camerun ha beneficiato di questo tipo di iniziative nel 2006. La Banca africana di sviluppo (AfDB, 2022) osserva che l'attuazione di questo tipo di iniziative può essere difficile - in particolare nella Repubblica democratica del Congo - principalmente a causa di problemi di governance. L'assegnazione diretta di alcune risorse a fondi di conservazione indipendenti - come il Fondo Okapi, il primo fondo di conservazione privato della Repubblica democratica del Congo - può essere un'alternativa.

Note

1. La Commissione per le foreste dell'Africa centrale comprende tutti i Paesi dell'Africa centrale, come definiti dal Trattato di Abuja, con l'aggiunta del Ruanda.
2. Bruciare una tonnellata di carbonio produce 44/12 tCO_2.

Riferimenti bibliografici

ACMI (2022), *Africa Carbon Markets Initiative (ACMI): Roadmap Report*, Sustainable Energy for All (SEforALL), Africa Carbon Markets Initiative, www.seforall.org/publications/africa-carbon-markets-initiative-roadmap-report.

AfDB (2022), *Debt-for-Nature-Swaps: Feasibility and Policy Significance in Africa's Natural Resources Sector*, African Development Bank, Abidjan, Côte d'Ivoire, www.afdb.org/en/documents/debt-nature-swaps-feasibility-and-policy-significance-africas-natural-resources-sector.

Africanews, "RDC's government confirms general census is going ahead", *Africanews*, www.africanews.com/2022/01/10/rdc-s-government-confirms-general-census-is-going-ahead/, (consultato il 10 gennaio 2022).

Africa Regenerative Agriculture Study Group (2021), *Regenerative Agriculture: An opportunity for businesses and society to restore degraded land in Africa*, International Union for Conservation of Nature (IUCN), Gland, www.iucn.org/sites/default/files/2022-06/regnererative_agriculture_in_africa_report_2021.pdf.

Afrimag (2022), *Le Gabon émettra des green bonds de 200 millions de dollars*, https://afrimag.net/le-gabon-emettra-des-green-bonds-de-200-millions-de-dollars/.

Angelsen, A. et al. (2019), *REDD+: la transformation. Enseignements et nouvelles directions*, Center for International Forestry Research (CIFOR), Bogor, www.cifor.org/knowledge/publication/7447.

ATIBT (2020), *Rapport d'activité 2020*, Association Technique Internationale des Bois Tropicaux, Nogent-sur-Marne, www.atibt.org/files/upload/Activity_report/ATIBT-RAPPORT-ACTIVITE-2020.pdf.

AUC/AfDB/ECA (2019), *Africa Regional Integration Index Report 2019*, African Union Commission, Addis-Ababa; African Development Bank, Abidjan; United Nations Economic Commission for Africa, Addis-Ababa, www.integrate-africa.org/fileadmin/afdb/Documents/ARII-FR-Report2019.pdf.

AUC/OECD (2022), *Africa's Development Dynamics 2022: Regional Value Chains for a Sustainable Recovery*, African Union Commission, Addis Ababa/OECD Publishing, Paris, https://doi.org/10.1787/f92ecd72-fr.

Bagstad, K. J. et al. (2021), "Lessons learned from development of natural capital accounts in the United States and European Union", *Ecosystem Services*, vol. 52, https://doi.org/10.1016/j.ecoser.2021.101359.

BIS Innovation Hub (2022), *Project Genesis 2.0: Smart Contract-based Carbon Credits attached to Green Bonds*, BIS Innovation Hub, Hong Kong, www.bis.org/publ/othp58.pdf.

Bouscasse et al. (2011), *Economic valuation of wetlands services - Methodological lessons*, « Études et documents » collection of the Service de l'Économie, de l'Évaluation et de l'Intégration du Développement Durable (SEEIDD) of the Commissariat Général au Développement Durable (CGDD), Paris, France, https://hal.inrae.fr/hal-02596502.

Brienen, R. et al. (2015), "Long-term decline of the Amazon carbon sink", *Nature*, vol. 519, pp. 344–348, https://doi.org/10.1038/nature14283.

Brimont, L. (2016), "La performance des projets REDD+ : prédire le pire et promettre le meilleur?", Institut du développement durable et des relations internationales (IDDRI), 28 September 2016, www.iddri.org/fr/publications-et-evenements/billet-de-blog/la-performance-des-projets-redd.

Brown, G. (2017), "World's largest tropical peatland found in Congo basin", *The Guardian*, 11 January 2017, www.theguardian.com/environment/2017/jan/11/worlds-largest-peatland-vast-carbon-storage-capacity-found-congo.

CBA (2022), "CBA and LVMH announce major new project", Circular Bioeconomy Alliance, 7 November 2022, https://circularbioeconomyalliance.org/sustainable-cotton-growing-in-africa/.

CDB (2010), *Plan stratégique pour la diversité biologique 2011-2020 et les Objectifs d'Aichi*, Convention sur la diversité biologique, Montreal, www.cbd.int/doc/strategic-plan/2011-2020/Aichi-Targets-FR.pdf.

Centre d'analyse stratégique (2009), *Rapport d'activité*, http://archives.strategie.gouv.fr/cas/system/files/rapport_annuel_d_activite_2009_0.pdf.

CGDEV (2022), *How Much Should the World Pay for the Congo Forest's Carbon Removal?* Center for Global Development, Washington, DC, www.cgdev.org/sites/default/files/how-much-world-pay-congo-forest-carbon-removal.pdf.

Chami, R. et al. (2020), "Le travail de l'ombre des éléphants", *Finance & Development, December 2020*, vol. 57, No. 004, International Monetary Fund (IMF), Washington, DC, www.imf.org/external/pubs/ft/fandd/fre/2020/12/pdf/how-african-elephants-fight-climate-change-ralph-chami.pdf.

Climate Bonds Initiative (2022), *Climate Bonds Interactive Data Platform* (banca dati), www.climatebonds.net/market/data/.

COSUMAF (2022), "La Cosumaf rejoint le Réseau banque et finance durables du Groupe de la World Bank", Press release, Commission de surveillance du marché financier de l'Afrique centrale, https://cosumaf.org/actualite/la-cosumaf-rejoint-le-reseau-banque-et-finance-durables-du-groupe-de-la-banque-mondiale/.

CPI (2022), *Landscape of Climate Finance in Africa*, Climate Policy Initiative, San Francisco, www.climatepolicyinitiative.org/wp-content/uploads/2022/09/Landscape-of-Climate-Finance-in-Africa.pdf.

Dasgupta, P. (2021), *The Economics of Biodiversity: The Dasgupta Review*, HM Treasury, United Kingdom, www.gov.uk/government/publications/final-report-the-economics-of-biodiversity-the-dasgupta-review.

Doumenge, C. et al. (2021), "Ecotourism and protected areas in Central Africa: a future in common", in *State of protected areas 2020*, OFAC-COMIFAC and International Union for Conservation of Nature (IUCN), Gland and Yaoundé, www.observatoire-comifac.net/publications/edap.

Eba'a Atyi, R. et al. (2022), *Les forêts du bassin du Congo : état des forêts 2021*, Center for International Forestry Research (CIFOR), Bogor, www.cifor.org/publications/pdf_files/Books/Etat-des-forets-2021.pdf.

European Commission (2021a), "Screening of websites for 'greenwashing': half of green claims lack evidence", Press release, European Commission, https://ec.europa.eu/commission/presscorner/detail/en/ip_21_269.

European Commission (2021b), "Questions and Answers on new rules for deforestation-free products" Commissione europea, https://ec.europa.eu/commission/presscorner/detail/en/qanda_21_5919.

FAO (2021a), *Food and agriculture data* (FAOStat) (banca dati), www.fao.org/faostat/en/#home (consultato il 18 novembre 2021).

FAO (2021b), *Global Forest Resources Assessments 2020: Main Report*, Food and Agriculture Organization of the United Nations, Rome, https://doi.org/10.4060/ca9825fr.

fDi Intelligence (2022), *fDi Markets* (banca dati), www.fdiintelligence.com/fdi-markets (consultato nell'agosto 2022).

Forests News (2020), "Tracking REDD+: A story of remuneration and rewards for avoided deforestation in Central Africa?", Forests News, Center for International Forestry Research (CIFOR), https://forestsnews.cifor.org/REDD+.

Gaborone Declaration for Sustainability in Africa (2012), "Ecosystem Valuation and Natural Capital Accounting", Gaborone Declaration for Sustainability in Africa, www.gaboronedeclaration.com/nca.

Hubau, W. et al. (2020), "Asynchronous carbon sink saturation in African and Amazonian tropical forests", *Nature*, No. 579, pp. 80-87, https://doi.org/10.1038/s41586-020-2035-0.

IEA (2021), *GHG Emissions from fuel combustion (summary)* (banca dati), International Energy Agency, Paris, http://dotstat.oecd.org/Index.aspx?DataSetCode=GHG# (consultato il 23 settembre 2022).

IHSN (2003), "General Population and Housing Census 2003", International Household Survey Network, https://catalog.ihsn.org/catalog/4083/study-description.

ILO (2023), "Ratifications of C169 - The Indigenous and Tribal Peoples Convention (No. 169), 1989", *Normlex* (banca dati), International Labour Organisation, Geneva, www.ilo.org/dyn/normlex/en/ (consultato il 13 febbraio 2023).

IMF (2022a), *World Economic Outlook, October 2022* (banca dati), International Monetary Fund, Washington, DC, www.imf.org/en/Publications/WEO/weo-database/2022/October.

IMF (2022b), *IMF Balance of Payments and International Investment Position Statistics (BOP/IIP)* (banca dati), International Monetary Fund, Washington, DC, https://data.imf.org/?sk=7A51304B-6426-40C0-83DD-CA473CA1FD52.

IMF (2022c), *IMF Investment and Capital Stock Dataset (ICSD) (banca dati)*, International Monetary Fund, Washington, DC, https://data.imf.org/?sk=1CE8A55F-CFA7-4BC0-BCE2-256EE65AC0E4.

IMF/World Bank (2023), *List of LIC DSAs for PRGT-Eligible Countries as of February 28, 2023*, International Monetary Fund, Washington, DC, www.imf.org/external/Pubs/ft/dsa/DSAlist.pdf.

Investir au Cameroun (2022), "Entrepreneuriat : le Cameroun lance des consultations pour la création d'un fonds d'appui aux jeunes de la diaspora", *Investir au Cameroun*, 14 October 2022, www.investiraucameroun.com/gestion-publique/1410-18579-entrepreneuriat.

IWGIA (2011), "Congolese Law on indigenous peoples' rights translated into English", International Work Group for Indigenous Affairs, 31 October 2011, www.iwgia.org/en/republic-of-congo/1452-congolese-law-on-indigenous-peoples-rights-transla.html.

Kikstra, J. S. et al. (2021), "The social cost of carbon dioxide under climate-economy feedbacks and temperature variability", *Environmental Research Letters*, vol. 16, n° 9, DOI: 10.1088/1748-9326/ac1d0b.

Lescuyer, G., A. Karsenty and R. Eba'a Atyi (2008), "A New Tool for Sustainable Forest Management in Central Africa: Payments for Environmental Services", in *The Forests of the Congo Basin – State of the Forest 2008*, Publications Office of the European Union, Luxembourg, pp. 127-139, https://data.europa.eu/doi/10.2788/32456.

Ligodi, P. (2022), "RDC: les ONG de défense de l'environnement demandent des sanctions après l'audit de l'IGF", Radio France internationale, 10 aprile 2022, www.rfi.fr/fr/afrique/rdc-ong-environnement-sanctions.

Meet Africa (2023), www.meetafrica.fr/en/ (consultato il 13 febbraio 2023).

Ministry of Economy and Finance of Uruguay (2022), *Uruguay's Sovereign Sustainability-Linked Bond (SSLB) Framework*, Ministry of Economy and Finance of Uruguay, Montevideo, http://sslburuguay.mef.gub.uy/innovaportal/file/30690/20/uruguay_sslb_framework__2.pdf.

National Intelligence Council (2021), *Climate Change and International Responses Increasing Challenges to US National Security Through 2040*, National Intelligence Council, Office of the Director of National Intelligence, Washington, DC, NIC-NIE-2021-10030-A, www.dni.gov/files/ODNI/documents/assessments/NIE_Climate_Change_and_National_Security.pdf.

Ngounou, B. (2022), "Gabon : le pays obtient la certification au crédit carbone de la CCNUCC", Afrika21, 1 November 2022, www.afrik21.africa/gabon-le-pays-obtient-la-certification-au-credit-carbone-de-la-ccnucc/.

Njoroge, J. (2022), "Gabon's Carbon Credit Sale - Silver Bullet for Economic Revival?", *The Exchange Africa*, 1 November 2022, https://allafrica.com/stories/202211020075.html.

OECD (2022a), "Aid (ODA) disbursements to countries and regions", *Development Assistance Committee* (banca dati), https://stats.oecd.org/Index.aspx?DataSetCode=TABLE2A (consultato il 10 settembre 2022).

OECD (2022b), *States of Fragility 2022*, OECD Publishing, Paris, https://doi.org/10.1787/c7fedf5e-en.

OECD (2022c), *OECD Guidance on Transition Finance: Ensuring Credibility of Corporate Climate Transition Plans*, Green Finance and Investment, OECD Publishing, Paris, https://doi.org/10.1787/7c68a1ee-en.

OECD et al. (2022), *Latin American Economic Outlook 2022: Towards a Green and Just Transition*, OECD Publishing, Paris, https://doi.org/10.1787/3d5554fc-en.

OECD/ATAF/AUC (2022), *Revenue Statistics in Africa 2022*, OECD Publishing, Paris, https://doi.org/10.1787/ea66fbde-en-fr.

Oeschger, A. (2022), "EU Paves Way for Landmark Deforestation-free Products Regulation", SDG Knowledge Hub - International Institute for Sustainable Development, 8 December 2022, https://sdg.iisd.org/news/eu-paves-way-for-landmark-deforestation-free-products-regulation/.

Quashie-Idun, S. et E. Howard (2022), "How are we going to live? Families dispossessed of their land to make way for Total's Congo offsetting project", *Unearthed*, 12 December 2022 https://unearthed.greenpeace.org/2022/12/12/total-congo-offsetting-land-dispossessed/.

Roxburgh, T. et al. (2020), *Global Futures: Assessing the Global Economic Impacts of Environmental Change to Support Policy-Making*, January 2020, www.wwf.org.uk/globalfutures.

Speaker, T. (2021), "A global community-sourced assessment of the state of conservation technology", *Conservation Biology*, vol. 36, No. 3, https://doi.org/10.1111/cobi.13871.

TI (2020), *Governance Assessment : Central African Forest Initiative (CAFI) & DRC's National REDD+ Fund (FONAREDD)*, Transparency International, Berlin, https://images.transparencycdn.org/images/2020_Report_GovernanceAssessmentCAFI_English.pdf.

TI (2016), *REDD+ and corruption risks for Africa's Forests: Case studies from Cameroon, Ghana, Zambia and Zimbabwe*, Transparency International, Berlin, https://images.transparencycdn.org/images/2016_REDDCorruptionRisksAfrica_EN.pdf.

Tsayem Demaze, M., R. Sufo-Kankeu and D.J. Sonwa (2020), "Analysing the Narrative and Promises of 'Avoided Deforestation' Implementation in Central Africa", *International Forestry Review*, vol. 22, Issue. 2, www.cifor.org/publications/pdf_files/articles/ASufoKankeu2001.pdf.

UN (2022a), *World Population Prospects 2022, Online Edition* (banca dati), Department of Economic and Social Affairs United Nations, Population Division, United Nations, New York, https://population.un.org/wpp/Download/Standard/Population/.

UN (2022b), "2022 Global Assessment Results", *System of Environmental-Economic Accounting* (banca dati), United Nations, New York, https://seea.un.org/content/2022-global-assessment-results-1.

UN (2022c), *Le SG réclame une « tolérance zéro » pour l'écoblanchiment*, www.un.org/fr/delegate/le-sg-r%C3%A9clame-une-%C2%AB-tol%C3%A9rance-z%C3%A9ro-%C2%BB-pour-l%E2%80%99%C3%A9coblanchiment.

UN (2021), "Gabon receives payment for reducing CO2 emissions", Office of the Special Adviser on Africa, United Nations, New York, www.un.org/osaa/news/gabon-receives-payment-reducing-co2-emissions.

UN (2005), "Global Assessment Reports", *Millennium Ecosystem Assessment*, United Nations, New York, www.millenniumassessment.org/fr/Global.html.

UNCTAD (2022), "The Impact on Trade and Development of the War in Ukraine: UNCTAD Rapid Assessment – 16 March 2022", United Nations Conference on Trade and Development, Genève, https://unctad.org/system/files/official-document/osginf2022d1_en.pdf.

UNEP-WCMC/IUCN (2023), *World Database on Protected Areas* (banca dati), UN Environment Programme World Conservation Monitoring Centre (UNEP-WCMC), Cambridge, UK/International Union for Conservation of Nature (IUCN), Paris, France, https://doi.org/10.34892/6fwd-af11 (consultato il 13 febbraio 2023).

USAID (2019), "Key findings of research on the artisanal gold sector in the Central African Republic", The United States Agency for International Development, Washington, DC, www.land-links.org/wp-content/uploads/2020/05/USAID-AMPR-Summary-of-Gold-Sector-Findings_clean_FINAL.pdf.

VPA Africa-Latin America Facility (2023), https://flegtvpafacility.org/countries/ (consultato il 13 febbraio 2023).

Watson, C. et L. Schalatek (2020), "Climate Finance Thematic Briefing: REDD+ Finance", Heinrich-Böll-Stiftung Washington, DC and Overseas Development Institute, London, https://climatefundsupdate.org/wp-content/uploads/2020/03/CFF5-2019-ENG-DIGITAL.pdf.

World Bank (2022a), *World development indicators* (banca dati), World Bank, Washington, DC, https://datatopics.worldbank.org/world-development-indicators/ (consultato il 12 aprile 2022).

World Bank (2022b), *Commodity Markets Outlook: Pandemic, war, recession: Drivers of aluminum and copper prices (October)*, World Bank, Washington, DC, https://openknowledge.worldbank.org/handle/10986/38160?locale-attribute=fr.

World Bank (2022c), *Carbon Pricing Dashboard* (banca dati), World Bank, Washington, DC, https://carbonpricingdashboard.worldbank.org/map_data.

World Bank (2021), *The Changing Wealth of Nations 2021: Managing Assets for the Future*, World Bank, Washington, DC, http://hdl.handle.net/10986/36400.

World Bank (2018), "Mai Ndombe Redd+ Initiative in DRC", Fact Sheet, World Bank, Washington, DC, www.banquemondiale.org/fr/country/drc/brief/fact-sheet-mai-ndombe-redd-initiative-in-drc.

World Bank-KNOMAD (2022), *Remittances* (banca dati), The Global Knowledge Partnership on Migration and Development (KNOMAD), World Bank, www.knomad.org/data/remittances (consultato il 19 dicembre 2022).

Yonga, R. (2014), *Guide des Fonds Souverains Africains*, African Markets, www.african-markets.com/pdf/fr/Guide_des_Fonds_Souverains_Africains_FR.pdf.

Capitolo 5

Investire nelle energie rinnovabili per lo sviluppo sostenibile dell'Africa orientale

Il presente capitolo analizza le tendenze e le dinamiche degli investimenti nell'Africa orientale (Comore, Gibuti, Eritrea, Etiopia, Kenya, Madagascar, Maurizio, Ruanda, Seychelles, Somalia, Sud Sudan, Sudan, Tanzania e Uganda), prestando particolare attenzione al settore delle energie rinnovabili. Il capitolo mostra innanzitutto che gli investimenti sono stati uno dei principali motori della recente crescita dell'Africa orientale, ma la quota destinata alla sostenibilità sociale e ambientale rimane insufficiente. In secondo luogo, esamina il vasto potenziale di energia rinnovabile dell'Africa orientale, sottolineando che gli investimenti attuali sono insufficienti a soddisfare le esigenze di accesso all'energia della regione. Il documento delinea le principali barriere agli investimenti che ostacolano la crescita del mercato delle energie rinnovabili e identifica il potenziale delle imprese innovative per accelerare la diffusione delle energie rinnovabili e contribuire alla trasformazione produttiva della regione. Infine, propone raccomandazioni strategiche per mobilitare maggiori investimenti nelle energie rinnovabili in tutta l'Africa orientale.

IN SINTESI

Diversi investimenti pubblici e privati hanno contribuito a una forte crescita economica dell'Africa orientale e le fonti di finanziamento della regione si sono dimostrate resilienti durante la pandemia da COVID-19. Gli investimenti esteri, i finanziamenti per lo sviluppo, i crediti all'esportazione e le imprese capofila regionali sono stati tutti vettori dello sviluppo sostenibile, ma rimangono concentrati sui Paesi più grandi della regione.

Malgrado il settore delle energie rinnovabili dell'Africa orientale sia cresciuto, la maggior parte del suo potenziale di investimenti sostenibili è rimasto inutilizzato. Il settore è fondamentale per l'obiettivo dell'Africa orientale di espandere l'accesso all'elettricità e a sistemi di cottura pulita, sostenendo allo stesso tempo l'imprenditorialità e la trasformazione produttiva della regione; alla fine del 2020, il 49 % della popolazione aveva accesso all'elettricità e solo il 14 % a sistemi di cottura pulita. Malgrado l'Africa orientale disponga di un'ampia gamma di risorse energetiche rinnovabili - che comprendono vaste risorse idroelettriche, eoliche, solari e geotermiche - solo il 4 % dei flussi di investimenti diretti esteri *greenfield* in entrata nell'Africa orientale è stato destinato a progetti di energia rinnovabile nel periodo 2017-22, rispetto al 17 % dell'Africa nel suo complesso.

Una regolamentazione energetica inefficace, infrastrutture energetiche carenti e condizioni macroeconomiche instabili, accentuate dai recenti shock globali, pesano negativamente sulla fiducia degli investitori nella maggior parte dei Paesi dell'Africa orientale. Tuttavia, le imprese innovative stanno crescendo in tutta la regione e offrono il potenziale per agevolare maggiori investimenti nelle energie rinnovabili e sostenere la trasformazione produttiva.

Tre sono le priorità che i responsabili delle politiche dell'Africa orientale devono privilegiare per mobilitare maggiori investimenti nelle energie rinnovabili:

- potenziare i quadri normativi e la capacità delle imprese di servizi energetici al fine di migliorare la fiducia degli investitori nel settore delle energie rinnovabili
- rafforzare le istituzioni e gli strumenti finanziari locali al fine di agevolare la disponibilità di risorse destinate ai progetti di energia rinnovabile
- approfondire l'integrazione regionale attraverso progetti infrastrutturali al fine di sostenere la nascita e la diffusione di imprese innovative.

East Africa

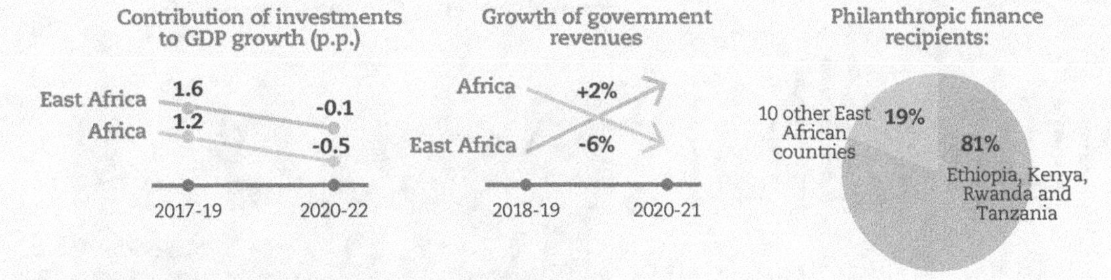

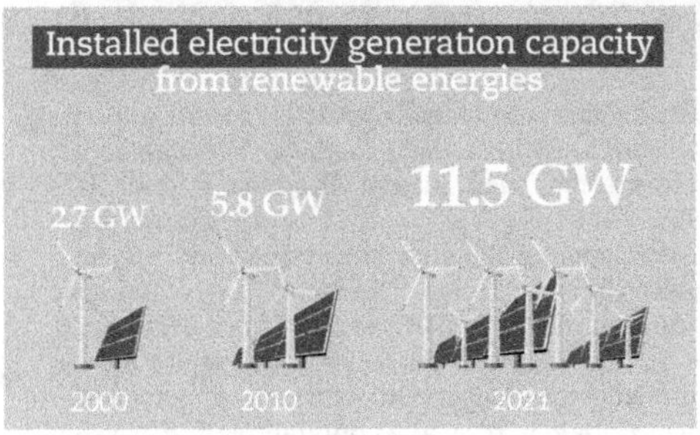

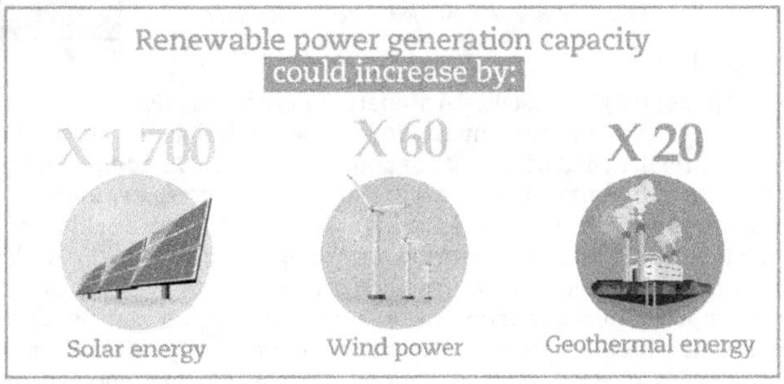

Investments in renewable energies can expand access to electricity and support entrepreneurship

Only **49%** of the population has access to electricity

Only **14%** of the population has access to clean cooking

Public financial flows into renewable energy projects amounted to only **USD 900 million** per year from 2015 to 2020

East Africa needs about **USD 66 billion** per year to meet the goals of the Paris Agreement by 2030

What's next?

- **Enhance regulatory frameworks** and the capacity of energy utilities to improve investor confidence
- **Strengthen local financial institutions and instruments** to catalyse resources for renewable energy projects
- **Couple regional integration policies with programmes** to promote innovative enterprises

Profilo regionale dell'Africa orientale

Figura 5.1. **Componenti della crescita economica e fonti di finanziamento nell'Africa orientale**

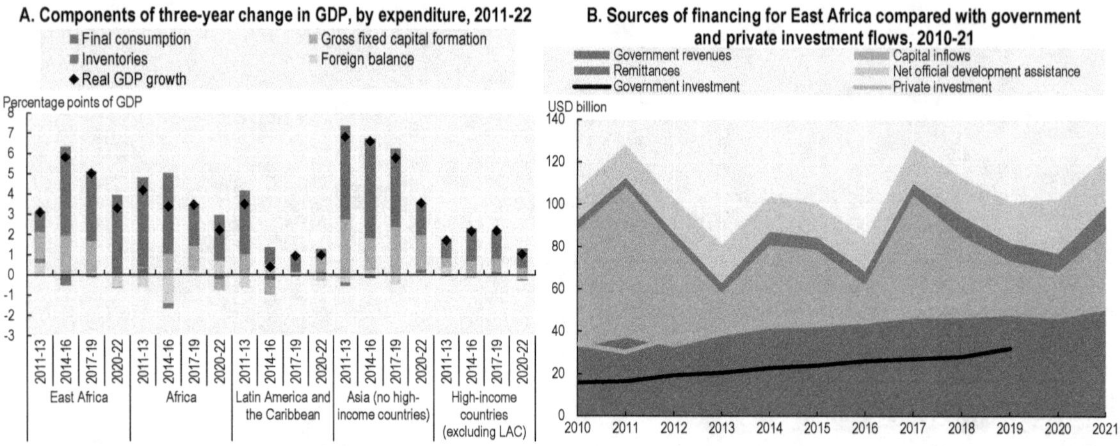

Nota: le componenti della crescita del prodotto interno lordo (PIL) sono calcolate su base annua utilizzando la crescita annuale del PIL reale per stimare l'aumento in dollari reali. I dati aggregati sono calcolati sulla base della media dei dati nazionali ponderata per il PIL in dollari a parità di potere d'acquisto. Le componenti della crescita triennale del PIL sono state calcolate considerando la differenza tra la media geometrica della crescita annuale del PIL reale nel periodo considerato e la crescita del PIL reale quando ogni componente è azzerata per i singoli anni. Il saldo estero corrisponde alla differenza tra le importazioni e le esportazioni. Le importazioni contribuiscono negativamente al PIL. Per "Paesi ad alto reddito" si intendono i Paesi classificati come "ad alto reddito" secondo i gruppi di Paesi per reddito della Banca mondiale al di fuori dell'America latina e dei Caraibi. Le entrate pubbliche comprendono tutte le entrate fiscali e non fiscali dello Stato, al netto del servizio del debito e delle sovvenzioni ricevute. Gli apporti di capitale comprendono gli investimenti diretti esteri (IDE), gli investimenti di portafoglio e gli altri flussi di investimenti in entrata riportati dal Fondo monetario internazionale in base alla contabilità attivi/passivi. Occorre una certa cautela nell'interpretare i dati relativi agli apporti di capitale poiché alcuni dati relativi al 2021 e ai flussi di portafoglio sono mancanti.

Fonti: calcoli degli autori basati su IMF (2022a), *Prospettive economiche mondiali (banca dati)*, www.imf.org/en/Publications/WEO/weo-database/2022/October; OECD (2022a), *Comitato di aiuto allo svil uppo dell'OCSE* (banca dati), https://stats-1.oecd.org/Index.aspx?DataSetCode=TABLE2A; World Bank (2022a), *World Development Indicators* (banca dati),https://data.worldbank.org/products/wdi; IMF (2022b), *Balance of Payments and International Investment Position Statistics (BOP/IIP)* (banca dati), https://data.imf.org/?sk=7A51304B-6426-40C0-83DD-CA473CA1FD52; IMF (2022c), *Investment and Capital Stock Dataset (ICSD)* (banca dati), https://data.imf.org/?sk=1CE8A55F-CFA7-4BC0-BCE2-256EE65AC0E4; e World Bank-KNOMAD (2022), *Remittances* (banca dati), www.knomad.org/data/remittances.

StatLink https://stat.link/o3p46w

Figura 5.2. **Flussi di investimenti diretti esteri greenfield nell'Africa orientale, per attività, origine e destinazione, 2017-22**

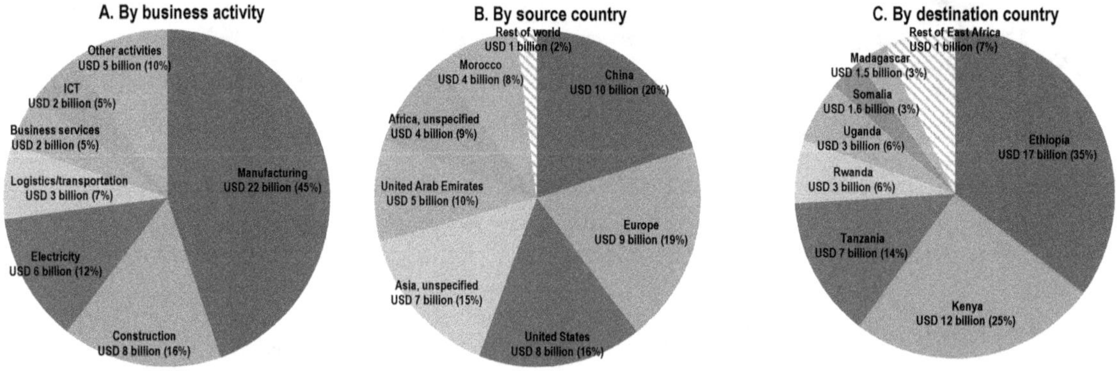

Nota: la banca dati *fDi Markets* è utilizzata solo a fini di analisi comparativa. Non si dovrebbero dedurre gli importi effettivi degli investimenti da tale fonte poiché i dati di *fDi Markets* si basano sugli annunci iniziali di progetti di investimento, una parte dei quali non si concretizza. TIC = Tecnologie dell'informazione e della comunicazione.

Fonte: calcoli degli autori basati su fDi Intelligence (2022), *fDi Markets* (banca dati), www.fdiintelligence.com/fdi-markets.

StatLink https://stat.link/4odr2c

I flussi di investimento diversificati sono importanti motori della crescita e dello sviluppo sostenibile dell'Africa orientale, ma si concentrano solo su alcuni Paesi

Gli investimenti hanno contribuito alla forte crescita economica dell'Africa orientale

Rispetto all'Africa nel suo complesso, l'Africa orientale ha registrato una crescita del prodotto interno lordo (PIL) più elevata, e gli investimenti hanno svolto il ruolo più importante. La tendenza dell'Africa orientale a registrare una crescita costantemente superiore a quella delle altre regioni africane è stata confermata durante la pandemia da COVID-19, con una crescita del PIL dello 0,7 % nel 2020, del 5,4 % nel 2021 e del 4,3 % nel 2022, rispetto al -1,7 %, il 4,9 % e il 3,8 % dell'Africa (IMF, 2023a). Gli investimenti (formazione lorda di capitale fisso) hanno avuto una tendenza al rialzo negli ultimi dieci anni, contribuendo alla recente crescita del PIL molto più nell'Africa orientale (1,6 punti percentuali nel 2017-19 e -0,1 punti percentuali nel 2020-22) che in tutto il continente (1,2 e -0,5 punti percentuali negli stessi periodi) (Figura5.1, Pannello A).

Fatta eccezione per gli apporti di capitale, le fonti di finanziamento sono rimaste stabili nell'Africa orientale e le entrate statali hanno mostrato una maggiore resilienza rispetto ad altre regioni africane. Durante la pandemia da COVID-19, le entrate pubbliche sono state più stabili nell'Africa orientale (+2 % tra il 2018-19 e il 2020-21) rispetto all'Africa nel suo complesso (-6 % nello stesso periodo). In linea con le tendenze a livello continentale, l'aiuto pubblico allo sviluppo (APS) e le rimesse hanno registrato un aumento durante la pandemia (rispettivamente del 30 % e del 6 %), compensando in parte il calo degli apporti di capitale (-7 %) (Figura 5.1, Pannello B).

I flussi globali di investimenti diretti esteri (IDE) in entrata hanno provenienze diverse, e gli investimenti cinesi e degli Emirati arabi uniti rivestono un ruolo più importante rispetto ad altre regioni africane. La Repubblica popolare cinese (di seguito "Cina") (10 miliardi di USD), l'Europa (9 miliardi di USD) e gli Stati Uniti (8 miliardi di USD) hanno totalizzato la maggior parte dei flussi di IDE greenfield nell'Africa Orientale nel periodo 2017-22. In particolare, il 10 % (5 miliardi di USD) degli IDE della regione proviene dagli Emirati arabi uniti, ossia più della metà degli IDE provenienti da tutti i Paesi africani al di fuori della regione messi insieme (Figura 5.2, Pannello B). A febbraio 2023, il Fondo monetario internazionale considerava due Paesi dell'Africa orientale in situazione di sovraindebitamento (Somalia e Sudan), mentre altri cinque Paesi (Comore, Gibuti, Etiopia, Kenya e Sud Sudan) erano a elevato rischio di passare a questo status (IMF, 2023b).

Le fonti di investimento private e pubbliche si concentrano in una serie di settori, ma soprattutto nei Paesi più estesi della regione

Il settore manifatturiero è il principale destinatario di IDE greenfield, mentre i servizi alle imprese occupano una posizione relativamente importante. Tra il 2017 e il 2021 il settore manifatturiero (compresa la lavorazione del carbone, del petrolio e del gas) ha attirato più IDE greenfield rispetto ai quattro settori successivi messi insieme (16,4 miliardi di USD contro 14,9 miliardi di USD). Gli importi assoluti degli investimenti sono ben allineati ai rapporti tra posti di lavoro settoriali/spesa in conto capitale. L'Africa orientale è l'unica regione africana in cui i servizi alle imprese figurano tra i primi cinque settori oggetto di IDE (Figura 5.3).

Figura 5.3. **Investimenti diretti esteri greenfield nell'Africa meridionale, spesa in conto capitale e creazione di posti di lavoro, per attività economica, 2017-21**

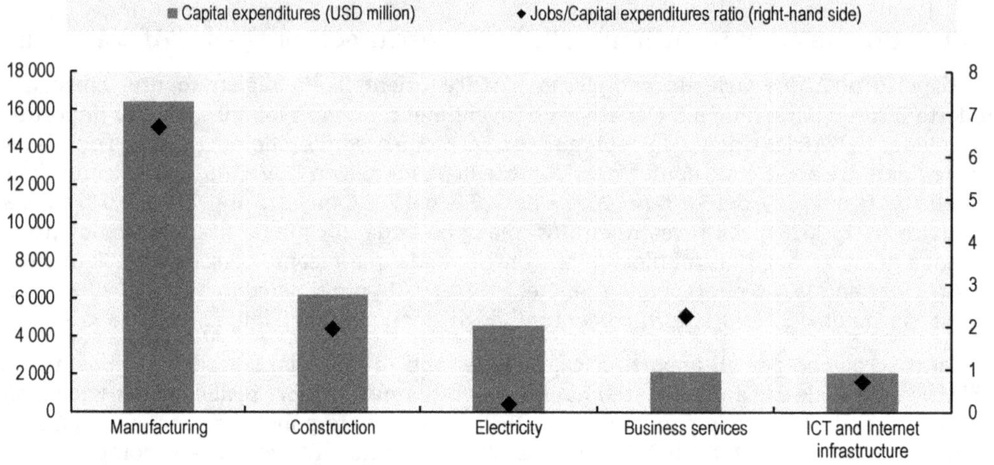

Nota: la figura mostra le prime cinque attività commerciali per spesa in conto capitale. Copre il periodo dal 2017 al 2021 e quindi mostra una spesa totale in conto capitale per l'elettricità diversa rispetto al Figura 5.2. TIC = Tecnologie dell'informazione e della comunicazione.

Fonte: calcoli degli autori basati su fDi Intelligence (2022), *fDi Markets* (banca dati), www.fdiintelligence.com/fdi-markets.

StatLink https://stat.link/1javyn

I finanziamenti privati mobilitati attraverso il finanziamento allo sviluppo e i crediti all'esportazione sono destinati a settori diversi, ma entrambi si concentrano sui quattro Paesi più estesi della regione. Nel periodo 2012-20 sono stati mobilitati 8,3 miliardi di USD di finanziamenti privati da parte dei fondi per lo sviluppo nella regione; il settore energetico ha attirato la quota più alta (40 %), seguito dai servizi bancari e finanziari (20 %). La maggior parte dei finanziamenti privati è stata mobilitata attraverso il finanziamento allo sviluppo in Kenya (3,9 miliardi di USD), seguito dall'Uganda (1,5 miliardi di USD), dall'Etiopia (0,6 miliardi di USD) e dalla Tanzania (0,6 miliardi di USD) (Figura 5.4). Secondo il Gruppo Crediti all'esportazione dell'OCSE, i crediti all'esportazione dei Paesi OCSE verso l'Africa orientale sono stati pari a un totale di 6,64 miliardi di USD dal 2012 al 2021, concentrati soprattutto su costruzioni (47 %), trasporti e magazzinaggio (23 %), sanità (7 %) e industria (7 %). La Tanzania ha beneficiato dell'importo maggiore (2,1 miliardi di USD), seguita dal Kenya (1,9 miliardi di USD), dall'Etiopia (1,6 miliardi di USD) e dall'Uganda (0,5 miliardi di USD).

Figura 5.4. **Finanziamenti privati mobilitati attraverso il finanziamento pubblico allo sviluppo nell'Africa orientale , 2012-20**

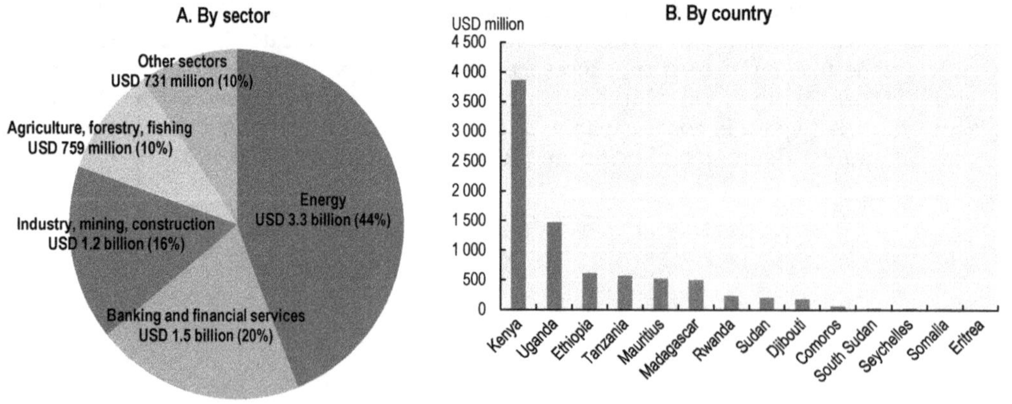

Nota: la categoria "Altri settori" comprende (per ordine di grandezza): politiche e regolamenti commerciali; multisettoriale/interdisciplinare; istruzione; sanità; turismo; approvvigionamento idrico e smaltimento delle acque; servizi alle imprese e altri servizi; altre infrastrutture e servizi sociali; governo e società civile; politiche/ programmi demografici; salute riproduttiva e aiuti umanitari; non specificato.

Fonte: OECD (2022c), "Mobilitation", *OECD.Stat* (banca dati), https://stats.oecd.org/Index.aspx?DataSetCode=DV_DCD_MOBILISATION.

StatLink https://stat.link/umOfho

Gli apporti di APS e filantropici si concentrano sui settori sociali, principalmente l'istruzione, la sanità, l'agricoltura e gli sforzi umanitari. Tali fondi integrano la spesa governativa, più limitata in questi settori. Ad esempio, nel 2019 la spesa sanitaria pubblica ha raggiunto l'1,4 % del PIL nell'Africa orientale, meno che nell'Africa settentrionale (2,2 %) e nell'Africa meridionale (3,8 %). L'APS e la filantropia si sono concentrati in Etiopia, Kenya, Ruanda e Tanzania. I quattro Paesi rappresentano il 62 % della popolazione della regione e hanno ricevuto il 55 % dell'APS e l'81 % dei flussi filantropici.

L'Africa orientale è più integrata nei flussi di investimento intra-africani rispetto ad altre regioni africane, grazie alle grandi imprese multinazionali del settore finanziario e assicurativo di Maurizio e del Kenya. I flussi di IDE greenfield in uscita dai Paesi dell'Africa orientale sono dominati dalle transazioni provenienti da Maurizio (5,5 miliardi di USD), destinate soprattutto all'Africa meridionale, seguite dall'Africa occidentale e da altri Paesi dell'Africa orientale. Gli IDE greenfield provenienti dal Kenya (1,6 miliardi di USD) sono distribuiti in modo più uniforme, e importi simili raggiungono altri Paesi dell'Africa orientale (397 milioni di USD), l'Asia in via di sviluppo (422 milioni di USD) e l'Africa occidentale (436 milioni di USD) (Figura 5.5). Le società finanziarie e assicurative con sede in Kenya e a Maurizio dominano anche le imprese leader della regione. Le imprese a contatto diretto con i consumatori a forte impronta regionale (come la Kenya Commercial Bank) impiegano il maggior numero di persone, pur rimanendo decisamente alle spalle dei rivenditori al dettaglio che hanno sede al di fuori della regione (come la sudafricana Shoprite che opera nell'Africa orientale). Il Kenya si distingue anche per essere il Paese con i maggiori investitori istituzionali della regione: Gli attivi gestiti dai fondi pensione kenioti erano pari al 12 % del PIL nel periodo 2015-20, la quarta quota più alta in Africa dopo la Namibia (98 %), il Sudafrica (84 %) e il Botswana (53 %)[1].

Figura 5.5. **Investimenti diretti esteri greenfield provenienti dai Paesi dell'Africa orientale, per regione di destinazione, 2017-21, in milioni di USD**

Nota: la categoria "Altri Paesi" comprende Madagascar (160 milioni di USD), Seychelles (150 milioni di USD), Gibuti (146 milioni di USD), Sudan (105 milioni di USD), Tanzania (87 milioni di USD) e Sud Sudan (2 milioni di USD). Il "Resto del mondo" comprende i Paesi dell'Africa centrale (276 milioni di USD), l'America latina e i Caraibi (33 milioni di USD) e altre regioni non indicate nella figura (52 milioni di USD). Per "Paesi ad alto reddito" si intendono i Paesi classificati come "ad alto reddito" nella classificazione della Banca mondiale per gruppi di reddito, esclusi i Paesi dell'America latina e dei Caraibi.

Fonte: calcoli degli autori basati su fDi Intelligence (2022), *fDi Markets* (banca dati), www.fdiintelligence.com/fdi-markets.

StatLink *https://stat.link/nmk926*

La mobilitazione degli investimenti nel settore delle energie rinnovabili nell'Africa orientale può aumentare l'accesso all'energia pulita e sostenere la trasformazione produttiva

Malgrado l'enorme potenziale di energia rinnovabile dell'Africa orientale, gli investimenti attuali sono insufficienti a soddisfare le esigenze di accesso all'energia della regione

L'Africa orientale presenta un potenziale unico per le energie rinnovabili, poiché i suoi Paesi beneficiano di una serie di riserve energetiche. Le riserve di energia rinnovabile non sfruttate della regione riguardano l'energia idroelettrica, eolica, solare e geotermica (IEA, 2022). La regione ha un'irradiazione solare media annua di 2 100 kilowattora (KWh) per metro quadrato e una velocità del vento media di 5,5 metri al secondo - che raggiunge gli 8 metri al secondo in Etiopia, Kenya e Somalia. Sulla base di un utilizzo di appena l'1 % dei terreni adatti allo sviluppo di progetti energetici, le capacità tecnicamente installabili ammontano a 1 067 gigawatt per l'energia solare e 47,2 per l'energia eolica (IRENA/AfDB, 2022). L'area dei Grandi Laghi e il bacino del Nilo offrono un ulteriore potenziale per l'energia idroelettrica, mentre la Valle del Rift detiene il potenziale geotermico più ricco del continente (IRENA, 2022a). Attualmente la regione utilizza meno del 5 % della sua capacità geotermica, principalmente in Kenya e in Etiopia (Kincer, 2021).

Il mercato delle energie rinnovabili nell'Africa orientale ha registrato una rapida crescita, ma l'energia solare ed eolica rappresentano solo una piccola parte della produzione di elettricità. La capacità di produzione di energia elettrica da fonti rinnovabili nella regione ammontava a 11,5 gigawatt (GW) nel 2021, più che quadruplicata rispetto al 2000 (2,7 GW) e quasi raddoppiata rispetto al 2010 (5,8 GW). Nel 2021 le energie rinnovabili rappresentavano il 65 % della capacità elettrica totale dell'Africa orientale. Questa crescita è stata trainata principalmente dall'espansione dell'energia idroelettrica all'inizio degli anni 2000, a cui si sono aggiunti successivamente la geotermia, la bioenergia, l'energia eolica e quella solare. Malgrado il loro vasto potenziale, l'energia solare ed eolica hanno iniziato a essere sfruttate solo di recente e rappresentano ancora una piccola parte della capacità complessiva della regione (rispettivamente 3,5 % e 4,5 %) (Figura 5.6). Grazie alla sua grande capacità idroelettrica, l'Etiopia è diventata un esportatore di elettricità e il Paese africano con il maggior numero di posti di lavoro nel settore delle energie rinnovabili (circa 57 800 nel 2021 (IRENA, 2022b]). Il Kenya si distingue nella regione per la diversificazione delle sue energie rinnovabili (Figura 5.7).

Figura 5.6. **Capacità elettrica installata e accesso all'elettricità nell'Africa orientale per fonte, 2000-22**

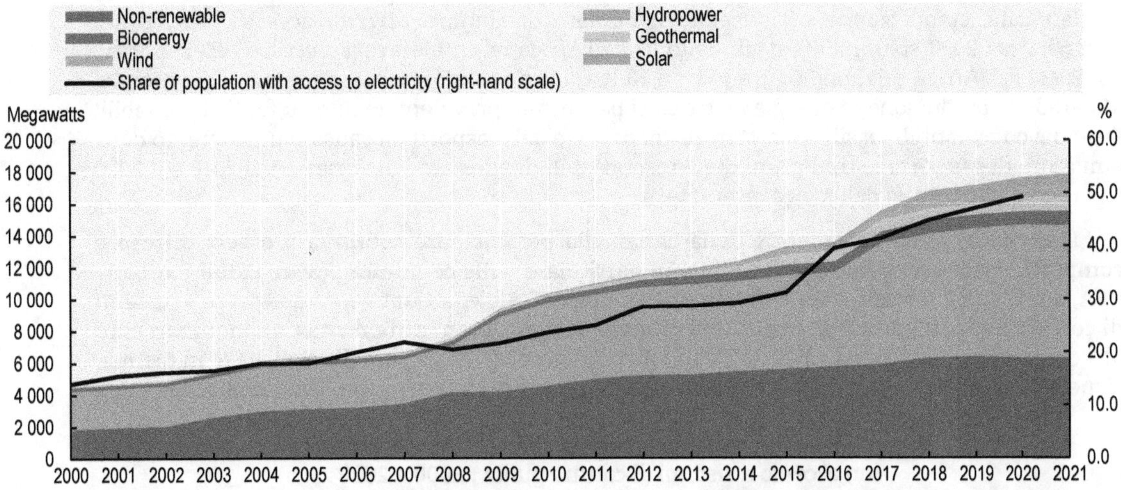

Nota: il termine "solare" comprende l'energia solare fotovoltaica e termodinamica. Il termine "eolico" comprende l'eolico terrestre e marino. Le "bioenergie" comprendono i biocarburanti solidi e liquidi e il biogas. L'"energia idroelettrica" comprende l'energia idroelettrica rinnovabile e l'accumulo con pompaggio. Le energie "non rinnovabili" comprendono carbone e torba, petrolio, gas naturale, combustibili fossili non specificati altrove, nucleare, rifiuti urbani non rinnovabili e altre energie non rinnovabili.

Fonte: elaborazione degli autori basata su IRENA (2022a), *IRENASTAT* (banca dati), https://pxweb.irena.org/pxweb/en/IRENASTAT?_gl=1*fltysn*_ga*MTA3NTM0NzYxLjE2NjE3NzAyNzQ.*_ga_7W6ZEF19K4*MTY3ODI4NTgxNC40NC4xLjE2NzgyODU4MzguMzYuMC4w e World Bank (2022a), *World Development Indicators* (banca dati), https://data.worldbank.org/products/wdi.

StatLink https://stat.link/4kfwb3

Figura 5.7. **Capacità elettrica installata da fonti rinnovabili nel 2021, per Paese**

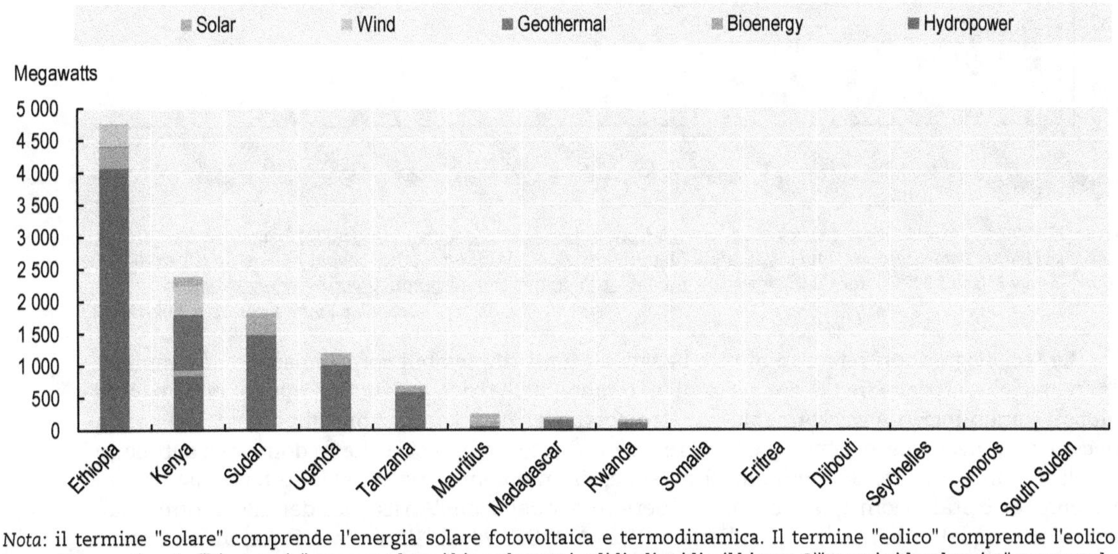

Nota: il termine "solare" comprende l'energia solare fotovoltaica e termodinamica. Il termine "eolico" comprende l'eolico terrestre e marino. Le "bioenergie" comprendono i biocarburanti solidi e liquidi e il biogas. L'"energia idroelettrica" comprende l'energia idroelettrica rinnovabile e l'accumulo con pompaggio.

Fonte: elaborazione degli autori basata su IRENA (2022a), *IRENASTAT* (banca dati), https://pxweb.irena.org/pxweb/en/IRENASTAT?_gl=1*fltysn*_ga*MTA3NTM0NzYxLjE2NjE3NzAyNzQ.*_ga_7W6ZEF19K4*MTY3ODI4NTgxNC40NC4xLjE2NzgyODU4MzguMzYuMC4w.

StatLink https://stat.link/0ld3j6

Malgrado i significativi progressi compiuti, metà della popolazione dell'Africa orientale - circa 200 milioni di persone - non ha accesso all'elettricità, mentre l'inquinamento da fonti energetiche non rinnovabili rimane problematico. Grazie anche alla crescita delle energie rinnovabili, i tassi di accesso all'elettricità nella regione sono aumentati notevolmente tra il 2000 e il 2020 (Figura 5.6). Il Kenya e il Ruanda sono stati tra i Paesi a più rapida elettrificazione del mondo; nel 2022 hanno sfidato il declino post-pandemico della regione in termini di accesso all'elettricità, stabilizzando o riducendo il numero di abitanti privi di accesso (IEA, 2022). Tuttavia, nel 2020 solo il 49 % degli abitanti dell'Africa orientale aveva accesso all'elettricità. Sei Paesi dell'Africa orientale figurano tra i 20 Paesi con i tassi di accesso più bassi del mondo. Malgrado la produzione di energia elettrica si basi ormai prevalentemente su fonti rinnovabili, l'uso dei combustibili fossili nei settori residenziale e dei trasporti ha causato un aumento delle emissioni di gas serra, e tra i primi dieci responsabili di emissioni in Africa tra il 2010 e il 2020 figurano quattro Paesi dell'Africa orientale[2].

L'uso della legna da ardere e della carbonella per cucinare continua a essere diffuso e comporta rischi immediati per la salute, in particolare nelle comunità povere rurali e urbane (IEA, 2022). Nel 2020 solo il 14 % della popolazione dell'Africa orientale avrà accesso a sistemi di cottura pulita (Figura 5.8). Nel 2019 il numero di morti premature dovute all'inquinamento atmosferico domestico per milione di abitanti è stato di 1 724 in Somalia e di 1 124 in Eritrea, rispettivamente tre e due volte superiore alla media africana (Roy, di prossima pubblicazione).

Figura 5.8. **Percentuale della popolazione dell'Africa orientale con accesso a sistemi di cottura pulita , 2000 e 2020**

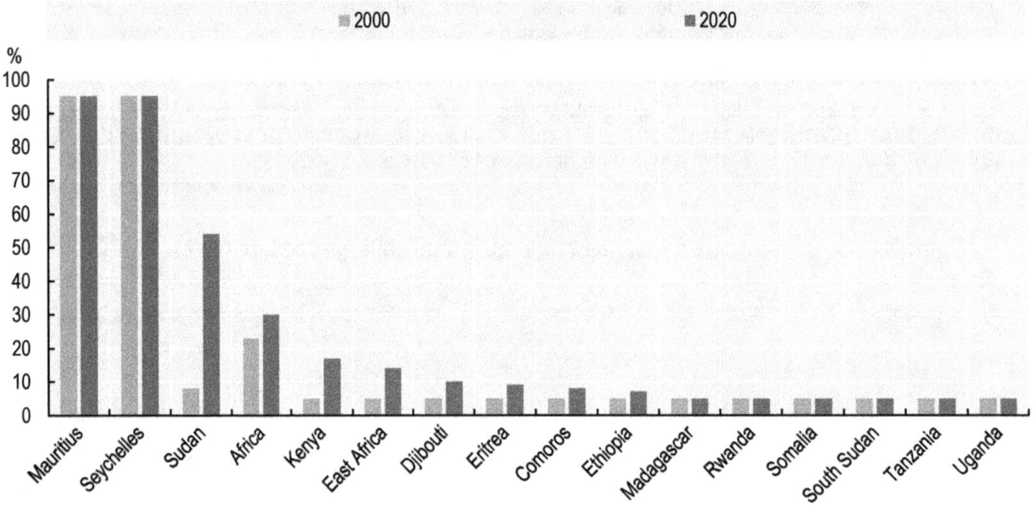

Fonte: IEA (2021a), *World Energy Outlook 2021*, www.iea.org/reports/world-energy-outlook-2021 basato su OMS (2021), *Household Energy Database*, www.who.int/data/gho/data/themes/air-pollution/who-household-energy-db e IEA (2021b), *World Energy Balances 2021* (banca dati), www.iea.org/data-and-statistics/data-product/world-energy-balances.

StatLink https://stat.link/j4nla0

Le tecnologie fuori rete e mini-rete basate su fonti rinnovabili contribuiscono ad ampliare l'accesso all'elettricità nelle zone rurali e remote dell'Africa orientale, ma le recenti crisi globali hanno inciso negativamente sui loro costi. Nel 2019 le soluzioni di accesso all'energia decentralizzate, come le tecnologie fuori rete e mini-rete, compresi i sistemi domestici autonomi e solari, hanno servito 38,5 milioni di persone, dal momento che la regione ha registrato un numero di installazioni quattro volte superiore a quello dell'Africa occidentale e otto volte superiore a quello dell'Africa meridionale (IRENA/AfDB, 2022). L'Etiopia e il Kenya vantano i mercati più interessanti per le soluzioni fuori rete nella regione, rappresentando quasi il 30 % del mercato mondiale del solare fuori rete nel 2021, con 19 milioni di persone in Kenya e 8 milioni di persone in Etiopia collegate a soluzioni solari fuori rete (IEA, 2022). In Ruanda, le soluzioni fuori rete basate sull'energia solare forniscono elettricità al 15 % delle famiglie e al 7 % della popolazione totale, registrando il più alto tasso di accesso all'elettricità fuori rete in Africa e il terzo al mondo (GIZ/IRENA, 2020). Sebbene le tecnologie fuori rete e mini-rete offrano un potenziale, in particolare nelle zone rurali, l'accessibilità economica continua a rappresentare un ostacolo importante. A causa delle interruzioni della catena di approvvigionamento e dell'inflazione causata dalla pandemia da COVID-19 e dai conflitti internazionali, i dispositivi fuori rete sono diventati economicamente inaccessibili per molti consumatori, il che ne ha rallentato l'adozione (IEA, 2022).

Gli investimenti nella produzione di energia rinnovabile nell'Africa orientale non sono all'altezza del potenziale di ampliamento dell'accesso all'elettricità e di riduzione dell'inquinamento. Gli investimenti pubblici e privati sono rimasti relativamente modesti. Solo il 4 % delle spese di capitale per gli IDE greenfield nell'Africa orientale è stato destinato a progetti di energia rinnovabile nel 2017-22, rispetto al 17 % del continente africano[3]. I flussi finanziari pubblici in progetti di energia rinnovabile sono ancora più limitati, ammontando a 5,6 miliardi di USD dal 2015 al 2020, o 900 milioni di USD all'anno, con un minimo annuale di 334 milioni di USD nel 2020[4], il primo anno della pandemia. In particolare, i finanziamenti pubblici sfruttano in misura insufficiente l'energia eolica e solare: solo l'Etiopia e il Kenya hanno effettuato investimenti sostanziali in queste tecnologie negli ultimi anni (Figura 5.9). A titolo di confronto, i contributi nazionali combinati dell'Africa orientale per il conseguimento dell'obiettivo dell'Accordo di Parigi che prevede di mantenere il riscaldamento globale al di sotto di 1,5°C entro il 2030 ammontano a 65,96 miliardi di USD all'anno dal 2020 al 2030 (AfDB, 2022).

Figura 5.9. **Primi sei Paesi dell'Africa orientale con investimenti pubblici in fonti energetiche rinnovabili , 2001-20, in milioni di USD**

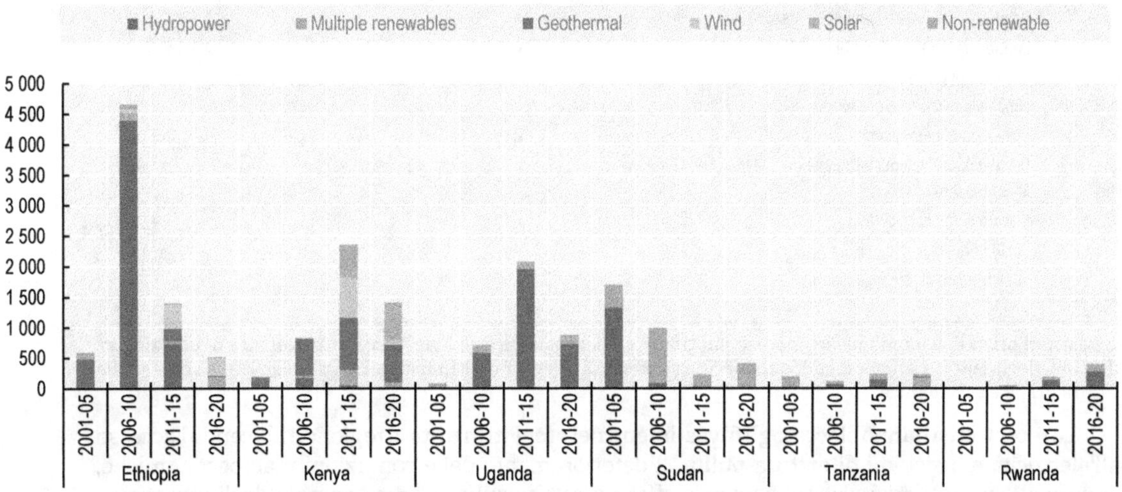

Nota: il termine "solare" comprende l'energia solare fotovoltaica e termodinamica. L'"energia idroelettrica" comprende l'energia idroelettrica rinnovabile e l'accumulo con pompaggio. Il termine "eolico" comprende l'eolico terrestre e marino. Le energie "non rinnovabili" comprendono carbone e torba, petrolio, gas naturale, combustibili fossili non specificati altrove, nucleare, rifiuti urbani non rinnovabili e altre energie non rinnovabili. Le "energie rinnovabili multiple" comprendono investimenti pubblici in più di una tecnologia di energia rinnovabile.

Fonte: elaborazione degli autori basata su IRENA (2022a), *IRENASTAT* (banca dati), https://pxweb.irena.org/pxweb/en/IRENASTAT?gl=1*fltysn*_ga*MTA3NTM0NzYxLjE2NjE3NzAyNzQ.*_ga_7W6ZEF19K4*MTY3ODI4NTgxNC40NC4xLjE2NzgyODU4Mzgu MzYuMC4w.

StatLink *https://stat.link/bsnc6r*

Le barriere strutturali e le recenti crisi frenano gli investimenti nelle energie rinnovabili nei Paesi dell'Africa orientale

L'insufficienza dei regolamenti, la mancanza di progetti finanziabili, la complessità delle condizioni di finanziamento e le carenze delle infrastrutture energetiche rappresentano le principali barriere strutturali alla maggior parte degli investimenti privati e internazionali. I colloqui presso le imprese multinazionali e un'ampia analisi documentale hanno individuato una serie di ostacoli che frenano costantemente gli investimenti nelle energie rinnovabili (Tabella 5.1; cfr. anche il Capitolo 1). Gli investitori e le fonti del settore hanno indicato come ostacoli agli IDE e ad altre forme di investimenti privati i seguenti fattori: le restrizioni normative alla partecipazione privata e l'inadeguata attuazione delle riforme (ad esempio in Etiopia e Kenya), comportamenti di monopsonio da parte delle imprese pubbliche di servizi, elevato rischio dell'acquirente e altri interessi acquisiti (ad esempio in Tanzania e Uganda), il deterioramento o l'opacità del profilo di credito sovrano (ad esempio in Etiopia) e la mancanza di progetti finanziabili (ad esempio nelle Seychelles e in Tanzania). Tranne alcune eccezioni, gli investitori privati nazionali, africani e non africani devono affrontare ostacoli simili. Le istituzioni filantropiche e internazionali di finanziamento allo sviluppo in generale risentono meno di molti di questi ostacoli, ma l'attuazione delle riforme, la stabilità politica e le questioni di governance e capacità specifiche dei progetti ne influenzano le decisioni di investimento.

Tabella 5.1. **Ostacoli agli investimenti nelle energie rinnovabili nell'Africa orientale per diversi tipi di investitori**

Ostacolo agli investimenti		Investitori privati non africani	Investitori privati africani	Investitori privati nazionali	Istituzioni filantropiche	Istituzioni internazionali di finanziamento allo sviluppo
Contesti normativi e istituzionali sfavorevoli	Restrizioni alla produzione e alla distribuzione di energia private e basate sul mercato	x	x	x		
	Attuazione lacunosa e incoerente delle riforme	x	x	x		x
	Comportamenti di monopsonio dei servizi pubblici e delle imprese statali, rischio dell'acquirente	x	x	x		
	Conflitti politici e problemi di sicurezza	x	x	x	x	
	Controversie sui diritti fondiari	x	x	x	x	
Mancanza di progetti finanziabili	Problemi di governance	x	x	x		x
	Limiti di capacità del progetto	x			x	x
	Mancanza di competenze	x	x	x		
Condizioni di finanziamento difficili	Debolezza del sistema nazionale di finanziamento	x	x	x		x
	Rischio di credito sovrano	x	x			
	Costo iniziale elevato			x		
Infrastrutture carenti	Infrastrutture di rete inadeguate	x	x	x		

Nota: per "investitori privati" si intendono le imprese multinazionali, le banche e gli investitori istituzionali e di portafoglio.
Fonte: valutazione degli autori basata su colloqui con i produttori di energia multinazionali e su un'analisi documentale della letteratura grigia e accademica.

Le recenti crisi hanno bloccato gli investimenti nei progetti in tutta la regione, riducendo l'accesso all'elettricità e a sistemi di cottura pulita. Il deterioramento delle condizioni macroeconomiche, dovuto alle recenti crisi globali, ha avuto effetti a catena sulla fiducia generale degli investitori, sulla stabilità finanziaria dei servizi pubblici e sui fornitori di attrezzature e di tecnologie fuori rete, frenando così i progetti di infrastrutture e di accesso all'energia in tutta l'Africa orientale (IEA, 2022;cfr. anche il Capitolo 1). Solo alcuni Paesi, in particolare il Kenya, sono stati in grado di aggiungere nuove connessioni elettriche alla rete nel 2020-21, principalmente completando i progetti avviati prima della pandemia da COVID-19. I tassi di accesso all'elettricità e a sistemi di cottura pulita sono quindi diminuiti, soprattutto nei casi in cui la crescita della popolazione ha superato il numero di nuovi allacci, come in Etiopia, Madagascar, Tanzania e Uganda (IEA, 2022).

Le sfide e le opportunità di investimento nelle energie rinnovabili variano notevolmente da un Paese all'altro, a seconda delle dimensioni del mercato, dei livelli di accesso all'energia e dell'indipendenza energetica. Tutti i Paesi dell'Africa orientale devono affrontare notevoli sfide per attirare investimenti nelle energie rinnovabili. Tuttavia, sulla base dell'analisi di cui sopra, i Paesi dell'Africa orientale possono essere suddivisi in tre gruppi a seconda delle diverse sfide e opportunità di investimento incontrate:

- **Gruppo 1: espansione e diversificazione dei mercati delle energie rinnovabili.** L'Etiopia, il Kenya, il Ruanda, la Tanzania e l'Uganda hanno registrato la crescita più marcata nella produzione di energia rinnovabile nella regione (AfDB, 2022). Il Kenya, l'Etiopia e l'Uganda hanno ricevuto il 66 % della spesa in conto capitale destinata agli IDE greenfield per progetti di energia rinnovabile in tutta l'Africa orientale nel periodo 2017-22[5]. Il Kenya, in particolare, è stato in grado di diversificare la produzione di energia rinnovabile e figura tra le prime cinque destinazioni mondiali per gli investimenti in energia pulita nel 2019 (Business Daily, 2019). Il Ruanda, malgrado un PIL molto più basso, è incluso nel gruppo 1 grazie ai suoi investimenti nelle energie rinnovabili in percentuale del PIL, che si collocano tra i primi cinque a livello globale (IEA, 2022). I Paesi del gruppo 1 hanno creato strategie energetiche nazionali, aggiornato le normative e si sono impegnati nel commercio regionale dell'energia (AfDB, 2021). La sfida sarà quella di espandere e diversificare più rapidamente la produzione di energia rinnovabile, con il sostegno di investimenti pubblici mirati e la riduzione degli ostacoli agli investitori privati.

- **Gruppo 2: ampliare l'accesso all'energia.** Le Comore, il Gibuti, l'Eritrea, il Madagascar, la Somalia, il Sudan e il Sud Sudan offrono minori opportunità per gli investimenti privati. Ad esempio, secondo la banca dati *fDi Markets*, solo il Gibuti e il Madagascar hanno attirato IDE greenfield per progetti in materia di energie rinnovabili dal 2017 al 2022, ricevendo insieme il 9 % degli apporti totali di IDE nell'Africa orientale[6]. I Paesi del gruppo 2 si concentrano sull'espansione dell'accesso all'energia e sulla sostituzione delle fonti energetiche inquinanti con fonti pulite, laddove ciò sia efficace ed economicamente accessibile; tuttavia, continuano a ricorrere alle energie rinnovabili combustibili (biocarburanti) e persino ai combustibili fossili, laddove necessario, per aumentare l'accesso all'energia. Questi Paesi si concentrano soprattutto sui fondamenti normativi, ad esempio regimi tariffari trasparenti e prevedibili (AfDB, 2021).
- **Gruppo 3: raggiungere l'indipendenza energetica con fonti rinnovabili.** Maurizio e le Seychelles sono piccoli Stati insulari e, in quanto Paesi ad alto reddito, sono destinazioni interessanti per gli investimenti privati. Hanno beneficiato del 25 % della spesa in conto capitale destinata agli IDE greenfield dell'Africa orientale a favore delle energie rinnovabili nel periodo 2017-22[7]. Vantano elevati tassi di accesso all'elettricità e a sistemi di cottura pulita e i loro sistemi di regolamentazione energetica sono ben sviluppati. Questi Paesi possono dedicarsi ad attirare investimenti privati per progetti di energia rinnovabile al fine di ridurre la loro dipendenza dalle importazioni di combustibili fossili e aumentare la loro resilienza. Ad esempio, progetti innovativi come le centrali solari galleggianti sfruttano le risorse naturali e finanziarie di questi Paesi (Largue, 2020).

Imprese innovative emergenti stanno stimolando il settore regionale delle energie rinnovabili, a vantaggio della trasformazione produttiva

Imprese innovative e i relativi modelli di business hanno iniziato a migliorare e a espandere la produzione e la distribuzione di energia rinnovabile nell'Africa orientale. Dopo il successo di start-up come la keniota M-Kopa Solar, le imprese private locali hanno sfruttato le opportunità offerte dalle catene di valore delle energie rinnovabili, che coprono la produzione di dispositivi e componenti, lo sviluppo di infrastrutture, la distribuzione diretta e l'accesso all'elettricità e a sistemi di cottura pulita e il trasporto (Tabella 5.2). Sono comuni gli esempi di produttori e di assemblatori di pannelli solari (ad esempio Strauss Energy e Solinc in Kenya), di turbine eoliche (ad esempio Millennium Engineers in Uganda), di apparecchi di cottura puliti (ad esempio Acacia Innovations in Kenya) e di distributori di elettricità (ad esempio Juabar in Tanzania). In particolare, le imprese hanno creato modelli di business innovativi in risposta alle sfide del sistema energetico esistente (ad esempio, modelli di elettricità a pagamento e apparecchi di cottura in abbonamento) incentrati su gruppi target specifici (ad esempio, catene di valore agricolo), raggiungendo così allo stesso tempo obiettivi di trasformazione produttiva e di sostenibilità ambientale. I modelli di business innovativi basati sul mercato provengono quasi esclusivamente dai Paesi del gruppo 1, grazie alle loro dimensioni di mercato, agli sforzi di liberalizzazione dei sistemi energetici e al talento imprenditoriale esistente. Nei Paesi del gruppo 2, i progetti innovativi finanziati dalle sovvenzioni contribuiscono allo sviluppo sostenibile (cfr. il Riquadro 5.1).

Tabella 5.2. **Esempi di imprese innovative e dei relativi modelli di business nel settore delle energie rinnovabili dell'Africa orientale**

Focus sulla catena di valore	Impresa	Modello di business	Gruppo target	Portata del mercato	Industria-lizzazione	Creazione di posti di lavoro	Innovazione	Digitalizza-zione
Produzione e assemblaggio	Strauss Energy, una start-up keniota produttrice di tegole innovative che generano energia solare (Fotovoltaico integrato nell'edilizia)	Recupero dei costi su tre anni attraverso la vendita dell'elettricità in eccesso	F, I+C	N	x	x	x	
	Solinc, il primo produttore, assemblatore e distributore di pannelli solari del Kenya e dell'Africa orientale	A pagamento tramite rivenditori e imprese	C	R	x	x	x	
Fornitura di infrastrutture	Gruppo Filatex, il principale produttore di mini-reti e infrastrutture per le energie rinnovabili del Madagascar (oltre 10 000 posti di lavoro)	Manutenzione dei tetti delle zone industriali	F, I+C	C	x	x	x	
	PowerGen, fornitore di energia rinnovabile pulita in Kenya e leader mondiale nello sviluppo di mini-reti	10 000 connessioni alla rete	F, I+C	C	x	x	x	x
	Power Point Systems, sviluppatore di infrastrutture (rete e mini-rete) e fornitore di sistemi di alimentazione del Kenya	Fornitore diversificato	I+C, O	C	x	x	x	x
	CrossBoundary Energy, finanziatore pluripremiato con sede in Kenya di oltre 100 milioni di USD in progetti di infrastrutture per le energie rinnovabili.	Finanziamento del progetto	I+C	C	x	x	x	
Distribuzione e accesso	M-KOPA Solar, fornitore di sistemi domestici a energia solare in Kenya	Pagamento a consumo	F	R		x	x	
	Juabar, fornitore tanzaniano di chioschi a energia solare per la ricarica dei telefoni cellulari nelle comunità non collegate alla rete elettrica	Franchising	C	N		x	x	
	Acacia Innovations, fornitore keniota di apparecchi di cottura puliti per le scuole che ha ottenuto il riconoscimento OSS7	Servizio in abbonamento	O	N			x	
	Solagen Power Ltd, fornitore di energia solare in Kenya	B2C+B2B	F, C, O	R	x	x		
	Energy Systems Ltd, fornitore ugandese di energia solare, anche per le zone non collegate alla rete.	B2C+B2B	F, I+C, O	N	x	x		
	Empower Renewable Energy, fornitore dell'accesso alle energie rinnovabili in Sudan	Fornitore diversificato	F, I+C, O	C	x	x	x	
	SunCulture, fornitore in Kenya di servizi di irrigazione solare e di servizi accessori per i piccoli agricoltori	Fornitura personalizzata	I+C	R		x	x	x
	Power OffGrid, fornitore somalo di soluzioni solari intelligenti per gli agricoltori e le comunità non collegate alla rete	Piattaforma di finanziamento di attivi PayGo, Goat4kWh	F, C	N		x	x	x
Trasporto	Ampersand, operatore di mobilità elettrica del Ruanda	*Rideshare*	C	R		x		
	BasiGo, assemblatore e fornitore in Kenya di autobus elettrici alimentati da energia rinnovabile	Pagamento in base ai km percorsi (pay-as-you-drive)	C	C	x	x	x	x

Note: OSS7 = Obiettivo di sviluppo sostenibile 7: Energia pulita e conveniente. B2C+B2B = business to consumer (tra impresa e consumatore) e business to business (tra imprese). Gruppo target: F = famiglie; I+C = industria e commercio; O = organizzazione. Portata del mercato: N = nazionale, R = regionale, C = continentale.
Fonte: elaborazione degli autori basata su un'analisi della letteratura.

Riquadro 5.1. **Programmi a favore dell'energia solare e di sistemi di cottura pulita destinati alle zone rurali**

I programmi a favore dell'energia solare e di sistemi di cottura pulita offrono una serie di vantaggi alle comunità rurali dell'Africa orientale. Permettono la fornitura diretta a scuole, ospedali, dispensari, campi profughi o mercati notturni.

Power OffGrid Somalia fornisce soluzioni solari ed energia pulita alle comunità rurali fuori rete e difficili da raggiungere a Jowhar, in Somalia. I suoi i servizi innovativi e convenienti di energia rinnovabile ibrida e la sua piattaforma di finanziamento degli attivi PayGo per le comunità che non beneficiano di servizi bancari, Goat4kWh, consentono agli allevatori e agricoltori di utilizzare il proprio bestiame come capitale per finanziare l'elettrificazione. L'impresa migliora così l'accesso all'elettricità, all'acqua potabile e a sistemi di cottura pulita per migliaia di famiglie somale (Impakter, 2019).

Le donne delle zone rurali dell'Africa possono fungere da leader della comunità, imprenditrici e formatrici per promuovere l'accesso all'elettricità a energia solare e ad apparecchi di cottura pulita a emissioni ridotte. Il Maasai Stoves and Solar Project, ad esempio, ha formato le donne della Tanzania per impieghi di distribuzione e di installazione di pannelli solari e di apparecchi di cottura per le tradizionali case di fango. Oltre a ridurre le emissioni e le morti per inquinamento interno, secondo Ligami (2017) queste iniziative di transizione energetica pulita possono contribuire ad alleviare la povertà.

Le tecnologie digitali hanno permesso di produrre più energia rinnovabile, grazie a nuovi modelli di business e alla condivisione dei dati. Le tecnologie digitali hanno migliorato la produzione di energia rinnovabile (ad esempio, parchi eolici digitali e digitalizzazione dell'energia idroelettrica), la distribuzione (ad esempio, reti intelligenti e negozi online) e l'utilizzo dell'energia (ad esempio, contatori intelligenti, piattaforme mobili e applicazioni per l'efficienza energetica) (Tabella 5.2). La diminuzione dei costi dei componenti digitali, come i sensori, nonché delle tecnologie di archiviazione dei dati, ha permesso la creazione di nuovi modelli di business nell'analisi dei dati e nella cibersicurezza, nell'efficienza operativa e nei controlli per la distribuzione e lo stoccaggio dell'energia rinnovabile (GE, 2018). La Plexus Energy del Kenya, la Power OffGrid della Somalia e la Energy Monitoring Ltd dell'Uganda sono esempi di fornitori di soluzioni digitali dell'Africa orientale incentrate sulle energie rinnovabili (Wilson, 2021). Su scala più ampia, modelli meteorologici sintetici come il Renewable Energy Space Analytics Tool (RE-SAT) e lo Small Islands Developing States' Digital Toolkit, sviluppati grazie alla collaborazione tra il governo delle Seychelles, l'Agenzia internazionale per l'energia, il Segretariato del Commonwealth e altri partner internazionali, forniscono dati e informazioni supplementari come bene pubblico (The Commonwealth, 2021).

Alcuni fornitori di infrastrutture energetiche dell'Africa orientale stanno emergendo come imprese leader, mentre multinazionali regionali consolidate operano in qualità di investitori. Le grandi imprese di infrastrutture di rete (ad esempio PowerGen e Group Filatex), i fornitori di finanziamenti per le infrastrutture (ad esempio CrossBoundary Energy) e i produttori di energia rinnovabile regionali e continentali (ad esempio Power Point Systems e Group Filatex) stanno iniziando a consolidarsi a livello regionale (Tabella 5.2). La diversificazione della Safaricom del Kenya nella generazione di energia solare ed eolica e il finanziamento da parte della Mauritius Commercial Bank di progetti di elettrificazione a energia rinnovabile attestano l'intenzione delle maggiori imprese multinazionali della regione di cercare opportunità di investimento nel settore (International Finance, 2022).

L'aumento della domanda da parte degli utenti commerciali di energia e dei progetti di sviluppo ecologico sta sostenendo l'elaborazione di progetti di generazione e distribuzione di energia rinnovabile su larga scala e su misura. In considerazione degli elevati costi di attuazione e della ricerca da parte dei clienti commerciali, come i rivenditori e le imprese del settore alberghiero, di alternative all'accesso all'energia dalla rete, i modelli di business che offrono soluzioni basate sulle energie rinnovabili sono sempre più utilizzati nell'Africa orientale. Ad esempio, in Kenya il rivenditore SunCulture fornisce soluzioni di irrigazione solare agli agricoltori (BII, n.d.). Inoltre, i parchi industriali e le "città verdi" di recente costituzione hanno ora la possibilità di integrare le fonti di energia rinnovabile in loco nella loro fornitura energetica. La città verde di Kigali, nel Ruanda, promossa dal Rwanda Green Fund (FONERWA), con il sostegno finanziario della banca tedesca KfW Development Bank, cerca di utilizzare gli investimenti nelle energie rinnovabili per generare effetti positivi a catena per la sostenibilità sociale e ambientale (Nkurunziza, 2021).

Le politiche pubbliche possono migliorare il settore delle energie rinnovabili nell'Africa orientale e contribuire a mobilitare gli investimenti

Per mobilitare gli investimenti nel settore delle energie rinnovabili nell'Africa orientale, i responsabili delle politiche devono migliorare la regolamentazione energetica, rafforzare gli investimenti pubblici e sostenere l'integrazione regionale e le imprese leader (Tabella 5.3). Come prima priorità, continueranno a essere necessari investimenti privati su larga e piccola scala al fine di sfruttare meglio il potenziale di produzione di energia rinnovabile dell'Africa orientale, mentre i responsabili delle politiche possono concentrarsi sul miglioramento delle riforme normative e sullo sviluppo del settore delle energie rinnovabili della regione. In secondo luogo, i limitati fondi pubblici devono essere investiti in modo più strategico e innovativo, il che richiede il rafforzamento della capacità delle istituzioni pubbliche e finanziarie. In terzo luogo, l'integrazione regionale può essere ulteriormente intensificata promuovendo progetti su larga scala diretti dal governo e incoraggiando gli investimenti delle imprese leader regionali e delle imprese innovative.

Tabella 5.3. **Raccomandazioni strategiche prioritarie per i gruppi dei Paesi dell'Africa orientale**

Settore strategico	Raccomandazione	Gruppo 1: Etiopia Kenya Ruanda Tanzania Uganda	Gruppo 2: Comore Gibuti Eritrea Madagascar Somalia Sud Sudan Sudan	Gruppo 3: Maurizio Seychelles
Quadri normativi e capacità	Sviluppare un quadro normativo dotati di piani settoriali e di incentivi credibili, rifacendosi all'esperienza degli altri Paesi della regione		x	
	Attuare le riforme in modo rigoroso e coerente	x		
	Valutare regolarmente il quadro normativo, trarre insegnamenti pertinenti e risolvere i problemi degli investitori	x	x	x
Investimenti pubblici e meccanismi finanziari innovativi	Creare impegni e strumenti finanziari a lungo termine per gli investimenti pubblici e istituzionali	x		x
	Istituire un'obbligazione verde sovrana per sostenere gli investimenti nazionali	x		x
	Risolvere i conflitti e offrire un'assicurazione contro il rischio politico e altri strumenti di riduzione del rischio	x	x	
	Migliorare la governance e la capacità istituzionale per sostenere lo sviluppo di proposte finanziabili e l'accesso alle opportunità di finanziamento	x	x	x
Integrazione regionale, imprese leader e innovazione imprenditoriale	Approfondire i progetti infrastrutturali regionali per facilitare il trasporto e il commercio transfrontaliero di energia	x	x	x
	Armonizzare le normative per incoraggiare lo sviluppo del mercato transfrontaliero e delle catene di valore	x		
	Facilitare la creazione di un maggior numero di imprese specializzate nell'energia rinnovabile e rafforzare l'imprenditorialità locale e il finanziamento di comunità	x		
	Promuovere la trasformazione dei servizi di pubblica utilità e delle imprese statali in imprese leader e partner affidabili per le imprese	x	x	x
	Aumentare gli investimenti nell'infrastruttura di rete e collaborare con investitori privati e istituzioni di finanziamento allo sviluppo per promuovere l'accesso decentrato all'energia	x	x	

Fonte: elaborazione degli autori basata su un'analisi della letteratura.

Il miglioramento dei quadri normativi e delle capacità delle imprese di servizi energetici consentirà l'espansione del settore delle energie rinnovabili nella regione

La maggior parte dei Paesi dell'Africa orientale ha adottato riforme normative fondamentali e progetti pilota istituzionali a favore delle energie rinnovabili, ma la loro piena attuazione non si è ancora concretizzata. Nella regione è emersa una serie di iniziative strategiche promettenti, in particolare nei Paesi del gruppo 1 (Tabella 5.4), i quali sono anche dotati di quadri normativi più completi rispetto ai Paesi del gruppo 2 (Tabella 5.5).

Tabella 5.4. **Esempi di politiche volte a migliorare la capacità istituzionale e i quadri normativi nel settore delle energie rinnovabili nell'Africa orientale**

Esempio di politica	Obiettivo della politica	Impatto
Riforme normative e incentivi fiscali per gli investitori privati del Kenya	Migliorare il quadro giuridico per il settore delle energie rinnovabili	Il Kenya ha guadagnato 52 posizioni in 5 anni nell'indice Ease of Doing Business della Banca mondiale ed è diventato una potenza regionale nel campo delle energie rinnovabili (RES4Africa e PWC, 2021).
Meccanismo di pagamento del premio Global Energy Transfer Feed-in-Tariff (GET FiT) in Uganda	Migliorare l'accesso al mercato per i produttori indipendenti di energia (IPP)	I pagamenti supplementari ricevuti a titolo del GET FiT migliorano la redditività finanziaria dei progetti privati di generazione di energia rinnovabile su piccola scala e hanno contribuito alle attività di 17 IPP, che hanno prodotto un totale di 158 megawatt, ovvero 760 GW/ora all'anno (KFW e Multiconsult, 2021).
Fondo di 40 milioni di USD per lo sviluppo del mercato fuori rete in Madagascar	Accelerare e realizzare l'elettrificazione sostenibile attraverso le tecnologie solari fuori rete	Il Fondo, con il sostegno della Banca mondiale, ha fornito finanziamenti a titolo di capitale di debito ai distributori di energia solare e alle istituzioni che finanziano gli utenti finali o i distributori (World Bank, 2018), seguendo gli esempi di altri Paesi della regione, in particolare il Kenya e il Ruanda.
Progetto di miglioramento delle operazioni e della governance del settore elettrico del Madagascar (ESOGIP)	Promuovere le innovazioni tra i servizi di pubblica utilità e le imprese statali per migliorare le loro operazioni e la loro redditività finanziaria	Questo progetto, finanziato dalla Banca mondiale, ha introdotto un processo di gara d'appalto internazionale trasparente, la digitalizzazione dei processi di lavoro delle agenzie statali e un quadro giuridico per le connessioni alla rete (World Bank, 2018).
Progetto pilota Twaake in Uganda	Combinare tecnologie centralizzate e decentralizzate per raggiungere l'elettrificazione universale	Utilities 2.0 *Twaake*, il progetto pilota di integrazione energetica di Umeme, la principale azienda elettrica dell'Uganda, ha consentito la realizzazione di una rete intelligente e interattiva che offre soluzioni energetiche pulite, la gestione dei ricavi ed efficienza in termine di costi (Wilson, 2021).

Fonte: elaborazione degli autori basata su un'analisi della letteratura.

Tabella 5.5. **Quadri normativi nel settore delle energie rinnovabili nell'Africa orientale**

Aspetto normativo	Gruppo 1					Gruppo 2							Gruppo 3	
	Etiopia	Kenya	Ruanda	Tanzania	Uganda	Comore	Gibuti	Eritrea	Madagascar	Somalia	Sudan	Sud Sudan	Maurizio	Seychelles
Piano generale o tabella di marcia per l'elettrificazione/l'energia per le zone rurali			x	x	x		x	x	x		x			x
Impegno in materia di contributi determinati a livello nazionale	x	x	x	x	x	x	x	x	x	x	x	x	x	x
Obiettivi per le energie rinnovabili e diversificazione delle fonti energetiche	x	x	x	x		x			x	x	x		x	x
Completamento delle riforme della partecipazione del settore privato		x		x		x			x					x
Licenze e appalti energetici trasparenti basati su aste		x			x								x	
Accesso disaggregato all'utente da parte dei servizi pubblici	x	x		x										x
Regolatore indipendente	x	x		x		x	x							
Incentivi fiscali e sovvenzioni per le energie rinnovabili	x		x	x									x	x
Differenziazione delle tariffe di riacquisto in base alla tecnologia e alle dimensioni dell'impianto		X											x	

Fonte: elaborazione degli autori basata su AfDB (2021) e su ricerche documentali.

I governi dell'Africa orientale devono valutare regolarmente l'efficacia dei quadri normativi esistenti in materia di energie rinnovabili, anche attraverso il riscontro degli investitori. Tali autovalutazioni periodiche delle politiche possono contribuire al riesame dei risultati delle politiche attuate e a mettere in evidenza gli aspetti che richiedono ulteriori riforme. Seguendo i suggerimenti degli investitori, l'Uganda ha sostituito la sua politica iniziale della tariffa di riacquisto (FiT) con un meccanismo di pagamento di premi più allettante, il Global Energy Transfer Feed-in-Tariff (GET FiT) (KFW e Multiconsult, 2021). La ricerca di contributi, di dialogo e di partecipazione attiva da parte degli investitori può contribuire a chiarire la percezione del rischio e a incoraggiare politiche più efficaci e pertinenti (RES4Africa e PWC, 2021).

I Paesi dell'Africa orientale possono trarre insegnamenti gli uni dagli altri sulla base delle iniziative normative di successo e riprodurle. In particolare, i Paesi del gruppo 2, le cui politiche in materia di energie rinnovabili rimangono incomplete (Tabella 5.5), possono adattare al proprio contesto i regolamenti e le leggi dei Paesi del gruppo 1, soprattutto i piani nazionali per l'elettrificazione e i sistemi di cottura pulita che definiscono i ruoli per la distribuzione (ad esempio, di rete e decentralizzata) e le tecnologie dei sistemi di cottura pulita (ad esempio, cottura elettrica e pellet di biomassa). I Paesi del gruppo 1 possono imparare gli uni dagli altri a partire dalle iniziative nuove e tecnicamente ambiziose, come le obbligazioni verdi, sostenibili e legate alla sostenibilità (Dembele, Schwarz e Horrocks, 2021; cfr. anche il Capitolo 2). Ad esempio, la denominazione della tariffa di riacquisto in dollari da parte del Kenya potrebbe essere utile ai responsabili delle politiche dell'Etiopia, che hanno incontrato difficoltà a causa della loro politica tariffaria denominata in Birr etiope, tra cui la perdita del sostegno della Società finanziaria internazionale al progetto Scaling Solar (RES4Africa e PWC, 2021).

Le imprese di servizi pubblici dell'Africa orientale potrebbero essere riformate al fine di facilitare l'accesso al mercato per i fornitori di energia rinnovabile e adottare le tecnologie delle reti intelligenti. Si potrebbero sviluppare e approfondire riforme che impongono alle imprese di servizi pubblici di disaggregare l'accesso degli utenti finali e di consentire la partecipazione privata alla produzione e alla distribuzione di energia elettrica (come il trasporto di energia, la determinazione del consumo energetico netto e l'opzione di vendita diretta ai clienti per i produttori indipendenti di energia). I responsabili delle politiche possono inoltre incoraggiare le imprese di servizi pubblici ad adottare tecnologie di rete intelligenti che facilitino l'integrazione perfetta ed efficiente delle fonti di energia centralizzate e decentralizzate in reti intelligenti e interattive (Blankers, 2022; ESI Africa, 2022;). Il progetto pilota Utilities 2.0 Twaake della principale azienda elettrica dell'Uganda, Umeme, in collaborazione con Power for All e la Rockefeller Foundation, ha rafforzato di recente i vantaggi della gestione delle entrate, dell'efficienza e della decarbonizzazione delle sue reti digitali (Smith, 2021).

Il rafforzamento delle istituzioni e degli strumenti finanziari locali può agevolare la disponibilità di risorse destinate ai progetti di energia rinnovabile

I responsabili delle politiche dell'Africa orientale possono incrementare i finanziamenti a favore delle energie rinnovabili dando priorità agli investimenti pubblici a lungo termine, creando obbligazioni verdi e migliorando la capacità istituzionale per lo sviluppo di progetti finanziabili. È necessario ridurre efficacemente i costi iniziali elevati, i costi del capitale e i rischi di investimento per garantire la sostenibilità delle condizioni di finanziamento. Gli impegni di bilancio, i fondi verdi e gli strumentari per l'elaborazione dei progetti costituiscono delle soluzioni (Tabella 5.6).

Tabella 5.6. **Esempi di politiche di rafforzamento dei sistemi finanziari locali per mobilitare e canalizzare le risorse a favore dei progetti di energia rinnovabile nell'Africa orientale**

Esempio di politica	Obiettivo della politica	Impatto
Impegno di bilancio decennale dell'Uganda	Sostenere gli investimenti pubblici nelle energie rinnovabili e ridurre il rischio degli investimenti privati	Sono stati stanziati 5,4 miliardi di USD in dieci anni per finanziare 2 471 megawatt di energia rinnovabile da fonti idroelettriche, solari, biomasse e geotermiche (AfDB, 2022).
Fondo verde del Ruanda	Utilizzare nuovi finanziamenti innovativi, in particolare i fondi verdi, per ridurre i costi iniziali e agevolare gli investimenti nazionali	Il Fondo ha facilitato gli investimenti per 40 miliardi di USD in 35 progetti, ha creato oltre 137 500 posti di lavoro verdi e ha esteso l'accesso all'energia pulita fuori rete a 57 500 famiglie (UN, 2022).
Strumentario delle Seychelles per i PSIVS	Favorire lo sviluppo di capacità interne per l'elaborazione di proposte di progetto valide	Questo strumentario digitale, dedicato ai piccoli Paesi insulari in via di sviluppo, sostiene efficacemente l'elaborazione di proposte commerciali *investment-grade* (Wilson, 2021).

Fonte: elaborazione degli autori basata su un'analisi della letteratura.

Strumenti finanziari su misura e impegni finanziari a lungo termine da parte dei governi dell'Africa orientale e degli investitori istituzionali possono ampliare l'accesso ai finanziamenti e rassicurare gli investitori. Mitigare gli effetti degli alti costi iniziali, delle pressioni inflazionistiche e del deprezzamento della valuta sugli investimenti nazionali nelle energie rinnovabili, utilizzando strumenti finanziari adeguati alle esigenze dei Paesi, può sbloccare e mobilitare ulteriori finanziamenti locali (AfDB, 2022). Strutture dedicate e istituzioni di finanziamento misto - come i fondi nazionali per il clima, le banche verdi e le istituzioni regionali come lo Strumento per l'inclusione energetica, sostenuto dalla Banca africana di sviluppo, e il Fondo per l'energia sostenibile in Africa - possono contribuire alla gestione di tali fondi. Gli impegni a lungo termine possono rassicurare gli investitori nel loro processo decisionale. Il Ruanda si è impegnato a sostenere gli investimenti pubblici per incrementare la produzione, la distribuzione e l'accesso alle energie rinnovabili attraverso un'obbligazione verde e un Fondo per le energie rinnovabili da 40 miliardi di USD, mentre l'Uganda ha assunto un impegno di bilancio decennale di 5,4 miliardi di USD per finanziare progetti di energia rinnovabile (AfDB, 2022). Anche gli investitori istituzionali possono svolgere un ruolo importante: nel 2021 la Retirement Benefits Authority del Kenya si è impegnata ad allocare 229 miliardi di USD in attivi infrastrutturali per il settore locale delle energie rinnovabili nel periodo 2021-26 (US Embassy Kenya, 2020).

Possono essere utilizzati nuovi strumenti finanziari per gli investimenti nelle energie rinnovabili. Sono spesso disponibili strumenti di finanziamento innovativi dedicati alla resilienza climatica e alla transizione energetica equa per i progetti di energia rinnovabile; questi comprendono obbligazioni verdi, sociali, sostenibili e legate alla sostenibilità, scambi debito-clima e debito legato al clima. I governi possono aumentare la loro ammissibilità agli strumenti finanziari rafforzando la capacità interna e le competenze tecniche delle istituzioni finanziarie, delle autorità di regolamentazione e dei servizi pubblici. La generazione di entrate attraverso i crediti di carbonio può, ad esempio, sostenere ulteriori investimenti in progetti di energia rinnovabile, nonché cofinanziare o sovvenzionare i costi di investimento iniziali, come nel caso degli apparecchi di cottura pulita per gli utenti finali (AfDB, 2022).

Le istituzioni finanziarie locali possono migliorare la collaborazione con le istituzioni di finanziamento allo sviluppo e i partner internazionali ai fini dello sviluppo di progetti finanziabili, adeguati alle dimensioni del mercato locale. Le istituzioni finanziarie locali, come le banche di sviluppo, possono contribuire a coordinare i finanziamenti e i meccanismi di sostegno delle istituzioni di finanziamento allo sviluppo e di altri partner internazionali (Capitolo 2). Soprattutto nei Paesi del gruppo 2 sarà essenziale potenziare le capacità delle istituzioni locali di accedere e incanalare efficacemente il sostegno internazionale, poiché i progetti finanziabili rimarranno limitati a causa delle dimensioni ridotte dei loro mercati. Le sovvenzioni per l'assistenza tecnica, i tirocini e gli scambi di personale finanziati e le sovvenzioni per la preparazione dei progetti da parte dei partner allo sviluppo - ad esempio, il Fondo per l'energia sostenibile per l'Africa - possono sostenere questo processo (SEFA, 2021). Lo Strumento di sviluppo geotermico del rift dell'Africa orientale (African Rift Geothermal Development Facility - ARGeo) è un esempio di progetto ad alto impatto. Lanciato dal Programma delle Nazioni Unite per l'Ambiente nel 2010, l'ARGeo mira a sviluppare il potenziale non sfruttato delle risorse geotermiche e a ridurre le emissioni di gas serra in diversi Paesi dell'Africa orientale. Attraverso l'assistenza tecnica per gli studi di esplorazione di superficie, il progetto ha ridotto i rischi associati all'esplorazione delle risorse e ha agevolato lo stanziamento di 300 milioni di USD di investimenti in Etiopia, Kenya, Tanzania e Uganda, dando inoltre impulso alle reti regionali e istituendo il Centro di eccellenza geotermica dell'Africa (GEF, 2021).

Le politiche di integrazione regionale possono facilitare la creazione e la diffusione di imprese innovative

I responsabili delle politiche dell'Africa orientale possono intensificare l'integrazione regionale e sostenere la crescita delle imprese regionali. Date le dimensioni ridotte di molti mercati delle energie rinnovabili della regione, l'integrazione regionale è fondamentale. Il dinamismo del settore emergente delle energie rinnovabili dell'Africa orientale offre alla regione un'opportunità unica per completare i progetti di integrazione regionale su larga scala con programmi dedicati alla promozione delle imprese (Tabella 5.7).

Tabella 5.7. **Esempi di politiche volte a facilitare la creazione e l'espansione a livello regionale di imprese innovative nel settore delle energie rinnovabili dell'Africa orientale**

Esempio di politica	Obiettivo della politica	Impatto
Progetto di linea di trasmissione Zambia-Tanzania-Kenya	Incrementare il commercio energetico regionale e panafricano	Grazie al progetto Linea di trasmissione Zambia-Tanzania-Kenya, entro il 2026 saranno realizzati più di 2 200 km di una linea di trasmissione bidirezionale da 400 megawatt da Kabwe in Zambia a Isinya in Kenya, aumentando la capacità di trasmissione regionale di 2 550 megawatt e rafforzando la cooperazione con i Paesi del polo energetico dell'Africa meridionale (World Bank, 2022b).
Progetto per il potenziamento di un mercato regionale dell'energia sostenibile	Armonizzare il quadro normativo regionale e le condizioni di mercato	Questo progetto, che coinvolge la regione dell'Africa orientale, dell'Africa meridionale e dell'Oceano Indiano (EA-SA-IO), ha sviluppato 12 linee guida regionali per promuovere le energie rinnovabili e le iniziative di efficienza energetica e ha formato 363 funzionari regionali sull'allineamento delle legislazioni nazionali degli Stati membri con il quadro normativo regionale armonizzato adottato (Osemo, 2022).
Fondo per le energie rinnovabili del Ruanda	Stimolare una maggiore imprenditorialità per ottimizzare le opportunità offerte dall'energia rinnovabile	Questo fondo, gestito dalla Banca per lo sviluppo del Ruanda, ha fornito prestiti a basso costo, partecipazioni dirette e sovvenzioni a imprese, banche commerciali e imprese del settore solare per l'acquisto di sistemi solari domestici fuori rete, lo sviluppo di mini-reti e il sostegno alle tecnologie di cottura pulita (Nkurunziza, 2021).
Iniziativa per l'adattamento dell'Africa	Migliorare la collaborazione continentale e intersettoriale sull'adattamento ai cambiamenti climatici	Gli investimenti diretti da questo partenariato pubblico-privato consentono ai Paesi africani di raggiungere i loro obiettivi di resilienza, facilitando la transizione energetica (UNEP, 2021).
Principio 8 della politica dell'Uganda in materia di energie rinnovabili: "Partecipazione delle parti interessate e delle popolazioni povere"	Promuovere l'accesso universale alle energie rinnovabili per favorire la trasformazione sociale	Il Programma di accesso all'elettrificazione rurale e urbana delle popolazioni povere prevede espressamente che i progetti futuri siano estesi alle persone povere e alle donne a costi di connessione agevolati (World Bank, 2021).

Fonte: elaborazione degli autori.

I governi dell'Africa orientale e le istituzioni regionali possono intensificare la promozione del commercio energetico transfrontaliero, anche attraverso progetti infrastrutturali (cfr. anche il Riquadro 3.2 del Capitolo 3). Il Pool energetico dell'Africa orientale (Eastern Africa Power Pool -EAPP), istituito nel 2005, mira a migliorare il commercio energetico transfrontaliero e garantisce il funzionamento della rete elettrica interconnessa per diversi Paesi dell'Africa orientale e di altri Paesi africani (EAPP, n.d.). L'EAPP potrebbe ridurre i costi del commercio energetico di 18,6 miliardi di USD qualora si concretizzasse uno scenario di forte integrazione, che includa nuovi e sostanziali progetti di interconnessione a sostegno di piani di energia rinnovabile ottimizzati a livello regionale. In tale scenario, la dipendenza della regione dal gas diminuirebbe dal 63 % al 58 % (Remy e Chattopadhyay, 2020), mentre un costo livellato dell'energia più basso potrebbe generare risparmi del 10 % per gli utenti finali dell'Africa orientale (Castellano et al., 2015). I progetti infrastrutturali transfrontalieri, come il progetto di autostrada elettrica Kenya-Etiopia o il progetto di linea di trasmissione Zambia-Tanzania-Kenya (Tabella 5.7), sono alla base di questo sforzo.

Le iniziative di integrazione regionale offrono l'opportunità di armonizzare ulteriormente i quadri normativi e le regole di mercato per i produttori di energia e i gruppi organizzati del settore privato. L'EAPP ha stabilito le norme di base in materia di regolamentazione e di governance del mercato energetico regionale (Deloitte, 2015). La Zona continentale di libero scambio per l'Africa può migliorare l'armonizzazione delle normative energetiche e commerciali, stimolando così sia l'offerta che la domanda di energie rinnovabili (Yavarhoussen, 2020), anche accelerando l'interconnettività delle reti. Alcune istituzioni regionali possono attuare l'integrazione dei mercati e l'armonizzazione normativa. Una di queste istituzioni è il Centro dell'Africa orientale per l'energia rinnovabile e l'efficacia energetica della Commissione per l'Africa orientale (East African Community's East African Centre for Renewable Energy and Efficiency), che può fornire assistenza tecnica e garantire una mobilitazione più attiva dei gruppi organizzati del settore privato della regione.

Il sostegno alle imprese innovative presenta molti vantaggi per lo sviluppo sostenibile. Misure mirate in grado di favorire la creazione di nuove imprese, la crescita delle aziende e la creazione di posti di lavoro nelle catene di valore delle energie rinnovabili includono incentivi finanziari, garanzie parziali di rischio e un finanziamento misto per incrementare la dotazione finanziaria. Ad esempio, il programma Scaling Solar, sostenuto dalla Società finanziaria internazionale, assiste i governi nella preparazione e strutturazione dei progetti e fornisce agli sviluppatori dei progetti servizi di documentazione e di riduzione dei rischi (IFC, 2023). Le iniziative imprenditoriali nel settore delle energie rinnovabili possono servire ad ampliare l'accesso all'elettricità e a sistemi di cottura pulita, a promuovere la transizione energetica e a creare posti di lavoro di alta qualità, incrementando così lo sviluppo sostenibile (Tiedeman, 2022)[8].

Note

1. Calcolo degli autori basato su OECD (2021).
2. Calcolo degli autori basato su OECD (2022b).
3. Calcolo degli autori basato su fDi Intelligence (2022). I dati per il 2022 sono disponibili solo fino a maggio 2022.
4. Calcolo degli autori basato su IRENA (2022a).
5. Calcolo degli autori basato su fDi Intelligence (2022). I dati per il 2022 sono disponibili solo fino a maggio 2022.
6. Calcolo degli autori basato su fDi Intelligence (2022). I dati per il 2022 sono disponibili solo fino a maggio 2022.
7. Calcolo degli autori basato su fDi Intelligence (2022). I dati per il 2022 sono disponibili solo fino a maggio 2022.
8. Pur in assenza di stime per l'Africa orientale, le energie rinnovabili fuori rete o decentrate potrebbero creare 3,4 milioni di nuovi posti di lavoro nella sola India entro il 2030 (IRENA/ILO, 2022).

Riferimenti bibliografici

AfDB (2022), *African Economic Outlook 2022: Supporting Climate Resilience and a Just Energy Transition in Africa*, African Development Bank, Abidjan, www.afdb.org/en/documents/african-economic-outlook-2022.

AfDB (2021), *Electricity Regulatory Index for Africa 2021*, African Development Bank Group, Abidjan, https://africa-energy-portal.org/sites/default/files/2021-12/08122021%20ERI%20report%202021.pdf.

BII (n.d.), "How a Kenyan Company is helping farmers with irrigation", British International Investment, www.bii.co.uk/en/sustainable-investing/solar-powered-irrigation-kenya/.

Blankers, C. (14 luglio 2022), "Can we build net-zero data centres in Africa?", Bizcommunity, www.bizcommunity.africa/Article/410/640/229679.html.

Business Daily (8 dicembre 2019), "Kenya rises to the top five in global clean energy ranking", *Business Daily Africa*, www.businessdailyafrica.com/bd/economy/kenya-rises-to-the-top-five-in-global-clean-energy-ranking-2273126.

Castellano, A. et al. (2015), *Brighter Africa: The Growth Potential of the Sub-Saharan Electricity Sector*, McKinsey, www.icafrica.org/fileadmin/documents/Knowledge/Energy/McKensey-Brighter_Africa_The_growth_potential_of_the_sub-Saharan_electricity_sector.pdf.

The Commonwealth (10 novembre 2021), "New toolkit to boost clean energy investments in small island nations", The Commonwealth, https://thecommonwealth.org/press-release/new-toolkit-boost-clean-energy-investments-small-island-nations.

Deloitte (2015), "The roadmap to a fully integrated and operational East African Power Pool", Deloitte, www2.deloitte.com/content/dam/Deloitte/ke/Documents/energy-resources/ER_Power%20TL.pdf.

Dembele, F., R. Schwarz and P. Horrocks (2021), *Scaling up Green, Social, Sustainability and Sustainability-linked Bond Issuances in Developing Countries*, OECD Publishing, Paris, www.oecd.org/dac/financing-sustainable-development/blended-finance-principles/documents/scaling-up-green-social-sustainability-sustainability-linked-bond-issuances-developing-countries.pdf.

EAPP (n.d.), "Facilitating longterm development of electricity market in the region", East African Power Pool website, https://eappool.org/.

ESI Africa (2 August 2022), "Why the digital grid is key to RE integration", ESI Africa, www.esi-africa.com/renewable-energy/why-the-digital-grid-is-key-to-re-integration/.

fDi Intelligence (2022), *fDi Markets* (banca dati), www.fdiintelligence.com/fdi-markets (consultato nell'agosto 2022).

GE (2018), *Digitization of Energy Transmission & Distribution in Africa: The Future of Energy in Sub-Saharan Countries*, Frost & Sullivan, www.gegridsolutions.com/press/gepress/2018/wp-digitization.pdf.

GEF (2021), "African Rift Geothermal Development Facility (ARGeo)", webpage, United Nations Environment Program, www.thegef.org/projects-operations/projects/2119.

IEA (2022), *Africa Energy Outlook 2022*, International Energy Agency, Paris, www.iea.org/reports/Africa-energy-outlook-2022.

IEA (2021a), *World Energy Outlook 2021*, International Energy Agency, Paris, www.iea.org/reports/world-energy-outlook-2021.

IEA (2021b), "World Energy Balances 2021", *International Energy Agency* (banca dati), www.iea.org/data-and-statistics/data-product/world-energy-balances.

IFC (2023), "Scaling solar", webpage, International Finance Corporation, www.ifc.org/wps/wcm/connect/news ext content/ifc external corporate site/news+and+events/news/scaling-solar (consultato il 17 marzo 2023).

International Finance (2020), "Safaricom to diversify into energy, to supply power to the national grid", International Finance, https://internationalfinance.com/safaricom-diversify-energy-supply-power-national-grid/.

IMF (2023a), *World Economic Outlook Database*, April 2023 Edition, International Monetary Fund, www.imf.org/en/Publications/WEO/weo-database/2022/April (consultato nell'aprile 2023).

IMF (2023b), "List of LIC DSAs for PRGT-eligible countries", International Monetary Fund, www.imf.org/external/pubs/ft/dsa/dsalist.pdf.

IMF (2022a), *World Economic Outlook Database*, October 2022 Edition, International Monetary Fund, www.imf.org/en/Publications/WEO/weo-database/2022/October (consultato nell'ottobre 2022).

IMF (2022b), *Balance of Payments and International Investment Position Statistics (BOP/IIP)* (banca dati), International Monetary Fund, https://data.imf.org/?sk=7A51304B-6426-40C0-83DD-CA473CA1FD52 (consultato il 22 novembre 2022).

IMF (2022c), *Investment and Capital Stock Dataset (ICSD)* (banca dati), https://data.imf.org/?sk=1CE8A55F-CFA7-4BC0-BCE2-256EE65AC0E4 (consultato nell'ottobre 2022).

Impakter (26 April 2019), "Power offgrid: Innovating the energy market in Somalia", Medium, https://medium.com/@impakter.com/power-offgrid-innovating-the-energy-market-in-somalia-cc3bc502cf1a.

IRENA (2022a), *IRENASTAT* (banca dati), https://pxweb.irena.org/pxweb en/IRENASTAT? gl=1*fltysn* ga*MTA3NTM0NzYxLjE2NjE3NzAyNzQ.* ga 7W6ZEF19K4*MTY3ODI4NTgxNC40NC4xLjE2NzgyODU4MzguMzYuMC4w (consultato nell'ottobre 2022).

IRENA (2022b), "Renewable Energy Employment by Country", *Statistics Data* (banca dati), www.irena.org/Data/View-data-by-topic/Benefits/Renewable-Energy-Employment-by-Country (consultato nel marzo 2023).

IRENA/AfDB (2022), *Renewable Energy Market Analysis: Africa and Its Regions*, International Renewable Energy Agency and African Development Bank, Abu Dhabi and Abidjan, www.irena.org/-/media/Files/IRENA/Agency/Publication/2022/Jan/IRENA Market Africa 2022.pdf?rev=bb73e285a0974bc996a1f942635ca556.

IRENA/ILO (2022), *Renewable Energy and Jobs: Annual Review 2022*, International Renewable Energy Agency/International Labour Organization, Abu Dhabi/Geneva, www.irena.org/publications/2022/Sep/Renewable-Energy-and-Jobs-Annual-Review-2022.

KfW and Multiconsult (2021), *Get FiT Uganda Annual Report 2021*, KfW Group, www.getfit-uganda.org/annual-reports/annual-report-2021/.

Kincer, J. (luglio 2021), "What's the status of East Africa's geothermal market?", Energy for Growth Hub, www.energyforgrowth.org/wp-content/uploads/2021/07/Whats-the-status-of-East-Africas-geothermal-market -.pdf.

Largue, P. (4 luglio 2020), "Seychelles to build world's largest floating solar plant", Renewable Energy World, www.renewableenergyworld.com/solar/seychelles-to-build-worlds-largest-floating-solar-plant/?topic=245866.

Ligami, C. (2017), "Renewable energy projects are uplifting Maasai women", *Earth Island Journal*, www.earthisland.org/journal/index.php/articles/entry/renewable energy projects uplifting maasai women.

Nkurunziza, M. (1 novembre 2021), "How can Rwanda make the most of the global clean energy investment platform?", *The New Times*, www.newtimes.co.rw/article/190795/News/how-can-rwanda-make-the-most-of-the-global-clean-energy-investment-platform.

OECD (2022a), "Aid (ODA) disbursements to countries and regions", *OECD.Stat* (banca dati), https://stats-1.oecd.org/Index.aspx?DataSetCode=TABLE2A (consultato nell'ottobre 2022).

OECD (2022b), "GHG Emissions from fuel combustion (summary)", *IEA CO2 Emissions from Fuel Combustion Statistics: Greenhouse Gas Emissions from Energy* (banca dati), https://doi.org/10.1787/445ec5dd-en (consultato il 3 settembre 2022).

OECD (2022c), "Mobilisation", *OECD.Stat* (banca dati), https://stats.oecd.org/Index.aspx?DataSetCode=DV_DCD_MOBILISATION (consultato in febbraio 2023).

OECD (2021), *OECD Global Pension Statistics* (banca dati), https://doi.org/10.1787/pension-data-en.

Osemo, W. (8 June 2022), "Comoros to have a national energy regulation board", Common Market for Eastern and Southern Africa, www.comesa.int/comoros-to-have-a-national-energy-regulation-board/.

Remy, T. and D. Chattopadhyay (2020), "Promoting better economics, renewables and CO2 reduction through trade: A case study for the Eastern Africa Power Pool", *Energy for Sustainable Development*, Vol. 57, 2020, pp. 81-97, https://doi.org/10.1016/j.esd.2020.05.006.

RES4Africa/PwC Italy (2021), *Investor Survey on Sub Saharan Africa*, RES4Africa and PricewaterhouseCoopers Italy, https://static1.squarespace.com/static/609a53264723031eccc12e99/t/6180ffb91e351d4c7fcdd981/1635844031170/Investor+survey+on+Sub+Saharan+Africa_RES4Africa+PwC+%281%29.pdf.

Roy, R. (forthcoming), "Africa's developmental path as a solution to the problem of air pollution in Africa", background paper for *Africa's Development Dynamics 2023*.

SEFA (2021), *Sustainable Energy Fund for Africa (SEFA) - Annual Report 2021*, Sustainable Energy Fund for Africa, www.afdb.org/en/documents/sustainable-energy-fund-africa-sefa-annual-report-2021.

Smith, T. (29 giugno 2021), "Uganda: Integrated energy and approach to create energy for all", ESI Africa, www.esi-africa.com/business-and-markets/uganda-integrated-energy-approach-to-create-energy-for-all/.

Tiedeman, M. (27 giugno 2022), "Harnessing renewable energy for climate-friendly development", RTI International, www.rti.org/insights/harnessing-renewable-energy-for-climate-friendly-development.

UN (2022), "Rwanda Green Fund – FONERWA", webpage, United Nations, https://unfccc.int/climate-action/momentum-for-change/financing-for-climate-friendly-investment/rwanda-green-fund-fonerwa.

UNEP (2021), "African Adaptation Initiative (AAI)", webpage, United Nations Environment Programme, 22 September 2021, https://climateinitiativesplatform.org/index.php/African_Adaptation_Initiative_(AAI)

US Embassy Kenya (2020), "U.S. announces new Kenyan pension consortium to mobilize investment in large scale infrastructure projects", US Embassy Kenya, https://ke.usembassy.gov/united-states-announces-new-kenyan-pension-consortium-to-mobilize-investment-in-large-scale-infrastructure-projects/.

WHO (2021), "Household Energy Database", *World Health Organisation* (banca dati), www.who.int/data/gho/data/themes/air-pollution/who-household-energy-db.

Wilson, C. (3 novembre 2021), "Seychelles: Mobilising the 'Tools' for renewable energy investment in the Seychelles", AllAfrica, https://allafrica.com/stories/202111050484.html.

World Bank (2022a), *World Development Indicators* (banca dati), https://data.worldbank.org/products/wdi (consultato nell'aprile 2022).

World Bank (2022b), "AFR RI-3A Tanzania-Zambia Transmission Interconnector (P163752)", https://documents1.worldbank.org/curated/en/099074001312362436/pdf/P1637520d5d2ff0f0090cd0ce7da89154d2.pdf.

World Bank (2021), *The Renewable Energy Policy for Uganda*, World Bank, Washington, DC, https://ppp.worldbank.org/public-private-partnership/library/renewable-energy-policy-uganda.

World Bank (14 giugno 2018), "Madagascar - Electricity Sector Operations and Governance Improvement Project – Additional financing", World Bank Group, Washington, DC, www.worldbank.org/en/news/loans-credits/2018/06/14/madagascar-electricity-sector-operations-and-governance-improvement-project-additional-financing.

World Bank-KNOMAD (2022), *Remittances* (banca dati), Global Knowledge Partnership on Migration and Development and World Bank, www.knomad.org/data/remittances (consultato il 19 dicembre 2022).

Yavarhoussen, H. (15 settembre 2020), "Innovation is imperative for Africa's renewable energy", *Energy Voice*, www.energyvoice.com/opinion/265093/madagascar-africa-solar-demand/.

Capitolo 6

Investire nell'azione per il clima per lo sviluppo sostenibile dell'Africa settentrionale

Il presente capitolo si concentra sulla mobilitazione di investimenti sostenibili nei sei Paesi dell'Africa settentrionale (Algeria, Egitto, Libia, Mauritania, Marocco e Tunisia). Analizza i flussi finanziari ricevuti dalla regione, in particolare la loro allocazione ad attività sostenibili in grado di promuovere l'integrazione regionale. Valuta poi il potenziale dei mercati della finanza sostenibile per attirare investimenti a favore dell'azione per il clima nell'Africa settentrionale. Esamina la vulnerabilità delle economie della regione ai cambiamenti climatici e individua il fabbisogno di finanziamenti necessari per lo sviluppo sostenibile. Propone infine politiche pubbliche che consentirebbero di sviluppare e integrare i mercati della finanza sostenibile nell'Africa settentrionale.

IN SINTESI

I cambiamenti climatici stanno avendo importanti ripercussioni socio-economiche sui Paesi dell'Africa settentrionale, riducendo ogni anno la crescita del prodotto interno lordo (PIL) pro capite tra il 5 % e il 15 %. In particolare, rispetto al resto del continente la regione è più esposta ai rischi associati all'aumento della temperatura, che provoca siccità, emergenza idrica e incendi. Possiede tuttavia le risorse per incoraggiare la transizione energetica, come la sua potenziale capacità di generare energia solare ed eolica, di circa 3 volte superiore alla capacità totale installata in Europa nel 2021.

I Paesi nordafricani stentano tuttavia ad attirare i finanziamenti per il clima. Nel periodo 2019-20 hanno ricevuto in media 5,8 miliardi di USD all'anno, ben al di sotto degli oltre 39 miliardi di USD all'anno necessari per far fronte ai cambiamenti climatici entro il 2030. Lo sviluppo di meccanismi finanziari innovativi, quali le obbligazioni verdi, ha permesso tuttavia all'Egitto e al Marocco di mobilitare 1,1 miliardi di USD tra il 2016 e il 2021. Malgrado ciò, lo scarso coordinamento istituzionale e la mancanza di quadri normativi adeguati alla finanza sostenibile limitano lo sviluppo di questo tipo di strumenti nella regione.

I responsabili delle politiche possono utilizzare tre leve per mobilitare gli investimenti a favore dell'azione per il clima: 1) migliorare l'identificazione del fabbisogno di finanziamenti e la loro allocazione in funzione delle priorità nazionali; 2) sviluppare quadri normativi inclusivi e di supporto per la finanza sostenibile; 3) sostenere lo sviluppo del mercato della finanza sostenibile attraverso la cooperazione regionale.

North Africa

An unequal allocation of investments

Greenfield FDI allocation

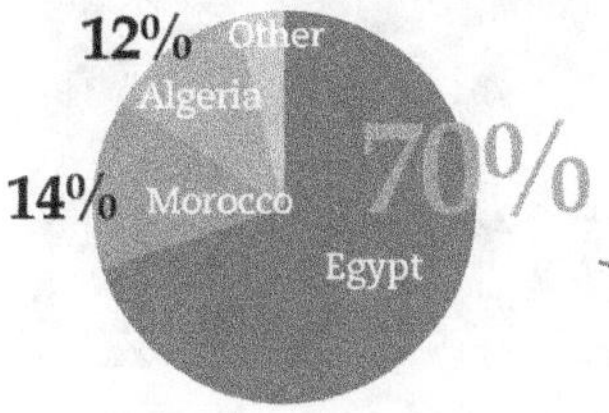

75% of greenfield FDI targeted:

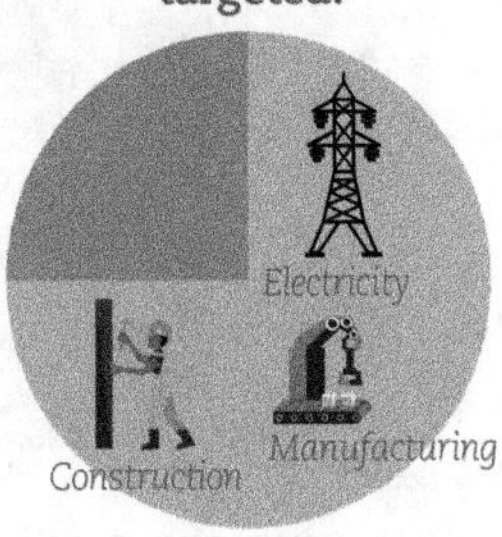

(in 2017-22)

Only 1/4 of FDI in the energy sector went to renewables

despite a potential 3 times greater than Europe's total installed energy capacity in 2021

Climate finance is lagging behind

USD 38.9 billion

the annual amount required
for the implementation over 2020-30 of Nationally Determined Contributions (NDCs) under the Paris Agreement by North African countries

USD 5.8 billion

the annual amount received
on average by North African countries over 2019-20

Green bonds issuance in Egypt and Morocco between 2016-21 mobilised

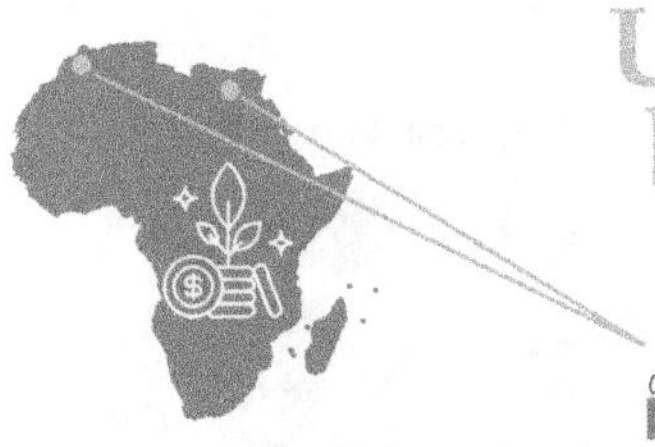

USD 1.1 billion

=

25% of the total amount mobilised by the entire continent

Blended finance allocated to climate action in North Africa

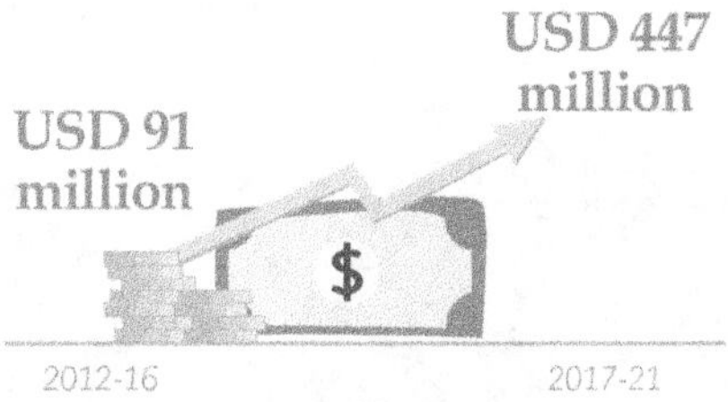

What's next?

- **Improve assessment of financing needs** based on national and multi-sectorial priorities
- **Adopt and implement inclusive regulatory frameworks** on sustainable finance
- Encourage the **development of sustainable finance markets**

Profilo regionale dell'Africa settentrionale

Figura 6.1. **Componenti della crescita economica e fonti di finanziamento nell'Africa settentrionale**

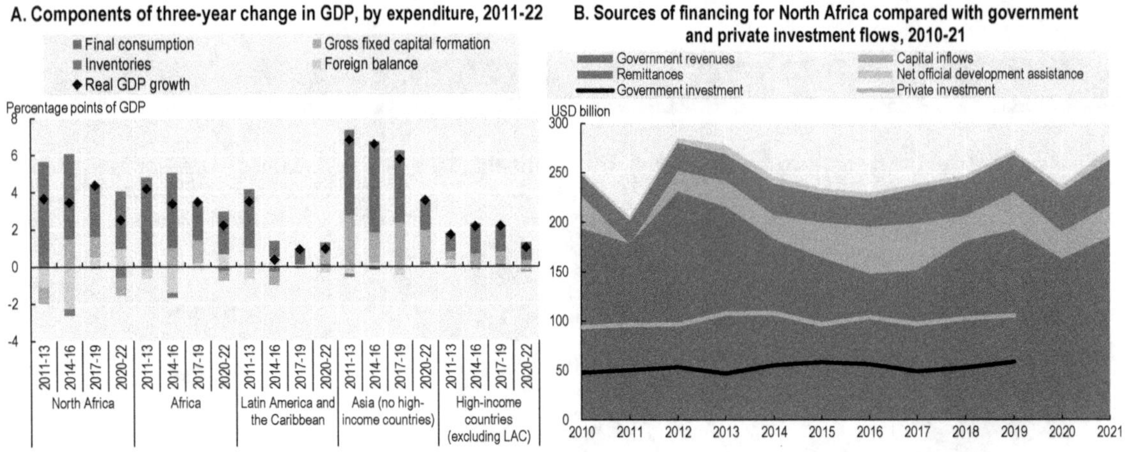

Nota: le componenti della crescita del PIL sono calcolate su base annua utilizzando la crescita del PIL reale annuo per stimare l'aumento in dollari USA reali. I dati aggregati sono calcolati a partire dalla media dei dati nazionali ponderata per il PIL in dollari a parità di potere d'acquisto. Le componenti della crescita triennale del PIL sono state calcolate considerando la differenza tra la media geometrica della crescita annuale del PIL reale nel periodo considerato e la crescita del PIL reale quando ciascuna componente per i singoli anni è azzerata. Il saldo estero corrisponde alla differenza tra le importazioni e le esportazioni. Le importazioni contribuiscono negativamente al PIL. Per "Paesi ad alto reddito" si intendono i Paesi classificati come "ad alto reddito" in base ai gruppi di Paesi per reddito della Banca mondiale al di fuori dell'America latina e dei Caraibi. Le entrate pubbliche comprendono tutte le entrate fiscali e non fiscali dello Stato, al netto del servizio del debito e delle sovvenzioni ricevute. Gli apporti di capitale comprendono gli investimenti diretti esteri (IDE), gli investimenti di portafoglio e gli altri flussi di investimenti riportati dal Fondo monetario internazionale in base alla contabilità attivi/passivi. Occorre una certa cautela nell'interpretare i dati relativi agli apporti di capitale poiché alcuni dati relativi al 2021 e ai flussi di portafoglio sono mancanti.

Fonte: calcoli degli autori basati su IMF (2022a), *Prospettive economiche mondiali, ottobre 2022* (banca dati), www.imf.org/en/Publications/WEO/weo-database/2022/October; OECD (2022a), *Comitato di aiuto allo sviluppo dell'OCSE* (banca dati), https://stats-2022.oecd.org/Index.aspx?DataSetCode=TABLE2A; World Bank (2022a), *World Development Indicators* (banca dati),https://data.worldbank.org/products/wdi; IMF (2022b), *Balance of Payments and International Investment Position Statistics (BOP/IIP)* (banca dati), https://data.imf.org/?sk=7A51304B-6426-40C0-83DD-CA473CA1FD52; IMF (2022c), *Investment and Capital Stock Dataset (ICSD)* (banca dati), https://data.imf.org/?sk=1CE8A55F-CFA7-4BC0-BCE2-256EE65AC0E4; e World Bank-KNOMAD (1), *Remittances* (banca dati), www.knomad.org/data/remittances.

StatLink https://stat.link/120xdy

Figura 6.2. **Flussi di investimenti diretti esteri *greenfield* nell'Africa settentrionale, per attività, origine e destinazione, 2017-22**

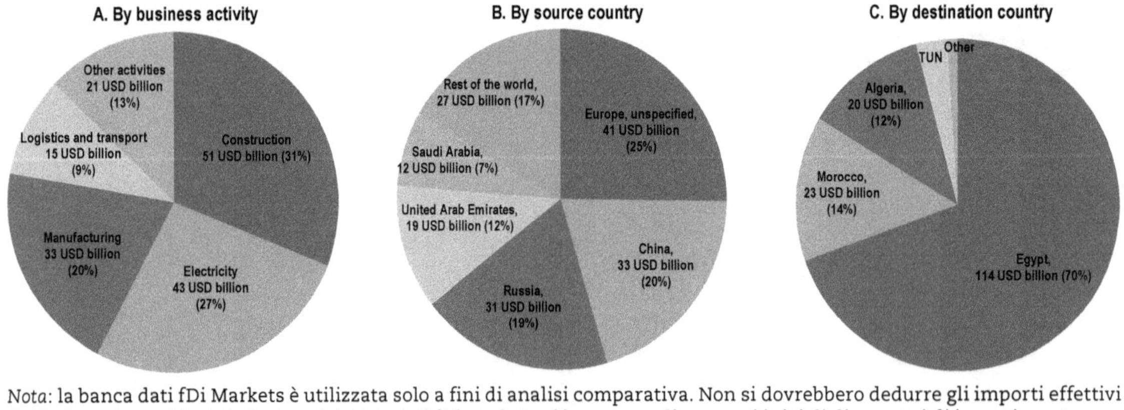

Nota: la banca dati fDi Markets è utilizzata solo a fini di analisi comparativa. Non si dovrebbero dedurre gli importi effettivi degli investimenti da tale fonte poiché i dati di fDi Markets si basano sugli annunci iniziali di progetti di investimento, una parte dei quali non si concretizza. TUN = Tunisia.

Fonte: calcoli degli autori basati su fDi Intelligence (2022), *fDi Markets* (banca dati), www.fdiintelligence.com/fdi-markets.

StatLink https://stat.link/zidqs6

Gli investimenti sostenibili restano distribuiti in modo disomogeneo nell'Africa settentrionale

Il finanziamento dello sviluppo nell'Africa settentrionale ha risentito delle recenti crisi

Il contributo degli investimenti alla crescita del PIL nordafricano è diminuito, malgrado una domanda regionale dinamica. La pandemia da COVID-19 ha inciso negativamente sul contributo degli investimenti pubblici e privati (formazione lorda di capitale fisso o FLCCF) alla crescita del PIL nell'Africa settentrionale, che è passato da un contributo positivo di 1,1 punti percentuali all'anno nel periodo 2017-19 a un contributo negativo di -1 punto percentuale nel 2020-22 (Figura 6.1). I consumi privati tuttavia hanno continuato ad avere un effetto positivo sulla crescita del PIL, aumentando da 2,8 punti percentuali nel 2017-19 a 3,1 punti percentuali nel 2020-22. Questo consumo resiliente illustra il considerevole potenziale della domanda regionale per le imprese locali.

Le entrate nazionali sono diminuite a causa della pandemia da COVID-19, in un contesto di aumento dei livelli di indebitamento. Dal 2016 al 2019, i governi hanno mobilitato entrate supplementari grazie a un'ampia riforma fiscale e alla ripresa del prezzo del petrolio dopo il crollo del 2015. Tuttavia, le entrate statali si sono ridotte nel 2020 a causa delle misure messe in atto per ridurre l'impatto economico, sanitario e sociale della pandemia. I livelli di indebitamento sono aumentati nella maggior parte dei Paesi, portando la Mauritania, ad esempio, a partecipare all'Iniziativa di sospensione del servizio del debito del G20 da giugno a dicembre 2020 e a ristrutturare bilateralmente il proprio debito. Diverse agenzie di rating hanno progressivamente abbassato il rating sovrano della Tunisia tra il 2020 e il 2023, mentre Moody's ha abbassato di recente il rating dell'Egitto nel 2023 (AfDB, 2022a; Moody's, 2023a, 2023b). Benché l'aumento del prezzo delle materie prime stia avvantaggiando i Paesi esportatori della regione, l'aumento dell'inflazione globale e la crisi dei tassi di interesse potrebbero aggravare il peso dell'indebitamento dell'Africa settentrionale.

Gli apporti finanziari esterni sono diminuiti nel 2020, ad eccezione delle rimesse (Figura 6.1). Le rimesse rimangono la principale fonte di apporti finanziari esterni nella regione, rappresentando oltre il 5 % del PIL in Egitto, Marocco e Tunisia nel 2020. Per contro, gli altri apporti finanziari continuano a fluttuare e rimangono limitati. I flussi di IDE *greenfield* in entrata sono diminuiti dal 2018. Nel 2020-21 rappresenteranno solo l'1,3 % del PIL dell'Africa settentrionale, contro oltre il 2 % precedente. Inoltre, gli investimenti di portafoglio sono rimasti volatili, scendendo dal 7 % del PIL della regione nel 2017 ad appena l'1 % nel 2020-21, in parte a causa dell'instabilità politica di alcuni Paesi, dei rischi macroeconomici globali, delle interruzioni dell'offerta e della contrazione della domanda.

L'allocazione degli investimenti nei settori sostenibili rimane disomogenea

La distribuzione dei finanziamenti privati esteri nella regione è geograficamente squilibrata. L'Africa settentrionale è il secondo maggior destinatario di IDE *greenfield* del continente, dopo l'Africa meridionale. Tra il 2017 e il 2022 l'Egitto ha ricevuto oltre il 70 % de afflussi di IDE in entrata nella regione, seguito dal Marocco (14 %) e dall'Algeria (12 %) (Figura 6.2). L'allocazione dei finanziamenti privati mobilitati dalle banche e dalle istituzioni di finanziamento allo sviluppo è analoga a quella degli IDE in tutta la regione, con un'attenzione particolare all'Egitto e al Marocco. I finanziamenti misti sono aumentati di quasi dieci volte nel periodo 2012-20 (Figura 6.3, Pannello A). Circa la metà è stata destinata ai servizi bancari e finanziari, che rappresentano un settore promettente per la regione. Il resto è stato destinato principalmente all'industria e alla produzione di energia rinnovabile (Figura 6.3, Pannello B).

Figura 6.3. **Finanziamenti privati mobilitati da interventi pubblici di finanziamento allo sviluppo nell'Africa settentrionale, 2012-20 (in milioni di USD)**

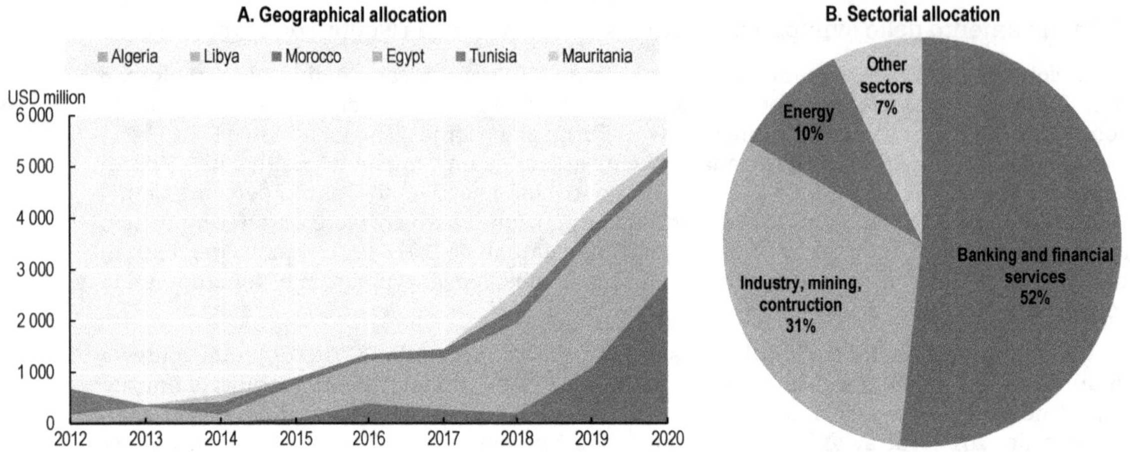

Nota: la categoria "Altri settori" comprende (in ordine di grandezza): multisettoriale/ trasversale; altre infrastrutture e servizi sociali; istruzione; agricoltura, silvicoltura e pesca; sanità; approvvigionamento idrico e smaltimento delle acque; politiche e regolamenti commerciali; allocazione non specificata; turismo; servizi alle imprese e altri servizi; governo e società civile; politiche/programmi demografici e per la salute riproduttiva.

Fonte: OECD (2022b), "Mobilisation", *OECD.Stat* (banca dati), https://stats.oecd.org/Index.aspx?DataSetCode=DV_DCD_MOBILISATION.

StatLink https://stat.link/hu3ogi

Gli investimenti stranieri nell'Africa settentrionale hanno prodotto risultati contrastanti in termini di creazione di posti di lavoro. Circa tre quarti (78 %) degli IDE *greenfield* ricevuti nel periodo 2017-22 sono stati destinati ai settori delle costruzioni, dell'elettricità e dell'industria manifatturiera (Figura 6.2). A differenza di altri settori, l'industria manifatturiera offre il più alto rapporto posti di lavoro-spesa in conto capitale, con più di quattro posti di lavoro creati per milione di dollari investito (Figura 6.4). Anche maggiori investimenti nelle energie rinnovabili potrebbero creare più posti di lavoro, in particolare nell'ambito dell'eliminazione graduale della dipendenza dai combustibili fossili (Capitolo 1; AUC/OECD, 2022). Rispetto a uno scenario di *status quo*, limitare il riscaldamento globale a 1,5°C potrebbe generare un incremento dei posti di lavoro nell'Africa settentrionale del 3 % entro il 2030, malgrado la perdita di posti di lavoro nel settore dei combustibili fossili, e dell'1,4 % entro il 2050 (IRENA/AfDB, 2022).

Figura 6.4. **IDE greenfield nell'Africa settentrionale, spesa in conto capitale e creazione di posti di lavoro per attività economica, 2017-21**

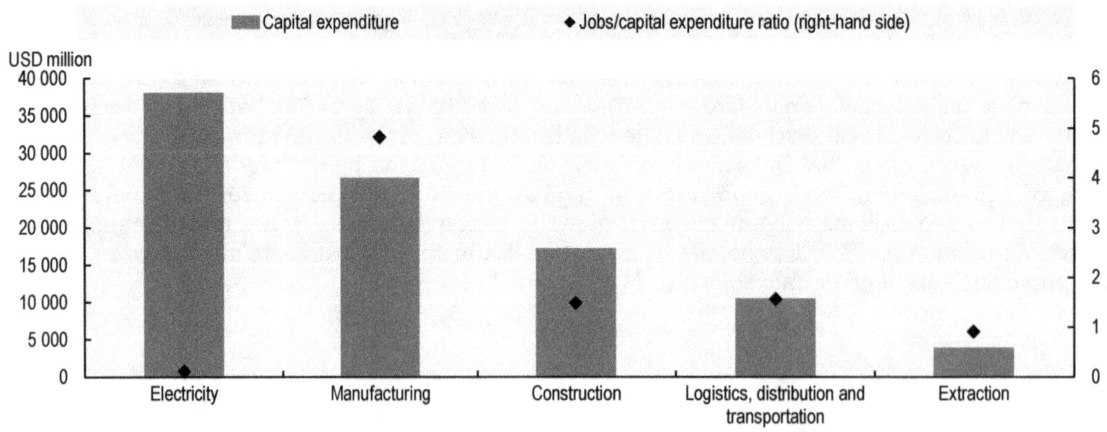

Nota: la figura mostra le principali attività commerciali per spesa in conto capitale nel periodo 2017-21.

Fonte: calcoli degli autori basati su fDi Intelligence (2022), *fDi Markets* (banca dati), www.fdiintelligence.com/fdi-markets.

StatLink https://stat.link/xcu7tw

Fino ad oggi, la maggior parte degli investimenti stranieri ha riguardato settori che hanno un impatto negativo sull'ambiente. Attualmente, l'Africa settentrionale rappresenta solo l'1,5 % delle emissioni globali di anidride carbonica (CO_2) e i livelli di emissioni pro capite della regione sono simili a quelli dell'Africa meridionale e dell'America latina e dei Caraibi. Più della metà delle emissioni totali proviene dalla produzione di energia elettrica e dai trasporti, settori che attirano entrambi ingenti finanziamenti privati. Ad esempio, più della metà dei 14 miliardi di USD stanziati dalle agenzie di credito all'esportazione dell'OCSE nel periodo 2012-21 è stata destinata al settore energetico, seguito dall'industria (27 %) e dal trasporto e stoccaggio (19 %). Tenuto conto della notevole dotazione di risorse dell'Algeria, della Libia e della Mauritania, negli ultimi dieci anni circa tre quarti degli IDE nel settore energetico sono stati destinati a progetti in materia di carbone, petrolio e gas (Figura 6.5). Tuttavia, la maggior parte dei Paesi della regione ha inserito le energie rinnovabili tra i settori prioritari di investimento e sta attuando politiche volte ad attirare investimenti nella produzione di energia sostenibile (OECD, 2021a).

Figura 6.5. **Emissioni di CO_2 e investimenti nel settore energetico nell'Africa settentrionale**

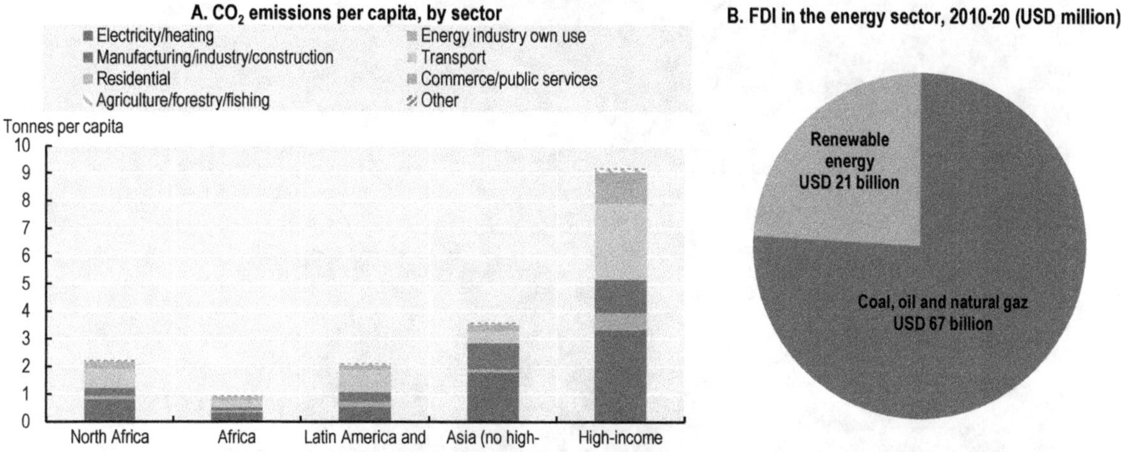

Fonte: IEA (2022), *Data and Statistics* (banca dati), www.iea.org/data-and-statistics/data-tools/greenhouse-gas-emissions-from-energy-data-explorer; fDi Intelligence (2022), *fDi Markets* (banca dati), www.fdiintelligence.com/fdi-markets.

StatLink https://stat.link/np8vgj

L'aiuto pubblico allo sviluppo (APS) e la filantropia si rivolgono a settori più sostenibili, ma costituiscono fonti di finanziamento limitate. Nel 2020 l'APS ha rappresentato meno dell'1 % del PIL dell'Africa settentrionale, composta quasi interamente da Paesi a medio reddito (che ricevono proporzionalmente un quantitativo inferiore di aiuti rispetto alle economie meno avanzate). Il Marocco e l'Egitto hanno ricevuto gli importi più elevati di APS nel 2020, che tuttavia rappresentano appena lo 0,4 % e l'1,6 % dei rispettivi PIL. Al contrario, nel 2020 l'APS rappresentava il 7 % del PIL in Mauritania, l'unico Paese a basso reddito dell'Africa settentrionale. Nel periodo 2011-20 la maggior parte dell'APS è stata destinata ai servizi socio-economici, quali l'istruzione (18 %), la sanità (15 %) e l'energia (13 %) (OECD, 2022a). I flussi filantropici rimangono limitati (circa 150 milioni di USD) e sono diretti principalmente al governo e alla società civile, come le organizzazioni non governative locali, seguiti dalla protezione dell'ambiente (OECD, 2021b).

L'Africa settentrionale possiede un potenziale significativo per stimolare gli investimenti intra-africani

Gli IDE in uscita dall'Africa settentrionale mettono in evidenza il potenziale di una maggiore integrazione continentale. Gli investimenti in entrata a favore di nuovi progetti provengono principalmente dall'Europa, dalla Repubblica popolare cinese (di seguito "Cina"), dalla Russia e dal Medio Oriente (in ordine di grandezza), mentre gli IDE intra-africani rappresentavano solo l'1,3 % del totale nel periodo 2017-22 (Figura 6.2). Nello stesso periodo, invece, la maggior parte dei flussi in uscita dall'Africa settentrionale a favore di nuovi progetti di investimento riguardava altri Paesi africani (Figura 6.6). Il Marocco rappresentava oltre il 50 % degli investimenti in uscita e aveva la maggiore portata continentale (più del Sudafrica), orientandosi principalmente ai Paesi dell'Africa occidentale, ma anche a quelli dell'Africa centrale e orientale. L'Egitto, secondo investitore, ha puntato sui Paesi ad alto reddito e sull'Africa meridionale, mentre la Tunisia ha investito soprattutto a livello regionale. I flussi di investimento algerini si sono indirizzati verso Paesi non africani in Medio Oriente e altri Paesi ad alto reddito.

Figura 6.6. **Investimenti diretti esteri greenfield in uscita dai Paesi dell'Africa settentrionale, per regioni di destinazione, 2017-21, in milioni di USD**

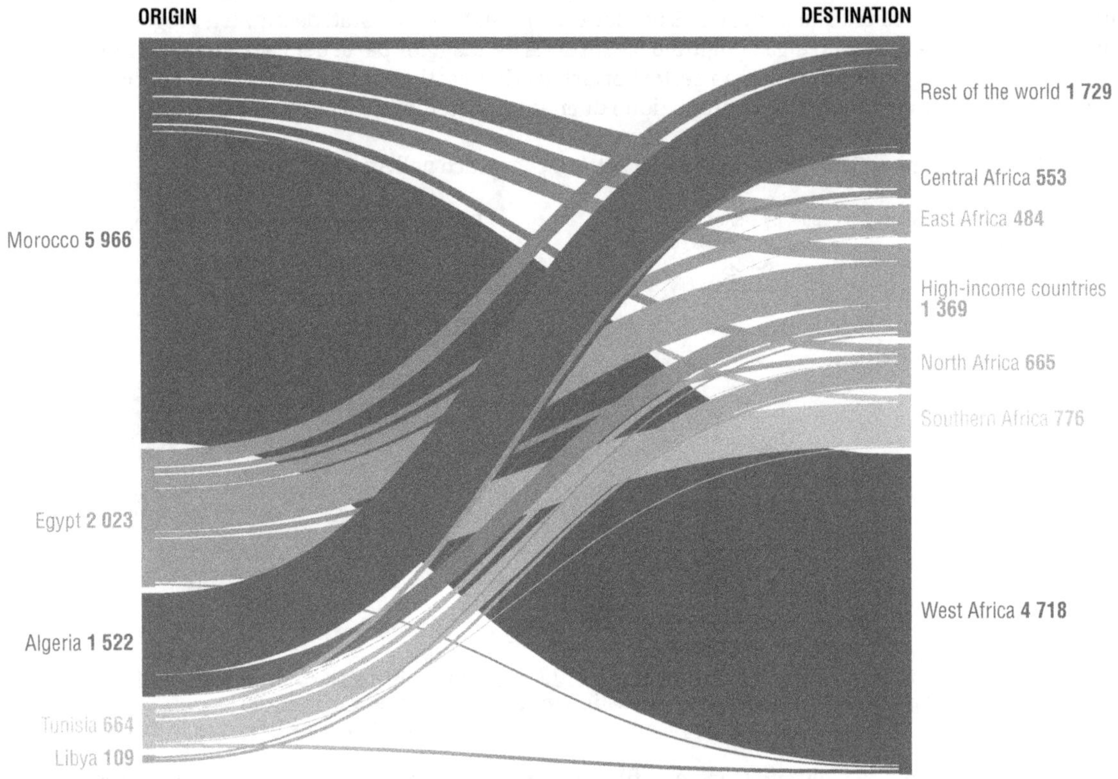

Nota: il "Resto del mondo" comprende i Paesi in via di sviluppo dell'Asia (370 milioni di USD), dell'America latina e dei Caraibi (131 milioni di USD) e altre regioni non incluse nella figura (1 228 milioni di USD).

Fonte: calcoli degli autori basati su fDi Intelligence (2022), *fDi Markets* (banca dati), www.fdiintelligence.com/fdi-markets.

StatLink *https://stat.link/fjt3xb*

Le principali imprese regionali potrebbero espandere le loro attività nei settori dell'industria manifatturiera e dei servizi finanziari in Africa. Delle 147 imprese private nordafricane con filiali in Africa elencate nella banca dati Orbis, 89 hanno sede in Egitto, 35 in Tunisia, 22 in Marocco e 1 in Algeria (Bureau van Dijk, 2022). Più della metà di tali imprese opera nei settori dell'industria manifatturiera (28 %) e dei servizi finanziari (26 %), seguiti da quello immobiliare, delle tecnologie dell'informazione e della comunicazione e del commercio al dettaglio - settori con un grande potenziale di sviluppo delle catene di valore regionali. L'Africa settentrionale annovera anche numerose imprese statali. Sebbene la maggior parte di esse presenti alti livelli di indebitamento (IMF, 2021), alcune offrono ulteriori fonti di investimento sostenibile nella regione e nel continente. Il gruppo marocchino OCP, ad esempio, collabora con i governi dell'Africa occidentale per fornire programmi di sviluppo delle capacità agli agricoltori locali e rafforzare la resilienza degli ecosistemi agricoli (OCP Group, n.d.).

Il deficit di finanziamenti ostacola la risposta dell'Africa settentrionale all'urgente crisi climatica

La maggior parte dei Paesi nordafricani ha presentato i propri contributi nazionali determinati (NDC) per l'azione per il clima

I Paesi della regione sono relativamente più preparati ai cambiamenti climatici rispetto al resto del continente, ma rimangono vulnerabili. I Paesi dell'Africa settentrionale possono essere suddivisi in tre gruppi in base alla loro resilienza ai cambiamenti climatici (in particolare in termini di intensità delle variazioni di temperatura) e al loro livello di preparazione agli effetti negativi. Il primo gruppo, costituito dalla Mauritania, è il più vulnerabile e meno preparato ad affrontare le conseguenze dei cambiamenti climatici nella regione. Il secondo gruppo, meno vulnerabile, comprende l'Algeria, l'Egitto e la Libia. L'ultimo gruppo, il più preparato ad affrontare i cambiamenti climatici, comprende il Marocco e la Tunisia (Università di Notre Dame, 2020). La maggior parte dei Paesi nordafricani è classificata nella categoria a "bassa vulnerabilità, forte preparazione". Tuttavia, la regione rimane estremamente vulnerabile agli impatti dei cambiamenti climatici a causa della sua elevata esposizione agli aumenti di temperatura, che comportano siccità, emergenza idrica e incendi (AfDB, 2022a; Cos et al., 2022). L'indice di vulnerabilità fisica ai cambiamenti climatici (PVCCI), che misura l'esposizione dei Paesi agli shock climatici, conferma questa tendenza (Tabella 6.1).

Tabella 6.1. **Classificazione dei Paesi dell'Africa settentrionale in base all'indice di vulnerabilità fisica ai cambiamenti climatici, 1950-2016**

	PVCCI	Rischi relativi a shock progressivi legati ai cambiamenti climatici		Rischi relativi all'intensificarsi di shock ricorrenti legati ai cambiamenti climatici		
		Inondazioni	Aridità	Precipitazioni	Temperature	Tempeste
Algeria	61,2	0,6	82,5	84,9	68,6	0,1
Egitto	61,7	5,0	81,9	85,4	71,0	0,0
Libia	62,6	1,1	83,0	85,4	73,7	0,0
Marocco	58,7	0,9	82,9	81,1	61,2	4,8
Mauritania	64,7	1,0	83,1	84,5	83,1	0,0
Tunisia	61,1	3,6	86,5	81,9	66,8	0,0
Africa settentrionale (media)	**61,7**	**2,0**	**83,3**	**83,9**	**70,7**	**0,8**
Resto dell'Africa (media)	**54,7**	**2,4**	**55,4**	**70,5**	**78,3**	**7,5**

Nota: il PVCCI è un indicatore composito che misura sia l'esposizione agli shock climatici sia l'entità degli shock per 191 Paesi. Comprende cinque dimensioni, che si riferiscono ai rischi di inondazioni, di aridità, di shock termici, di shock pluviometrici e di cicloni. Per ogni rischio è stato misurato il grado di esposizione a tali shock e la loro probabile entità. Le componenti del PVCCI sono stati poi normalizzate su una scala da 0 (valore minimo) a 100 (valore massimo). Il Marocco ha l'indice più basso della regione (58,7), che lo rende il Paese meno vulnerabile dell'Africa settentrionale. La Mauritania ha l'indice più alto della regione, che la rende il Paese più vulnerabile dell'Africa settentrionale (al decimo posto in termini di vulnerabilità fisica ai cambiamenti climatici a livello globale).

Fonte: Cornier et al. (2018), *Indice di vulnerabilità fisica ai cambiamenti climatici* (banca dati), https://ferdi-indicators.shinyapps.io/PVCCI/.

I cambiamenti climatici avranno forti ripercussioni socio-economiche nell'Africa settentrionale. La perdita annuale di crescita del PIL pro capite dovuta ai cambiamenti climatici è stimata tra il 5 % e il 15 % nel periodo 1986-2015 (AfDB, 2022a). I cambiamenti climatici influiscono sui settori produttivi. Ad esempio, in Egitto, dove il settore agroalimentare rappresenta circa il 20 % delle esportazioni e un terzo dell'occupazione, la produzione potrebbe diminuire del 5,7 % entro il 2050 - un calo maggiore rispetto al 4,4 % previsto per il resto del mondo. Le popolazioni più povere dell'Egitto rischiano di essere le più colpite, poiché gli effetti dei cambiamenti climatici sull'agricoltura e sulla salute potrebbero comportare un aumento dello 0,8 % della popolazione che vive con meno di 4 USD al giorno entro il 2030 (World Bank, 2022b). Anche le attività legate alla pesca potrebbero risentire del riscaldamento globale, che altera la disponibilità di micronutrienti e i livelli di ossigeno nell'acqua, incidendo sui mezzi di sussistenza di circa 300 000 persone in Mauritania (ITA, 2022), mentre la siccità potrebbe comportare lo sfollamento di circa 2 milioni di abitanti delle zone rurali più povere del Marocco entro il 2050 (World Bank, 2022b, c, d).

La transizione verso la neutralità carbonica nell'Africa settentrionale potrebbe contribuire alla ripresa economica post-COVID-19 e rafforzare la resilienza della regione alle crisi. Nel 2022 i conflitti globali e i periodi di siccità hanno esacerbato la fragilità economica dell'Africa settentrionale, mettendo a rischio la sicurezza alimentare della regione. Questa situazione ha dimostrato la dipendenza di alcuni Paesi dalle catene di approvvigionamento alimentare globali. L'Egitto, ad esempio, dipendeva dall'Ucraina e dalla Russia per oltre l'80 % delle sue importazioni di grano (UNDP, 2022). Il rafforzamento della resilienza dei Paesi della regione agli shock climatici ed esterni offre delle opportunità. In Marocco, le restrizioni internazionali sulle esportazioni di fertilizzanti hanno fatto aumentare dell'83 % i profitti del gruppo OCP legati alle vendite di fertilizzanti tra il 2021 e il 2022 (raggiungendo i 3,6 miliardi di USD) e stimolato gli investimenti, in particolare nella produzione di fertilizzanti verdi (Les inspirations Éco, 2023; Mousjid, 2022). Inoltre, gli investimenti nelle energie rinnovabili potrebbero contribuire ad attenuare la crisi energetica che sta colpendo soprattutto i Paesi europei (El-Katiri, 2023).

La maggior parte dei Paesi nordafricani ha presentato i propri NDC nel contesto dell'Accordo di Parigi. Questi contributi comprendono misure di adattamento e mitigazione volte a ridurre gli effetti dei cambiamenti climatici e le emissioni di gas a effetto serra (GES), con l'obiettivo di limitare il riscaldamento globale a un livello inferiore a 1,5°C. Ad oggi, tutti i Paesi dell'Africa settentrionale, ad eccezione della Libia, hanno presentato i propri NDC. Il loro fabbisogno finanziario è stimato a 389 miliardi di USD per l'attuazione nel periodo 2020-30. Nella maggior parte dei Paesi della regione, la realizzazione di tali impegni resta in gran parte condizionata al sostegno finanziario della comunità internazionale (Tabella 6.2).

Tabella 6.2. **NDC dei Paesi dell'Africa settentrionale**

Paese	Data di presentazione	Fabbisogno stimato di finanziamenti (in miliardi di USD)	Impegno alla riduzione delle emissioni di gas a effetto serra (GES) e all'adattamento ai cambiamenti climatici
Algeria	2017	n.d.	Ridurre le emissioni di gas a effetto serra del 7 % con propri mezzi e del 22 % con il sostegno finanziario e tecnologico internazionale.
Egitto	2017 e 2022	246 • Adattamento: 50 • Mitigazione: 196	Ridurre le emissioni di gas a effetto serra del 33 % nel settore dell'elettricità, del 65 % nel settore del petrolio e del gas e del 7 % nel settore dei trasporti.
Marocco	2016 e 2021	78,8 • Adattamento: 40 • Mitigazione: 38,8	Ridurre le emissioni di gas a effetto serra del 18,3 % con propri mezzi e del 45,5 % con il sostegno finanziario e tecnologico internazionale.
Mauritania	2017 e 2021	46,6 • Adattamento: 10,6 • Mitigazione: 34,3 • Altre attività: 1,7	Ridurre le emissioni di gas a effetto serra del 22,3 % entro il 2030 e fino al 92 % con il sostegno della comunità internazionale.
Tunisia	2017 e 2021	19,4 • Adattamento: 4,3 • Mitigazione: 14,4 • Altre attività: 0,7	Ridurre le proprie emissioni di gas a effetto serra del 45 % entro il 2030 rispetto al livello del 2010.

Nota: la Libia non ha presentato alcun NDC.
Fonte: elaborazione degli autori basata su UNFCCC (n.d), *Nationally Determined Contributions Registry* (banca dati), https://unfccc.int/NDCREG.

I Paesi dell'Africa settentrionale hanno inoltre messo in atto strategie nazionali e settoriali per raggiungere questi obiettivi.

- L'**Algeria** ha elaborato un Piano nazionale per il clima 2020-30, che comprende 155 progetti, e altri piani, come il Piano d'azione nazionale per l'ambiente e lo sviluppo sostenibile, la Strategia e il Piano d'azione nazionale per la biodiversità e la Strategia nazionale per la gestione integrata dei rifiuti entro il 2035 (Repubblica algerina democratica e popolare, 2015, 2019).
- Nel 2022 l'**Egitto** ha adottato la Strategia nazionale sui cambiamenti climatici 2050, che mira a: 1) migliorare la governance e la gestione dei progetti di mitigazione e adattamento ai cambiamenti climatici; 2) migliorare il quadro normativo per i finanziamenti verdi

promuovendo banche verdi nazionali e linee di credito verdi che danno priorità alle misure di adattamento; 3) promuovere la ricerca scientifica, il trasferimento tecnologico, la gestione delle conoscenze e la sensibilizzazione per affrontare i cambiamenti climatici; 4) facilitare la diffusione delle informazioni tra le istituzioni governative e i cittadini (Repubblica araba d'Egitto, 2022).

- Il **Marocco** ha elaborato il Piano nazionale per il clima 2020-30 e i Piani regionali per il clima. Ha elaborato un quadro strategico che comprende la Carta nazionale per l'ambiente e lo sviluppo sostenibile, la Strategia nazionale per lo sviluppo sostenibile e il Piano idrico nazionale. Nel 2021 il Marocco ha pubblicato la sua Strategia di sviluppo a basse emissioni di carbonio 2050 volta alla realizzazione di una visione integrata e condivisa, definendo le principali direzioni per l'economia e la società marocchina tra il 2020 e il 2050 e prevedendo profonde trasformazioni economiche e sociali in un mondo a zero emissioni di carbonio (Regno del Marocco, 2021a, b).
- Nel 2020 la **Mauritania** ha definito il suo Programma nazionale di adattamento, che riguarda la protezione e la conservazione degli ecosistemi; la gestione sostenibile delle zone rurali; la conservazione della biodiversità; la pesca e l'acquacoltura; l'edilizia abitativa e la pianificazione urbana; l'agricoltura e la sicurezza alimentare (compresi il miglioramento genetico, la salute, l'acqua, la gestione delle coste, la prevenzione di eventi climatici estremi, le infrastrutture e l'istruzione) (Repubblica islamica di Mauritania, 2021).
- Nel 2022 la **Tunisia** ha pubblicato la Strategia per uno sviluppo a zero emissioni di carbonio e resiliente ai cambiamenti climatici 2050, che comprende la Strategia nazionale a basse emissioni di carbonio e la Strategia nazionale di resilienza ai cambiamenti climatici. Quest'ultima comprende tutti i settori e le aree di intervento,in modo particolare acqua, agricoltura, ecosistemi e risorse naturali, sviluppo costiero, salute, turismo, uso del territorio e pianificazione urbana, nonché le questioni di genere (Repubblica di Tunisia, 2021a, b, 2022).

I Paesi dell'Africa settentrionale stanno indirizzando le loro strategie di mitigazione principalmente verso il settore delle energie rinnovabili (AUC/OECD, 2022). L'Algeria punta a raggiungere una quota del 27 % di energie rinnovabili nella produzione nazionale di elettricità entro il 2030, mentre il Marocco punta a raggiungere il 52 %. L'Egitto ha fissato il suo obiettivo al 42 % entro il 2035. Grazie alla loro posizione strategica e agli ambienti propizi all'energia solare ed eolica, i Paesi dell'Africa settentrionale potrebbero fornire ai Paesi sviluppati soluzioni per l'attenuazione dei cambiamenti climatici. Nel 2021 le entrate derivanti dalle esportazioni di elettricità marocchina verso i Paesi sviluppati sono aumentate di quasi il 700 % in un solo anno, raggiungendo circa 565 milioni di MAD (dirham marocchini). Ipotizzando un fattore di utilizzazione del territorio dell'1 % per le energie rinnovabili, l'Africa settentrionale ha un potenziale di produzione di energia elettrica di 2 792 gigawatt per il solare e 223 gigawatt per l'eolico, pari a oltre 12 volte la capacità installata di produzione di energia elettrica dell'Africa e a circa 3 volte la capacità installata totale dell'Europa nel 2021 (IRENA/AfDB, 2022). Altre opportunità potrebbero rafforzare l'offerta di energia rinnovabile esportabile della regione, compreso l'idrogeno verde (AU/ISA/EIB, 2022). Tuttavia, tali strategie richiedono un'attenta valutazione, che tenga conto dei bisogni energetici locali e delle dipendenze tecnologiche che possono generare (CEO/TNI, 2022).

Il fabbisogno di finanziamenti a favore dei progetti di adattamento ai cambiamenti climatici è tuttavia probabilmente sottostimato. Malgrado la loro vulnerabilità alle conseguenze dei cambiamenti climatici, i Paesi dell'Africa settentrionale stimano che il 73 % del fabbisogno di finanziamenti provenga da progetti di mitigazione e che solo il 27 % dei fondi sia riservato agli investimenti in azioni di adattamento (Tabella 6.2). Oltre alle sfide umane e di produttività, è fondamentale tenere conto delle esigenze di adattamento ai cambiamenti climatici al fine di garantire la stabilità finanziaria di questi Paesi. In Marocco, ad esempio, l'esposizione diretta e indiretta delle banche ai rischi legati alla siccità e alle inondazioni è stimata al 35 % degli attivi totali, soprattutto nei settori agricolo, turistico e immobiliare (World Bank, 2022c).

Il deficit di finanziamenti per il clima ostacola il raggiungimento degli obiettivi di mitigazione e adattamento ai cambiamenti climatici nell'Africa settentrionale

I Paesi nordafricani devono far fronte a un significativo deficit di finanziamenti per il clima. Nel periodo 2019-20 hanno ricevuto in media 5,8 miliardi di USD all'anno in finanziamenti per il clima, ben al di sotto degli oltre 39 miliardi di USD necessari ogni anno entro il 2030 secondo i loro NDC. L'importo ricevuto equivale al 19 % dei finanziamenti mobilitati dal continente africano e solo all'1 % dei finanziamenti globali (IPC, 2022). L'Egitto, il Marocco e la Tunisia hanno ricevuto la maggior parte dei finanziamenti per progetti climatici nell'Africa settentrionale. Gli altri Paesi della regione hanno ricevuto ciascuno meno del 2 % (Figura 6.7, Pannello A). Il 36 % del totale è stato destinato al settore energetico, mentre il 19 % ai trasporti, l'11 % ai rifiuti, il 7 % agli edifici e alle infrastrutture e il 6 % all'agricoltura, alla silvicoltura e alla pesca (Figura 6.7, Pannello B). La maggior parte dei finanziamenti è stata spesa per misure di mitigazione (Figura 6.7, Pannello C).

Figura 6.7. **Finanziamenti a favore del clima ricevuti dall'Africa settentrionale, media 2019-20**

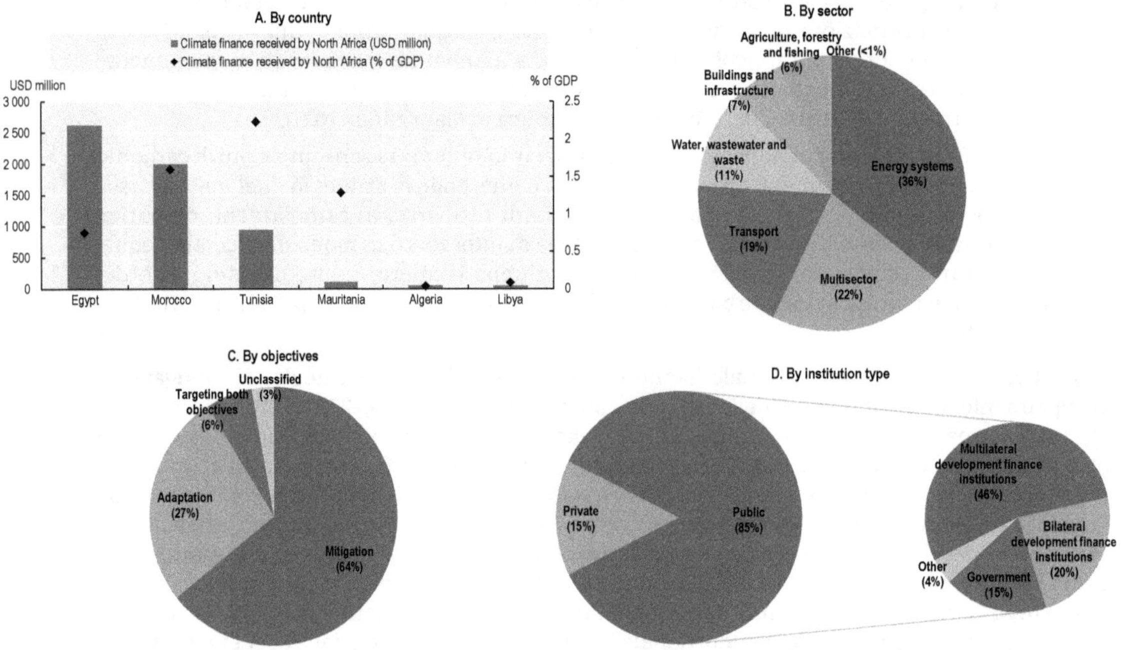

Nota: la categoria "Altro" del Pannello B comprende i settori delle tecnologie dell'informazione e della comunicazione e dell'industria. La categoria "Altro" nel Pannello D comprende le imprese statali, le agenzie di credito all'esportazione, i fondi multilaterali per il clima e le istituzioni nazionali di finanziamento allo sviluppo.

Fonte: adattamento degli autori da CPI (2022), *Landscape of Climate Finance in Africa* (banca dati), www.climatepolicyinitiative.org/publication/landscape-of-climate-finance-in-africa/.

StatLink https://stat.link/wf59j6

Alla luce del deficit di finanziamenti, la diversificazione delle fonti di finanziamento per il clima rimane fondamentale. Circa l'85 % dei finanziamenti per il clima ricevuti nel 2019-20 proviene dal settore pubblico, comprese le istituzioni bilaterali e multilaterali di finanziamento allo sviluppo, nonché da fondi multilaterali per il clima (Figura 6.7, Pannello D). La regione beneficia di ampi programmi di investimento, quali l'Iniziativa della Grande Muraglia verde, che comprende la Mauritania e prevede di rinverdire 100 milioni di ettari nel Sahel e nel Sahara meridionale per lottare contro la desertificazione. Questo progetto, avviato nel 2007 e sostenuto da numerosi donatori, ha incontrato tuttavia difficoltà a livello di attuazione a causa della mancanza di direttive e finanziamenti. Nel 2021 la comunità internazionale si è impegnata a rilanciare il progetto investendo 12 miliardi di USD nei prossimi cinque anni (One Planet Summit, 2021). La realizzazione degli impegni della comunità internazionale, compresi quelli assunti alle Conferenze delle Nazioni Unite sui cambiamenti climatici (COP, Riquadro 6.1), sarà fondamentale per sostenere l'azione contro tale fenomeno.

Riquadro 6.1. **Bilancio dei risultati delle conferenze delle Nazioni Unite sui cambiamenti climatici (COP) organizzate nell'Africa settentrionale**

L'Africa settentrionale ha ospitato due edizioni della COP, che hanno consentito la realizzazione di alcuni progressi, senza però raggiungere gli obiettivi più ambiziosi:

- La COP22, tenutasi in Marocco nel 2016, è stata segnata dalla ratifica ufficiale dell'Accordo di Parigi, in cui i Paesi sviluppati si sono impegnati a stanziare 100 miliardi di USD all'anno per i Paesi in via di sviluppo entro il 2020. Tuttavia, non è stato raggiunto un accordo sulla ripartizione di tali fondi tra progetti di adattamento e di mitigazione.
- La COP27, tenutasi in Egitto nel 2022, ha riaffermato l'impegno per l'Accordo di Parigi, senza raggiungere un impegno concreto per la riduzione dei combustibili fossili da parte dei principali emettitori di gas a effetto serra del mondo. Un accordo tra la Cina, l'Unione europea, l'India e gli Stati Uniti coprirebbe il 64 % delle future emissioni globali di CO_2, mentre l'ampliamento di tale accordo a tutti i membri del G20 coprirebbe l'85 % (IMF, 2021). La COP27 si è conclusa con un accordo decisivo relativo alla creazione di un fondo globale dedicato per le perdite e i danni, destinato a compensare i Paesi più vulnerabili per i danni irreversibili causati dal riscaldamento globale (UNFCCC, 2022).

Le COP22 e 27 hanno permesso di mettere in atto iniziative per mobilitare i flussi finanziari e sviluppare mercati finanziari verdi a livello del continente. A livello nazionale, la COP22 ha rappresentato per il Marocco l'opportunità di sviluppare un quadro normativo favorevole alla mobilitazione dei finanziamenti per il clima, con la definizione di una tabella di marcia per collegare il settore finanziario marocchino allo sviluppo sostenibile. A livello regionale, la COP22 ha permesso a 25 Paesi di ratificare l'Impegno di Marrakech per la promozione dei mercati di capitali verdi in Africa (Marrakech Pledge for Fostering Green Capital Markets in Africa). La COP27 è stata caratterizzata dal lancio di iniziative continentali, tra cui l'Alleanza per le infrastrutture verdi in Africa e l'Iniziativa africana per i mercati del carbonio, che potrebbero fornire una base per rafforzare la mobilitazione di investimenti sostenibili nella regione.

I Paesi dell'Africa settentrionale potrebbero mobilitare maggiori finanziamenti per l'azione per il clima sviluppando i loro mercati della finanza sostenibile

La finanza sostenibile può essere mobilitata attraverso molteplici meccanismi finanziari. La finanza sostenibile riunisce tutti i processi finanziari, i metodi di gestione e le normative che collegano gli interessi economici, sociali e ambientali della comunità nel medio e lungo termine. La finanza sostenibile mira quindi al conseguimento degli Obiettivi di sviluppo sostenibile (OSS) attraverso diversi meccanismi finanziari (Tabella 6.3). La finanza verde designa tutte le attività e le operazioni finanziarie orientate a investimenti che mirano esplicitamente a preservare l'ambiente, lavorando per la transizione energetica e la lotta contro il riscaldamento globale.

Tabella 6.3. **Selezione di strumenti finanziari in grado di mobilitare finanziamenti sostenibili**

Meccanismo finanziario	Definizione	Esempi nell'Africa settentrionale
Finanziamento misto	Allocazione strategica dei finanziamenti pubblici destinati a orientare i flussi di capitali privati verso il conseguimento degli OSS attraverso meccanismi di attenuazione del rischio (linee di credito, garanzie, coperture, prestiti sindacati, prodotti assicurativi e azioni subordinate, ecc.).	I finanziamenti privati mobilitati attraverso i finanziamenti pubblici allo sviluppo destinati all'azione per il clima sono aumentati da 91 milioni di USD in media nel periodo 2012-16 a 447 milioni di USD nel periodo 2017-21 (OECD, 2022b).
Finanziamento basato sulle prestazioni o sui risultati	Pagamenti a un governo, a un'organizzazione o a un individuo subordinati alla realizzazione di obiettivi predeterminati e misurabili.	In Marocco, il programma di finanziamento dell'occupazione basato sui risultati si rivolge alle popolazioni che incontrano difficoltà di inserimento nel mercato del lavoro. Il programma fa parte di Compact II, un programma di cooperazione concluso tra il Marocco e gli Stati Uniti e attuato dall'Agenzia Millennium Challenge Account-Marocco.
Obbligazioni sostenibili (verdi, blu e sociali)	Obbligazioni il cui tasso di interesse applicato è legato ai contributi agli OSS (obiettivi climatici e/o sociali).	L'Africa settentrionale ha mobilitato il 25 % del volume cumulativo delle obbligazioni verdi in Africa nel periodo 2014-21.
Sukuk verdi	Obbligazioni conformi alla legge islamica che remunerano l'investitore in base alle prestazioni ambientali del progetto, rimborsando progressivamente il capitale investito.	Nel 2018 il Marocco ha lanciato un sukuk sovrano del valore di 104,2 milioni di USD, con sottoscrizione superata di 3,6 volte. Nel 2020 l'Egitto ha emesso i primi sukuk del settore privato per un valore di 127 milioni di USD per lo sviluppo immobiliare (UNEP, 2021).

Fonte: elaborazione degli autori.

Focus sulle obbligazioni verdi nell'Africa settentrionale

Alcuni Paesi dell'Africa settentrionale hanno iniziato di recente a partecipare al mercato delle obbligazioni verdi. Il mercato internazionale delle obbligazioni verdi ha registrato una forte crescita dal 2014, passando da 37 miliardi di USD cumulativi a 1,7 mila miliardi di USD nel 2022. L'Europa è al primo posto tra le regioni emittenti, con una quota del 50 % circa del volume cumulativo nel periodo 2014-22, seguita da Asia-Pacifico e America del Nord, con quote rispettivamente del 26 % e del 21 %. Sebbene la quota dell'Africa rimanga marginale (0,3 % del totale emesso sul mercato internazionale), l'Africa settentrionale si distingue per l'emissione di obbligazioni verdi per un valore di 1,1 miliardi di USD, ossia il 25 % dell'importo cumulativo del continente nello stesso periodo (Figura 6.8).

Figura 6.8. **Emissione di obbligazioni verdi in Africa, 2014-21 (in milioni di USD)**

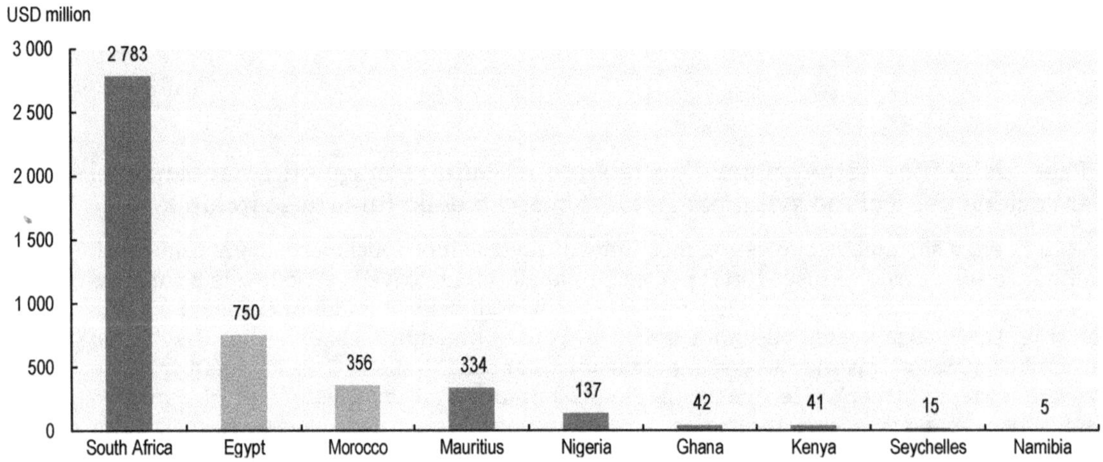

Fonte: adattamento degli autori da Climate Bonds Initiative (2022), *Climate Bonds Initiative Data Platform* (banca dati), www.climatebonds.net/market/data/.

StatLink https://stat.link/jl7gt5

Le riforme avviate in occasione della COP22 hanno permesso al Marocco di fare da apripista con l'emissione di due obbligazioni verdi (Riquadro 6.1). L'Agenzia marocchina per l'energia sostenibile ha emesso la prima obbligazione nel 2016 presso le parti interessate nazionali (in particolare il Fondo pensionistico marocchino e la Compagnia centrale di riassicurazione) e banche commerciali

(Al Barid Bank e Attijariwafa Bank), per cofinanziare con 1,15 miliardi di MAD il progetto di energia fotovoltaica Noor. Sempre nel 2016, la Banca marocchina per il commercio estero (ora Banca d'Africa) ha emesso obbligazioni verdi per progetti di energia rinnovabile per un valore di 500 milioni di MAD (50 milioni di USD). Nel 2017 la Banca centrale popolare, con il sostegno della Società finanziaria internazionale (SFI) e di Proparco, ha emesso la prima obbligazione verde in valuta estera del Paese (135 milioni di EUR) per il rifinanziamento degli investimenti nell'efficienza energetica. Dal 2018 sono state emesse cinque obbligazioni verdi da imprese pubbliche (Ufficio nazionale delle ferrovie), dal settore privato (Al Ormane, Autorità della città finanziaria di Casablanca) e da attori municipali (città di Agadir) per il finanziamento di progetti su temi quali l'efficienza energetica, le energie rinnovabili, i trasporti e gli edifici sostenibili.

Nel 2020 l'Egitto ha emesso la prima obbligazione verde sovrana in valuta estera della regione. L'Autorità di regolamentazione finanziaria egiziana ha approvato il quadro giuridico per l'emissione di obbligazioni verdi nel 2018, consentendo al governo di sviluppare il suo primo titolo sovrano nel 2020, con il sostegno della Banca mondiale. Questa obbligazione da 750 milioni di USD è destinata a finanziare progetti nel settore dei trasporti (46 % dei fondi mobilitati) e nei settori della gestione sostenibile dell'acqua e delle acque reflue (54 %) (ministero delle Finanze della Repubblica araba d'Egitto, 2021). Nel 2021 la Commercial International Bank - sostenuta anche dalla SFI - ha lanciato la prima obbligazione verde del settore privato, del valore di 100 milioni di USD, per lo sviluppo di progetti di trasformazione industriale ad alta efficienza energetica (IFC/HSBC, 2022). Le obbligazioni verdi emesse da imprese private hanno maggiori probabilità di fornire finanziamenti privati supplementari per gli investimenti (UNEP, 2022). Nel 2022 il gruppo norvegese Scatec Solar, in collaborazione con Africa50, si è impegnato a rifinanziare sei centrali solari egiziane attraverso l'emissione di un'obbligazione verde del valore di 334,5 milioni di USD.

Nel resto della regione, tuttavia, esistono ostacoli alla mobilitazione di finanziamenti sostenibili. La mancanza di informazioni e di dati sulle opportunità di investimento e sui rischi climatici è uno dei principali ostacoli agli investimenti nella regione, in particolare per i progetti di adattamento ai cambiamenti climatici (AfDB, 2022a). Un quadro istituzionale e normativo chiaro, come quello stabilito in Egitto e Marocco, potrebbe consentire ad altri Paesi della regione di sfruttare meccanismi finanziari innovativi per attirare maggiori investimenti sostenibili. Un'adeguata gestione delle finanze pubbliche e il sostegno della comunità internazionale saranno inoltre essenziali per garantire la creazione di meccanismi di finanziamento misto nei Paesi più vulnerabili, come la Mauritania.

Leve strategiche per sostenere lo sviluppo dei mercati della finanza sostenibile nell'Africa settentrionale

Migliorare l'identificazione del fabbisogno di finanziamenti e la loro allocazione in funzione delle priorità nazionali.

Una transizione verde richiede un migliore coordinamento istituzionale al fine di valutare il fabbisogno di finanziamenti e stabilire le priorità di allocazione. Molti Paesi hanno adottato un approccio settoriale nelle loro strategie di azione per i cambiamenti climatici, rendendo difficili l'identificazione delle priorità e l'allocazione efficace dei finanziamenti. In Marocco, ad esempio, il Piano idrico nazionale non tiene conto delle esigenze idriche della tabella di marcia nazionale per l'idrogeno verde. Allo stesso modo, lo sviluppo di soluzioni di desalinizzazione dell'acqua dovrebbe andare di pari passo con la diffusione delle energie rinnovabili, tenendo conto della domanda di altri settori (come i trasporti e l'industria) (World Bank, 2022c).

La riforma della gestione delle finanze pubbliche e il monitoraggio dell'attuazione delle strategie nazionali ne rafforzeranno la credibilità e miglioreranno l'allocazione dei fondi. La maggior parte dei governi della regione non ha introdotto obblighi legali o regolamentari per integrare i cambiamenti climatici negli strumenti di gestione delle finanze pubbliche. È difficile pertanto valutare in che misura gli impegni incondizionati assunti nell'ambito degli NDC si riflettano anche nei bilanci nazionali. Una tassonomia verde consentirebbe alle autorità pubbliche di accertare la sostenibilità delle attività economiche e di limitare il rischio di *greenwashing* attraverso l'assegnazione di etichette verdi. Ciò consentirebbe di dare priorità alle risorse pubbliche per gli interventi che presentano una dimensione climatica, inviando così agli operatori di mercato un segnale forte e credibile sull'impegno delle autorità a promuovere la transizione verde.

Anche le riforme fiscali e i mercati volontari del carbonio potrebbero fornire finanziamenti per l'adattamento ai cambiamenti climatici.

- Una tassa ambientale potrebbe raccogliere ulteriori entrate per finanziare la transizione verde e l'adattamento ai cambiamenti climatici dei Paesi della regione, scoraggiando al contempo i comportamenti inquinanti. L'Egitto, la Mauritania, il Marocco e la Tunisia, ad esempio, hanno introdotto tasse ambientali negli ultimi anni, principalmente nei settori dell'energia e dei trasporti. Tuttavia, le entrate mobilitate non hanno superato l'1,5 % del loro PIL nel 2020 e potrebbero essere estese ad altri settori (OECD/ATAF/AUC, 2022).
- Si potrebbe anche prendere in considerazione l'introduzione di una tassa sul carbonio o di un mercato dei crediti di carbonio. La riforma dell'utilizzo delle sovvenzioni ai combustibili fossili e l'introduzione di una tassa sul carbonio per i combustibili fossili pari a 30 EUR per tonnellata di CO_2 (una stima bassa dei danni climatici attualmente causati da una tonnellata di CO_2 emessa) potrebbe generare entrate supplementari stimate al 4,6 % del PIL in Egitto e all'1,7 % in Marocco (OECD, 2021c). I governi nordafricani potrebbero basarsi sull'Iniziativa africana per i mercati del carbonio istituita alla COP27 per introdurre un sistema di certificazione dei crediti di carbonio credibile a livello del continente (ACMI, 2022).

Una transizione energetica equa deve essere strategicamente sequenziata per limitare gli effetti negativi sulle economie locali. L'attuazione delle riforme fiscali e delle sovvenzioni energetiche deve essere attentamente progettata e sequenziata per evitare effetti collaterali indesiderati, ad esempio problemi di accessibilità energetica o perdite di posti di lavoro nel settore dei combustibili fossili. Per questo motivo, l'iniziativa Quadro e finanziamenti equi per i Paesi in transizione che si basano sulle attività estrattive (Equitable Framework and Finance for Extractive-Based Countries in Transition - FFECT) fornisce uno strumentario ai responsabili delle politiche dei Paesi in via di sviluppo ricchi di combustibili fossili e minerali per tracciare percorsi di transizione a basse emissioni di carbonio in linea con le loro priorità di sviluppo nazionali. EFFECT individua i modi per mitigare l'impatto della transizione sulle industrie dei combustibili fossili, sui lavoratori e sulle famiglie povere e per prevenire i rischi di vincoli del carbonio (*carbon lock-in*) e di attivi non recuperabili. L'iniziativa è strutturata attorno a tre pilastri interconnessi: i) decarbonizzazione delle industrie estrattive e gestione delle incertezze; ii) pianificazione di un'uscita sostenibile dall'energia fossile; e iii) realizzazione di un cambiamento sistemico e di una decarbonizzazione a livello economico (OECD, 2023).

Facendo leva sulle istituzioni locali per il cambiamento climatico, i finanziamenti ottenuti potranno essere meglio allineati alle esigenze nazionali. Le istituzioni locali si trovano in una posizione ideale per convogliare i finanziamenti verso i progetti con le maggiori esigenze, offrendo al contempo meccanismi di minimizzazione del rischio e servizi (come le informazioni sulle condizioni del mercato locale). La Tunisia, ad esempio, potrebbe ampliare il mandato del suo Fondo per la transizione energetica, che attualmente si limita a erogare sovvenzioni (AfDB, 2021). Le istituzioni locali possono beneficiare di iniziative come il Programma di preparazione del Fondo verde per il clima (GCF), che fornisce ai Paesi sovvenzioni e assistenza tecnica per sviluppare strategie e ricevere l'accreditamento necessario per ottenere i finanziamenti internazionali. Ad esempio, il GFC ha sostenuto la Mauritania nello sviluppo del suo Piano nazionale di adattamento nel 2018 (GCF, 2018).

I partner regionali e internazionali possono contribuire allo sviluppo di progetti finanziabili per attirare maggiori investimenti nella regione. Ad esempio, il Piano solare mediterraneo ha offerto a tutti i Paesi della regione (tranne la Mauritania) un sistema di assistenza tecnica per aiutarli a preparare progetti di energia rinnovabile e di efficienza energetica e a mobilitare i finanziamenti delle istituzioni europee (EIB, 2015). Nel 2023 la Banca africana di sviluppo (AfDB) prevede anche di lanciare il fondo African Green Finance Facility (AG3F) da 1,5 miliardi di USD, che erogherà sovvenzioni di assistenza tecnica per aiutare i governi locali e le istituzioni finanziarie a progettare strutture di finanza verde e a sviluppare portafogli di progetti sostenibili in linea con l'Accordo di Parigi (AfDB, 2022b).

Facilitare l'attuazione di quadri normativi inclusivi e di sostegno per la finanza sostenibile

Le banche centrali e le autorità di regolamentazione finanziaria possono coordinarsi per stabilire un quadro normativo che integri i cambiamenti climatici nel sistema finanziario nazionale. L'esperienza del Marocco e dell'Egitto può servire da esempio. Grazie alla pubblicazione di tabelle di marcia nazionali, in entrambi i Paesi sono state emesse obbligazioni verdi. Queste riforme si sono basate su processi di consultazione inclusivi (UNEP, 2021). In Marocco, ad esempio, la banca centrale ha mobilitato l'associazione delle banche e altri cinque regolatori finanziari nazionali per redigere la tabella di marcia per l'allineamento del settore finanziario marocchino allo sviluppo sostenibile (Banque Al-Maghrib et al., 2016). Inoltre, nel 2022, il Consiglio dei mercati finanziari della Tunisia ha collaborato con la SFI della Banca mondiale per elaborare la *Guide d'émission d'obligations vertes, socialement responsables et durables en Tunisie* [Guida all'emissione di obbligazioni verdi, sociali e di sostenibilità in Tunisia] (FMC/IFC, 2022), garantendo così un quadro di riferimento per la valutazione e il finanziamento dei progetti.

I regolatori finanziari potrebbero anche imporre la pubblicazione di criteri ambientali, sociali e di governance (ESG). Nel 2010 la borsa egiziana è diventata la seconda borsa al mondo ad adottare un indice di sostenibilità ESG. Già nel 2012 era stata una delle quattro borse ad attuare l'iniziativa delle Nazioni Unite per le borse sostenibili, destinata a migliorare la trasparenza e aumentare l'impegno delle società quotate sulle questioni ESG (UNEP, 2021). Dal 2022 l'autorità di regolamentazione impone alle società quotate alla borsa egiziana e a quelle che operano in attività finanziarie non bancarie di presentare relazioni trimestrali di conformità contenenti informazioni ESG (Ashraf Atef, 2022). In Marocco, la banca centrale ha introdotto gli obblighi di informativa ESG e climatica nel 2021. Le banche devono stimare la loro esposizione ai rischi climatici fisici e di transizione in base a diversi scenari di cambiamenti climatici. Tali rischi riguardano l'impatto diretto dei cambiamenti climatici e le implicazioni economiche della transizione a basse emissioni di carbonio (UNEP, 2021).

Il rafforzamento dell'inclusione finanziaria aumenterebbe l'accesso alla finanza sostenibile tra le popolazioni più povere. Le popolazioni più esposte ai rischi climatici, soprattutto nelle zone rurali, sono anche le più escluse dall'accesso ai finanziamenti. Secondo il Global Findex, nel 2021 circa il 70 % delle persone più povere dell'Africa settentrionale non aveva un conto bancario (World Bank, 2021). L'adeguamento delle politiche di inclusione finanziaria a queste popolazioni sarà quindi fondamentale per garantire l'efficacia delle strategie di adattamento ai cambiamenti climatici. In Marocco, ad esempio, la Strategia nazionale per l'inclusione finanziaria mira a migliorare l'accesso ai finanziamenti, in particolare tra i giovani, le donne e le popolazioni rurali, promuovendo al contempo soluzioni di finanziamento verdi. L'obiettivo è anche quello di sviluppare meccanismi di finanziamento alternativi, come i pagamenti mobili, la microfinanza e le assicurazioni inclusive (UNEP, 2021). Inoltre, le soluzioni di microfinanza digitale utilizzate dalle start-up locali potrebbero contribuire a ridurre l'esclusione finanziaria di queste popolazioni. Gli spazi di sperimentazione normativa (o quadri normativi per la sperimentazione) consentono di testare nuove soluzioni digitali per facilitare l'accesso ai finanziamenti, come è stato fatto ad esempio in Tunisia (AUC/OECD, 2021).

Sostenere lo sviluppo del mercati della finanza sostenibile attraverso la cooperazione regionale

La cooperazione regionale può sostenere il rafforzamento delle capacità delle autorità di regolamentazione e dei fornitori di servizi finanziari. Nel 2021 l'Egitto ha lanciato il Centro regionale per la finanza sostenibile per costruire capacità e sensibilizzare le istituzioni finanziarie della regione del Medio Oriente e dell'Africa settentrionale sulla finanza sostenibile. Il centro fornisce assistenza tecnica su questioni legate all'integrazione dei criteri ESG, all'attuazione delle raccomandazioni della task force sull'informativa finanziaria relativa al clima del G20 e alla presa in considerazione dei rischi climatici. Inoltre, incoraggia il riorientamento dei flussi di capitale privato verso il finanziamento degli OSS (Ashraf Atef, 2022). A livello internazionale, l'Egitto, la Mauritania, il Marocco e la Tunisia partecipano alla Rete delle banche centrali e delle autorità di vigilanza per rinverdire il sistema finanziario (Network of Central Banks and Supervisors for Greening the Financial System), una piattaforma per la condivisione delle migliori pratiche di gestione del rischio climatico e per l'attuazione di un quadro normativo a sostegno della finanza verde.

L'integrazione dei mercati finanziari potrebbe anche consentire lo sviluppo della finanza sostenibile in altri Paesi della regione. L'integrazione dei mercati finanziari, nel contesto più ampio dell'integrazione continentale (Jedlane et al., 2012), compenserebbe lo scarso sviluppo dei sistemi finanziari di alcuni Paesi della regione. Ad esempio, il collegamento delle borse nazionali diversificherebbe gli strumenti finanziari disponibili, riducendo al contempo i costi degli investimenti transfrontalieri. Nel 2022 le borse dell'Egitto e del Marocco, insieme ad altre, hanno aderito al progetto di interconnessione delle borse africane, lanciato dall'associazione delle borse valori africane e dall'AfDB per facilitare gli scambi transfrontalieri tra le borse africane e talune società di intermediazione (AfDB, 2022c).

Riferimenti bibliografici

ACMI (2022), *Africa Carbon Markets Initiative (ACMI): Roadmap Report*, Sustainable Energy for All (SEforALL), Africa Carbon Markets Initiative, www.seforall.org/publications/africa-carbon-markets-initiative-roadmap-report.

AfDB (2022a), *North Africa Economic Outlook 2022*, African Development Bank, Abidjan, https://www.afdb.org/en/documents/north-africa-economic-outlook-2022.

AfDB (2022b), "African Development Bank launches model for deploying green financing across the continent", African Development Bank, Abidjan, www.afdb.org/en/news-and-events/african-development-bank-launches-model-deploying-green-financing-across-continent-56903.

AfDB (2022c), "African Development Bank, African Securities Exchange Association launch AELP E-Platform linking seven African capital markets with $1.5 trillion market capitalization", African Development Bank, Abidjan, www.afdb.org/en/news-and-events/press-releases/african-development-bank-african-securities-exchange-association-launch-aelp-e-platform-linking-seven-african-capital-markets-15-trillion-market-capitalization-57245.

AfDB (2021), *Potential for Green Banks & National Climate Change Funds in Africa – Scoping Report*, African Development Bank, Abidjan, www.afdb.org/en/documents/potential-green-banks-national-climate-change-funds-africa-scoping-report.

Arab Republic of Egypt (2022), *Egypt's First Updated Nationally Determined Contributions*, NDC Registry, United Nations Framework Convention on Climate Change (UNFCCC), https://unfccc.int/sites/default/files/NDC/2022-07/EgyptUpdatedNDC.pdf.

Ashraf Atef, N. (2022), "Scaling up sustainable finance and investment in the Middle East and North Africa", in *Scaling Up Sustainable Finance and Investment in the Global South*, Centre for Economic Policy Research (CEPR) Press, London, https://cepr.org/system/files/publication-files/175477-scaling_up_sustainable_finance_and_investment_in_the_global_south.pdf.

AU/ISA/EIB (2022), *Africa's extraordinary green hydrogen potential*, African Union, Addis-Ababa, International Solar Alliance, European Investment Bank, Luxembourg, www.eib.org/attachments/press/africa-green-hydrogen-flyer.pdf.

AUC/OECD (2022), *Africa's Development Dynamics 2022: Regional Value Chains for a Sustainable Recovery*, African Union Commission, Addis Ababa/OECD Publishing, Paris, https://doi.org/10.1787/f92ecd72-fr.

AUC/OECD (2021), *Africa's Development Dynamics 2021: Digital Transformation for Quality Jobs*, African Union Commission, Addis Ababa/OECD Publishing, Paris, https://doi.org/10.1787/cd08eac8-fr.

Banque Al-Maghrib et al. (2016), *Feuille de route pour l'alignement du secteur financier marocain sur le développement durable – Feuille de route du secteur financier marocain pour l'émergence de la finance durable en Afrique*, Bank Al-Maghrib, Rabat, www.acaps.ma/sites/default/files/feuille-de-route-globale.pdf.

Bureau van Dijk (2022), *Orbis* (banca dati), www.bvdinfo.com/en-gb/our-products/data/international/orbis (consultato nell'ottobre 2022).

CEO/TNI (2022), *Hydrogen from North Africa – a neocolonial resource grab: The reality of EU green hydrogen import plans*, Corporate European Observatory and Transnational Institute, https://corporateeurope.org/en/2022/05/hydrogen-north-africa-neocolonial-resource-grab.

Climate Bonds Initiative (2022), *Climate Bonds Interactive Data Platform* (banca dati), www.climatebonds.net/market/data/ (consultato nel gennaio 2023).

CMF/IFC (2022), "Guide d'émission d'obligations vertes, socialement responsables et durables en Tunisie", Conseil du Marché Financier and International Finance Corporation, Tunis and Washington, DC, www.cmf.tn/?q=publication-par-le-cmf-du-guide-d-emission-d-obligations-vertes-socialement-responsables-et-durables.

Cornier, A. et al. (2018), *Indicateur de vulnérabilité physique au changement climatique* (banca dati), Fondation pour les études et recherches sur le développement international (Ferdi), https://ferdi-indicators.shinyapps.io/PVCCI/ (consultato nel febbraio 2023).

Cos, J. et al. (2022), "The Mediterranean climate change hotspot in the CMIP5 and CMIP6 projections", *Earth System Dynamics*, vol. 13, n° 1, European Geosciences Union, Munich, pp. 321-340, https://doi.org/10.5194/esd-13-321-2022.

CPI (2022), *Landscape of Climate Finance in Africa* (banca dati), Climate Policy Initiative, www.climatepolicyinitiative.org/publication/landscape-of-climate-finance-in-africa/ (consultato il 7 febbraio 2023).

EIB (2015), *Mediterranean Solar Plan – Project Preparation Initiative (MSP-PPI)*, European Investment Bank, Luxembourg, https://www.eib.org/attachments/country/femip_msp_ppi_en.pdf.

El-Katiri, L. (2023), "Sunny side up: Maximising the European Green Deal's potential for North Africa and Europe", website of the European Council on Foreign Relations (ECFR), Paris, https://ecfr.eu/publication/sunny-side-up-maximising-the-european-green-deals-potential-for-north-africa-and-europe/.

fDi Intelligence (2022), *fDi Markets* (banca dati), www.fdiintelligence.com/fdi-markets (consultato il 7 febbraio 2023).

GCF (2018), *Readiness grant agreement – with the Islamic Republic of Mauritania*, Green Climate Fund (GCF), www.greenclimate.fund/document/readiness-grant-agreement-mauritania-mrt-rs-001.

IEA (2022), "Greenhouse Gas Emissions from Energy Data Explorer", *Data and Statistics* (banca dati), International Energy Agency, Paris, www.iea.org/data-and-statistics/data-tools/greenhouse-gas-emissions-from-energy-data-explorer (consultato nell'ottobre 2022).

IFC/HSBC (2022), *Emerging Market Real Economy Sustainable Bonds – current and potential issuance*, International Finance Corporation, World Bank Group, Washington, DC, www.environmental-finance.com/assets/files/IFC/emerging-market-real-economy-sustainable-bonds.pdf.

IMF (2022a), *World Economic Outlook, October 2022* (banca dati), International Monetary Fund, Washington, DC, www.imf.org/en/Publications/WEO/weo-database/2022/October (consultato il 7 febbraio 2023).

IMF (2022b), *Balance of Payments and International Investment Position Statistics (BOP/IIP)* (banca dati), International Monetary Fund, Washington, DC, https://data.imf.org/?sk=7A51304B-6426-40C0-83DD-CA473CA1FD52 (consultato il 7 febbraio 2023).

IMF (2022c), *Investment and Capital Stock Dataset (ICSD)* (banca dati), International Monetary Fund, Washington, DC, https://data.imf.org/?sk=1CE8A55F-CFA7-4BC0-BCE2-256EE65AC0E4 (consultato il 7 febbraio 2023).

IMF (2021), *Finance & Development*, vol. 58, n° 3, International Monetary Fund, Washington, DC, www.imf.org/fr/Publications/fandd/issues/2021/09.

IRENA/AfDB (2022), *Renewable Energy Market Analysis: Africa and Its Regions*, International Renewable Energy Agency (IRENA) and African Development Bank, Abu Dhabi and Abidjan, www.irena.org/-/media/Files/IRENA/Agency/Publication/2022/Jan/IRENA_Market_Africa_2022.pdf.

Islamic Republic of Mauritania, (2021), *Mauritania First NDC (Updated submission)*, NDC Registry, United Nations Framework Convention on Climate Change (UNFCCC), https://unfccc.int/sites/default/files/NDC/2022-06/CDN-Mauritania.pdf.

ITA (2022), "Fisheries", *Mauritania Country Commercial Guide*, International Trade Agency (ITA), Washington, DC, www.trade.gov/country-commercial-guides/mauritania-fisheries.

Jedlane N. and D. Saidane (2012), "Intégration financière et gouvernance régionale en Afrique du Nord", United Nations Economic Commission for Africa (CEA), Casablanca, http://dx.doi.org/10.13140/RG.2.2.32661.73440.

Kingdom of Morocco (2021a), *Morocco First NDC (Updated submission)*, NDC Registry, United Nations Framework Convention on Climate Change (UNFCCC), https://unfccc.int/sites/default/files/NDC/2022-06/Moroccan_updated_NDC_Fr.pdf.

Kingdom of Morocco (2021b), *Stratégie Bas Carbone à Long Terme Maroc 2050*, Ministry of Energy Transition and Sustainable Development, https://unfccc.int/sites/default/files/reSource/MAR_LTS_Dec2021.pdf.

Kingdom of Morocco (2020), *Plan Climat National à horizon 2030*, Secretariat of State to the Minister of Energy, Mines and Sustainable Development, Casablanca, www.environnement.gov.ma/images/Climat/PCN1-min.pdf.

Les inspirations Éco (2023), "Sustainability : la stratégie gagnante d'OCP", *Les Inspirations Éco*, Horizon Press S.A., Casablanca, https://leseco.ma/maroc/sustainibility-la-strategie-gagnante-docp.html.

Ministry of Finance of the Arab Republic of Egypt (2021), *Egypt Sovereign Green Bond Allocation & Impact Report*, https://assets.mof.gov.eg/files/a3362b50-574c-11ec-9145-6f33c8bd6a26.pdf.

Moody's (2023a), "Moody's downgrades Tunisia's ratings to Caa2 with a negative outlook, concluding its review", Moody's Investors Service, New York, https://ratings.moodys.com/ratings-news/398103.

Moody's (2023b), "Moody's downgrades Egypt's ratings to B3, changes outlook to stable", Moody's Investors Service, New York, https://ratings.moodys.com/ratings-news/398535

Mousjid, B. (2022), "Engrais : Covid-19, guerre en Ukraine… une "aubaine" pour OCP", *Jeune Afrique*, Paris, www.jeuneafrique.com/1348134/economie/engraisaf-covid-19-guerre-en-ukraine-une-aubaine-pour-ocp/

OCP (n.d), "In-Country Partnerships", OCP Africa, Casablanca, Morocco, www.ocpafrica.com/fr/partenariats-nationaux

OECD (2023), *Equitable Framework and Finance for Extractive-based Countries in Transition (EFFECT)*, OECD Development Policy Tools, OECD Publishing, Paris, https://doi.org/10.1787/7871c0ad-en.

OECD (2022a), *OECD Development Assistance Committee* (banca dati), https://stats-1.oecd.org/Index.aspx?DataSetCode=TABLE2A

OECD (2022b), "Mobilisation", *OECD.stat* (banca dati), OECD Publishing, Paris, https://stats.oecd.org/Index.aspx?DataSetCode=DV_DCD_MOBILISATION (consultato il 7 febbraio 2023).

OECD (2021a), Middle East and North Africa Investment Policy Perspectives, OECD Publishing, Paris, https://doi.org/10.1787/6d84ee94-en.

OECD (2021b), *Private Philanthropy for Development: Data for Action*, OECD Publishing, Paris, https://oecd-main.shinyapps.io/philanthropy4development/ (consultato nel febbraio 2023).

OECD (2021c), *Taxing Energy Use for Sustainable Development: Opportunities for energy tax and subsidy reform in selected developing and emerging economies*, OECD Publishing, Paris, www.oecd.org/tax/tax-policy/taxing-energy-use-for-sustainable-development.pdf.

OECD/ATAF/AUC (2022), *Revenue Statistics in Africa 2022*, OECD Publishing, Paris, https://doi.org/10.1787/ea66fbde-en-fr.

One Planet Summit (2021), "Accélérateur de la Grande muraille verte", www.oneplanetsummit.fr/les-coalitions-82/accelerateur-de-la-grande-muraille-verte-193.

People's Democratic Republic of Algeria (2019), *Plan National Climat*, Comité National Climat (CNC), www.me.gov.dz/telechargement/plan-national-climat/.

People's Democratic Republic of Algeria (2015), *Algeria First NDC*, NDC Registry, United Nations Framework Convention on Climate Change (UNFCCC), https://unfccc.int/sites/default/files/NDC/2022-06/AlgerieNDC2015.pdf.

Republic of Tunisia (2022), *Stratégie de Développement Neutre en Carbone et Résilient aux Changements Climatiques à l'horizon 2050*, United Nations Framework Convention on Climate Change (UNFCCC), https://unfccc.int/sites/default/files/reSource/StratTunisie.pdf.

Republic of Tunisia (2021a), *Tunisia First NDC (Updated submission)*, NDC Registry, United Nations Framework Convention on Climate Change (UNFCCC), https://unfccc.int/sites/default/files/NDC/2022-06/Tunisia%20Update%20NDC-french.pdf.

Republic of Tunisia (2021b), *Update of the Nationally Determined Contribution of Tunisia : Executive Summary*, NDC Registry, United Nations Framework Convention on Climate Change (UNFCCC), https://unfccc.int/sites/default/files/NDC/2022-08/CDN.pdf.

UNDP (2022), *The impact of the war in Ukraine on sustainable development in Africa*, United Nations Development Programme, New York, www.undp.org/africa/publications/impact-war-ukraine-sustainable-development-africa.

UNEP (2022), *A New Approach to Unlocking Private Finance for Climate and the SDGs in Egypt & Morocco*, UN Environment Programme Finance Initiative (UNEP FI), www.unepfi.org/wordpress/wp-content/uploads/2022/03/Unlocking-Private-Finance-for-Climate-FR.pdf.

UNEP (2021), *Promoting Sustainable Finance and Climate Finance in the Arab Region*, UN Environment Programme Finance Initiative (UNEP FI), www.unepfi.org/themes/climate-change/promoting-sustainable-finance-and-climate-finance-in-the-arab-region-2/.

UNFCCC (2022), "COP27 Reaches Breakthrough Agreement on New "Loss and Damage" Fund for Vulnerable Countries", Press release, United Nations Framework Convention on Climate Change, https://unfccc.int/news/cop27-reaches-breakthrough-agreement-on-new-loss-and-damage-fund-for-vulnerable-countries.

UNFCCC (n.d.), *Nationally Determined Contributions (NDCs)* (banca dati), United Nations Framework Convention on Climate Change, https://unfccc.int/fr/NDCREG.

University of Notre Dame, (2020) "ND-GAIN Matrix", *Notre Dame-Global Adaptation Initiative Country Index* (banca dati), https://gain.nd.edu/our-work/country-index/matrix/ (consultato il 7 febbraio 2023).

World Bank (2022a), *International Debt Statistics* (banca dati), World Bank, Washington, DC, https://databank.worldbank.org/source/international-debt-statistics (consultato nel gennaio 2023).

World Bank (2022b), *Egypt Country Climate and Development Report*, CCDR Series, World Bank, Washington, DC, https://openknowledge.worldbank.org/handle/10986/38245.

World Bank (2022c), *Morocco Country Climate and Development Report*, CCDR Series, World Bank, Washington, DC, https://openknowledge.worldbank.org/bitstream/handle/10986/38240/Morocco CCDR.pdf .

World Bank (2022d), *G5 Sahel Country Climate Development Report*, CCDR Series, World Bank, Washington, DC, https://openknowledge.worldbank.org/handle/10986/37620.

World Bank (2021), *The Global Findex Database 2021: Financial Inclusion, Digital Payments, and Resilience in the Age of COVID-19*, World Bank, Washington, DC, https://www.worldbank.org/en/publication/globalfindex

World Bank-KNOMAD (2022), *Remittances* (banca dati), The Global Knowledge Partnership on Migration and Development (KNOMAD) and World Bank, Washington, DC, www.knomad.org/data/remittances (consultato il 19 dicembre 2022).

Capitolo 7

Investire nelle catene di valore agroalimentari per lo sviluppo sostenibile dell'Africa occidentale

Il presente capitolo individua le strategie d'intervento in grado di rafforzare gli investimenti sostenibili nel settore agroalimentare dell'Africa occidentale, selezionato per il suo importante contributo all'occupazione e alla crescita economica della regione. Il capitolo esamina innanzitutto il flusso di investimenti in entrata e in uscita dalla regione e la loro distribuzione tra i diversi settori e Paesi (Benin, Burkina Faso, Cabo Verde, Costa d'Avorio, Gambia, Ghana, Guinea, Guinea-Bissau, Liberia, Mali, Niger, Nigeria, Senegal, Sierra Leone e Togo). Analizza poi in modo approfondito le potenzialità e i limiti del settore agroalimentare dell'Africa occidentale. Il capitolo si conclude con una serie di suggerimenti concreti rivolti ai responsabili delle politiche dell'Africa occidentale su come attirare maggiori investimenti sostenibili.

IN SINTESI

Le recenti crisi globali hanno rallentato la crescita, aumentato il debito e frenato gli investimenti nei Paesi dell'Africa occidentale. Tali sviluppi hanno ridotto gli investimenti sostenibili anche nel settore agroalimentare della regione (che comprende l'agricoltura, la trasformazione degli alimenti, il confezionamento, il trasporto, la distribuzione e la vendita al dettaglio), malgrado il suo vasto potenziale in termini di creazione di posti di lavoro, riduzione della povertà e trasformazione produttiva.

La crescita della domanda interna e intra-regionale di prodotti alimentari trasformati continua a offrire il potenziale per lo sviluppo delle catene di valore agroalimentari dell'Africa occidentale. Tuttavia, i finanziamenti da parte degli istituti di credito nazionali, delle istituzioni di finanziamento allo sviluppo e dei governi a favore del settore agricolo della regione sono rimasti stagnanti, con un totale di 10,3 miliardi di USD nel 2021, quindi al di sotto del livello di 10,8 miliardi di USD del 2018, prima della pandemia da COVID-19 . Gli investimenti diretti esteri nel settore agroalimentare, malgrado la loro importanza per gli investimenti ad alta intensità di capitale, sono stati inferiori a 1,8 miliardi di USD all'anno tra il 2017 e il 2022. Tra il 2010 e il 2020 solo il 4 % dei finanziamenti allo sviluppo per il settore agricolo è stato destinato alle attività agroindustriali e il 12 % alla protezione dell'ambiente. Rispetto ad altre regioni africane, gli investimenti privati informali svolgono un ruolo più importante nell'Africa occidentale; tuttavia hanno effetti limitati sulla produttività e possono comportare rischi e vulnerabilità per i fornitori informali. Il vasto potenziale del settore agroalimentare per stimolare l'industrializzazione e contribuire alla creazione di posti di lavoro, ai mezzi di sussistenza, alla sicurezza alimentare e al miglioramento delle catene di valore regionali rimane ampiamente sottoutilizzato.

I responsabili delle politiche possono privilegiare tre serie di azioni. In primo luogo, le istituzioni finanziarie pubbliche possono migliorare l'accesso dei piccoli agricoltori a prodotti finanziari orientati alla produttività e alla sostenibilità. In secondo luogo, le politiche di integrazione regionale e i programmi legati al territorio possono svolgere ruoli complementari nel rafforzamento delle catene di valore agroalimentari. In terzo luogo, può essere ampliato il ruolo degli agro-parchi, delle organizzazioni di sostegno, dei finanziatori internazionali e dei partner tecnici che migliorano direttamente le capacità delle piccole imprese e delle imprese informali e rafforzano i collegamenti in seno alle catene di valore agroalimentari.

West Africa

Contribution of investments to GDP growth (p.p.)

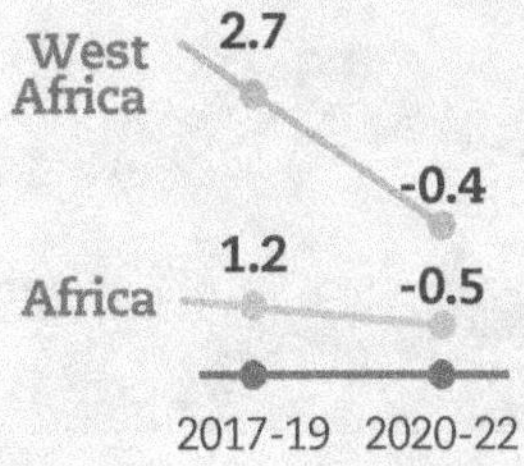

Share of greenfield FDI (2017-22)

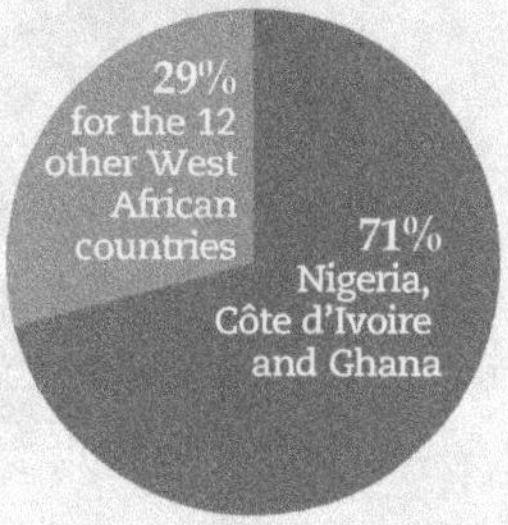

West Africa's export of food products in 2021 (USD billion)

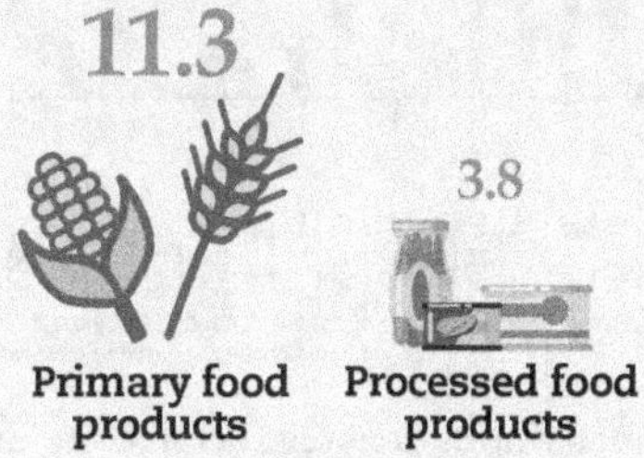

Agri-food industries accounts for the bulk of employment in West Africa

% of total employment

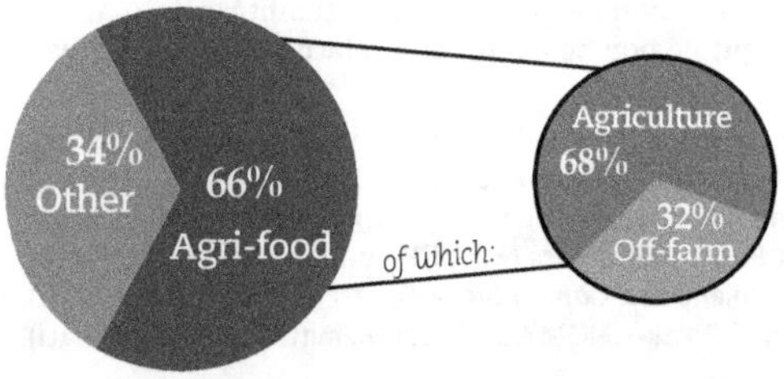

The region's growing off-farm food economy employs

82 million people

of the region's food economy workers are **women**

Investments in West Africa's agriculture, forestry and fishing sector amounted to only

USD 23.1 billion

in 2020

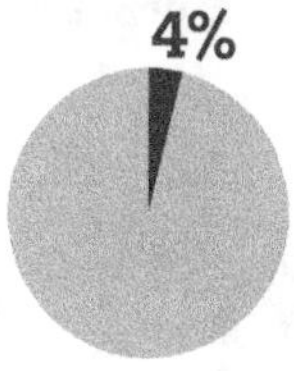

Agro-industrial activities received only 4% of total development finance in 2010-20

What's next?

- **Improve smallholder farmers' access to financial products** that include support for improving productivity and social or ecological sustainability
- **Strengthen regional agricultural policies** and place-based programmes, such as agro-industrial parks
- **Build agro-poles and incubators**, to enhance food security and agricultural practices

Profilo regionale dell'Africa occidentale

Figura 7.1. **Componenti della crescita economica e fonti di finanziamento nell'Africa occidentale**

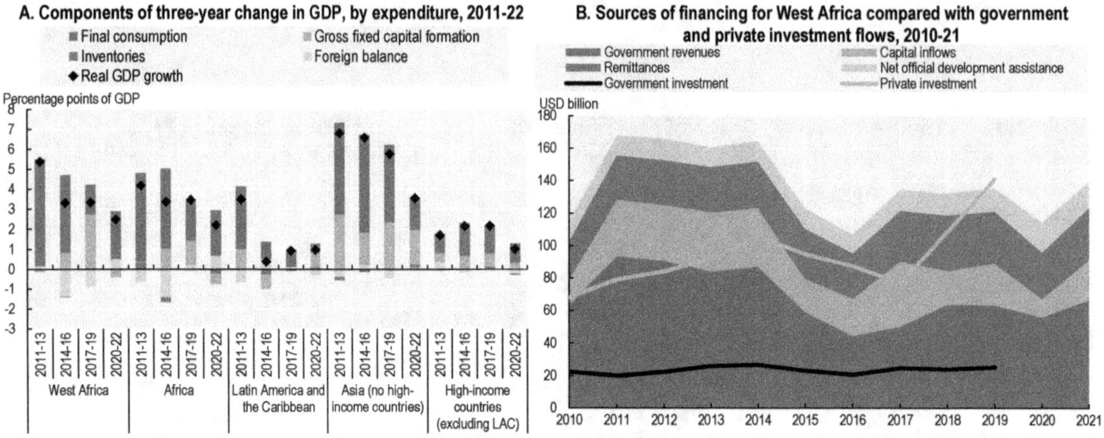

Nota: le componenti della crescita del prodotto interno lordo (PIL) sono calcolate su base annua utilizzando la crescita annuale del PIL reale per stimare l'aumento in dollari reali. I dati aggregati sono calcolati sulla base della media dei dati nazionali ponderata per il PIL in dollari a parità di potere d'acquisto. Le componenti della crescita triennale del PIL sono state calcolate considerando la differenza tra la media geometrica della crescita annuale del PIL reale nel periodo considerato e la crescita del PIL reale quando ogni componente è azzerata per i singoli anni. Il saldo estero corrisponde alla differenza tra le importazioni e le esportazioni. Le importazioni contribuiscono negativamente al PIL. Per "Paesi ad alto reddito" si intendono i Paesi classificati come "ad alto reddito" secondo i gruppi di Paesi per reddito della Banca mondiale al di fuori dell'America latina e dei Caraibi. Le entrate pubbliche comprendono tutte le entrate fiscali e non fiscali dello Stato, al netto del servizio del debito e delle sovvenzioni ricevute. Gli apporti di capitale comprendono gli investimenti diretti esteri (IDE), gli investimenti di portafoglio e gli altri flussi di investimenti in entrata riportati dal Fondo monetario internazionale in base alla contabilità attivi/passivi. Occorre una certa cautela nell'interpretare i dati relativi agli apporti di capitale poiché alcuni dati relativi al 2021 e ai flussi di portafoglio sono mancanti.

Fonte: calcoli degli autori basati su IMF (2022a), *Prospettive economiche mondiali (banca dati)*, www.imf.org/en/Publications/WEO/weo-database/2022/October; OECD (2022a), *Comitato di aiuto allo sviluppo dell'OCSE* (banca dati), https://stats-1.oecd.org/Index.aspx?DataSetCode=TABLE2A; World Bank (2022a), *World Development Indicators* (banca dati),https://data.worldbank.org/products/wdi; IMF (2022b), *Balance of Payments and International Investment Position Statistics (BOP/IIP)* (banca dati), https://data.imf.org/?sk=7A51304B-6426-40C0-83DD-CA473CA1FD52; IMF (2022c), *Investment and Capital Stock Dataset (ICSD)* (banca dati), https://data.imf.org/?sk=1CE8A55F-CFA7-4BC0-BCE2-256EE65AC0E4; e World Bank-KNOMAD (2022), *Remittances* (banca dati), www.knomad.org/data/remittances.

StatLink https://stat.link/tnkj96

Figura 7.2. **Flussi di investimenti diretti esteri greenfield nell'Africa occidentale, per attività, origine e destinazione, 2017-22**

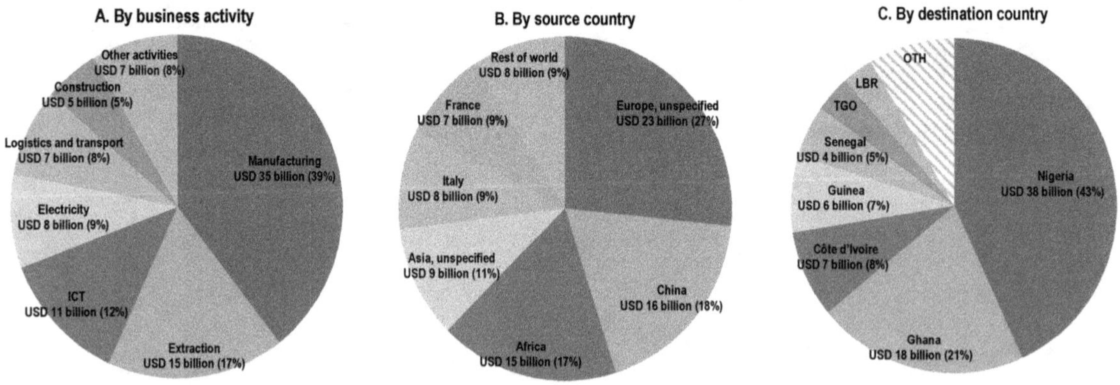

Nota: la banca dati fDi Markets è utilizzata solo a fini di analisi comparativa. Non si dovrebbero dedurre gli importi effettivi degli investimenti da tale fonte poiché i dati di fDi Markets si basano sugli annunci iniziali di progetti di investimento, una parte dei quali non si concretizza. TIC = Tecnologie dell'informazione e della comunicazione, TGO = Togo, LBR = Liberia e AL = altro.

Fonte: calcoli degli autori basati su fDi Intelligence (2022), *fDi Markets* (banca dati), www.fdiintelligence.com/fdi-markets.

StatLink https://stat.link/3by1dk

Le recenti crisi hanno frenato gli investimenti nell'Africa occidentale e gli investimenti sostenibili sono rivolti a un numero limitato di Paesi e settori

La pandemia da COVID-19 ha temporaneamente ostacolato gli investimenti e la crescita, aumentando al contempo il debito sovrano

La pandemia da COVID-19 ha rallentato gli investimenti e la crescita nei Paesi dell'Africa occidentale e la ripresa non si è ancora stabilizzata. Nel 2020, all'inizio della pandemia da COVID-19, il prodotto interno lordo (PIL) dell'Africa occidentale si è ridotto dello 0,6 %, prima di risalire al 4,4 % nel 2021, una volta attenuatosi lo shock economico iniziale. Nel 2022 - mentre le perturbazioni del commercio internazionale, l'inflazione dei prezzi dei prodotti alimentari ed energetici e l'inasprimento delle condizioni fiscali rallentavano la ripresa - secondo le previsioni la crescita sarebbe rimasta robusta, pari al 3,9 % (IMF, 2023a). Prima della pandemia, gli investimenti privati avevano registrato un'impennata, quasi raddoppiando da 76,8 miliardi di USD nel 2017 (7,9 % del PIL) a 141,1 miliardi di USD (9,6 % del PIL) nel 2019 (Figura 7.1, Pannello B). Di conseguenza, gli investimenti (formazione lorda di capitale fisso) sono diventati il principale motore della crescita del PIL nel periodo 2017-19, contribuendo per 2,7 punti percentuali. Durante la pandemia, i disinvestimenti hanno tuttavia influito negativamente sul PIL della regione, riducendolo di 0,4 punti percentuali dal 2020 al 2022 (Figura 7.1, Pannello A).

Nel 2020 tutti i flussi finanziari esterni, ad eccezione dell'aiuto pubblico allo sviluppo (APS), hanno subito una contrazione, ma nel 2021 sono tornati ai livelli pre-crisi. Gli apporti finanziari esterni verso l'Africa occidentale sono passati da 72 miliardi di USD nel 2019 a 60 miliardi di USD nel 2020. L'APS è invece aumentato del 29 %, raggiungendo i 18,4 miliardi di USD (2,8 % del PIL), il livello più alto dal 2011 (Figura 7.1, Pannello B). In un'inversione di tendenza, tutti i flussi esterni hanno registrato una ripresa nel 2021, e gli investimenti diretti esteri (IDE) hanno raggiunto il picco, su nove anni, di 13,8 miliardi di USD nel 2021 e gli investimenti di portafoglio sono balzati a 9,1 miliardi di USD, eguagliando il livello del 2017 (Figura 7.1, Pannello B).

I deficit di bilancio e le pressioni sul debito sovrano sono in aumento nell'Africa occidentale. In risposta alla pandemia da COVID-19, numerosi governi hanno messo a punto politiche di sgravi fiscali o programmi di assistenza sociale per sostenere le popolazioni vulnerabili e le attività economiche durante e dopo i periodi di *lockdown*. Nel 2021 la mobilitazione delle entrate interne ha registrato un leggero aumento, passando dal 10 % all'11 % del PIL, mentre le spese sono aumentate del 4 %, portando il disavanzo pubblico della regione al 47 % del PIL. Le preoccupazioni per il debito sovrano permeano l'intera Africa occidentale, anche se sono meno pronunciate rispetto ad altre regioni africane. Secondo il Fondo monetario internazionale (IMF, 2023b), quattro Paesi su 15 - Gambia, Ghana, Guinea-Bissau e Sierra Leone - sono ad alto rischio di sovraindebitamento. Il Ghana, in particolare, si trova ad affrontare un'importante pressione sul debito e ha avviato negoziati con l'FMI al fine di ottenere un sostegno finanziario all'inizio del 2023 (AfricaNews, 2023).

L'allocazione degli investimenti sostenibili è sbilanciata a favore di un numero limitato di Paesi e settori

Gli IDE greenfield offrono opportunità di creazione di posti di lavoro, ma si rivolgono a settori con risultati ambientali contrastanti. La Nigeria, la Costa d'Avorio e il Ghana hanno beneficiato del 71 % degli IDE greenfield destinati alla regione tra il 2017 e il 2022 (Figura 7.2, Pannello C). Il 39 % è stato destinato al settore manifatturiero, un importante motore dell'occupazione, con circa quattro posti di lavoro creati ogni mille USD investiti, ossia il rapporto più elevato rispetto a qualsiasi altro settore (Figura 7.3, Pannello A). Le attività estrattive e minerarie hanno attirato il secondo maggior numero di IDE nello stesso periodo. Negli ultimi dieci anni il settore dei trasporti ha beneficiato di una parte importante di IDE, ma ha contribuito più di ogni altro settore all'aumento complessivo delle emissioni di gas a effetto serra. La Nigeria, il principale destinatario degli IDE dell'Africa occidentale nel periodo 2017-22, ha contribuito per il 68 % alle emissioni totali della regione (Figura 7.3, Pannello B).

Figura 7.3. **Creazione di posti di lavoro per settore grazie agli investimenti diretti esteri** greenfield **ed emissioni di gas a effetto serra per attività economica nell'Africa occidentale**

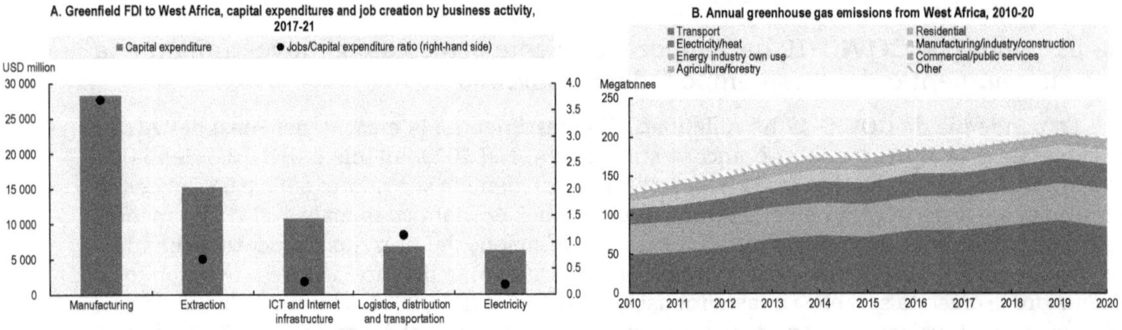

Nota: TIC = Tecnologie dell'informazione e della comunicazione.

Fonte: calcoli degli autori basati su fDi Intelligence (2022), *fDi Markets* (banca dati), www.fdiintelligence.com/fdi-markets e IEA (2022), *Data and Statistics* (banca dati), www.iea.org/data-and-statistics/data-tools/greenhouse-gas-emissions-from-energy-data-explorer.

StatLink https://stat.link/cs9txw

La maggior parte degli IDE greenfield **nell'Africa occidentale proviene dall'esterno della regione e del continente.** Tra il 2017 e il 2021 il 56 % degli IDE greenfield proveniva da Paesi ad alto reddito, seguiti dall'Asia (21%), principalmente grazie agli importanti investimenti della Repubblica popolare cinese (di seguito "Cina"). Gli investimenti provenienti da altre regioni africane hanno rappresentato il 17 % del totale degli IDE greenfield, principalmente dall'Africa meridionale e settentrionale, con un'ampia quota destinata alla Nigeria. Il Togo ha ricevuto la quota maggiore di investimenti intra-regionali, la maggior parte dei quali provenienti dalla Nigeria (Figura 7.6).

L'APS e gli apporti filantropici completano i limitati investimenti pubblici nei settori sociali, ma si concentrano in un solo Paese. Nel 2019 la spesa sanitaria pubblica rappresentava solo lo 0,8 % del PIL, un valore inferiore a quello di qualsiasi altra regione africana, ad eccezione dell'Africa centrale. Allo stesso modo, gli investimenti pubblici nell'istruzione rappresentavano solo l'1,6 % del PIL, un valore inferiore a quello di qualsiasi altra regione africana. Per contro, il 46 % dei 72 miliardi di USD di APS nel periodo 2011-20 è stato destinato alle infrastrutture e ai servizi sociali (sanità, istruzione, società civile, approvvigionamento idrico e smaltimento delle acque) (Figura 7.4, Pannello A). Circa il 48 % dei flussi filantropici stanziati tra il 2016 e il 2019 è stato destinato al settore sanitario e della salute riproduttiva (Figura 7.4, Pannello B). Tuttavia, l'APS e la filantropia sono rimasti fortemente concentrati sulla Nigeria.

Figura 7.4. **Ripartizione dell'aiuto pubblico allo sviluppo e dei flussi filantropici nell'Africa occidentale**

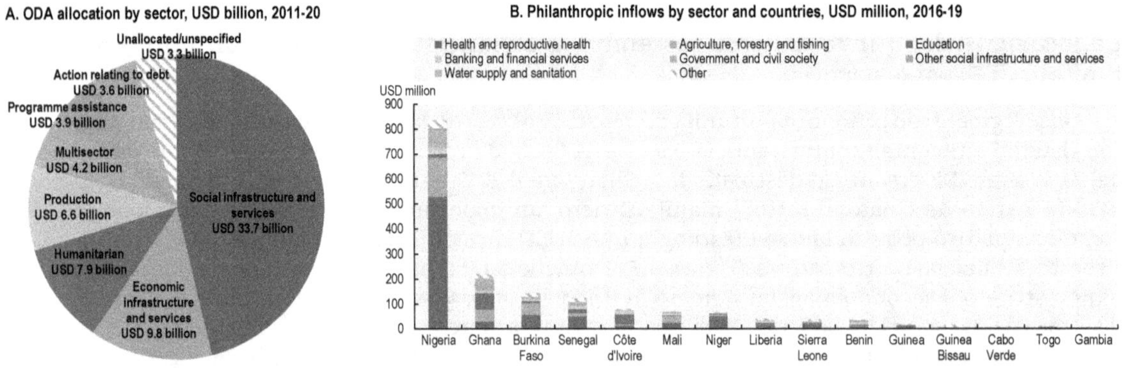

Nota: sono rappresentati gli otto settori più estesi. La categoria "Altro" comprende i settori rimanenti.

Fonte: calcoli degli autori basati su OECD (2022a), *Comitato di aiuto allo sviluppo dell'OCSE* (banca dati), https://stats-1.oecd.org/Index.aspx?DataSetCode=TABLE2A; e OECD (2021a), *Private Philanthropy for Development: Data for Action Dashboard* (banca dati), https://oecd-main.shinyapps.io/philanthropy4development/.

StatLink https://stat.link/ex42ps

Nell'Africa occidentale si stanno sviluppando altre fonti di finanziamento privato, tra cui gli investimenti a impatto sociale e gli investitori istituzionali nazionali. Gli interventi delle istituzioni di finanziamento allo sviluppo hanno rappresentato circa il 97 % degli investimenti a impatto sociale nella regione tra il 2005 e il 2015 (GIIN, 2015). Le modifiche normative apportate in Nigeria, in particolare il regolamento degli attivi dei fondi pensione del 2006, hanno permesso ai fondi pensione di aumentare gli attivi in gestione (Juvonen et al., 2019; National Pension Commission, 2006), raggiungendo i 32,3 miliardi di USD nel 2020 (OECD, 2021b). Anche i fondi pensione del Ghana hanno registrato una crescita costante, accumulando 4,7 miliardi di USD nel 2021 e facendo di questo Paese il secondo mercato di fondi pensione della regione (Nyang`oro e Njenga, 2022; OECD, 2021b). La Nigerian Sovereign Wealth Authority (Autorità nigeriana per il debito sovrano) disponeva di 3 miliardi di USD di attivi in gestione nel 2021, l'importo più elevato di qualsiasi fondo sovrano dell'Africa occidentale. Seguivano il Fondo sovrano senegalese per gli investimenti strategici (FONSIS) e il Ghana Heritage Fund, con attivi in gestione rispettivamente di 0,8 e 0,7 miliardi di USD (SWFI, n.d.).

L'Africa occidentale ha mobilitato enormi quantità di finanziamento misto, destinato a settori con un potenziale di sostenibilità alto e basso. Nel periodo 2012-20 sono stati mobilitati in media 2,4 miliardi di USD all'anno sotto forma di finanziamenti privati attraverso le istituzioni di finanziamento allo sviluppo o le banche di sviluppo, più che in qualsiasi altra regione africana, ad eccezione dell'Africa meridionale. Rispecchiando l'allocazione degli IDE greenfield, la maggior parte dei casi di finanziamento misto è andata alla Nigeria (37 %), al Ghana (24 %) e alla Costa d'Avorio (15 %), seguiti dal Senegal (7 %) e dalla Guinea (6 %). Anche se quote significative sono state destinate a settori con un elevato potenziale complessivo di sostenibilità (ad esempio energia, servizi bancari e finanziari e agricoltura, silvicoltura e pesca), è stato proprio un settore con scarsi risultati in termini di sostenibilità ambientale e sociale - industria, estrazione mineraria e costruzioni - ad attirare il secondo quantitativo più elevato (Figura 7.5; cfr. il Capitolo 1).

Figura 7.5. **Finanziamenti privati nell'Africa occidentale mobilitati sotto forma di finanziamento pubblico allo sviluppo per settore, in miliardi di USD, 2012-20**

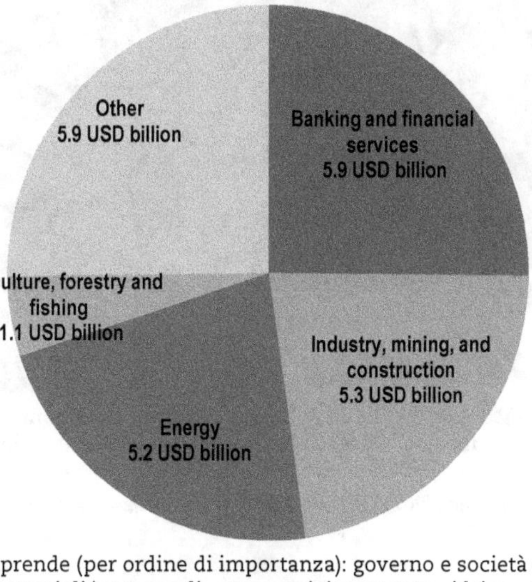

Nota: la categoria "Altro" comprende (per ordine di importanza): governo e società civile; politiche e regolamenti commerciali; settori multisettoriali/trasversali; approvvigionamento idrico e smaltimento delle acque; istruzione; sanità; servizi alle imprese e altri servizi; turismo; altre infrastrutture e servizi sociali; allocazione non specificata; politiche/programmi demografici e salute riproduttiva e aiuti umanitari.

Fonte: calcoli degli autori basati su OECD (2022b), "Mobilisation", *OECD.Stat* (banca dati), https://stats.oecd.org/Index.aspx?DataSetCode=DV_DCD_MOBILISATION.

StatLink *https://stat.link/wktxjn*

L'Africa occidentale è meno integrata nelle esportazioni e negli investimenti intra-africani rispetto alle altre regioni africane

Le esportazioni intra-regionali e intra-africane sono meno importanti nell'Africa occidentale rispetto all'Africa meridionale. Tra il 2014 e il 2016 circa il 57 % di tutte le esportazioni ufficiali dai Paesi dell'Africa occidentale verso altri Paesi africani è rimasto all'interno della regione. A titolo di confronto, nello stesso periodo le esportazioni intra-regionali hanno costituito circa l'85 % delle esportazioni totali dei Paesi della Comunità per lo sviluppo dell'Africa australe (SADC) verso altri Paesi africani. Prima della pandemia da COVID-19, il Senegal era l'unico Paese dell'Africa occidentale tra i primi dieci esportatori intra-africani, mentre tre Paesi della regione figuravano tra gli ultimi dieci (UNCTAD, 2019).

La Nigeria domina gli investimenti intra-regionali e ha il maggior numero di società quotate in borsa della regione. I flussi di IDE greenfield provenienti dai Paesi dell'Africa occidentale sono destinati principalmente ad altri Paesi della regione (40 %), seguiti dai Paesi ad alto reddito (29 %) e dall'Africa orientale (14 %). La Nigeria rappresenta l'86 % degli IDE provenienti dalla regione (Figura 7.6) e ospita inoltre 15 delle 20 principali società private quotate in borsa per capitalizzazione di mercato nell'Africa occidentale, di cui otto attive nel settore finanziario e assicurativo.

Figura 7.6. **Investimenti diretti esteri** greenfield **provenienti dai Paesi dell'Africa occidentale, per regioni di destinazione, 2017-21, in milioni di USD**

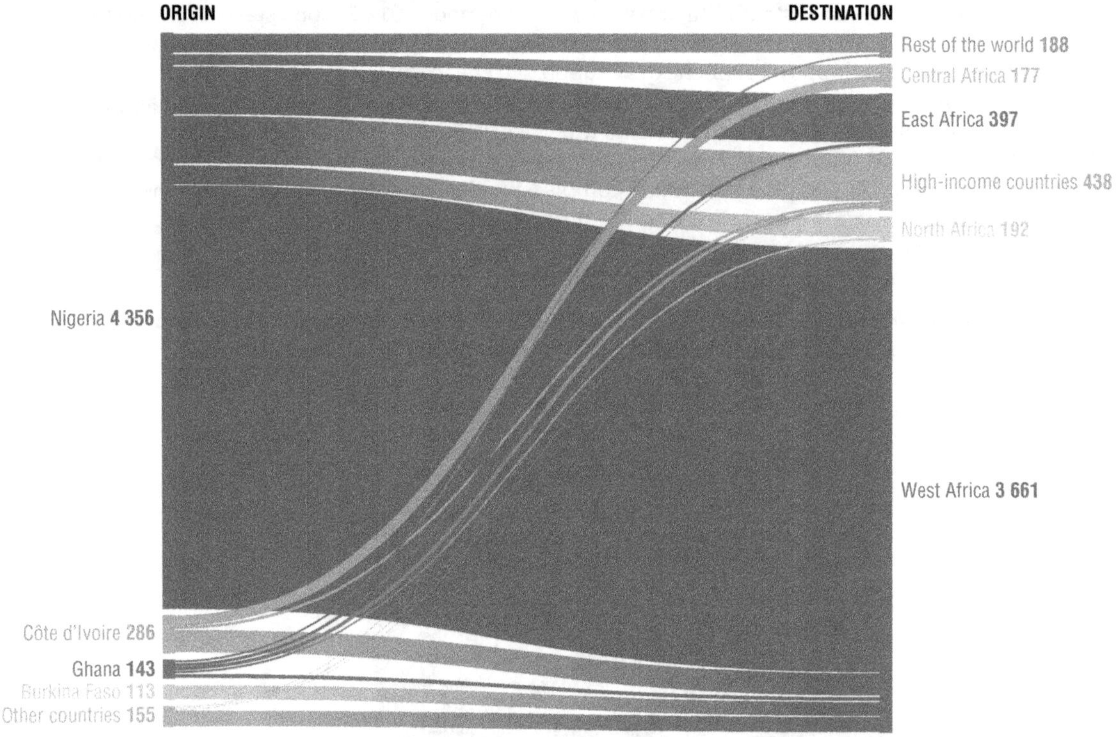

Nota: la categoria "Altri Paesi" comprende il Togo (76 milioni di USD), il Senegal (46 milioni di USD) e il Mali (34 milioni di USD), mentre la categoria "Resto del mondo" include i Paesi dell'Africa meridionale (50 milioni di USD), dell'Asia in via di sviluppo (137 milioni di USD) e dell'America latina e Caraibi (un milione di USD).

Fonte: calcoli degli autori basati su fDi Intelligence (2022), *fDi Markets* (banca dati), www.fdiintelligence.com/fdi-markets.

StatLink *https://stat.link/xwuzj0*

Gli investimenti sostenibili nel settore agroalimentare possono stimolare la trasformazione produttiva dell'Africa occidentale

Il settore agroalimentare dell'Africa occidentale contribuisce all'occupazione e ai mezzi di sussistenza in tutta la regione, in particolare per le popolazioni rurali, e dovrebbe diventare la priorità degli investimenti sostenibili. Il valore aggiunto medio dell'agricoltura, della silvicoltura e della pesca era pari al 24,4 % del PIL nel 2021, rispetto al 16,5 % dell'Africa e al 4,3 % del mondo (World Bank, 2021). Alla fine del 2020 il settore agricolo rappresentava circa il 25 % del PIL della regione e il 45 % dell'occupazione. Il settore agroalimentare nel suo complesso (cioè l'agricoltura più la trasformazione degli alimenti, il confezionamento, il trasporto, la distribuzione e la vendita al dettaglio) rappresenta circa il 66 % dell'occupazione totale della regione. L'economia alimentare non agricola impiega 82 milioni di persone, principalmente nella vendita al dettaglio e all'ingrosso (68 %), seguita dalla trasformazione alimentare (22 %), segmento che, secondo le previsioni, continuerà a svilupparsi (Allen, Heinrigs e Heo, 2018). Gli investimenti nel settore agroalimentare e nella sua forza lavoro offrono ai Paesi dell'Africa occidentale la possibilità di creare sinergie a lungo termine tra sostenibilità e resilienza economiche, sociali e ambientali (Ali et al., 2020). Circa il 53 % della popolazione dell'Africa occidentale vive in zone rurali dove si concentra la maggior parte delle attività agricole. Il 68 % di tutte le donne occupate lavora nell'economia alimentare ed esse rappresentano l'88 % dell'occupazione nei servizi della ristorazione fuori dal domicilio, l'83 % nella trasformazione alimentare e il 72 % nel marketing alimentare (Allen, Heinrigs e Heo, 2018).

L'Africa occidentale è leader mondiale nella produzione agricola primaria per una serie di prodotti, ma i tassi di esportazione rimangono bassi. Dagli anni '80, il valore della produzione agricola nei Paesi dell'Africa occidentale è aumentato costantemente, soprattutto grazie ai prodotti agricoli non cerealicoli (Figura 7.7). Nel 2020 il valore totale della produzione agricola in Africa ha raggiunto circa 319 miliardi di USD e l'Africa occidentale vi ha contribuito per quasi 125 miliardi di USD (39 %)[1]. Diversi Paesi dell'Africa occidentale sono tra i primi produttori mondiali di prodotti agricoli (AUC/OECD, 2019). Nel periodo 2019-21 la maggior parte della produzione mondiale di ignami (95 %) e di fagioli dall'occhio nero (85 %) è avvenuta nell'Africa occidentale e sette dei 15 principali prodotti agricoli della regione hanno rappresentato il 50 % della produzione totale dell'Africa. Tuttavia, per la maggior parte dei prodotti alimentari dell'Africa occidentale, solo una frazione (meno dell'1 %) viene esportata, con la notevole eccezione dei semi di cacao che rappresentano il 73 % (Tabella 7.1).

Gli scambi commerciali di prodotti alimentari e di bevande tra l'Africa occidentale e altri Paesi stagnano dal 2010, mentre di recente le importazioni di prodotti trasformati da Paesi non africani sono aumentate. Tra il 2010 e il 2020 le importazioni e le esportazioni di prodotti alimentari e di bevande dei Paesi dell'Africa occidentale sono rimaste a un livello costante, e la maggior parte degli scambi commerciali è avvenuta con Paesi non africani piuttosto che con altri Paesi africani. Anche se l'Africa occidentale è uno dei principali esportatori di prodotti alimentari primari verso i Paesi non africani, la regione importa da questi ultimi un'ampia quota di prodotti trasformati (Figura 7.7). Tra il 2016 e il 2020 i Paesi dell'Africa occidentale hanno importato quasi 60 miliardi di USD di prodotti alimentari, il 67 % circa dei quali semi-trasformati o trasformati (Badiane et al., 2022). Tra i principali prodotti importati figurano cereali e prodotti a base di cereali, carne e prodotti lattiero-caseari, zucchero lavorato e bevande analcoliche.

Figura 7.7. **Importazioni ed esportazioni di prodotti alimentari e di bevande primari e trasformati per i Paesi dell'Africa occidentale, 2010-21, in milioni di USD**

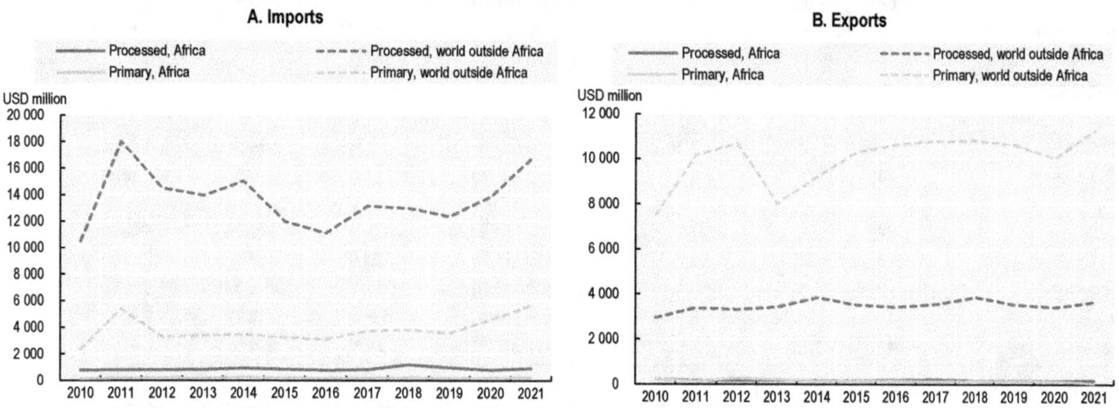

Fonte: calcoli degli autori basati su CEPII (2023), *BACI: International Trade Database at the Product-Level* (banca dati), www.cepii.fr/CEPII/en/bdd_modele/bdd_modele_item.asp?id=37.

StatLink https://stat.link/i4uhds

La produzione agroalimentare dell'Africa occidentale è in calo per alcuni prodotti, mentre i prezzi degli alimenti di base aumentano a livello mondiale. Le recenti crisi hanno messo in evidenza la dipendenza dell'Africa occidentale dalle importazioni di alcuni prodotti e fattori di produzione agroalimentari, soprattutto cereali (Figura 7.8). Ad esempio, in alcune zone rurali del Sahel la produzione di cereali è diminuita di circa un terzo nel 2022, in parte a causa della carenza di fertilizzanti (Oxfam, 2022), mentre gli shock indotti dai conflitti internazionali alla catena di approvvigionamento hanno fatto impennare i prezzi del grano, con un balzo del 60 % nel giugno 2022 rispetto al gennaio 2021 (World Bank, 2022b).

Figura 7.8. **Valore lordo della produzione agricola e cerealicola nell'Africa occidentale, 1985-2020, in USD costanti 2014-16**

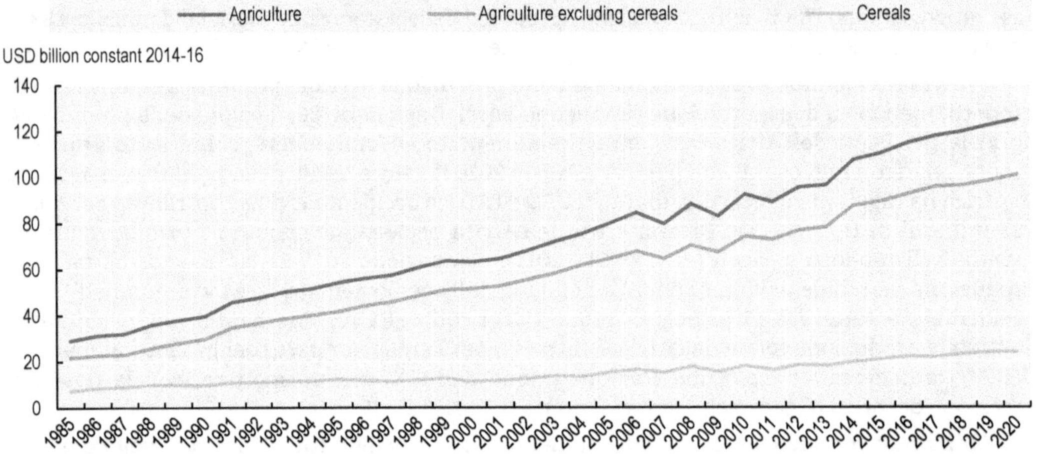

Fonte: calcoli degli autori basati sui dati di FAOSTAT (2022a), *Production* (banca dati), www.fao.org/faostat/en/#data/QV.

StatLink https://stat.link/5mrfyq

Tabella 7.1. **I primi 15 prodotti agricoli dell'Africa occidentale per volume di produzione, 2019-21**

Prodotto agricolo	Produzione totale nel 2019-21 (milioni di tonnellate)	Quota di produzione dell'Africa	Quota di produzione globale	Paese con il volume di produzione più elevato (quota della produzione regionale)	Percentuale esportata	Quota delle esportazioni africane	Quota delle esportazioni globali
Manioca, fresca	303	52 %	33 %	Nigeria (59 %)	0 %	0 %	0 %
Ignami	215	97 %	95 %	Nigeria (71 %)	0,1 %	100 %	37 %
Granturco (mais)	79	29 %	2 %	Nigeria (48 %)	1 %	5 %	0 %
Uova fresche	70	29 %	1 %	Nigeria (66 %)	0,002 %	3 %	0 %
Riso	62	56 %	3 %	Nigeria (40 %)	0,01 %	13 %	0 %
Frutti della palma da olio	53	77 %	4 %	Nigeria (56 %)	n.d.	n.d.	n.d.
Sorgo	39	47 %	22 %	Nigeria (51 %)	0 %	11 %	0 %
Piantaggine e banane da cucina	32	33 %	24 %	Ghana (45 %)	1 %	55 %	3 %
Altri ortaggi freschi, n.c.a.	29	46 %	3 %	Nigeria (70 %)	0,3 %	14 %	1 %
Arachidi, escluse quelle decorticate	28	57 %	18 %	Nigeria (48 %)	1 %	76 %	15 %
Miglio	28	70 %	31 %	Niger (32 %)	0,2 %	67 %	4 %
Fagioli dall'occhio nero secchi	23	88 %	85 %	Nigeria (48 %)	0,03 %	8 %	2 %
Canna da zucchero	22	8 %	0 %	Costa d'Avorio (28 %)	0,01 %	2 %	0 %
Patate dolci	17	20 %	6 %	Nigeria (70 %)	0,3 %	18 %	2 %
Pomodori	16	25 %	3 %	Nigeria (68 %)	0,2 %	1 %	0 %

Nota: n.d. = non disponibile. n.c.a. = non classificato altrove.
Fonte: calcoli degli autori basati sui dati di FAOSTAT (2022b), *Trade* (banca dati), www.fao.org/faostat/en/#data/TCL e FAOSTAT (2022c), *Production* (banca dati), www.fao.org/faostat/en/#data/QCL.

In piena crescita demografica, l'Africa occidentale presenta un'elevata spesa alimentare e una crescente domanda di prodotti alimentari trasformati

La popolazione della regione è in aumento e la spesa delle famiglie per l'alimentazione è importante. La popolazione in età lavorativa dell'Africa occidentale è cresciuta a una media annua del 2,8 %, rispetto all'1,2 % del Sud-est asiatico e all'1,3 % dell'America latina e dei Caraibi. Entro il 2030 l'Africa occidentale sarà popolata da 520 milioni di persone. Le spese alimentari delle famiglie dell'Africa occidentale rimangono elevate: nel 2021, il 59 % delle spese dei consumatori nigeriani e il 39 % di quelli ghanesi e ivoriani è stato destinato al cibo, rispetto al 56 % del Kenya, al 50 % dell'Angola, al 45 % del Camerun, al 44 % dell'Uganda, al 41 % dell'Etiopia, al 27 % della Tanzania e al 20 % del Sudafrica (USDA ERS, 2021).

La crescita della classe media urbana dell'Africa occidentale aumenta la domanda di prodotti alimentari trasformati e industriali, molti dei quali attualmente sono importati. Nel 2020 i 75 grandi agglomerati urbani della regione (ossia le città con almeno 300 000 abitanti) contavano complessivamente oltre 93 milioni di abitanti, il numero più alto di tutte le regioni africane (AU/UN ECA/AfDB, 2022, 2022). Il maggiore potere d'acquisto della classe media urbana crea una forte domanda di prodotti alimentari trasformati, relativamente più facili da trasportare, conservare e preparare (Allen e Heinrigs, 2016). Ad esempio, dalle discussioni dei gruppi di riflessione organizzate a Lagos (Nigeria) e ad Accra (Ghana) è emersa la preferenza dei consumatori urbani per gli alimenti locali, ma la loro insofferenza per il confezionamento, la presentazione, la sicurezza alimentare e la qualità dei prodotti trasformati localmente, che finiscono per far loro scegliere prodotti importati più comodi da preparare (Badiane et al., 2022; Hollinger e Staatz, 2015; Riquadro 7.1).

Riquadro 7.1. **La promessa della catena di valore alimentare per l'infanzia in Africa**

La domanda africana di alimenti per l'infanzia è destinata ad aumentare in tutto il continente, mentre la dipendenza dalle importazioni rimane elevata. I Paesi africani importano attualmente dieci volte più prodotti alimentari per i bambini sotto i tre anni di età di quanti ne esportino. Le importazioni attuali hanno un valore di 570 milioni di EUR e si prevede che supereranno 1,1 miliardi di EUR entro il 2026. Da uno studio condotto tra il 2021 e il 2022 è emerso che il 16 % delle imprese intervistate lungo la catena di valore degli alimenti per l'infanzia ha ricevuto fattori di produzione provenienti da produttori africani (ITC, 2022a).

Con un imballaggio ecologico, i produttori africani sarebbero più competitivi. Sebbene i prodotti dei produttori africani di alimenti per l'infanzia siano spesso più adatti alle preferenze dei consumatori locali e economici rispetto ai marchi importati, la minore qualità della trasformazione e del confezionamento può limitarne l'attrattiva. Gli imballaggi biodegradabili e i sistemi di rimborso per gli imballaggi (come i biberon) rappresentano un'opportunità non sfruttata per la produzione di alimenti per l'infanzia. Secondo un'indagine del Centro internazionale per il commercio, la catena di valore degli alimenti per l'infanzia è l'unica delle quattro catene di valore esaminate per la quale i clienti commerciali e i consumatori sono disposti a pagare un premio per prodotti più rispettosi dell'ambiente (ITC, 2022a).

L'accesso al credito, la logistica dei trasporti e le difficoltà nel trattenere professionisti qualificati costituiscono i principali ostacoli allo sviluppo dei produttori africani di alimenti per l'infanzia. Gli attori locali stanno iniziando a sfidare la posizione di mercato dominante di multinazionali come Nestlé, che detiene attualmente il 52-55 % del mercato degli alimenti per l'infanzia nell'Africa occidentale. Ad esempio, l'impresa nigeriana BabyGrubz a conduzione femminile offre prodotti per neonati prematuri e malnutriti. Sebbene il 100 % dell'approvvigionamento e della trasformazione avvenga in Nigeria, l'impresa prevede di esportare nei Paesi limitrofi nel prossimo futuro. Tuttavia, in Nigeria come in altre parti del continente, i produttori di alimenti per l'infanzia faticano a trattenere i talenti, soffrono dell'assenza di solide valutazioni della sicurezza alimentare e della frammentarietà delle normative in materia di etichettatura, imballaggio e durata di conservazione (ITC, 2022a).

Gli investimenti formali nel settore agroalimentare stagnano e non sono sufficientemente mirati alle attività a valle

I finanziamenti provenienti dal credito interno, dalle erogazioni dei fondi per lo sviluppo e dalla spesa pubblica per il settore agricolo dell'Africa occidentale sono rimasti sostanzialmente invariati.

Malgrado la volatilità, il credito interno (ossia i prestiti erogati dalle banche locali) rappresenta di gran lunga la principale fonte formale di finanziamento per il settore dell'agricoltura, della silvicoltura e della pesca nell'Africa occidentale (6,7 miliardi di USD nel 2020). Gli esborsi per il finanziamento allo sviluppo e la spesa pubblica sono minori (rispettivamente 1,7 miliardi di USD e 1,1 miliardi di USD nel 2020) (Figura 7.9).

Figura 7.9. **Finanziamenti erogati al settore dell'agricoltura, della silvicoltura e della pesca dell'Africa occidentale attraverso vari canali formali, rispetto alla formazione lorda di capitale fisso, 2010-21**

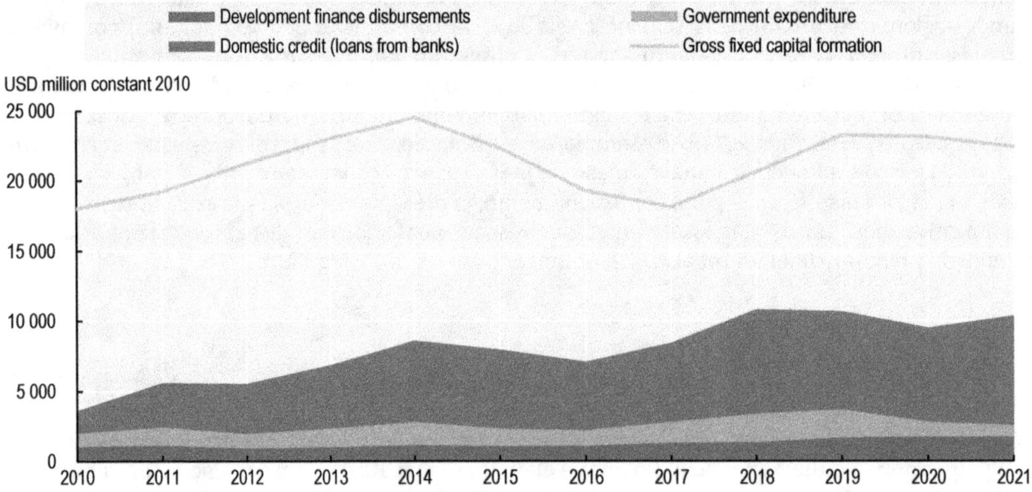

Nota: i dati del 2021 relativi agli esborsi per il finanziamento allo sviluppo non sono disponibili; sono stati utilizzati quindi i valori del 2020.

Fonte: FAOSTAT (2022d), *Investment* (banca dati), www.fao.org/faostat/en/#data/CISP.

StatLink https://stat.link/5u1q69

Gli investimenti pubblici nel settore agricolo non sono aumentati e sono tuttora volatili. Secondo il monitoraggio del Programma globale di sviluppo agricolo dell'Africa (CAADP) dell'Agenzia di sviluppo dell'Unione africana-Nuovo partenariato per lo sviluppo dell'Africa, l'Africa occidentale ha ottenuto un punteggio di 3,47 su 10, che indica che la regione non è sulla buona strada nell'attuazione dell'obiettivo del CAADP di destinare il 10 % dei bilanci pubblici all'agricoltura, come è stato riconfermato nella Dichiarazione di Malabo sulla trasformazione agricola in Africa (AU/AUDA-NEPAD, 2020; AUC/OECD, 2022)[2]. Nella maggior parte dei Paesi dell'Africa occidentale, la quota dei bilanci pubblici destinati all'agricoltura è instabile o in calo dal 2001. Solo il Senegal e il Burkina Faso hanno superato l'obiettivo del 10 %, allocando rispettivamente l'11 % e il 10,5 % (AUDA-NEPAD, 2017). La Costa d'Avorio (1,9 %), la Nigeria (2,2 %) e la Sierra Leone (4,9 %) sono ai primi posti per quanto riguarda la spesa pubblica per l'agricoltura, mentre il Benin si attesta al 9,3 %(AUDA-NEPAD, 2017).

In confronto ad altre regioni africane, gli investimenti privati informali svolgono un ruolo più significativo rispetto al credito o ai finanziamenti allo sviluppo nell'Africa occidentale, limitando la produttività e introducendo rischi per i fornitori informali. La formazione lorda di capitale fisso (FLCF) - una misura del totale degli attivi fissi che gli investimenti complessivi hanno finanziato - nel settore dell'agricoltura, della silvicoltura e della pesca della regione è stata più che doppia rispetto agli importi del credito interno, degli esborsi per il finanziamento allo sviluppo e della spesa pubblica messi insieme nel 2020 (23,1 miliardi di USD rispetto a 9,5 miliardi di USD; Figura 7.9). Gli investimenti privati informali risultano essere la principale fonte di finanziamento della produzione agricola nella regione. Anche la formazione lorda di capitale fisso è aumentata molto più rapidamente nell'Africa occidentale che altrove nel continente, e la quota dell'Africa occidentale sul totale della formazione lorda di capitale fisso è di gran lunga superiore alle sue quote di credito e di finanziamento allo sviluppo per la produzione agricola (Tabella 7.2). La maggior parte degli investimenti privati interni è mobilitata dalle organizzazioni di agricoltori, che si concentrano principalmente a monte (produzione) delle catene di valore agroalimentari. Sebbene i finanziamenti privati informali costituiscano un canale importante per i piccoli agricoltori, in genere non contribuiscono all'aumento della produttività e possono creare rischi, ad esempio a causa di tassi di interesse eccessivi o di una scarsa responsabilità finanziaria.

Tabella 7.2. **Credito interno, erogazioni di finanziamenti allo sviluppo e formazione lorda di capitale fisso nel settore dell'agricoltura, della silvicoltura e della pesca, Africa e Africa occidentale, 2010-20**

	Africa	Africa occidentale (quota del totale per l'Africa)
Credito interno		
Totale (in miliardi di USD)	186,2	55,9 (30,0 %)
Tasso di crescita medio annuo	7,5 %	14,9 %
Esborsi di finanziamenti allo sviluppo		
Totale (in miliardi di USD)	49,6	13,5 (27,3 %)
Tasso di crescita medio annuo	6,9 %	18,2 %
Formazione lorda di capitale fisso		
Totale (in miliardi di USD)	411,9	232,8 (56,5 %)
Tasso di crescita medio annuo	3,9 %	6,5 %

Fonte: calcoli degli autori basati sui dati di FAOSTAT (2022d), *Investment* (banca dati), https://www.fao.org/faostat/en/#data/CISP.

Gli IDE e il finanziamento misto sono volatili e si concentrano sulle grandi economie dell'Africa occidentale, suggerendo una mancanza generalizzata di finanziamenti per gli investimenti ad alta intensità di capitale nella produttività agricola e nelle attività a valle, come la trasformazione. Per avviare le attività a valle (trasporto, trasformazione, logistica, vendita al dettaglio) sono necessari investimenti del settore privato formali e su larga scala, che però rimangono scarsi nell'Africa occidentale (Riquadro 7.2). Ad esempio, gli IDE alle imprese agroalimentari dell'Africa occidentale sono inferiori alla spesa pubblica per la produzione agricola, con spese di capitale annunciate per progetti IDE pari a 9 miliardi di USD nel periodo 2017-22, ovvero una media di 1,8 miliardi di USD all'anno. Nello stesso periodo, gli IDE nell'Africa occidentale sono stati destinati quasi interamente alle imprese agroalimentari della Nigeria (52 %), del Togo (22 %), della Costa d'Avorio (15 %) e del Ghana (10 %), mentre meno dell'1 % è stato destinato a tutti gli altri Paesi della regione messi insieme[3]. Il ruolo del finanziamento misto è in aumento, ma rimane esiguo come quota degli investimenti complessivi: dal 2017 al 2020 sono stati mobilitati in media 228,8 milioni di USD all'anno sotto forma di finanziamenti privati per il settore dell'agricoltura, della silvicoltura e della pesca attraverso i finanziamenti allo sviluppo[4].

Riquadro 7.2. **Produzione e trasformazione del pollame nell'Africa occidentale**

Il pollame è una fonte di proteine di base nell'Africa occidentale, ma la sua produzione e il suo consumo sono concentrati solo in pochi Paesi. La carne di pollame rappresenta oltre il 70 % del consumo totale di carne nell'Africa occidentale, mentre la domanda è in aumento con la crescita della popolazione. I primi tre produttori nel 2021 (Costa d'Avorio, Nigeria e Senegal) rappresentavano il 58 % dei volumi di produzione; tre Paesi (Benin, Ghana e Nigeria) rappresentavano il 52 % del consumo. In passato, la Nigeria produceva il 68 % del tonnellaggio di uova dell'intera regione del Sahel e dell'Africa occidentale (SWAC-OECD/ECOWAS, 2008).

La domanda di prodotti avicoli a valore aggiunto nell'Africa occidentale è in aumento, ma la produzione non riesce a soddisfare la domanda interna. In tutta la regione, la spesa dei consumatori si sta spostando dai prodotti di base a quelli di maggior valore. Tuttavia, i piccoli allevatori che dominano il settore avicolo non hanno accesso ai fattori di produzione, alle attrezzature e alle infrastrutture (Adeyonu et al., 2021). Il settore zootecnico riceve scarso sostegno sotto forma di investimenti pubblici nelle infrastrutture di trasformazione e confezionamento ed è sprovvisto di politiche che stimolino il commercio regionale di prodotti animali (Amadou et al., 2012). Il settore è vittima di elevati costi di produzione, limiti di capacità e bassa produttività (Boimah et al., 2022). Gli investimenti possono migliorare la catena di valore del pollame colmando le lacune in termini di produzione, trasformazione, commercializzazione e attrezzature/fattori di produzione (Salla, 2017). Di conseguenza, i Paesi dell'Africa occidentale dipendono dalle importazioni per soddisfare la loro domanda interna di prodotti avicoli (SWAC-OECD/ECOWAS, 2008).

Riquadro 7.2. **Produzione e trasformazione del pollame nell'Africa occidentale (continua)**

Esistono soluzioni per aumentare la produttività e la competitività e per ridurre i costi di produzione del settore avicolo dell'Africa occidentale. L'eliminazione delle strozzature infrastrutturali e il miglioramento dell'offerta dei fattori di produzione aumenteranno la produttività. Lo sviluppo di prodotti avicoli a valore aggiunto, come le carni lavorate, può contribuire a migliorare la competitività del settore (Eeswaran et al., 2022). La regione dell'Africa occidentale importa una grande quantità di fattori di produzione per il settore avicolo, come mangimi e pulcini di un giorno, per soddisfare la sua domanda. Lo sviluppo della produzione locale di questi fattori di produzione può contribuire a migliorare anche la competitività. Il miglioramento dell'accesso ad altri fattori di produzione di qualità, come mangimi, uova da cova e vaccini, contribuirà a ridurre i costi di produzione (Boimah et al., 2022).

Spesso mancano investimenti su larga scala, in particolare nei segmenti a valle della catena di valore. Gli investimenti nel settore avicolo dell'Africa occidentale sono spesso locali, su piccola scala e informali. Gli investimenti su larga scala, quando esistono, si concentrano in genere sulla fornitura di fattori di produzione a monte. Ad esempio, nel Ghana il programma Rearing for Food and Jobs (RFJ) ha fornito a 729 piccoli agricoltori un totale di 72 967 galletti a un prezzo sovvenzionato del 50 %. In un intervento correlato, l'RFJ ha fornito ad altri 25 allevatori di pollame 43 183 pulcini di un giorno a un prezzo sovvenzionato del 50 % (Boimah et al., 2022).

I finanziamenti allo sviluppo per l'agricoltura sono fortemente orientati verso la produzione agricola primaria, trascurando le attività a valle e la protezione dell'ambiente. Le attività agroindustriali dell'Africa occidentale, come la trasformazione, la produzione di latticini e gli impianti di fertilizzazione, hanno ricevuto solo 546 milioni di USD in finanziamenti allo sviluppo nel periodo 2010-20, pari al 4 % dei flussi di sviluppo totali della regione a favore dell'agricoltura. Nello stesso periodo, la protezione dell'ambiente ha ricevuto quasi 1,7 miliardi di USD (pari al 12 %) di tali finanziamenti allo sviluppo[5]. Mentre di recente la produzione di fertilizzanti è stata rafforzata, i finanziamenti per la trasformazione e altre attività agroindustriali sono rimasti fermi. Le attività ambientali si sono concentrate principalmente sulla ricerca e sull'amministrazione, piuttosto che sugli interventi diretti nelle filiere (Figura 7.10).

Figura 7.10. **Flussi di sviluppo nell'agroindustria dell'Africa occidentale e nella protezione generale dell'ambiente, 2010-20, in milioni di USD costanti 2020**

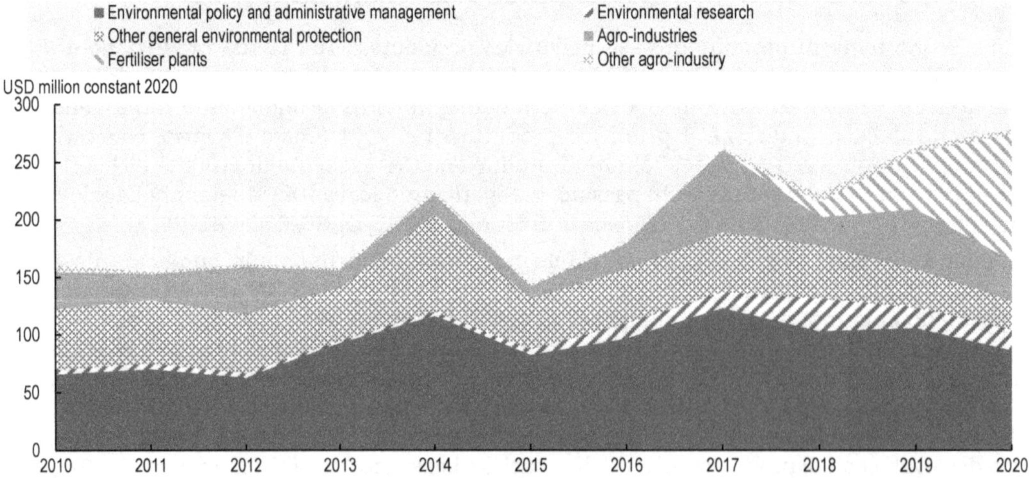

Nota: la categoria "Agroindustrie" comprende la trasformazione dei prodotti alimentari di base, i prodotti lattiero-caseari, i macelli e le attrezzature, la trasformazione e conservazione di carne e pesce, gli olii/grassi, le raffinerie di zucchero, le bevande e il tabacco e la produzione di mangimi. La categoria "Altre agroindustrie" comprende le industrie artigianali, il tessile, il cuoio e i suoi succedanei, le industrie forestali e i minerali fertilizzanti. La categoria "Altre protezioni ambientali generali" comprende la biodiversità, la protezione della biosfera, l'educazione/formazione ambientale e la protezione dei siti.

Fonte: calcoli degli autori basati su FAOSTAT (2022e), *Investment* (banca dati), www.fao.org/faostat/en/#data/EA.

StatLink https://stat.link/dykh26

Gli investimenti attuali rimangono spesso inaccessibili ai piccoli agricoltori e sono ostacolati dall'informalità, dalla frammentazione e dai diritti fondiari

I piccoli agricoltori incontrano considerevoli ostacoli nell'accesso ai finanziamenti che consentirebbero loro di migliorare la produttività e la qualità dei prodotti. La principale barriera che separa i piccoli produttori dai centri di consumo urbani non è più la distanza fisica, ma piuttosto il grado di sofisticazione richiesto da una quota crescente di consumatori, ossia più prodotti pronti da cucinare o da mangiare (Badiane et al., 2022). Tuttavia, i piccoli agricoltori - per lo più imprese informali - incontrano tutta una serie di difficoltà nell'accesso ai finanziamenti necessari per migliorare il valore della produzione (Riquadro 7.3). L'impatto dell'attenuazione di tali difficoltà può essere sostanziale: nella Nigeria, oltre l'80 % degli agricoltori è classificato come piccolo proprietario (Mgbenka e Mbah, 2016). Esempi di difficoltà:

- **gli elevati requisiti di garanzia per i prestiti escludono i piccoli agricoltori e gli imprenditori agroalimentari, impedendo loro di investire nel miglioramento delle pratiche agricole e delle tecnologie.** I piccoli agricoltori e gli imprenditori agroalimentari spesso stentano a trovare garanzie adeguate per ottenere prestiti (ad esempio, la mancanza di chiarezza sui diritti fondiari può costituire un problema, in particolare per le donne vittime di norme sociali discriminatorie [OECD, 2021c]). Di conseguenza, i finanziamenti bancari per aumentare la produttività e l'innovazione rimangono bassi (IFC, 2019). Nel Burkina Faso, dove i piccoli proprietari dominano l'industria agroalimentare, meno del 4 % dei prestiti erogati dalle banche è destinato al settore agricolo, malgrado l'agricoltura rappresenti il 27 % del PIL del Paese (IFC, 2019).
- **La penuria di fattori di produzione, ad esempio fertilizzanti, e l'aumento dei loro prezzi si ripercuotono sui piccoli agricoltori.** Gli effetti a catena dei conflitti internazionali nel 2022 hanno triplicato il costo dei fertilizzanti (World Bank, 2022b). L'Africa occidentale dipende dalle importazioni di fertilizzanti: nel 2021 la Russia ha fornito oltre il 50 % del potassio alla Costa d'Avorio, al Mali, al Niger, al Senegal e alla Sierra Leone. Nell'aprile 2022 solo il 46 % del fabbisogno di fertilizzanti era soddisfatto nell'Africa occidentale e nel Sahel (WFP, 2022). La penuria di fertilizzanti e il loro costo elevato rischiano di ridurne l'utilizzazione e di conseguenza le rese (WFP, 2022; World Bank, 2022b). I piccoli agricoltori, le comunità rurali e le aziende agricole a conduzione familiare, che hanno difficoltà ad accedere ai finanziamenti e si trovano lontano dalle principali zone urbane, sono particolarmente vulnerabili (Oxfam, 2022).
- **La scarsità di informazioni sui prodotti finanziari e le ricerche di mercato ostacolano la capacità dei piccoli attori delle catene di valore agroalimentari di trasformare la produzione.** Le barriere linguistiche frenano l'utilizzo dei finanziamenti sostenibili disponibili. Le informazioni relative ai fondi verdi sono spesso fornite esclusivamente in inglese, impedendo la diffusione di informazioni sui finanziamenti disponibili (Lipton, 2022). Le piccole e medie imprese (PMI) spesso non dispongono degli investimenti necessari per approfondire i dati e le ricerche di mercato sulle tendenze di consumo alimentare, e ciò impedisce loro di elaborare strategie per intercettare la domanda (FAO, 2015).

Riquadro 7.3. **La catena di valore della manioca nell'Africa occidentale**

L'Africa occidentale è un grande produttore di manioca, che svolge un ruolo fondamentale per la sicurezza alimentare della regione. La manioca è una coltura alimentare di base nell'Africa occidentale che può mitigare i rischi per la sicurezza alimentare grazie alla sua resilienza alla siccità e alle cattive condizioni del suolo (Hershey et al., 2000, Howeler et al., 2013). Di conseguenza, la produzione di manioca nella regione è orientata principalmente al soddisfacimento della domanda alimentare interna. Nella zona del delta del Niger in Nigeria, ad esempio, circa l'80 % della domanda di manioca è interna (PIND, 2011). Nel Ghana, la manioca è la coltura alimentare più utilizzata, con un consumo annuo pro capite di 152 kg (Acheampong et al., 2021). La produzione di manioca dell'Africa occidentale rappresentava il 33 % e il 52 % rispettivamente dei volumi di produzione globali e africani nel 2020 (AUC/OECD, 2022). La Nigeria è il maggior produttore del mondo, responsabile del 23,5 % della produzione mondiale. Malgrado l'elevata produzione, la regione stenta a catturare la domanda internazionale, proveniente in parte dalla diaspora. La manioca dell'Africa occidentale rappresenta solo lo 0,33 % delle esportazioni globali di manioca (ITC, 2022b).

La mancanza di credito a prezzi abbordabili impedisce la realizzazione del potenziale di resa della manioca. In Sierra Leone, ad esempio, solo il 2 % degli agricoltori può accedere al credito, anche attraverso mezzi informali. Inoltre, l'80 % degli agricoltori in grado di accedere al credito subisce ritardi a causa della complessità dei procedimenti amministrativi (Coulibaly et al., 2014). Superare le difficoltà di finanziamento, attraverso l'espansione delle istituzioni di micro-finanziamento e di finanziamento allo sviluppo, può aiutare a finanziare l'adozione di varietà di manioca a più alta resa e di fertilizzanti, pesticidi e altre attrezzature agricole (Coulibaly et al., 2014, MoFA del Ghana, 2019). Ad esempio, il Ghana ha i tassi di produttività più alti della regione, con una resa media di 21 tonnellate metriche per ettaro (Mt/ha) (Acheampong et al., 2021). Tuttavia, malgrado la sua rilevanza regionale, la produttività rimane al di sotto del potenziale di resa stimato di 45 Mt/ha (MoFA del Ghana, 2019). Il miglioramento dell'accesso al credito per gli agricoltori potrebbe aumentare la produzione e contribuire alla sicurezza alimentare.

L'aumento della produzione regionale di derivati della manioca a valore aggiunto può sostituire le importazioni. La manioca è utilizzata non solo come fattore di produzione in numerosi prodotti alimentari (tra cui fettuccine, dolci tradizionali e dolcificanti), ma anche in industrie non alimentari. Tuttavia, la maggior parte dell'amido per uso industriale nell'Africa occidentale viene importato, per un totale di 51,3 milioni di USD nel 2020 (OECD, 2020). La farina di manioca di alta qualità può sostituire la farina di grano, che viene in gran parte importata nella regione (CABRI, 2019, ITC, 2022b). Analogamente, mentre l'etanolo destinato ai settori delle bevande, della produzione alimentare, manifatturiera e farmaceutica è in gran parte importato, l'etanolo a base di manioca è stato integrato con successo nella lavorazione dalle distillerie Allied Atlantic nella Nigeria e dalla fabbrica di alcolici YUEN nel Benin (ITC, 2022b).

Gli investimenti nelle attrezzature agricole, nelle strutture post-raccolto e nei servizi di trasporto lungo la catena di valore della manioca possono contribuire ad attenuare l'incertezza dei prezzi e le interruzioni dell'approvvigionamento. La volatilità dei prezzi di mercato, il basso accesso ai finanziamenti per le attrezzature e la mancanza di servizi di lotta contro le malattie e i parassiti sono i principali ostacoli che impediscono ai piccoli agricoltori di aumentare la produzione (Adebayo e Silberge, 2020, Coulibaly et al., 2014). La volatilità dei prezzi di mercato, in particolare, accentua il bisogno dei produttori di avere strutture di stoccaggio per conservare il raccolto fino al ritorno di prezzi favorevoli. La volatilità indotta nell'offerta interna costringe all'importazione di derivati, ostacolando la nascita di nuovi centri di trasformazione industriale (Adebayo e Silberge, 2020). La scarsità di investimenti nelle infrastrutture stradali può comportare ritardi nei trasporti che causano il deperimento della manioca, raccolta spesso durante la stagione delle piogge (CABRI, 2019). Inoltre, il costo del trasporto della manioca fresca rappresenta il 5-10 % del costo variabile totale della trasformazione (ITC, 2022b). La risoluzione dei problemi di trasporto attraverso il rafforzamento della resistenza delle strade alle difficili condizioni climatiche stagionali e la localizzazione dei produttori e dei trasformatori in prossimità dei mercati aiuterebbe a sviluppare la catena di valore della manioca. In Ghana, programmi come il "Root and Tuber Improvement and Marketing Programme" hanno ottenuto un certo successo nella collaborazione con i gruppi di produttori di manioca per migliorare le pratiche di incremento della produttività, malgrado i problemi legati al finanziamento e all'efficacia (MoFA del Ghana, n.d.).

Le imprese di trasformazione e distribuzione alimentare sono per lo più piccole, informali e frammentate e non rappresentano obiettivi interessanti per gli investimenti. Il settore agroalimentare africano è caratterizzato dalla presenza di un piccolo numero di grandi imprese ad alta produttività del lavoro e di una miriade di micro e piccole imprese informali a bassa produttività (ReSAKSS, 2022). Nel Ghana, ad esempio, oltre il 70 % delle trasformazioni agroalimentari è effettuato da piccole imprese informali: l'85 % delle imprese agroalimentari del Paese è costituito da microimprese, il 7 % da piccolissime imprese, il 5 % da piccole imprese e solo il 3 % da imprese medie. Inoltre, le reti di distribuzione informali dell'Africa occidentale non sono in grado di gestire la crescita della domanda e dell'offerta. Gli attori del mercato informale dominano la distribuzione alimentare, come i piccoli negozi, i mercati di strada e le bancarelle di generi alimentari, gli ambulanti e i venditori di cibo di strada (Allen, Heinrigs e Heo, 2018). Tali imprese e microimprese informali non rappresentano di per sé opportunità di investimento valide e limitano l'aumento della capacità a monte della catena.

Le imprese informali hanno per lo più un'esperienza di mercato e competenze formali limitate, il che riduce i profitti e ostacola l'innovazione dei prodotti. L'onnipresenza delle imprese informali limita le innovazioni tecniche, il trasferimento di conoscenze, il controllo della qualità, l'aggiunta di valore e i collegamenti lungo le catene di valore agroalimentari (Owoo e Lambon-Quayefio, 2018. Le cooperative, pur offrendo un mezzo per organizzare le imprese informali, non possono raggiungere le stesse economie di scala e l'applicazione efficiente delle tecnologie delle imprese formali più grandi. La maggior parte delle catene di valore della trasformazione degli alimenti di base nell'Africa occidentale è attualmente in fase di avvio o è sul punto di entrare in una fase di espansione. Senza l'innovazione della tecnologia di produzione e il miglioramento delle pratiche commerciali, il numero di imprese continua a crescere e i profitti a diminuire. Non è ancora emersa una massa critica di imprese con capacità di innovazione di prodotto, metodi di produzione, gestione interna, vendite e marketing (Badiane et al., 2022).

Nell'Africa occidentale persistono le disuguaglianze di genere nei diritti fondiari, in particolare per i terreni agricoli. Degli otto Paesi africani in cui per legge il marito, in qualità di capofamiglia, ha il controllo e la proprietà sulla gestione degli attivi e dei beni, compresi gli appezzamenti e i terreni agricoli, tre (Costa d'Avorio, Guinea equatoriale eGuinea-Bissau) si trovano nell'Africa occidentale (OECD, 2021c).

I progetti di irrigazione offrono un grande potenziale di investimenti sostenibili. Per molto tempo solo i progetti di irrigazione su larga scala a livello di continente sono stati ritenuti validi per generare elevati rendimenti sugli investimenti e stimolare la crescita della produttività agricola. Tuttavia, stime recenti mostrano che, in gran parte dell'Africa, il tasso di rendimento interno degli investimenti nei progetti di irrigazione su larga scala varia solo dal 7 % al 17 %, mentre quello dei progetti su piccola scala è del 26-28 % (Abebrese, 2017).

Buone interazioni tra supermercati leader e produttori locali possono aumentare la produttività e la sostenibilità delle catene di valore agroalimentari dell'Africa occidentale

I supermercati possono contribuire a trasformare le catene di valore agroalimentari dell'Africa occidentale, ma devono essere presenti le giuste componenti. Le catene di valore agroalimentari rappresentano l'interfaccia tra i produttori agricoli delle zone rurali e la crescente popolazione di consumatori urbani, la cui domanda di prodotti alimentari è in continua evoluzione (Barret et al., 2022). Per la trasformazione delle catene di valore agroalimentari sono necessari quattro attori centrali del mercato: le organizzazioni dei produttori, il settore pubblico, il settore agroindustriale e la finanza (Elbehri, 2013). I rivenditori al dettaglio sofisticati, in particolare i supermercati, occupano una posizione strategica e fungono da intermediari finanziari. Reardon, Liverpool-Tasie e Minten (2021) sottolineano il ruolo di primo piano che i supermercati, insieme alle grandi imprese agroalimentari, hanno svolto nella trasformazione del settore agroalimentare nell'America latina, nell'Europa centrale e orientale e in Asia. Anche se le opportunità di mercato per i supermercati abbondano nell'Africa occidentale, spesso mancano due componenti: un ambiente macroeconomico stabile e un'esecuzione affidabile dei contratti.

I supermercati possono organizzare le catene di valore locali, riducendo così la frammentazione e promuovendo l'efficienza della catena di approvvigionamento. Le catene di valore agroalimentari dell'Africa occidentale sono frammentate e fonte di inefficienze che limitano la produttività del lavoro. Ad esempio, sebbene il settore del commercio all'ingrosso e al dettaglio del Ghana abbia aumentato la sua quota di occupazione dal 17 % nel 2000 al 25 % nel 2010, ciò non ha generato un corrispondente aumento della produzione economica (AfDB/OECD/UNDP, 2016). I supermercati spesso creano legami a monte con i produttori agricoli, consentendo di eliminare i costi di intermediazione e di collegarli direttamente ai mercati urbani (Barrett et al., 2022, Reardon, Liverpool-Tasie e Minten, 2021). I supermercati acquistano prodotti sfusi direttamente dai produttori primari (agricoltori) e li rendono disponibili nei loro punti vendita a un prezzo relativamente accessibile, riducendo i costi di trasporto, il che può contribuire a ridurre l'impronta ecologica della catena di valore agroalimentare. Talvolta investono anche direttamente nella trasformazione. Ne è un esempio il programma di sviluppo lattiero-caseario della Friesland Campina WAMCO, una multinazionale presente in Nigeria. Questo grande produttore lattiero-caseario realizza interventi tecnologici direttamente presso gli agricoltori locali al fine di migliorare la resa per vacca, la qualità del latte crudo e l'igiene, nonché l'alimentazione, l'allevamento e la gestione dell'azienda.

L'interazione dei supermercati con i produttori locali può contribuire al miglioramento della qualità. I supermercati hanno in genere dei requisiti di qualità, legati alla visibilità delle catene di supermercati nei confronti delle autorità di regolamentazione e delle agenzie per le norme di qualità. Alcuni supermercati fungono da intermediari per l'esportazione di alimenti crudi locali, come l'igname e la manioca, richiesti a livello globale ma coltivati solo in talune aree, tra cui l'Africa occidentale. Di conseguenza, i produttori locali sono incentivati a rispettare norme di qualità più elevate, al fine di soddisfare le norme dei sistemi di approvvigionamento interni dei supermercati e i requisiti di prodotto dei mercati di esportazione. Anche se i requisiti di qualità per i diversi segmenti del mercato interno possono variare, la certificazione di sicurezza è comune per tutti i prodotti di un certo tipo (AfDB/OECD/UNDP, 2014,Weatherspoon e Reardon, 2003).

I supermercati possono presentare dei rischi dal punto di vista della sostenibilità, in particolare per l'inclusione sociale, ma sono disponibili strategie di mitigazione.

- **Esclusione dei produttori che non hanno una dimensione atta a garantire l'efficienza:** quando effettuano acquisti all'ingrosso, i supermercati possono aspettarsi prezzi scontati ed efficienze di scala che i produttori e i fornitori di fattori di produzione su piccola scala non sono in grado di garantire. Sono necessarie soluzioni strategiche su misura per superare l'ostacolo delle dimensioni e per garantire l'inclusione dei piccoli agricoltori vulnerabili nelle catene di valore agroalimentari. Un'opzione è quella di stabilire dei parametri di riferimento per l'integrazione a monte dei supermercati (cioè l'inclusione dei produttori nelle attività dei supermercati, ad esempio attraverso la gestione congiunta delle scorte). I parametri di riferimento possono essere calibrati in funzione delle dimensioni dei supermercati e contribuirebbero a ridurre al minimo la ricaduta dei costi dei supermercati sui produttori, una volta che questi ultimi sono interessati al loro successo. Il coordinamento delle normative commerciali e fiscali da parte dei governi dell'Africa occidentale potrebbe favorire gli investimenti nei produttori locali e il loro patrocinio da parte dei grandi supermercati, alcuni dei quali potrebbero preferire l'importazione di prodotti dall'esterno della regione.
- **Effetti di esclusione indotti delle norme di qualità:** man mano che i supermercati introducono norme di qualità più severe, i piccoli produttori rischiano di rimanere esclusi poiché spesso non sono in grado di sostenere i costi di adeguamento alle norme senza un aiuto esterno. Le alleanze pubblico-privato possono sostenere lo sviluppo di capacità tra i piccoli attori della catena di valore agroalimentare al fine di contribuire a mitigare questo rischio. In assenza di conoscenze, competenze e capacità gli investimenti risultano meno efficaci. Sono quindi necessari interventi mirati per sviluppare le competenze degli agricoltori, rafforzare i programmi di istruzione formale legati all'agricoltura (come l'ingegneria agricola, la conservazione degli alimenti e l'alimentazione) e investire nelle attività di ricerca e sviluppo.

- **Pressione sulla produttività:** in considerazione delle maggiori richieste in termini di volume rivolte da parte dei supermercati ai produttori su piccola scala, alcuni di essi rischiano di rimanere esclusi dalle catene di valore agroalimentari a valle più sviluppate se non sono in grado di soddisfare i livelli di produzione richiesti. Le politiche di rete contribuiranno a mitigare il rischio di esclusione dei piccoli agricoltori. In primo luogo, tali politiche incentiveranno i piccoli agricoltori a mettere in comune la produzione per raggiungere gli obiettivi di produzione. In secondo luogo, scoraggeranno i supermercati da comportamenti di monopsonio (ossia facendo leva sul fatto di essere l'unico acquirente), incoraggiandoli a creare legami con i loro fornitori. In molti Paesi dell'Africa occidentale i piccoli mercati di quartiere o di distretto sono un luogo di incontro per le attività commerciali quotidiane. L'attuazione di politiche di aggregazione di questi mercati frammentati migliorerebbe le norme, la quantità e la qualità dei prodotti con conseguente maggiore efficienza dei mercati.
- **Impronta ambientale:** secondo le stime, i supermercati sono una delle principali fonti di alcuni rischi ambientali. Sono indicati tassi di consumo pro capite di plastica monouso estremamente elevati nell'Africa occidentale, derivanti principalmente dagli imballaggi nei punti vendita al dettaglio (Jambeck et al., 2018, Miezah et al., 2015). In tale contesto, le politiche devono incentivare i supermercati a investire nella sostenibilità ambientale. Ad esempio, investendo in sistemi di gestione dei rifiuti e collaborando con altri attori della catena di valore, compresi i finanziatori, i supermercati possono rendere le catene di valore agroalimentari più rispettose dell'ambiente (Adam et al., 2020). Tale trasformazione non solo richiederebbe la gestione dei rifiuti, ma riguarderebbe anche altri aspetti in relazione ai quali le catene di valore agroalimentari hanno un'impronta ambientale. Il gruppo Shoprite ne è un esempio: nell'agosto 2022 ha ottenuto prestiti legati alla sostenibilità per un importo totale di circa 208 milioni di USD per investire in una strategia generale di sostenibilità, che prevede l'aumento della quota di energia da fonti rinnovabili nel consumo totale di elettricità, il riciclo di cartone e plastica, la promozione di imballaggi sostenibili e l'efficienza energetica.

Le politiche di sostegno alla trasformazione produttiva del settore agroalimentare dell'Africa occidentale possono agevolare gli investimenti sostenibili

La domanda locale e regionale di prodotti alimentari di alta qualità, ampia e in espansione, offre un'occasione unica per una politica che stimoli la trasformazione sostenibile del settore agroalimentare dell'Africa occidentale. Permette ai Paesi di concentrarsi sul miglioramento dell'efficienza e delle norme di sostenibilità delle catene di produzione e di approvvigionamento e di rafforzare la resilienza dell'Africa occidentale agli shock globali grazie all'integrazione regionale (AUC/OECD, 2022). Il settore agroalimentare della regione offre un contesto unico per realizzare sinergie tra gli obiettivi di sostenibilità economica, sociale e ambientale.

Per trasformare le catene di valore agroalimentari nelle diverse economie dell'Africa occidentale saranno necessari approcci contestualizzati e coordinati in materia di politiche. I Paesi dovranno mobilitare gli investimenti privati, ove possibile, e utilizzare i finanziamenti pubblici e allo sviluppo, ove necessario. Il presente capitolo ha messo in evidenza le forti differenze intra-regionali nella capacità produttiva (cfr. la Tabella 7.1), che dovrebbero orientare le modalità di adattamento degli approcci in materia di politiche. L'importanza attribuita agli investimenti privati rispetto a quelli pubblici varia da Paese a Paese:

- attualmente, gli investimenti privati confluiscono principalmente nelle economie della Costa d'Avorio, del Ghana, della Nigeria e del Togo, che attirano la maggior parte degli IDE destinati alla regione. Questi Paesi possono orientarsi al cofinanziamento pubblico-privato e alla condivisione dei rischi, nonché a misure di scala, beneficiando dei loro mercati più ampi e della loro attrattiva per gli IDE.

- Benin, Burkina Faso, Gambia, Guinea, Guinea-Bissau, Liberia, Mali, Niger, Senegal e Sierra Leone rappresentano i Paesi meno sviluppati con mercati interni per la maggior parte di dimensioni minori. Queste economie dovranno optare per la specializzazione dei prodotti e l'integrazione con i mercati e le catene di valore dei Paesi di dimensioni maggiori (ad esempio attraverso la catena di valore del mango essiccato del Mali a Koulikoro e Sikasso). Possono essere sostenuti da un accesso preferenziale all'aiuto allo sviluppo, da investimenti pubblici strategici e da partenariati con la Comunità economica degli Stati dell'Africa occidentale (ECOWAS) e con le economie più estese della regione (in particolare programmi di scambio di competenze).
- L'isola di Cabo Verde può sfruttare le proprie risorse marine.

Le istituzioni finanziarie nazionali possono migliorare l'accesso dei piccoli agricoltori ai finanziamenti per le attività a valle e alle assicurazioni.

Malgrado i problemi di governance, le istituzioni finanziarie pubbliche rimangono importanti fonti di finanziamento per i produttori agricoli. Le banche di sviluppo agricolo e i programmi di garanzia del credito agricolo finanziati dallo Stato sono diventati popolari negli anni '70, anche se molti di essi hanno registrato risultati insufficienti e sono stati costretti a cessare le proprie attività. Fra i fattori che spiegano le loro scarse prestazioni figurano il trattamento preferenziale riservato ai grandi agricoltori e alle persone legate alla politica, l'appropriazione indebita, gli scarsi tassi di rimborso dei prestiti e la spesa fortemente sbilanciata verso l'acquisto di fattori di produzione e prodotti agricoli (Domke, 2022, Salami e Arawomo, 2013). Ciononostante, i governi hanno attuato riforme per consentire alle banche di sviluppo agricolo di essere fornitori validi e sostenibili di servizi finanziari a tutti i segmenti della popolazione rurale. Le istituzioni finanziarie nazionali, regionali, continentali e globali - come la Banca per lo sviluppo agricolo del Ghana, la Banca per lo sviluppo dell'Africa occidentale, la Banca africana di sviluppo (AfDB) e il Fondo internazionale per lo sviluppo agricolo (IFAD) - continuano a fornire servizi finanziari essenziali ai produttori agricoli che le banche commerciali spesso considerano non meritevoli di credito.

Esempi di programmi di finanziamento agricolo nell'Africa occidentale che abbinano il credito alla formazione sulla produttività e ai requisiti di sostenibilità:

- L'IFAD ha cofinanziato il progetto di sostegno al meccanismo di incentivazione del finanziamento agricolo basato sulla condivisione del rischio (ProMIFA) nel Togo, che offre finanziamenti agricoli alle PMI e ai piccoli agricoltori tra il 2019 e il 2025. Partendo dalle principali catene di valore agro-pastorali (tra cui il riso, l'orticoltura, il mais e l'allevamento di pollame), il progetto mira a migliorare l'alfabetizzazione finanziaria e la stesura di piani aziendali tra i suoi beneficiari, soprattutto donne e giovani. È allineato con il Piano di sviluppo nazionale quinquennale del Paese per il 2018-22 e implementa uno dei pilastri strategici della tabella di marcia 2025 del ministero dell'Agricoltura: l'accelerazione del meccanismo di finanziamento agricolo (IFAD, 2018).
- NSIA Banque Côte d'Ivoire e la Banca di sviluppo del Ghana offrono esempi di integrazione dei criteri di sostenibilità nei finanziamenti agricoli, valutando i criteri sociali e ambientali in tutte le fasi di concessione del prestito, anche nel settore agricolo (Anesvad Foundation, 2020, MoF del Ghana, 2022).
- L'Iniziativa dell'Africa occidentale per un'agricoltura intelligente sul piano climatico (WAICSA) è un esempio unico di fondo di finanziamento misto diretto dall'Africa occidentale e incentrato sull'agricoltura intelligente dal punto di vista climatico, che ha incoraggiato i piccoli agricoltori ad adottare pratiche di questo tipo. Riunendo capitali pubblici e concessionali, il fondo offre prestiti fino a un milione di USD a tassi di interesse agevolati alle organizzazioni di agricoltori e alle agroindustrie. Si stima che l'iniziativa WAICSA possa migliorare la sicurezza alimentare di 90 000 famiglie di agricoltori in tutta la regione (Climate Finance Lab, n.d.).

Occorre rafforzare gli strumenti di finanziamento che forniscono un sostegno completo alle attività a valle lungo le catene di valore agroalimentari. Per affrontare in modo completo le lacune della catena di valore, possono essere necessari ingenti finanziamenti e un ampio coordinamento tra finanziatori e beneficiari (Riquadro 7.4). Ecco tre strumenti di finanziamento attualmente in uso:

- Il Fondo per la sicurezza alimentare in Africa (AFSF) è stato creato per rispondere alle esigenze delle PMI agricole che non rientrano nell'ambito di applicazione dei grandi fondi di *private equity* e delle banche commerciali. Si concentra principalmente sulla trasformazione, la distribuzione e la fornitura di fattori di produzione agricoli, come fertilizzanti e servizi agronomici. L'AFSF investe in potenziali PMI a forte crescita che operano nelle catene di valore agroalimentari con l'obiettivo di migliorare la sicurezza alimentare in Africa. Il suo portafoglio, del valore di 100 milioni di USD, è gestito da Zebu Investment Partners e sostenuto da investimenti della Banca africana di sviluppo, di British International Investment e della Banca europea per gli investimenti. Gran parte degli interventi dell'AFSF si svolge nell'Africa occidentale - tenuto conto della dimensione della popolazione rispetto al resto del continente - in particolare in Paesi svantaggiati come il Mali e il Senegal. È prevista la creazione di almeno 20 posti di lavoro diretti per ogni milione di USD investiti, a beneficio di oltre 14 000 piccoli agricoltori, soprattutto donne (AfDB, 2019, BII, n.d.).
- Nel Ghana, l'Outgrower and Value Chain Fund, in vigore dal 2011, fornisce credito a prezzi abbordabili per investimenti a medio e lungo termine tramite il settore bancario, coinvolgendo un'associazione di aziende agricole satelliti, un operatore tecnico o un acquirente e una banca partecipante. I programmi di agricoltura contrattuale sono accordi contrattuali conclusi tra agricoltori, a titolo individuale o collettivo, e imprese che richiedono una fornitura stabile di prodotti agricoli (Felgenhauer e Wolter, 2009). Tali relazioni commerciali coordinate tra produttori, trasformatori e commercianti consentono l'integrazione nella catena di valore agricolo.
- Nel 2022 l'AfDB ha approvato un pacchetto di 127 milioni di USD per migliorare i collegamenti di trasporto verso le aree con potenziale di agricoltura, di silvicoltura e di allevamento nella regione orientale del Niger. Il progetto prevede il sostegno alle catene del valore dell'agricoltura attraverso la creazione di centri per agricoltori e l'installazione di unità lattiero-casearie (AfDB, 2022).

L'assicurazione agricola può rafforzare la resilienza degli agricoltori agli shock climatici e alle calamità naturali, migliorando al contempo il loro accesso al credito. L'assicurazione può aiutare i produttori a espandere e migliorare le loro attività, poiché gli istituti finanziari sono più disposti a concedere prestiti agli agricoltori assicurati. L'Africa rappresenta appena lo 0,5 % del settore assicurativo agricolo mondiale. A titolo di confronto, l'America del Nord (55 %), l'Europa e l'Asia (20 % ciascuna) rappresentano la quasi totalità dei premi assicurativi agricoli mondiali (Fonta et al., 2018). Anziché basarsi sulle perdite dichiarate, i pagamenti dell'assicurazione a indice meteorologico si basano su tassi predeterminati in caso di periodi prolungati di siccità, inondazioni, uragani, ecc. Malgrado il basso livello di diffusione nel continente - a causa dello scarso coinvolgimento delle famiglie contadine nelle prime fasi delle iniziative pilota - l'adozione di questi prodotti sta aumentando nell'Africa occidentale. Ad esempio, OKO Mali è stata istituita nel 2019 come assicurazione per il mais e il cotone per i piccoli agricoltori che non beneficiano di servizi bancari. Accessibile tramite un'interfaccia mobile, fornisce assicurazioni a prezzi economici agli agricoltori della Costa d'Avorio, del Mali e dell'Uganda e assicura la liquidazione immediata dei sinistri (OKO, n.d.).

Gli strumenti digitali offrono nuovi percorsi per rendere accessibile il credito agricolo ai piccoli agricoltori. Tenuto conto dei tassi di accesso digitale relativamente elevati tra i piccoli agricoltori, le soluzioni digitali offrono alle istituzioni finanziarie un potenziale non sfruttato per raggiungere con prodotti di credito e assicurativi i produttori agricoli informali e i trasformatori agricoli. Tra gli sforzi compiuti a livello nazionale per incorporare i canali digitali figura SABEX della Sterling Bank in Nigeria, una soluzione blockchain che consente agli agricoltori di utilizzare i loro prodotti come garanzia, di immagazzinare i raccolti in strutture dedicate e di commercializzare le materie prime agricole (Sterling, n.d.). I partenariati con piattaforme digitali come Thriv'Afric in Nigeria, che raccolgono dati completi sulle transazioni di credito, possono migliorare i punteggi di solvibilità degli agricoltori ed evitare la necessità di garanzie collaterali.

Riquadro 7.4. Il ruolo delle alleanze pubblico-privato nell'aumento del valore della produzione di riso in Senegal

Coniugando sostegno strategico e pratico, le alleanze pubblico-privato possono rivelarsi efficaci per ottenere catene del valore agroalimentari competitive e inclusive. Un esempio è la catena del valore del riso. La produzione locale di riso copre solo il 60 % circa della domanda locale nei 15 Paesi membri dell'ECOWAS. Nel 2021 l'esaurimento delle riserve estere dovuto alle importazioni di riso è costato all'Africa occidentale circa 3,7 miliardi di USD (Dione e Toto, 2022).

È essenziale sostenere la produzione locale, in particolare nei Paesi in cui la domanda locale è elevata, come il Senegal. Il consumo medio annuo di riso pro capite è di 85 kg (CFC, 2022). Il governo ha sostenuto la creazione di un consorzio privato per la trasformazione e la distribuzione del riso locale. Il consorzio comprende una rete di commercianti importatori, organizzazioni di produttori e trasformatori. Il miglioramento della qualità del riso e della capacità di trasformazione rappresenta un risultato a breve termine degli investimenti (Elbehri, 2013). A complemento degli investimenti nella trasformazione, il Fondo comune per i prodotti di base (CFC) del Senegal offre un sostegno finanziario di 1,46 milioni di USD alle piccole aziende risiere locali e ai loro piccoli fornitori, costruendo anche canali di irrigazione e provvedendo all'ammodernamento delle attrezzature (CFC, 2022).

Le politiche di integrazione regionale e i programmi legati al territorio possono svolgere ruoli complementari nel rafforzamento delle catene del valore agroalimentari

La graduale eliminazione delle tariffe commerciali intra-africane nell'ambito della Zona continentale di libero scambio per l'Africa offre ai Paesi dell'Africa occidentale l'opportunità non solo di intensificare i loro scambi, ma anche di incoraggiare maggiori investimenti nei segmenti a valle delle catene del valore agroalimentari. Nel complesso, l'Africa occidentale presenta un livello più elevato di integrazione a termine nelle catene del valore agroalimentari per le esportazioni al di fuori della regione che per quelle al suo interno. Ciò significa che una quota maggiore delle sue esportazioni serve da fattore di produzione per le esportazioni dei Paesi dell'Africa non occidentale, riflettendo il ruolo predominante dei prodotti agricoli nelle esportazioni dell'Africa occidentale (AUC/OECD, 2022). I rendimenti degli investimenti strategici nelle catene del valore agroalimentari nazionali specializzate (compresa la trasformazione) dovrebbero aumentare grazie alla riduzione delle barriere commerciali intra-regionali ed extra-regionali.

L'ECOWAS fornisce un quadro di politica agricola regionale. Adottata inizialmente nel 2005, la politica agricola della Comunità economica dell'Africa occidentale (ECOWAP) sostiene lo sviluppo di programmi agricoli nella regione. È dotata di un sistema di monitoraggio e valutazione basato sul web che facilita la raccolta dei dati, l'analisi e la condivisione delle conoscenze. L'attuazione dell'ECOWAP si basa su tre meccanismi complementari: i) la formulazione di piani di investimento agricoli nazionali; ii) l'elaborazione di un piano di investimento agricolo regionale che mette in atto programmi regionali incentrati su tematiche come la gestione delle risorse naturali condivise e iii) l'attuazione di politiche e strumenti strategici regionali specifici (ECOWAS, n.d.). Le valutazioni effettuate durante il processo di revisione ECOWAP+10 hanno messo in discussione la coerenza e il coordinamento dell'attuazione della politica agricola e hanno raccomandato di prestare maggiore attenzione ai segmenti post-raccolto e commercializzazione delle catene di valore agricolo (Oxfam, 2015; SWAC/OECD, 2015).

I Paesi possono coordinare le loro strategie agroindustriali attraverso l'ECOWAP. I Paesi si sono impegnati in diversi tipi di strategie industriali orientate all'esportazione. Le colture da reddito destinate all'esportazione, come l'industria del cotone nel Burkina Faso, si sono rivelate utili per generare guadagni in valuta estera nelle economie più povere, ma hanno avuto un impatto limitato sulla riduzione della povertà, a causa dell'insufficiente trasformazione locale. Il Senegal è un esempio di come un Paese meno sviluppato possa creare catene del valore alimentari resilienti (ad esempio quella del riso e degli ortaggi freschi), in grado di soddisfare sia le esigenze dei consumatori locali sia la crescente domanda regionale di esportazioni agricole. Il Paese ha messo in atto politiche rivolte agli imprenditori locali e sviluppato alleanze pubblico-privato e centri di servizi agricoli intensivi. Allo stesso tempo, la duplicazione delle strategie può comportare dei rischi. Ad esempio, negli anni 2000 la maggior parte dei Paesi dell'Africa occidentale dipendeva dalle importazioni di pollame a basso costo provenienti dall'Unione europea, cosa che ha destabilizzato la capacità produttiva nazionale. L'utilizzo dell'ECOWAP può aiutare i Paesi della regione a evitare i conflitti commerciali e a consentire lo sviluppo e la specializzazione.

I programmi legati al territorio volti a incoraggiare gli investimenti sostenibili nelle attività della catena del valore agroalimentare a valle dovrebbero essere al centro dei piani di sviluppo nazionali e delle strategie regionali. I programmi legati al territorio offrono ai responsabili delle politiche uno strumento per sostenere l'industrializzazione delle catene del valore agroalimentari attraverso le economie di scala e la specializzazione (ad esempio, infrastrutture di produzione su larga scala e scambio di conoscenze) e le sinergie multisettoriali (ad esempio, attraverso la creazione di infrastrutture condivise) (Tabella 7.3). Tali programmi dovrebbero essere integrati nelle strategie regionali e continentali, come il Programma comune per gli agro-parchi africani (CAAPs) dell'Unione africana. Il CAAPs è una delle iniziative concrete intraprese per l'attuazione del Programma globale di sviluppo agricolo dell'Africa a sostegno dell'Agenda 2063 e dell'impegno di Malabo a triplicare il commercio intra-africano nei settori dell'agricoltura e dei servizi (AU, 2021).

Tabella 7.3. **Strumenti di promozione degli investimenti nel settore agricolo**

Strumento di promozione degli investimenti	Obiettivo generale	Livello geografico	Ruolo degli investimenti pubblici	Profilo del gruppo target
Poli agricoli	- Collegamenti di rete	Regionale o provinciale, vicino all'area di produzione	Crescita delle economie di agglomerazione e promozione dell'azione collettiva	Imprese multinazionali e nazionali del settore agroalimentare/agroindustriale e imprese di costruzioni
Parchi agroindustriali (compresi parchi agro-tecnologici, parchi scientifici e parchi agro-eco-industriali)	- Aggiunta di valore - Trasformazione agroalimentare verde - Ricerca e innovazione	Urbano, facilmente accessibile all'area di produzione	Infrastrutture comuni, strutture logistiche e servizi dedicati	Aziende agroalimentari/agroindustriali, fornitori di servizi specializzati e imprese di logistica
Zona speciale di trasformazione agroindustriale	- Trasformazione - Promozione delle esportazioni e degli IDE	Urbano, spesso vicino a una zona portuale	Quadri economici e normativi vantaggiosi, infrastrutture e servizi comuni	Aziende agroalimentari/agroindustriali, fornitori di servizi specializzati e imprese di logistica
Incubatori agricoli	- Imprenditorialità e innovazione	Urbano	Infrastrutture comuni e servizi dedicati per la creazione e l'accompagnamento di nuove imprese agroalimentari	Start-up del settore agroalimentare/agroindustriale,capitale di rischio e investitori informali
Agro-corridoi	- Pianificazione integrata di interventi infrastrutturali e agroalimentari	Regionale, nazionale o sovranazionale; agglomerato lineare che si estende per centinaia o migliaia di chilometri	Investimenti infrastrutturali, riforme della politica commerciale e normativa e piani di sviluppo settoriale	Imprese agroalimentari/agroindustriali multinazionali e nazionali, imprese di costruzioni, ecc.

Fonte: elaborazione degli autori basata su FAO (2017), *Territorial Tools for Agro-industry Development: A Sourcebook*, www.fao.org/3/i6862e/i6862e.pdf.

Le strategie nazionali nell'Africa occidentale possono consentire l'ulteriore sviluppo di zone speciali di trasformazione agroindustriale, che offrono ai Paesi la possibilità di produrre esportazioni a più alto valore aggiunto. L'efficienza e la produttività possono essere rafforzate migliorando i collegamenti tra la produzione post-raccolto e l'aggiunta di valore nel polo agricolo. La zona transfrontaliera del Triangolo SKBo, creata nel 2018, comprende le aree di Bobo Dioulasso (Burkina Faso), Korhogo (Costa d'Avorio) e Sikasso (Mali). La zona dovrebbe attirare investimenti privati nell'agroindustria e nell'industria mineraria, su oltre sei milioni di ettari di terreno (AUC/OECD, 2019, UNCTAD, 2021). Il programma di Zone speciali di trasformazione agroindustriale da 538 milioni di USD e la Zona di libero scambio del Lekki in Nigeria sono altri esempi.

L'eliminazione degli ostacoli infrastrutturali è fondamentale per migliorare il commercio intra-regionale all'interno delle catene del valore agroalimentari (AUC/OECD, 2022). Le carenze infrastrutturali nei Paesi dell'Africa occidentale sono importanti e variano considerevolmente (PPIAF, 2022). Gli strumenti di promozione degli investimenti agricoli (Tabella 7.3) possono rappresentare un approccio valido per sanare le carenze infrastrutturali specifiche del settore agroalimentare, in quanto concorrono a diverse catene del valore fornendo infrastrutture e servizi di supporto gestiti a livello centrale. Ad esempio, nella Costa d'Avorio è stato elaborato il progetto del Polo agroindustriale settentrionale per la creazione di cinque siti che operino come centri di stoccaggio, confezionamento secondario e trasformazione primaria dei prodotti agricoli; il progetto comprende anche dighe, strade rurali, centri sanitari e scuole, nonché infrastrutture per la pesca e l'allevamento (AfDB, 2023, OPEC Fund, 2021).

I piani nazionali di investimenti agricoli (PNIA) possono concentrarsi maggiormente sulle catene di trasformazione agroalimentare e sulle filiere rurali-urbane, in particolare attraverso reti di distribuzione e di logistica nelle città intermedie. I PNIA che seguono i quadri dell'ECOWAS sono attualmente alla loro seconda generazione (con scadenza intorno al 2025-26). Le prossime generazioni potrebbero indirizzare meglio gli investimenti nelle attività a valle delle catene del valore agroalimentari. Il collegamento delle filiere rurali-urbane attraverso i PNIA potrebbe trasformare i settori a valore aggiunto come l'agro-trasformazione, il branding e il marketing. Ad esempio, nel suo PNIA di seconda generazione (2018-21) il Ghana si prefiggeva di aumentare la trasformazione secondaria e terziaria dei semi di cacao a livello nazionale fino al 50 % della produzione annuale, dal 30 % del 2017-18 (MoFA del Ghana, 2018). All'interno dei PNIA, le città intermedie situate in posizione strategica possono essere promosse a poli logistici (ad esempio, strutture di stoccaggio per i beni rurali deperibili). Le città possono aumentare la produttività delle catene del valore industriali e agricole fornendo infrastrutture come strade e reti di trasporto (AfDB/OECD/UNDP, 2015, OECD/PSI, 2020).

Agro-parchi, organizzazioni di sostegno, finanziatori internazionali e partner tecnici possono contribuire a migliorare la sicurezza alimentare e le pratiche agricole

Gli agro-parchi possono offrire una soluzione valida per sostenere la sicurezza alimentare, come dimostra l'esempio del Benin. Dall'inizio degli anni 2000, in tutta l'Africa sono stati creati circa 40 agro-parchi, sia per garantire la sicurezza alimentare sia per accelerare il passaggio dall'agricoltura di sussistenza allo sviluppo agroindustriale. Gli agro-parchi del Benin rappresentano una storia di successo. Nell'ambito della strategia di trasformazione del settore agricolo attuata dal governo del Benin, il Paese ha designato 13 prodotti agricoli prioritari. Dal 2016, il *Programme National de Développement de la Filière Ananas* del Paese promuove la produzione sostenibile e la competitività dell'ananas negli agro-parchi per valorizzarne il potenziale locale (Jones, 2021). Nel 2021 l'ananas Pain de Sucre dell'altopiano di Allada, nel Benin, è diventato la prima indicazione geografica protetta dall'Organizzazione africana per la proprietà intellettuale. Pur trattandosi di un vero successo, la maggior parte dei Paesi della regione non ha un'agenzia specializzata per la sicurezza alimentare in grado di vigilare sull'industria della trasformazione dell'ananas o è in ritardo nella certificazione dei prodotti (ad esempio, l'Organizzazione Internazionale per la standardizzazione [ISO]) (Schreinemachers et al., 2022).

Con ulteriori finanziamenti, le organizzazioni di sostegno, come la ricerca agricola, gli incubatori agricoli e le associazioni interprofessionali potrebbero riorientare il sostegno ai piccoli agricoltori verso pratiche legate alla produttività e alla sostenibilità. La ricerca agricola potrebbe svolgere un ruolo cruciale nel miglioramento dello sviluppo dei prodotti delle imprese di trasformazione agroalimentari (Owoo e Lambon-Quayefio, 2018). Gli incubatori agricoli possono promuovere la qualità dei prodotti: sono favorevoli all'innovazione agricola grazie al raggruppamento di imprenditori e team multidisciplinari e competenti di esperti e mentori, insieme a organizzazioni di sviluppo di conoscenze e di ricerca e investitori (FAO, 2017). Le associazioni interprofessionali nei Paesi francofoni dell'Africa occidentale possono contribuire a mettere in comune risorse e informazioni per le PMI, ma devono affrontare problemi di finanziamento (Shepherd et al., 2009). Queste associazioni interprofessionali beneficerebbero del sostegno pubblico, che a sua volta potrebbe aiutare le PMI nel loro sviluppo. Programmi come la Carta delle raccomandazioni per i fertilizzanti e i semi per l'Africa occidentale, una piattaforma online che fornisce informazioni su sementi di varietà migliorate, raccomandazioni sui fertilizzanti appropriati e sulle buone pratiche agricole specifiche per una zona agro-ecologica (FeSeRWAM, n.d.), possono contribuire alla diffusione tra gli agricoltori dell'Africa occidentale delle pratiche agricole più aggiornate.

Un caso ben noto è quello delle aziende agricole Shonga nello Stato nigeriano di Kwara. Hanno invitato 13 agricoltori commerciali dello Zimbabwe a sviluppare l'allevamento di bestiame da latte, l'avicoltura e le colture da reddito, con le risorse finanziarie di cinque banche nigeriane attraverso la società ad hoc Shonga Farms Holding Limited (SFH). Il suo successo è dovuto principalmente all'efficiente equilibrio tra il sostegno pubblico e gli investimenti privati maggioritari. Le aziende agricole impiegano fino a 4 500 lavoratori nei periodi agricoli non di punta e 7 000 lavoratori nei periodi di punta. Trasformano 40 000 polli e 50 000 litri di latte al giorno, principalmente per il mercato regionale del Kwara. Le aziende agricole Shonga vantano uno dei maggiori raccolti di manioca del continente, che trasformano per l'esportazione al di fuori dell'Africa (AUC/OECD, 2019, Mickiewicz e Olarewaju, 2020).

I finanziatori internazionali e i partner tecnici possono sostenere programmi in grado di garantire la sicurezza alimentare e migliorare le pratiche agricole, ma è necessario assicurare la titolarità locale. La Nuova alleanza per la sicurezza alimentare e la nutrizione (NAFSAN), istituita nel 2012 sotto gli auspici del G8, mirava a incoraggiare le iniziative a favore della sicurezza alimentare catalizzando gli investimenti privati e accelerando gli apporti di capitale privato verso l'agricoltura africana. Le valutazioni condotte a livello nazionale hanno evidenziato tuttavia risultati contrastanti a causa della mancanza di coordinamento, di titolarità e di leadership e della scarsa gestione e governance della NAFSAN (Badiane et al., 2018). Il caso illustra l'importanza della titolarità locale che può trasformare le risorse finanziarie in risorse e competenze locali. Una collaborazione tra finanziatori internazionali e partner tecnici locali ha aumentato la sicurezza alimentare e migliorato le pratiche agricole in un allevamento di gamberi a Cabo Verde (Riquadro 7.5).

Riquadro 7.5. **Allevamenti di gamberi a Cabo Verde**

Alla fine degli anni 2000 è stata introdotta l'acquacoltura a Calhau (isola di São Vicente) per contribuire a soddisfare la domanda locale di consumo di gamberi. All'epoca, tutti i gamberi consumati nel Paese erano importati (PSI, 2009).

Il progetto iniziale ha usufruito di un finanziamento da parte di un istituto bancario nazionale e di un cofinanziamento da parte del programma neerlandese di investimento nel settore privato. Tra le attuali parti interessate figurano il partner locale SUCLA, noto per le sue conserve di tonno, l'impresa brasiliana Universo, specializzata nel mercato all'ingrosso e al dettaglio di prodotti ittici, e l'impresa tedesca SINN Power, che si occupa di soluzioni per le energie rinnovabili.

Nel 2022 l'impresa di allevamento di gamberi Fazenda do Camarão ha prodotto circa 40 tonnellate di gamberi, con l'obiettivo di raddoppiare la produzione entro il 2023. Il consumo totale di gamberi a Cabo Verde è di circa 115 tonnellate all'anno. Sebbene esista un potenziale per l'esportazione, l'intenzione è quella di dare priorità al mercato interno.

L'impresa è stata certificata con marchi di qualità e ambientali come Global GAP, HACCP e BAP, in quanto opera prevalentemente con energia eolica e solare. Inoltre, promuove un approccio basato sull'economia circolare ed è autosufficiente nella produzione di larve. I gamberi sono alimentati con farina di mais e farina di pesce provenienti dalla vicina isola di São Nicolau. Con quasi 40 dipendenti, principalmente donne, l'impresa è il più grande datore di lavoro del villaggio di Calhau.

Note

1. Calcoli degli autori basati su FAOSTAT (2022a).
2. Cfr. https://www.nepad.org/caadp (visitato il 2 marzo 2023).
3. Calcoli degli autori basati su fDi Intelligence (2022). A causa del basso numero di progetti di IDE per le imprese agroalimentari, i valori annuali sono altamente volatili e viene presentato solo l'importo totale per il periodo 2017-22.
4. Calcoli degli autori basati su OECD (2022b).
5. Calcoli degli autori basati su FAOSTAT (2022d).

Riferimenti bibliografici

Abebrese, F. K. A. (2017), "Investing in irrigation for agriculture productivity in Africa", Africa Up Close blog, Wilson Center, 4 ottobre, https://africaupclose.wilsoncenter.org/investing-in-irrigation-for-agriculture-productivity-in-africa/.

Acheampong, P. P. et al. (2021), "Research and development for improved cassava varieties in Ghana: Farmers' adoption and effects on livelihoods", *Cassava – Biology, Production and Use*, IntechOpen, www.intechopen.com/chapters/76626.

Adam, I. et al. (2020), "Policies to reduce single-use plastic marine pollution in West Africa", *Marine Policy*, Vol. 116, www.sciencedirect.com/science/article/pii/S0308597X19304865#bib35.

Adebayo, W. G. and M. Silberberge (2020), "Poverty reduction, sustainable agricultural development, and the cassava value chain in Nigeria", in *The Palgrave Handbook of Agricultural and Rural Development in Africa*, Palgrave Macmillan, Cham, https://doi.org/10.1007/978-3-030-41513-6_24.

Adeyonu, A. G. et al. (2021), "An assessment of broiler value chain in Nigeria", *Open Agriculture*, Vol. 6/1, pp. 296-307, www.degruyter.com/document/doi/10.1515/opag-2020-0168/html.

AfDB (2023), "Côte d'Ivoire - Agro-Industrial Pole Project in the North (2PAI-NORD)", Project Summary, African Development Bank, https://projectsportal.afdb.org/dataportal/VProject/show/P-CI-AA0-030 (consultato il 20 febbraio 2023).

AfDB (2022), "Niger: African Development Bank Group approves $127 million package to open up eastern agricultural areas", Press Release, 17 March, www.afdb.org/en/news-and-events/press-releases/niger-african-development-bank-group-approves-127-million-package-open-eastern-agricultural-areas-50108.

AfDB (2019), "Project Summary Note - Africa Food Security Fund", African Development Bank Group, www.afdb.org/en/documents/document/project-summary-note-africa-food-security-fund-107391.

AfDB/OECD/UNDP (2016), *African Economic Outlook 2016: Sustainable Cities and Structural Transformation*, OECD Publishing, Paris, https://doi.org/10.1787/aeo-2016-en.

AfDB/OECD/UNDP (2015), *African Economic Outlook 2015: Regional Development and Spatial Inclusion*, OECD Publishing, Paris, https://doi.org/10.1787/aeo-2015-en.

AfDB/OECD/UNDP (2014), *African Economic Outlook 2014: Global Value Chains and Africa's Industrialisation*, OECD Publishing, Paris, https://doi.org/10.1787/aeo-2014-en.

AfricaNews (2023), "Ghana to conclude IMF deal in March - Akufo-Addo hopes", 7 February, www.africanews.com/2023/02/07.

Ali, Z. et al. (2020), "Long-term impact of West African food system responses to COVID-19", *Nature Food*, Vol. 1, pp. 768-770, www.nature.com/articles/s43016-020-00191-8.

Allen, T. and P. Heinrigs (2016), "Emerging opportunities in the West African food economy", *West African Papers*, No. 1, OECD Publishing, Paris, https://doi.org/10.1787/5jlvfj4968jb-en.

Allen, T., P. Heinrigs and I. Heo (2018), "Agriculture, food and jobs in West Africa", *West African Papers*, No. 14, OECD Publishing, Paris, https://doi.org/10.1787/dc152bc0-en.

Amadou, H. et al. (2012), "A comparison between urban livestock production strategies in Burkina Faso, Mali and Nigeria in West Africa", *Tropical Animal Health and Production*, Vol 44, pp. 1631-1642, https://doi.org/10.1007/s11250-012-0118-0.

Anesvad Foundation (2020), *2020 Impact Investment Report: Socially Responsible Investment*, www.anesvad.org/wp-content/uploads/2022/02/ANESVAD-IMPACT-REPORT-2020.pdf.

AU (2021), "AU- Common African Agro-Parks Programme (CAAPs) proposed as an Agenda 2063 Flagship Programme for the next 10 Years Implementation Plan", Press Release, 2 dicembre, African Union, https://au.int/en/pressreleases/20211202/au-common-african-agro-parks-programme-caaps-proposed-agenda-2063-flagship.

AU/AUDA-NEPAD (2020), *CAADP: Synthesis of Lessons Learned from NAIPs and RAIPs Formulation and Implementation*, African Union/African Union Development Agency-New Economic Partnership for Africa's Development, www.nepad.org/caadp/publication/caadp-synthesis-of-lessons-learned-naips-and-raips-formulation-and-implementation.

AUC/OECD (2022), *Africa's Development Dynamics 2022: Regional Value Chains for a Sustainable Recovery*, AUC, Addis Ababa/OECD Publishing, Paris, https://doi.org/10.1787/2e3b97fd-en.

AUC/OECD (2019), *Africa's Development Dynamics 2019: Achieving Productive Transformation*, AUC, Addis Ababa/OECD Publishing, Paris, https://doi.org/10.1787/c1cd7de0-en.

AUDA-NEPAD (2017), "CAADP – Country Progress", webpage, African Union Development Agency-New Economic Partnership for Africa's Development, www.nepad.org/caadp/country-progress.

Badiane, O. et al. (2022), "The rise of Africa's processing sector and commercialization of smallholder agriculture", in *2022 ReSAKSS Annual Trends and Outlook Report*, Regional Strategic Analysis and Knowledge Support System, www.resakss.org/sites/default/files/2022_ator_individual_chapters/Chapter%202_ReSAKSS_AW_ATOR_2022.pdf.

Badiane, O. et al. (2018), *An Assessment of the New Alliance for Food Security and Nutrition: Synthesis Report*, Regional Strategic Analysis and Knowledge Support System/African Growth and Development Policy Modeling Consortium, https://au.int/sites/default/files/documents/34472-doc-nafsn20full20report20with20annexes.pdf.

Barrett, C. B. et al. (2022), "Agri-food value chain revolutions in low- and middle-income countries", *Journal of Economic Literature*, Vol. 60/4, pp. 1316-1377, https://pubs.aeaweb.org/doi/pdfplus/10.1257/jel.20201539.

BII (n.d.), "Africa Food Security Fund I", British International Investment, www.bii.co.uk/en/our-impact/fund/africa-food-security-fund-i/#:~:text=AFSF%20will%20invest%20in%20businesses,as%20fertiliser%20and%20agronomic%20services (consultato il 20 gennaio 2023).

Boimah, M. et al. (2022), "Doing it right to alleviate poverty: Application of the sustainable food value chain development framework to Ghana's poultry sector", *International Journal of Agricultural Sustainability*, Vol. 20/7, pp. 1454-1469, www.tandfonline.com/doi/full/10.1080/14735903.2022.2152605.

CABRI (2019), *The Role of Governments in Developing Agriculture Value Chains: Case Study 2: Rice and Cassava Value Chains*, Policy Dialogue, Collaborative Africa Budget Reform Initiative, South Africa, www.cabri-sbo.org/uploads/files/Documents/Case-Study-2_Rice-and-Cassava-ENG.pdf.

CEPII (2023), *BACI: International Trade Database at the Product-Level* (banca dati), www.cepii.fr/CEPII/en/bdd_modele/bdd_modele_item.asp?id=37 (consultato l'1 febbraio 2023).

CFC (2022), "Turning Senegal's rice self-sufficiency vision into reality", Common Fund for Commodities, 25 November, www.common-fund.org/turning-senegals-rice-self-sufficiency-vision-reality.

Climate Finance Lab (n.d.), "The West African Initiative for Climate Smart Agriculture", webpage, www.climatefinancelab.org/project/africa-climate-smart-agriculture/ (consultato il 6 marzo 2023).

Coulibaly, O. et al. (2014), *Regional Cassava Value Chains analysis in West Africa: A Case Study of Nigeria*, CORAF/WECARD, https://doi.org/10.13140/2.1.3421.6001.

Dione, N. and E. Toto (2022), "Senegal hones its home-grown rice to cut dependence on Asian imports", Reuters, 20 October, www.reuters.com/markets/commodities/senegal-hones-its-home-grown-rice-cut-dependence-asian-imports-2022-10-20/.

Domke, B. (2022), "Towards a renaissance of agricultural development banks in sub-Saharan Africa?", *Rural 21*, 19 December, www.rural21.com/english/current-issue/detail/article/towards-a-renaissance-of-agricultural-development-banks-in-sub-saharan-africa.html.

ECOWAS (n.d.), "About ECOWAP", Economic Community of West African States, https://ecowap.ecowas.int/about-ecowap (consultato il 6 marzo 2023).

Eeswaran, R. et al. (2022), "Current and future challenges and opportunities for livestock farming in West Africa: Perspectives from the case of Senegal", *Agronomy*, Vol. 12/8, www.mdpi.com/2073-4395/12/8/1818.

Elbehri, A. (2013), *Rebuilding West Africa's Food Potential: Policies and Market Incentives for Smallholder-Inclusive Food Value Chains*, Food and Agriculture Organization of the United Nations and International Fund for Agriculture Development, https://reliefweb.int/report/mali/rebuilding-west-africas-food-potential-policies-and-market-incentives-smallholder.

FAO (2017), *Territorial Tools for Agro-industry Development: A Sourcebook*, Food and Agriculture Organisation of the United Nations, Rome, www.fao.org/3/i6862e/i6862e.pdf.

FAO (2015), *Agricultural Growth in West Africa*, Food and Agricultural Organisation of the United Nations, Rome, www.afdb.org/fileadmin/uploads/afdb/Documents/Publications/Agricultural_Growth_in_West_Africa_-_Market_and_policy_drivers_-_OSAN.pdf.

FAOSTAT (2022a), "Value of Agricultural Production", *Production* (banca dati), www.fao.org/faostat/en/#data/QV (consultato il 27 febbraio 2023).

FAOSTAT (2022b), "Crops and Livestock Products", *Trade* (banca dati), www.fao.org/faostat/en/#data/TCL (consultato il 27 febbraio 2023).

FAOSTAT (2022c), "Crops and Livestock Products", *Production* (banca dati), www.fao.org/faostat/en/#data/QCL (consultato il 27 febbraio 2023).

FAOSTAT (2022d), "Country Investment Statistics Profile", *Investment* (banca dati), www.fao.org/faostat/en/#data/CISP (consultato il 27 febbraio 2023).

FAOSTAT (2022e), "Development Flows to Agriculture", *Investment* (banca dati), www.fao.org/faostat/en/#data/EA (consultato il 27 febbraio 2023).

fDi Intelligence (2022), *fDi Markets* (banca dati), www.fdiintelligence.com/fdi-markets (consultato il 19 agosto 202).

Felgenhauer K. and D. Wolter (2009), "Outgrower schemes – Why big multinationals link up with African smallholders", OECD, Paris, www.oecd.org/dev/41302136.pdf.

FeSeRWAM (n.d.), "About FeSeRWAM", Fertilizer and Seed Recommendations Map for West Africa, https://feserwam.org/ (consultato il 6 marzo 2023).

Fonta, W. M. et al. (2018), "Estimating farmers' willingness to pay for weather index-based crop insurance uptake in West Africa: Insight from a pilot initiative in Southwestern Burkina Faso", *Agricultural and Food Economics*, Vol. 6/11, https://agrifoodecon.springeropen.com/articles/10.1186/s40100-018-0104-6.

GIIN (2015), *The Landscape for Impact Investing in West Africa*, Global Impact Investing Network, https://thegiin.org/research/publication/westafricareport/.

Hershey, C. et al. (2000), "Expanding the competitive edge in diversified markets", in FAO: *A Review of Cassava in Asia with Country Case Studies on Thailand and Viet Nam (Vol. 3)*, Food and Agricultural Organization of the United Nations, Rome, www.fao.org/3/y1177e/y1177e.pdf.

Hollinger, F. and J. Staatz (2015), *Agricultural Growth in West Africa: Market and Policy Drivers – Chapter 7*, FAO, African Development Bank and ECOWAS, Rome, www.fao.org/3/i4337e/i4337e.pdf.

Howeler, R. et al. (2013), *Save and Grow: Cassava: A Guide to Sustainable Production Intensification*, Food and Agricultural Organization of the United Nations, Rome, www.fao.org/3/a-i3278e.pdf.

IEA (2022), "Greenhouse gas emissions from Energy Data Explorer", *Data and Statistics* (banca dati), International Energy Agency, www.iea.org/data-and-statistics/data-tools/greenhouse-gas-emissions-from-energy-data-explorer (consultato nell'ottobre 2022).

IFAD (2018), *Proposed Loan and Grant under the Debt Sustainability Framework to the Togolese Republic for the Shared-risk Agricultural Financing Incentive Mechanism Support Project*, International Fund for Agricultural Development, https://webapps.ifad.org/members/lapse-of-time/docs/english/EB-2018-LOT-P-25.pdf?attach=1.

IFC (2019), *Creating Markets in Burkina Faso*, International Finance Cooperation, www.ifc.org/wps/wcm/connect/f45fd7a3-f8be-430b-bd9f-eb958ebe2d89/201907-CPSD-Burkina-Faso-EN.pdf?MOD=AJPERES&CVID=mNf5Bxk.

IMF (2023a), *World Economic Outlook Database*, April 2023 Edition, International Monetary Fund, www.imf.org/en/Publications/WEO/weo-database/2022/April (consultato nell'aprile 2023).

IMF (2023b), "List of LIC DSAs for PRGT-Eligible Countries", IMF DSA Publication, International Monetary Fund, www.imf.org/external/Pubs/ft/dsa/DSAlist.pdf.

IMF (2022a), *World Economic Outlook Database*, October 2022 Edition, International Monetary Fund, www.imf.org/en/Publications/WEO/weo-database/2022/October (consultato nell'ottobre 2022).

IMF (2022b), *Balance of Payments and International Investment Position Statistics (BOP/IIP)* (banca dati), International Monetary Fund, https://data.imf.org/?sk=7A51304B-6426-40C0-83DD-CA473CA1FD52 (consultato il 22 novembre 2022).

IMF (2022c), *Investment and Capital Stock Dataset (ICSD)* (banca dati), https://data.imf.org/?sk=1CE8A55F-CFA7-4BC0-BCE2-256EE65AC0E4 (consultato nell'ottobre 2022).

ITC (2022a), *Made by Africa: Creating value through integration*, International Trade Centre, Geneva, https://intracen.org/media/file/13012.

ITC (2022b), *West Africa Competitiveness Programme Regional Investment Profile – Summary: Cassava Value Chain*, International Trade Centre, Geneva, https://intracen.org/media/file/12415.

Jambeck, J. et al. (2018), "Challenges and emerging solutions to the land-based plastic waste issue in Africa", *Marine Policy*, Vol. 96, pp. 256-263, www.sciencedirect.com/science/article/pii/S0308597X17305286.

Jones, S. (21 September 2021), "Value Chain Analysis for Development (VCA4D) - Benin // Pineapple", Europa, https://europa.eu/capacity4dev/value-chain-analysis-for-development-vca4d-/wiki/222-benin-pineapple.

Juvonen, K. et al. (2019), "Unleashing the potential of institutional investors in Africa", *AfDB Working Papers*, No. 325, African Development Bank, Abidjan, www.afdb.org/sites/default/files/documents/publications/wps_no_325_unleashing_the_potential_of_institutional_investors_in_africa_c_rv1.pdf.

Lipton, G. (2022), "Investing time: The growth of green finance in West Africa", *Landscape News*, 26 May, https://news.globallandscapesforum.org/57332/investing-time-the-growth-of-green-finance-in-west-africa/.

Mgbenka, R. N. and E. N. Mbah (2016), "A review of smallholder farming in Nigeria: Need for transformation", *International Journal of Agricultural Extension and Rural Development*, Vol. 3/2, www.eajournals.org/wp-content/uploads/A-Review-of-Smallholder-Farming-In-Nigeria.pdf.

Mickiewicz, T. and T. Olarewaju (2020). "New venture evolution of migrants under institutional voids: Lessons from Shonga Farms in Nigeria", *International Small Business Journal*, Vol. 38/5, pp. 404-423. https://doi.org/10.1177/0266242619896266 (consultato il 6 marzo 2023).

Miezah, K. et al. (2015), "Municipal solid waste characterization and quantification as a measure towards effective waste management in Ghana", *Waste Management*, Vol. 46, pp. 15-27, www.sciencedirect.com/science/article/pii/S0956053X15301185.

MoF of Ghana (2022), "Summary of Environmental and Social Management System (ESMS) - Development Bank Ghana", Ministry of Finance of Ghana, 2 March, https://mofep.gov.gh/news-and-events/2022-03-02/summary-of-environmental-and-social-management-system-development-bank-ghana.

MoFA of Ghana (2019), *Medium Term Expenditure Framework (MTEF) for 2019-2022*, Ministry of Food and Agriculture of Ghana, https://mofep.gov.gh/sites/default/files/pbb-estimates/2019/2019-PBB-MoFA.pdf.

MoFA of Ghana (2018), *Investing for Food and Jobs (IFJ): An Agenda for Transforming Ghana's Agriculture (2018–2021)*, Ministry of Food and Agriculture of Ghana, https://mofa.gov.gh/site/images/pdf/National%20Agriculture%20Investment%20Plan_IFJ.pdf.

MoFA of Ghana (n.d.), "Root & Tuber Improvement & Marketing Programme (RTIMP)", webpage, Ministry of Food and Agriculture of Ghana, https://mofa.gov.gh/site/programmes/42-root-tuber-improvement-marketing-programme-rtimp (consultato il 6 marzo 2023).

National Pension Commission (2006), *Regulation of Investment of Pension Fund Assets*, www.pencom.gov.ng/wp-content/uploads/2017/04/1448884140_Regulation_on_Investment_of_Pension_Funds31.pdf.

Nyang'oro O. and G. Njenga (2022), "Pension funds in sub-Saharan Africa", *WIDER Working Paper* 2022/95, www.wider.unu.edu/sites/default/files/Publications/Working-paper/PDF/wp2022-95-pension-funds-in-sub-saharan-africa.pdf.

OEC (2020), "ECOWAS", *Observatory of Economic Complexity* (banca dati), https://oec.world/en (consultato nel gennaio 2023).

OECD (2022a), "Aid (ODA) disbursements to countries and regions", *OECD Development Assistance Committee* (banca dati), https://stats-1.oecd.org/Index.aspx?DataSetCode=TABLE2A (consultato il 15 dicembre 2022).

OECD (2022b), "Mobilisation", *OECD.Stat* (banca dati), https://stats.oecd.org/Index.aspx?DataSetCode=DV_DCD_MOBILISATION (consultato nel febbraio 2023).

OECD (2021a), *Private Philanthropy for Development: Data for Action Dashboard* (banca dati), OECD Publishing, Paris, https://oecd-main.shinyapps.io/philanthropy4development/ (consultato nel novembre 2022).

OECD (2021b), *Pension Fund Assets* (banca dati), https://data.oecd.org/pension/pension-funds-assets.htm (consultato nel settembre 2022).

OECD (2021c), *SIGI 2021 Regional Report for Africa*, Social Institutions and Gender Index, OECD Publishing, Paris, https://doi.org/10.1787/a6d95d90-en.

OECD/PSI (2020), *Rural Development Strategy Review of Ethiopia: Reaping the Benefits of Urbanisation*, OECD Development Pathways, OECD Publishing, Paris, https://doi.org/10.1787/a325a658-en.

OECD/UN ECA/AfDB (2022), *Africa's Urbanisation Dynamics 2022: The Economic Power of Africa's Cities*, West African Studies, OECD Publishing, Paris, https://doi.org/10.1787/3834ed5b-en.

OKO (n.d.), "Qui êtes-vous?", webpage, https://fr.oko.finance/ (consultato il 6 marzo 2023).

OPEC Fund (2021), "The Northern Agro-Industrial Pole Project", webpage, https://opecfund.org/operations/list/the-northern-agro-industrial-pole-project (consultato il 28 gennaio 2023).

Owoo, N. S. and M. P. Lambon-Quayefio (2018), "The agro-processing industry and its potential for structural transformation of the Ghanaian economy", in *Industries without Smokestacks: Industrialisation in Africa Reconsidered*, Oxford, https://academic.oup.com/book/12695/chapter/162725066.

Oxfam (2022), "Investing in family farming to end hunger crises in West Africa", article, 10 maggio, https://westafrica.oxfam.org/en/latest/press-release/investing-family-farming-end-hunger-crises-west-africa.

Oxfam (2015), "ECOWAP: A Fragmented Policy. Development partners and regional institutions should address leadership and coordination issues in order to build a common agricultural policy for West Africa", *Oxfam Briefing Paper*, www-cdn.oxfam.org/s3fs-public/file_attachments/bp-ecowap-fragmented-policy-131115-en.pdf.

PIND (2011), *A Report on Cassava Value Chain Analysis in the Niger Delta*, Foundation for Partnership Initiatives in the Niger Delta, Abuja, https://ndpifoundation.org/wp-content/uploads/2018/09/Cassava-Value-Chain-Analysis.pdf.

PPIAF (2022), "West Africa: PPIAF supports the region's first PPP framework", Feature Story, 13 April, Public-Private Infrastructure Advisory Facility, https://ppiaf.org/feature_story/west-africa-ppiaf-supports-region%E2%80%99s-first-ppp-framework.

PSI (2009), *Project Overview 2009*, Private Sector Investment programme, The Hague, https://english.rvo.nl/sites/default/files/2013/12/PSI%20project%20overview%202009_1.pdf.

Reardon, T., L. S. O. Liverpool-Tasie and B. Minten (2021), "Quiet revolution by SMEs in the midstream of value chains in developing regions: Wholesale markets, wholesalers, logistics, and processing", *Food Security*, https://link.springer.com/content/pdf/10.1007/s12571-021-01224-1.pdf.

ReSAKSS (2022), *Annual Trends and Outlook Report: Agrifood Processing Strategies for Successful Food Systems Transformation in Africa*, Regional Strategic Analysis and Knowledge Support System, www.resakss.org/node/6863.

Salami, A. and D. F. Arawomo (2013), "Empirical analysis of agricultural credit in Africa: Any role for institutional factors", *African Development Bank Group Working Paper*, No. 192, www.afdb.org/fileadmin/uploads/afdb/Documents/Publications/Working_Paper_192_-_Empirical_Analysis_of_Agricultural_Credit_in_Africa-_Any_Role_for_Institutional_Factors.pdf.

Salla, A. (2017), *Review of the Livestock/Meat and Milk Value Chains and Policy Influencing Them in West Africa*, Food and Agriculture Organization of the United Nations and Economic Community of West African States, www.fao.org/3/i5275e/i5275e.pdf.

Schreinemachers, P. et al. (2022), "The dynamics of Africa's fruit and vegetable processing sectors", in *2022 Annual Trends and Outlook Report*, ReSWAKSS, www.resakss.org/node/6863.

Shepherd, A. W. et al. (2009), *Commodity Associations: A tool for Supply Chain Management*, Food and Agriculture Organisation of the United Nations, Rome, https://cgspace.cgiar.org/handle/10568/24936.

Sterling (n.d.), "SABEX", webpage, https://sterling.ng/sabex/ (consultato il 6 marzo 2023).

SWAC/OECD (2015), *ECOWAP+10 : Mutations de l'économie agro-alimentaire et implications*, Sahel and West Africa Club/OECD, www.oecd.org/swac/publications/ECOWAP10.pdf

SWFI (n.d.), "Top 100 Largest Sovereign Wealth Fund Rankings by Total Assets", webpage, Sovereign Wealth Fund Institute, www.swfinstitute.org/fund-rankings/sovereign-wealth-fund (consultato nel febbraio 2023).

UNCTAD (2021), *Handbook on Special Economic Zones in Africa: Towards Economic Diversification across the Continent*, United Nations Conference on Trade and Development, Geneva, https://unctad.org/system/files/official-document/diaeia2021d3_en.pdf.

UNCTAD (2019), *Economic Development in Africa Report 2019: Made in Africa - Rules of Origin for Enhanced Intra-African Trade*, United Nations Conference on Trade and Development, Geneva, https://unctad.org/system/files/official-document/aldcafrica2019_en.pdf.

USDA ERS (2021), "Data on expenditures on food and alcoholic beverages in selected countries", *United States Department of Agriculture (USDA) Economic Research Service* (banca dati), www.ers.usda.gov/topics/international-markets-u-s-trade/international-consumer-and-food-industry-trends/#data (consultato il 28 gennaio 2023).

Weatherspoon, D. D. and T. Reardon (2003), "The rise of supermarkets in Africa: Implications for agrifood systems and the rural poor", *Development Policy Review*, Vol. 21/3, pp. 333-355, https://doi.org/10.1111/1467-7679.00214.

WFP (2022), *Assessment of the Risks and Impact of the Russian-Ukrainian Agricultural Production on the ECOWAS Region*, ECOWAS, Food and Agricultural Organisation of the United Nations and World Food Programme, https://docs.wfp.org/api/documents/WFP-0000139841/download/.

World Bank (2022a), *World Development Indicators* (banca dati), https://data.worldbank.org/products/wdi (consultato il 12 gennaio 2023).

World Bank (2022b), "West Africa food insecurity demands climate-smart response amid multiple crises", Featured Story, 8 September, www.worldbank.org/en/news/feature/2022/09/08/west-africa-food-insecurity-demands-climate-smart-response-amid-multiple-crises.

World Bank (2021), "Agriculture, forestry, and fishing, value added (% of GDP)", *World Bank Databank*, https://data.worldbank.org/indicator/NV.AGR.TOTL.ZS (consultato il 28 gennaio 2023).

World Bank-KNOMAD (2022), *Remittances* (banca dati), Global Knowledge Partnership on Migration and Development and World Bank, www.knomad.org/data/remittances (consultato il 19 dicembre 2022).

Allegato A. Allegato statistico

I dati utilizzati per la presente edizione del rapporto *Le dinamiche di sviluppo dell'Africa* sono stati compilati e presentati in tabelle scaricabili gratuitamente dal sito del Centro per lo sviluppo(https://oe.cd/AFDD-2023), unitamente ad alcuni indicatori sociali ed economici aggiuntivi che apportano nuova luce all'analisi del rapporto.

Tutti gli indicatori selezionati per l'allegato coprono i dati nazionali di tutti o quasi tutti i Paesi africani, cui si aggiunge la maggior parte dei Paesi del resto del mondo. Tali scelte consentono il confronto sia tra i Paesi africani sia con gruppi di Paesi simili al di fuori dell'Africa che potrebbero fungere da parametri di riferimento. I dati in questione contestualizzano le analisi presentate nel rapporto e permettono ai lettori di esaminare più in dettaglio i dati sottostanti.

I dati provengono da varie fonti, in particolare da serie armonizzate di dati nazionali annuali di rinomate istituzioni internazionali e da alcuni indicatori elaborati dai ricercatori che hanno lavorato al presente rapporto. Le cifre saranno aggiornate man mano che si renderanno disponibili nuovi dati per consentire ai lettori di seguire sempre l'evoluzione più recente degli indicatori chiave. Pertanto, alcune differenze osservate tra le cifre dell'allegato statistico e quelle del rapporto possono rispecchiare eventuali modifiche apportate alle tabelle di dati dopo la pubblicazione.

Per accedere all'allegato statistico online "Le dinamiche di sviluppo dell'Africa", consultare l'indirizzo : https://oe.cd/AFDD-2023.

Tabelle di dati disponibili per il download gratuito online

		Scaricare qui
Tabella 1	Indicatori di crescita, occupazione e disuguaglianza	https://rb.gy/nbvyy
Tabella 2	Tasso di crescita annuale del PIL reale, 1990-2028	https://rb.gy/ad0nb
Tabella 3	Tasso di crescita annuale della popolazione, 1990-2028	https://rb.gy/n7u22
Tabella 4	Crescita annuale del PIL reale pro capite, 1990-2028	https://rb.gy/cxevh
Tabella 5	Stime demografiche	https://rb.gy/r0s5x
Tabella 6	Indicatori dell'istruzione di base	https://rb.gy/4z5zj
Tabella 7	Caratteristiche della popolazione attiva	https://rb.gy/f5cnh
Tabella 8	Suddivisione settoriale dell'economia	https://rb.gy/tnc5g
Tabella 9	Indicatori di disuguaglianza e povertà	https://rb.gy/vyu71
Tabella 10	Indicatori di genere	https://rb.gy/wbkc4
Tabella 11	Infrastruttura di comunicazione	https://rb.gy/rmtpq
Tabella 12	Digitalizzazione	https://rb.gy/oqxy6
Tabella 13	Indicatori di salute di base	https://rb.gy/23en6
Tabella 14	Benessere soggettivo	https://rb.gy/mn6ha
Tabella 15	Scomposizione della crescita per spesa	https://rb.gy/kuagg
Tabella 16	Finanze pubbliche	https://rb.gy/panoi
Tabella 17	Intensità del commercio nell'industria manifatturiera	https://rb.gy/yuwln
Tabella 18	Diversificazione delle esportazioni	https://rb.gy/2k574
Tabella 19	Commercio mondiale e regionale	https://rb.gy/t077o
Tabella 20	Apporti finanziari esterni	https://rb.gy/l0hvf
Tabella 21	Investimenti e capitale sociale	https://rb.gy/aiee9
Tabella 22	Rendimenti degli investimenti diretti	https://rb.gy/nm68y
Tabella 23	Sostenibilità ecologica	https://rb.gy/22ykf
Tabella 24	Investimenti pubblici sostenibili e risparmi netti rettificati	https://rb.gy/9c0yq
Tabella 25	Emissioni di gas serra per settore	https://rb.gy/hel4e
Tabella 26	Elettricità ed energia sostenibile	https://rb.gy/g3ztg
Tabella 27	Origine e destinazione del valore aggiunto	https://rb.gy/68ta7
Tabella 28	Costi del commercio internazionale	https://rb.gy/et3vg
Tabella 29	Ricchezza nazionale	https://rb.gy/r4ig4
Tabella 30	Cause ambientali di morte prematura	https://rb.gy/lf2h9
Tabella 31	Economie informali e occupazione informale	https://rb.gy/71rhy

Per scaricare una tabella dei gruppi di Paesi, cliccare qui: https://rb.gy/pr8ji (cfr. sotto).

Per scaricare il dizionario dei dati per le variabili di queste tabelle, cliccare qui: https://rb.gy/3ujvj.

Per scaricare tutte le tabelle dell'allegato in un unico file Excel, cliccare qui: https://rb.gy/g87k4.

Sono disponibili online anche dati più completi, comprese le serie temporali per tutte le variabili fino al 2000.

Le cifre presentate in queste tabelle statistiche, ad eccezione delle tabelle da 2 a 4, rappresentano gli anni più recenti per i quali sono disponibili dati. Tuttavia, una serie di dati completa contenente tutti questi indicatori per gli anni dal 2000 a oggi in un unico file Excel può essere scaricata al seguente link: https://rb.gy/1m1n8. Gli stessi indicatori peraltro sono disponibili online sul portale statistico online dell'OCSE all'indirizzo https://stats.oecd.org/, cliccando su "Development", seguito da "Africa's Development Dynamics" nel menu.

L'allegato statistico online comprende un'analisi interattiva dei dati

Oltre a consentire agli utenti di scaricare tutti i dati sopra indicati, l'allegato statistico online alla pagina web *Africa's Development Dynamics 2023*(https://oe.cd/AFDD-2023) comprende lo strumento interattivo di analisi dei dati *Compare Your Country* (Confronta il tuo Paese). Gli utenti possono utilizzare lo strumento per visualizzare le serie temporali complete di alcune variabili chiave in modo interattivo, selezionando i Paesi da mettere a confronto, il tipo di grafico e altri parametri.

I dati dell'allegato statistico sono disponibili anche per i principali gruppi di Paesi

L'allegato statistico riporta le statistiche di quasi tutti i Paesi del mondo, nonché le aggregazioni di indicatori per gruppi di Paesi messe a punto per consentire le analisi comparative. La tabella (https://rb.gy/pr8ji), che indica i Paesi appartenenti a ciascun gruppo, è disponibile tra i file dell'allegato statistico. I gruppi di Paesi presentati nell'analisi sono i seguenti:

- **Le cinque regioni dell'Unione africana** (Africa centrale, Africa orientale, Africa settentrionale, Africa meridionale e Africa occidentale, come definite dal trattato di Abuja).
- **Africa e gruppi di Paesi di riferimento** (Africa, Paesi asiatici, esclusi quelli ad alto reddito, America latina e Caraibi e mondo).
- **Paesi ricchi di risorse.** Sono definiti "ricchi di risorse" i Paesi che ottengono una parte significativa del loro PIL dall'estrazione di risorse naturali dal sottosuolo. Tali dotazioni di risorse possono avere profonde implicazioni per lo sviluppo economico, politico e sociale. Nel presente rapporto i Paesi sono identificati come ricchi di risorse se, nel decennio precedente, il contributo stimato dell'estrazione di idrocarburi, carbone e minerali alla produzione economica supera il 10 % del PIL su un periodo di almeno cinque anni.
- **Livello di reddito.** La Banca mondiale classifica i Paesi del mondo in quattro categorie in base al reddito nazionale lordo (RNL) pro capite, utilizzando il proprio metodo Atlas[1]: Paesi a basso reddito, Paesi a reddito medio-basso, Paesi a reddito medio-alto e Paesi a reddito elevato.
- **Accesso geografico** Il rapporto prevede una ripartizione tra Paesi senza sbocco sul mare, Paesi con una porzione di fascia costiera e Paesi insulari. L'accesso al commercio mondiale può essere complicato dal fatto che un Paese abbia o meno accesso all'oceano, tenendo presente che le nazioni insulari hanno modelli di sviluppo diversi rispetto alle altre nazioni costiere. Oltre a queste tre categorie di Paesi, il presente rapporto fornisce dati sui Paesi considerati "Paesi in via di sviluppo senza sbocco sul mare (PVSSSM)" e "Piccoli Stati insulari in via di sviluppo (PSIVS)" elaborati dall'Ufficio dell'Alto Rappresentante delle Nazioni Unite per i Paesi meno sviluppati, i Paesi in via di sviluppo senza sbocco sul mare e i Piccoli Stati insulari in via di sviluppo (UN-OHRLLS)[2].

- **Paesi meno sviluppati**[3]. L'UN-OHRLLS classifica alcuni Paesi come "Paesi meno sviluppati (PMS)". Questa categoria di Paesi è stata istituita ufficialmente nel 1971 dall'Assemblea generale delle Nazioni Unite e rappresenta i Paesi caratterizzati da bassi livelli di sviluppo socio-economico. I Paesi vengono designati come PMS in base a criteri di reddito, salute e istruzione della popolazione e vulnerabilità economica.
- **Stati fragili**[4]. L'OCSE studia la fragilità come concetto multidimensionale dei rischi che potrebbero rappresentare un problema critico per la capacità dei Paesi di raggiungere le loro aspirazioni di sviluppo, in particolare gli obiettivi definiti dall'Agenda 2030 delle Nazioni Unite per lo sviluppo sostenibile. Sulla base dei risultati di questa ricerca, presentati nel rapporto dell'OCSE " *Stati fragili*", i Paesi sono classificati come "fragili" o "estremamente fragili".
- **Comunità economiche regionali e altre organizzazioni intergovernative**. Sono inclusi i partenariati di Paesi costituiti ai fini dell'integrazione o della cooperazione regionale che hanno un'importanza economica o politica e che sono particolarmente rilevanti per l'analisi della performance economica dell'Africa, tra cui le otto Comunità economiche regionali (REC) riconosciute dall'Unione africana, nonché altre organizzazioni regionali e internazionali, come l'Associazione delle nazioni del sud-est asiatico (ASEAN), il Mercado Común del Sur (MERCOSUR), l'Unione europea (UE) e l'OCSE, che fungono da parametri di riferimento. I dati aggregati per i PALOP (Países Africanos de Língua Oficial Portuguesa, i Paesi africani di lingua portoghese) sono stati inclusi in risposta a una richiesta dei membri di questo gruppo di Paesi.

Note

1. Cfr. http://datahelpdesk.worldbank.org/knowledgebase/articles/378832-what-is-theworld-bank-atlas-method.
2. Cfr. www.un.org/ohrlls/.
3. Cfr. www.un.org/ohrlls/content/least-developed-countries.
4. Cfr. www.oecd.org/dac/conflict-fragility-resilience/listofstateoffragilityreports.htm.

www.ingramcontent.com/pod-product-compliance
Lightning Source LLC
LaVergne TN
LVHW062159171026
850499LV00044B/1795